MOUSTACHE,

PAR

CH. PAUL DE KOCK.

ÉDITION ILLUSTRÉE DE 31 VIGNETTES PAR BERTALL.

PRIX : **1** FRANC **10** CENTIMES.

PARIS,
PUBLIÉ PAR GUSTAVE BARBA, LIBRAIRE-EDITEUR,
RUE DE SEINE, 31.
109.

Toute traduction ou contrefaçon est interdite en France et à l'étranger. (Propriété de l'Éditeur.)

— Monsieur Jacquillot, pourquoi ne faites-vous donc pas de feu dans votre poêle depuis plusieurs jours ?

MOUSTACHE
PAR PAUL DE KOCK

CHAPITRE I. — Un tuyau de poêle et un habit.

Il y a dans Paris une rue assez longue, assez étroite, fort sale et souvent boueuse, que l'on nomme rue de la Calandre ; elle est située dans le quartier de la Cité. Vous devez la connaître si vous avez eu quelquefois affaire au palais de justice... ce dont Dieu vous garde, lecteur !

Cette rue est nommée de la Calandre d'après une enseigne qui représentait une espèce de grive ou alouette, disent les uns ; un insecte qui ronge le froment, lisent les autres ; et enfin une calandre ou machine à polir les draps, à ce que prétend Sauval le chroniqueur. Peu vous importe sans doute et à moi aussi ; cependant, une fois en passant, on n'est pas fâché de savoir à qui l'on a affaire.

Dans une vieille maison de cette rue (où je crois du reste qu'elles le sont presque toutes), traversez une allée toujours crottée et glissante, montez un escalier dont les marches n'ont certainement pas été nettoyées depuis notre première révolution... ne mettez pas vos mains sur la rampe de bois, parce qu'elle est toujours humide et que vous vous saliriez ; mais grimpez bravement jusqu'au quatrième ; arrêtez-vous devant une porte sur laquelle on a fait une infinité de figures et de dessins, tant à la craie qu'au charbon ; tirez une vieille patte de lapin qui est attachée au bout d'une ficelle et qui fait lever un loquet, et vous vous trouverez alors dans une chambre habitée par trois jeunes gens.

Trois personnes pour une seule chambre ! allez-vous dire... Ah ! vraiment, est-ce que cela vous étonne ? à Paris, cela n'a rien de surprenant. Il vaut encore mieux posséder le tiers d'une chambre que de n'en point avoir du tout, ce qui arrive quelquefois à des jeunes gens de famille bien élevés, bien instruits, mais fort peu raisonnables, à de pauvres artistes ruinés, à des ouvriers sans ouvrage, à des filles de la campagne venues dans la capitale pour se placer. Je ne vous parle pas des vagabonds : pour ceux-là, coucher dans la rue, c'est leur état.

La chambre occupée par trois personnes était grande et sombre ; les locataires, n'ayant point de rideaux à mettre à leur fenêtre, avaient jugé convenable de noircir les carreaux avec du bouchon brûlé, ce qui diminuait beaucoup la clarté du jour. Les murailles avaient eu du papier, mais il n'en restait plus que quelques lambeaux que l'on déchirait quand on avait besoin d'envelopper quelque chose. Il y avait dans un coin de la chambre une vieille couchette vermoulue, sur laquelle était une énorme paillasse, puis un petit matelas si mince, qu'on aurait pu croire que ce n'était qu'une enveloppe de toile; enfin une couverture de laine, percée de toutes parts, était jetée sur le lit, et recouvrait de grosses liasses de papiers qui servaient de traversin.

Un peu plus loin était un lit de sangle portant un coucher du même genre que celui qui parait la couchette. Le reste de la chambre était meublé à l'avenant, ou, pour mieux dire, n'était pas meublé du tout; il y avait pourtant une petite table de bois, deux chaises, dont l'une n'avait que trois pieds, puis dans un coin une malle et un grand coffre vide et sans couvercle.

Sur la cheminée, qui semblait vierge de feu, on voyait un morceau de miroir, quelques allumettes, une bouteille à cirage qui servait aussi de chandelier, un petit flacon avec de l'eau de miel, un couteau et trois fourchettes de fer, une cuvette, un peigne, du savon à la rose, et un petit buste en plâtre représentant Napoléon.

Enfin, à quelques pas de la cheminée, un tuyau de fonte sortait du plancher et allait se perdre dans le plafond, sans que pour cela il y eût vestige de poêle dans la chambre.

D'après ce tableau misérable, vous croyez peut-être que cette chambre était l'asile de la tristesse, des soucis, des larmes... détrompez-vous; jamais palais somptueux n'entendit retentir autant d'éclats de rire et de propos joyeux!... Dans cette chambre on chantait du matin au soir, souvent on plaisantait encore depuis le soir jusqu'au matin : c'était le séjour sinon de la bombance et des plaisirs, du moins de la gaieté et de l'insouciance; enfin cette chambre était habitée par trois étudiants.

En ce moment ils sont tous trois dans leur demeure : l'un est assis devant la table et écrit; c'est un grand jeune homme brun et pâle, figure ovale, front haut et cheveux bien plantés; les lignes de son visage sont correctes, ses traits ont de la beauté et du caractère, mais les muscles de sa physionomie sont trop exercés en jeu par suite de l'exaltation qui règne dans cette jeune tête : c'est George Rembrun; il a vingt-trois ans; il est né en Bourgogne de parents peu fortunés, et on l'a envoyé à Paris pour y faire son droit; au lieu de cela, il fait des drames et des vaudevilles.

Le second locataire de cette chambre est encore couché sur la grande couchette; il tient un livre et semble étudier. C'est un assez joli garçon, quoique le blond de ses cheveux tire un peu sur le roux... ses yeux bleu clair, ses joues rosées et sa petite bouche riante ont quelque chose d'enfantin qui plaît au premier coup d'œil; mais telle vous avez vu une fois cette figure, et telle vous la reverrez toujours; c'est une physionomie inaltérable, qui ne varie jamais, ou plutôt c'est un visage qui n'a pas de physionomie.

Ce jeune homme s'appelle Timothée Glindoré; il n'a que dix-huit ans, il est Champenois; ses parents ont quelque fortune; c'est le père de Timothée qui est un ancien cultivateur qui n'entend pas que son fils fasse des folies à Paris. Avec douze cents francs par an, il pense que le jeune homme doit pouvoir vivre et étudier. Il lui fait passer exactement tous les trois mois le trimestre de sa pension; lorsque le jeune Timothée demande une avance ou un supplément, le papa Glindoré laisse sans réponse les lettres de son fils.

Le jeune homme qui écrivait était vêtu fort légèrement, quoiqu'on fût seulement au mois de mars; il avait un pantalon noir et une blouse de toile en assez mauvais état; celui qui était couché avait aussi une blouse qui lui tenait lieu de chemise.

Enfin, le troisième locataire se promenait dans la chambre, et s'arrêtait souvent pour se regarder devant le morceau de miroir; c'était un homme de vingt-cinq ans, sa taille était médiocre et un peu carrée; mais sa figure avait une expression de gaieté, d'insouciance, et il avait dans toutes ses manières cet air de satisfaction de soi-même qui peut passer aux yeux de beaucoup de gens pour une preuve de mérite.

Ce n'était point un joli garçon, ce n'était pas non plus un homme laid; d'ailleurs l'expression plaisante de sa figure prévenait en sa faveur. Il était brun, très-coloré; ses petits yeux étaient pleins de vivacité, son nez un peu trop prolongé, sa bouche fort grande, et ses petites dents de mouton auraient enlaidi un autre visage; mais tout cela réuni n'avait rien de désagréable chez Constant-Fidèle Bouchenot, qui se promenait alors dans la chambre, vêtu d'une veste qui ressemblait à une camisole de femme, d'un vieux pantalon de nankin à la cosaque, et d'un gilet de satin noir fait dans le dernier goût.

Constant-Fidèle Bouchenot était né à Paris; son père, honnête confiseur de la rue des Lombards, avait voulu mettre son fils dans les dragées; mais s'apercevant bientôt que le petit Fidèle ne s'occupait qu'à manger les fonds de la boutique, le confiseur changea de dessein, il se décida à faire de son fils un avocat; il avait remarqué que le petit Fidèle était aussi bavard que gourmand, et cette précoce loquacité lui avait paru de bon augure; il voyait dans cet enfant un oracle digne de s'illustrer dans le barreau, il résolut de lui faire faire son droit.

Si le petit Bouchenot aimait à babiller, en revanche il détestait l'étude et le travail. Après avoir mal fait ses classes, il faisait aussi mal son droit. Le temps s'écoula, et le vieux confiseur mourut. Son épouse était depuis longtemps descendue au tombeau; Fidèle se trouva orphelin, à la tête de quelques milliers d'écus et de quelques centaines de boîtes de dragées. En fort peu de temps il mangea la succession, ensuite il vendit le mobilier que lui avaient laissé ses parents, et lorsqu'il n'eut plus rien, il pensa de nouveau à son droit. Mais chez Bouchenot un projet raisonnable était rarement mis à exécution; d'ailleurs il aurait fallu travailler, et il n'en avait jamais la volonté. Les femmes, la table, le jeu, étaient ses idoles; le ciel l'avait doué de ce caractère heureux que rien n'attriste, n'effraye, qui ne s'inquiète ni de l'avenir ni même du lendemain.

Du reste, je vous ferai observer qu'avec un caractère heureux il n'est pas rare de finir à l'hôpital.

Pour achever ce portrait, je dois vous dire que Bouchenot était fort présomptueux, souvent même impertinent, et que pourtant la bravoure était son côté faible, quoiqu'il parlât à chaque instant des duels qu'il prétendait avoir eus; mais ceux qui le connaissaient savaient que penser de ses fanfaronnades; et une des causes qui lui avaient fait négliger son droit, c'est que souvent les étudiants avaient voulu mettre son courage à l'épreuve.

Vous connaissez maintenant les trois locataires de la chambre si pauvrement meublée; voyons à présent comment ils employaient leur temps par une belle matinée du mois de mars, dans cette pièce où il n'y avait point de feu, quoique le thermomètre marquât deux degrés au-dessous de zéro.

— Bouchenot, auras-tu bientôt fini et de venir comme cela dans la chambre? dit le jeune homme qui écrivait, en faisant un geste d'impatience.

— Tiens!... tu es charmant, George; parce que tu fais ton drame... ton mimodrame... ton vaudeville... je ne sais quoi enfin, est-ce qu'on n'osera plus remuer dans la chambre?... Mais il faut que je me donne du mouvement, ça me fait du bien... ça m'échauffe d'ailleurs... et nous ne sommes pas dans une serre, ici... il s'en faut... et ce vieil imbécile d'au-dessous n'allume donc plus son poêle... dont le tuyau passe dans notre appartement... c'est fort ridicule... je me plaindrai à la propriétaire.

— Nous ne pouvons pas forcer le voisin à faire du feu, dit Timothée en attirant jusque sur son nez la vieille couverture de laine et en tâchant de se border dans son lit.

— Nous ne pouvons pas!... c'est une question!... car enfin, quand nous avons loué cette chambre, on n'a pas manqué de nous faire remarquer ce tuyau de poêle du voisin d'au-dessous, qui traverse verticalement notre appartement; d'abord j'avais trouvé cela fort laid; et, en effet, cela donne à cette pièce l'air d'une loge de portier; mais quand on me dit : Ce tuyau de poêle vous procurera de la chaleur comme si le poêle était chez vous, vous n'aurez pas besoin, en hiver, de brûler beaucoup de bois; alors le tuyau me sembla moins désagréable; je me dis : C'est une économie de temps et d'argent... et les économies, vous savez que c'est mon fort.

George se contente de hausser les épaules, tout en continuant d'écrire, et le grand Timothée pousse un gros soupir en s'enveloppant un peu plus dans la couverture. Bouchenot va encore se regarder dans le petit morceau de miroir; puis après s'être souri d'un air fort satisfait de sa personne, il reprend :

— Bref! c'est donc ce tuyau qui m'a décidé à louer cette chambre pour vous et moi; nous n'aurions pas dû chauffer le voisin, mes chers amis, et nous étions dès lors décidés à mettre nos fortunes en commun...

— Nos fortunes!... il est joli, celui-là! dit Timothée en faisant la grimace. C'est-à-dire que j'ai mis la pension que me fait mon père, et qu'il me paye fort exactement, avec vos espérances, qui se réduisent à rien du tout!...

— Chut! silence, Timothée, tu n'as pas la parole; tu sais bien qu'on n'interrompt point un avocat quand il narre. Je poursuis : J'ai donc loué cette chambre à cause de ce tuyau qui doit chauffer le voisin, sans quoi certainement je n'aurais pas donné cent vingt francs d'une seule pièce au quatrième, dans la rue de la Calandre... il est vrai que nous avons aussi une cave...

— Ça nous sert beaucoup la cave! dit Timothée en se fourrant encore sous la couverture. Nous n'y avons mis que deux bouteilles étoilées!...

— Patience!... Elle pourra nous servir plus tard!... et, il peut nous arriver du vin... Il devrait même nous en arriver... si vos parents n'étaient pas des cancres, des ladres!... Dire que je loge avec un Bourguignon et un Champenois, et que nous buvons de l'eau ici!... C'est à n'en pas le croire! Des parents comme cela... j'aime bien mieux n'en pas avoir.

George se gratte le front et se met à fredonner :

> Cueillez et le myrte et la rose,
> Sans craindre d'appauvrir le champ... le champ...

— Pour en revenir à notre affaire, dit Bouchenot, qui est allé ouvrir la malle et retourner deux ou trois caleçons de bain et quelques méchants gilets dépourvus de boutons, je soutiens que, faute par le voisin de faire du feu et de nous entretenir dans une douce chaleur, nous avons le droit de demander une diminution de loyer... et peut-être même de ne point payer du tout...

— Il me semble que c'est un droit dont nous usons largement !... dit George en souriant ; puis il se remet à chanter : *Sans craindre d'appauvrir le champ... cueillez et le myrte et la rose...*

— J'ai beau passer en revue toute notre garde-robe... dit Bouchenot en continuant de regarder dans la malle... je n'y trouve que des caleçons de bain... Nous en avons même trop de caleçons de bain, c'est du luxe... ça prend une place inutile... Il faudra nous défaire de cela... Le diable m'emporte, j'ai l'onglée... j'ai froid...

Et Bouchenot court au tuyau de poêle, le tâte en plusieurs endroits en s'écriant :

— Certainement, voilà deux jours qu'il n'a pas été allumé !... Décidément, ce vieux Jacquillot se moque de nous... Je veux aller lui faire une scène.

Et déjà le jeune homme a entr'ouvert la porte ; mais, au moment de sortir, il s'arrête en murmurant :

— Ah ! sacrebleu ! je crois que j'entends des femmes dans l'escalier... Je ne me soucie pas d'être vu avec cette camisole... Ces messieurs ne se gênent point, ils mettent les blouses ; et puis , moi , il faut que je me contente de ce qui reste... Je crois que c'est la petite femme qui demeure en face de nous depuis peu ; savez-vous qu'elle n'est pas piquée des vers, cette jeune voisine ?

— Oui, certes, elle est fort gentille, une petite figure éveillée... piquante... *Cueillez et le myrte et la rose... et la rose...*

— C'est-à-dire qu'elle est ravissante !... magnifique... Oh ! Dieu... c'est un petit djamant... dit Timothée en se retournant sur le lit... Je ne l'ai pas encore vue bien à mon aise ; un jour, j'ai aperçu seulement le bout de son nez comme elle rentrait chez elle... mais cela m'a suffi... j'ai deviné le reste.

— Ah ! tu devines la beauté d'une personne par le bout du nez !... Si toutes les femmes pensaient comme toi, je ne suffirais pas à mes conquêtes... et j'en fais déjà assez.

— Mais je ne sais pas ce qu'elle a la petite voisine d'en face, reprend Timothée ; plusieurs fois, j'ai essayé de la revoir, de la rencontrer sur le carré... Pour cela, j'écoute à la porte, et, quand j'entends ouvrir la sienne, j'ouvre aussitôt la nôtre, afin de la saluer et faire connaissance , mais impossible ! Je n'ai pas plutôt mis le pied dehors, que, crac ! elle rentre et referme sa porte... Je trouve cela d'autant plus singulier que cette jeune fille... car je suppose que c'est une jeune fille, n'a pas du tout la figure sauvage...

— Ah ! ah ! ah ! ce pauvre Timothée !... Ah ! ah !... c'est très-drôle !...

— Qu'est-ce qui te fait rire comme cela, Bouchenot ?

— Oui... qu'est-ce qui te fait rire ? dit George en se grattant encore le front. *Cueillez et le myrte et la rose...* Dis-nous donc pourquoi tu ris...

— C'est que je devine pour quel motif la petite voisine referme brusquement sa porte quand elle entend ouvrir ici. Ah ! ah ! ah !... sacrebleu !... fait-il froid ce matin... voilà un polisson de printemps qui ne fera pas pousser les petits pois !...

— Voyons, Bouchenot, pourquoi la voisine referme-t-elle si vite sa porte ?...

— Voici l'histoire. Il y a huit jours, j'étais seul ici un matin, vous étiez sortis tous les deux... alors nous pouvions encore sortir deux à la fois... c'était le bon temps... *sic transit gloria...*

— Mais achève donc, maudit bavard !

— J'étais donc seul ici... Comme la blanchisseuse n'était pas encore venue, et que j'attendais son arrivée pour mettre une chemise blanche, j'avais pris pour me lever une de nos couvertures de laine ; je m'étais entortillé dedans, après l'avoir attachée avec un mouchoir que j'avais noué en ceinture autour de mes reins... J'étais très à mon aise comme cela ; je devais avoir l'air un peu Bédouin ; mais enfin je me promenais dans notre appartement en me disant : On est bien libre chez soi de se mettre en Bédouin si cela fait plaisir. Il faut vous dire aussi que ce jour-là, le voisin Jacquillot avait parfaitement allumé son poêle... on jouissait ici d'une température africaine ; c'était charmant. Bref, pendant que je m'occupais de faire brûler un bouchon brûlé un rideau de croisée... parce que je ne veux pas que les chats puissent voir ce qui se passe chez nous, on frappe à notre porte ; je ne souffle pas mot, décidé à ne pas répondre, présumant que ce pouvait être ou le bottier... ou le tailleur... ou un traiteur... ou un rôtisseur... tous gens que j'adore quand ils apportent quelque chose, mais que j'ai en horreur à présent qu'ils ne se présentent plus ici que pour nous demander de l'argent. Je me tenais donc bien tranquille dans ma couverture, lorsqu'on frappe de nouveau, et j'entends une voix féminine me dire : — Mon voisin, auriez-vous un peu de feu à me prêter ? vous m'obligeriez beaucoup. Nous demander du feu ! cela pouvait passer pour une épigramme ; mais comme c'était une femme, je ne pris pas la chose du mauvais côté, et je me hâtai d'aller ouvrir la porte...

— C'était la délicieuse voisine ! dit Timothée.

— Oui, positivement... une jolie petite femme... mise décente, mais fort modeste... certainement ce n'est pas une vicomtesse ; elle avait sur la tête un petit foulard rouge, mis avec infiniment de coquetterie. Elle parut d'abord un peu surprise de mon costume, mais ensuite elle prit sans doute la couverture pour une robe de chambre : Donnez-vous donc la peine d'entrer, lui dis-je ; elle entra tenant sa pelle à la main...

— Elle avait une pelle !... O amour de femme ! dit Timothée en gigotant sur le lit.

— Certainement qu'elle avait une pelle, puisqu'elle venait me demander du feu. En entrant, elle jeta un coup d'œil dans la chambre. Je ne sais pas si la noble simplicité de notre mobilier lui fit de l'effet mais je la vis se pincer les lèvres et se tortiller la bouche ; ensuite, regardant dans notre cheminée, elle s'écria : Il me semble que vous n'avez pas de feu !... — C'est vrai, lui dis-je , il vient de s'éteindre ; mais on peut toujours s'en procurer... je vais vous allumer une chandelle, pourvu que vous me donniez seulement le briquet et les allumettes. — Si j'avais eu un briquet chez moi, je ne serais pas venue vous importuner, me dit-elle ; mais je viens d'emménager, et je n'ai pas encore fait apporter tous mes meubles... J'avais envie de lui répondre : Est-ce qu'il vous faut une voiture de déménagement pour transférer ici votre briquet ?... Mais c'eût été trop méchant ; la petite est gentille, je me sacrifie... Attendez, lui dis-je, nous allons avoir du feu... j'en fais mon affaire... Aussitôt je cours à notre tuyau qui était brûlant, et avec le bout d'un couteau je fais un trou dans une partie faible, et j'y introduis du papier.

— Joli expédient !... c'est cela que depuis ce temps il a toujours fumé ici !...

— Tu ne sais ce que tu dis, Timothée, car j'ai rebouché le trou avec un fragment d'assiette. Enfin le papier fumait et ne flambait pas ; je me démenais en vain autour du tuyau, lorsque tout à coup, je ne sais pas comment cela s'est fait !... le mouchoir qui retenait ma couverture se dénoue et tombe, ma couverture en fait autant, et je me trouve devant la voisine comme notre père Adam avant son péché.

— Quelle horreur ! s'écria Timothée.

— Veux-tu te taire ? imbécile ! ce n'était pas une horreur du tout. La jeune voisine poussa un cri, ou je crois plutôt que c'était un éclat de rire, en s'écriant : Ah ! c'est trop fort ! Puis elle se sauva chez elle sans vouloir m'écouter... Et pourtant dans mon trouble je m'étais hâté d'aller passer une camisole et de prendre mes bretelles... je ne savais plus ce que je faisais. Voilà mon histoire avec la petite voisine ; et comme elle croit peut-être que chez nous nous sommes toujours costumés comme les statues des Tuileries, c'est ce qui fait sans doute qu'elle referme sa porte dès qu'elle nous entend ouvrir la nôtre.

— C'est cela !... et les bons sujets pâtissent pour les mauvais ! dit Timothée.

— Monsieur Timothée Glindoré, je vous prie de ménager vos épithètes !... Ah ! ah ! ah ! console-toi, va, mon pauvre Timothée, la jeune fille d'en face ne me fait point l'effet d'une Lucrèce, et, rentrée chez elle, je gage qu'elle aura ri comme une folle de mon accident... Ah ! je crois que j'entends le voisin Jacquillot qui tousse dans l'escalier.

Bouchenot ouvre la porte, court sur son carré, et se penche sur la rampe en criant :

— Monsieur Jacquillot, pourquoi ne faites-vous donc pas de feu dans votre poêle depuis plusieurs jours ?

Un vieux bonhomme dont le chef était orné d'un respectable bonnet de coton, et qui se disposait à descendre dans la rue pour aller acheter son petit pain et sa demi-once de café, relève la tête et regarde Bouchenot d'un air surpris.

— C'est à vous-même que je m'adresse, respectable Jacquillot, reprend l'étudiant d'un air gracieux. Pourquoi donc ne faites-vous pas de feu dans votre poêle ?

— Monsieur, c'est que mon poêle fumait depuis quelques jours, et cela m'incommodait.

— Il fumait... c'est contrariant ! Mais il vaut encore mieux avoir de la fumée que d'être exposé à l'humidité... Prenez garde, monsieur Jacquillot, le froid vous est contraire... vous toussez beaucoup plus depuis que vous ne faites pas de feu... nous en avons fait la remarque, mes amis, et moi.

— Vous êtes bien bon, monsieur, mais je ne me passe pas de feu pour cela ; j'en fais dans ma petite poêle à côté où je me tiens maintenant.

— Ah ben ! voilà qui est très-agréable pour nous ! s'écrie Bouchenot en changeant de ton. Ah ! vous faites du feu dans une autre pièce... c'est dans votre poêle qu'il faut en faire, monsieur, entendez-vous... dans votre poêle, et pas ailleurs !

— Qu'est-ce à dire ? répond le vieux voisin en levant le nez d'un air irrité. Est-ce que je ne suis pas le maître chez moi , à présent ?

— Non, mon brave homme, vous n'êtes pas le maître pour le feu. Vous devez en faire dans votre poêle afin de nous chauffer ; c'est convenu avec le propriétaire ; et si vous en faites ailleurs, je vous préviens que nous ferons sur votre tête un train à vous empêcher de fermer l'œil de la nuit ; de plus, nous salirons votre paillasson, et nous mettrons des objets peu flatteurs dans votre serrure.

— Monsieur ! je me plaindrai au commissaire !
— Le commissaire ne pourra pas vous faire dormir quand nous ferons du bruit... Faites du feu dans le poêle.
— Je me plaindrai à la propriétaire !
— Faites du feu dans le poêle.
— Je me plaindrai à la mairie, à tout le quartier !
— Ça nous est bien égal !... faites du feu dans le poêle !
— Vous êtes des révolutionnaires, messieurs !...
— Faites du feu...
— Des jacobins... des clubistes !...
— Ah ! ah ! ah !... chauffez donc votre poêle... papa Jacquillot.
— Mais on aura l'œil sur vous, messieurs, et à la première émeute...
— Ah ! ah ! ah ! faites donc du feu dans votre poêle...

Le vieux voisin s'en va tout tremblant de colère, et Bouchenot remonte près de ses deux amis en riant de la fureur du père Jacquillot.
— Je ne crois pas que tu aies pris le bon moyen pour que nous ayons chaud ici, dit George en feuilletant son manuscrit.
— Il fait des scènes à tout le monde, dit Timothée ; il est cause que la fruitière d'en bas ne veut plus nous faire crédit.
— Ah ! c'est que je ne souffre pas, moi, qu'on me manque de respect. Corbleu ! si quelqu'un a le malheur de me regarder de travers... une ! deux !... c'est bientôt fait avec moi !...
— Allons, Bouchenot, laisse-nous donc tranquilles avec tes : une ! deux !... ce n'est pas à nous qu'il faut parler de ta bravoure !...
— C'est bien, suffit ; qu'on ne s'y frotte pas. Enfin, je répète qu'il faut tenir son rang, messieurs.
— Il est étonnant !... son rang... et il nous fait déjeuner avec une betterave sans pain, dit Timothée.
— Est-ce que c'est ma faute à moi si nous n'avons pas le sou ?
— Oui, c'est ta faute. Dès que nous avons un peu d'argent, tu le dépenses... Enfin, avant-hier nous possédions encore cent sous... tu sors et tu reviens avec un flacon d'eau de miel !... comme si un morceau de fromage ne nous aurait pas mieux convenu.
— Timothée, vous divaguez, cher ami ; est-ce qu'il ne faut pas songer un peu à sa toilette... à sa parure ?...
— Elle est brillante notre parure... à présent que nous n'avons plus qu'un habit pour nous trois !... O Dieu ! si mon père savait ça !...
— Cela ne fait rien, celui qui sort est encore très-bien mis... on ne porte pas plus d'un habit à la fois, et quand on rencontre un de nous dans la rue, on ne sait pas que les deux autres gardent la chambre faute d'habillement.

  Cueillez et le myrte et la rose... et la rose...

— Ah ! par grâce, George, achève donc de cueillir ton myrte et ta rose ;.voilà une heure que tu es sur le même couplet... ça devient fastidieux... Il paraît que tu n'es pas en verve ce matin.
— Ah ! je le tiens !... je tiens mon trait ! s'écrie George d'un air joyeux ; écoutez : c'est un troubadour qui s'adresse à de nouveaux époux :

  Cueillez et le myrte et la rose,
  Sans craindre d'appauvrir le champ ;
  Le bonheur est la seule chose
  Qui se double en se partageant.

— Hein ? que dites-vous de cette chute ?... N'est-ce pas que mon couplet nous semble bien ?
— J'aimerais mieux un pâté ! dit Timothée en soupirant.
— Oui, c'est gracieux, c'est frais, dit Bouchenot.
— C'est-à-dire que c'est ravissant... le *bonheur est la seule chose qui se double en se partageant*. Sentez-vous toute la profondeur de cette pensée ?
— Mais il me semble que j'ai déjà entendu cela dans cinq ou six vaudevilles et autant d'opéras-comiques.
— Allons, tu rêves !... l'idée est de moi !... elle est charmante.
— Je le veux bien ! Si tu pouvais seulement la vendre dix écus, ça nous permettrait de faire un bon repas...
— Acheter pour quarante-cinq sous d'eau de miel, quand on est dans la position où nous nous trouvons, reprend Timothée au bout d'un moment.
— Timothée, tu m'affliges ! tu oublies trop vite les conseils de ton ami Bouchenot. Que t'ai-je dit cent fois ? Dans la vie il faut toujours tâcher de paraître ; c'est que les femmes l'on arrive à tout... Que diable ! mon cher, je ne pouvais pas me parfumer avec un morceau de fromage. J'ai acheté de l'eau de miel en attendant mieux ; aussitôt que nous aurons les fonds, j'achèterai du patchouli... c'est cher ! mais c'est bien plus fashionable maintenant.
— Bon ! du patchouli !... voilà où passe la pension de papa... Je touche mon trimestre, et au bout de quinze jours nous n'avons plus le sou !..., et nous sommes obligés de vendre nos meubles, nos effets. George fait des pièces qu'on ne joue pas... Toi, tu dois toujours faire des affaires et des conquêtes superbes ; mais en attendant tout cela, nous voilà dans une belle position !... plus de meubles ici... un coucher... à quel coucher !...
— Ton lit n'est pas assez haut peut-être ?
— Oh ! je crois bien qu'il est haut. Tous les soirs quand tu rentres tu rapportes un peu de paille que tu ramasses chez le grènetier en face, et tu fourres cela dans la paillasse... ça ne rend pas le lit meilleur .. le matelas est mince et sec... ce n'est pas étonnant, tu en as fait deux avec un !
— Il m'en fallait bien un pour mon lit de sangle, à moi !... puisque j'avais vendu mon matelas pour vous nourrir !...
— Dis donc pour t'amuser !... Aïe !... on est rompu sur cette couchette.
— Mon cher Timothée, un lit douillet est nuisible à la santé.
— Et les draps sont donc nuisibles aussi ?
— Quand on couche sur le lit de camp au corps de garde, est-ce qu'on a des draps, nigaud ?
— Nous n'avons plus que deux chaises, dont l'une est bancale.
— Celle-là est très-commode pour se dandiner ; ensuite les lits sont là pour servir de divan.
— Plus de secrétaire, plus de commode !
— Cette malle et ce coffre y suppléent ; c'est plus que suffisant, puisque nous n'avons plus rien à mettre dedans.
— Plus de table de nuit !
— Les Lacédémoniens ne connaissaient pas cela.
— Plus de lavabo !
— Fi donc ! c'est un meuble indécent.
— Enfin bientôt plus de vêtements pour nous couvrir !
— Une noble simplicité sied bien à la vertu.
— La vertu qui sort en garçon boulanger risque fort d'aller coucher à la préfecture ! L'autre fois c'est ma redingote que tu as été mettre en gage pour que nous dînions.
— Une redingote est une amie donnée par la nature.
— Ensuite c'est l'habit de George qui y a passé !
— Tu avais si faim ce jour-là ! tu aurais bien mangé toute une garde-robe.
— Enfin nous n'avons plus que ton habit, que nous mettrons à tour de rôle... encore me va-t-il fort mal, moi qui ai deux pouces et demi de plus que toi.
— Je t'assure que tu es très-bien dedans ; on les porte courts maintenant.
— C'est égal, je répète que notre situation est pitoyable !... Faites donc votre droit sans habit !... allez donc aux écoles !... Ah ! si papa me voyait ainsi !...
— Timothée, vos jérémiades me fatiguent à la fin, dit Bouchenot en prenant un air pénétré ; si la situation précaire de vos deux amis endurcit votre cœur, quittez-nous... vous en êtes le maître ; emportez votre part de ce qui est ici ; nous vous laisserons même choisir... mais ne nous affligez plus par vos lamentations continuelles.
— C'est ça... on me renverra ! on me mettra dehors... Et il ne me reste plus un sou du trimestre de ma pension que j'ai touché il y a quinze jours...
— Alors tais-toi donc, maudit bougonneur !... Eh ! d'ailleurs, est-ce que nous pourrions nous séparer... vivre l'un sans les autres ?... jamais ! nous sommes *Oreste et Pylade, Castor et Pollux, les fils d'Aimon !*... restons toujours unis... Que nous manque-t-il, après tout, pour être heureux ?... Rappelle-toi donc la chanson de Béranger :

  Dans un grenier qu'on est bien à vingt ans !

— Ah ! je gage que Béranger n'était pas dans un grenier quand il a fait cette chanson-là ! Du reste, ce n'est pas encore tant du logement que je me plains !... si nous avions de quoi nous restaurer, je ne dirais rien... mais souper avec une betterave !... déjeuner avec une betterave, c'est par trop frugal.
— Je t'assure, Timothée, que ce n'est pas mauvais pour la poitrine ; les vaches ne mangent pas autre chose quand on veut qu'elles aient d'excellent lait.
— Je ne suis point une vache... Je veux avoir à déjeuner. Puisque tu es si ingénieux, Bouchenot, trouve-nous à déjeuner... car pour George, quand il est occupé à faire une pièce, il paraît qu'il n'a plus faim...
— Pourquoi n'en fais-tu pas une aussi, Timothée ?... Apollon n'est point ingrat, il nourrit ses enfants !... Mais tu veux déjeuner... et dans le fait, moi aussi je ne serais pas fâché de prendre quelque chose... Voyons... je vais regarder dans le coffre.

Le buffet était le vieux coffre ; Bouchenot va s'agenouiller devant, et au bout d'un moment il s'écrie :
— Qu'est-ce que tu as donc à crier famine ? dit Timothée. Nous avons encore des vivres ici...
— Bah ! vraiment ?
— Je trouve au fond de ce coffre une douzaine de pommes de terre...
— Cuites ?
— Ah ! non... elles sont crues.. je crois même qu'il y a longtemps qu'elles sont là, car elles se permettent de germer. C'est égal, c'est une ressource dans l'adversité ; si le poêle du voisin était allumé, nous pourrions faire cuire nos pommes de terre en les tenant contre le tuyau... Scélérat de Jacquillot ! il nous coupe aussi les vivres...
— Des pommes de terre crues ! murmure Timothée ; nous finirons par devenir sauvages ici... et pour traversin des rouleaux de papier...

comme c'est doux sous l'oreille ! Ah ! si Henri Jumières était à Paris... il nous donnerait à déjeuner, lui !... c'est un si bon garçon !... si obligeant !...
— Oui, certes !... il est obligeant... il nous l'a prouvé... il nous a déjà prêté deux fois de l'argent.
— Que nous ne lui avons jamais rendu même.
— Ah ! parbleu ! si nous lui rendions, où serait le mérite de nous prêter ? Mais il n'est pas à Paris dans ce moment... c'est très-fâcheux... Quelle idée de voyager dans ce temps-ci... quand on est si bien chez soi !...
— Tu ne sais donc pas que Henri s'est mis dans les affaires ?... il voyage en ce moment pour une maison de commerce...
— Il a donc renoncé à la carrière des lettres... aux beaux-arts ? dit George.
— Oui, entièrement...
— Oh ! c'est singulier... Et quel motif ?...
— L'amour, à ce qu'il paraît... Henri est amoureux, très-amoureux d'une jeune personne dont les parents sont riches ; ce sont d'anciens commerçants... ils ne prendraient jamais pour gendre un poète pauvre...
— Et peut-être un pauvre poëte !...
— Ah ! George, c'est bien méchant ce que tu dis là !...
— C'est que je crois bien que Henri n'aurait point renoncé aux Muses s'il s'était senti comme moi une véritable vocation !...
— Il n'est pas question de Muses ! je veux déjeuner ! s'écrie Timothée en faisant un grand bond sur son lit.
— Chut !... silence, messieurs !... voilà notre affaire ! dit Bouchenot en approchant son oreille de la fenêtre.
— Quoi donc ? un boulanger, un pâtissier ?...
— Eh, non !... un marchand d'habits qui passe dans la rue... Lui seul peut ce matin nous fournir de quoi déjeuner.
— Mais que diable veux-tu vendre ?... nous n'avons plus rien ici.
— Laissez donc ! on a toujours des choses inutiles... fiez-vous à moi.
Et Bouchenot, ouvrant la fenêtre, appelle le marchand d'habits ; puis se hâtant de couvrir les deux traversins de papiers avec les couvertures, engage Timothée à se tenir tranquille dans le lit, afin qu'on n'entende pas craquer la paillasse.
Le marchand monte l'escalier. Bouchenot ouvre la porte, puis revient dans la chambre, où il se met à chanter :

Quand on sait aimer et plaire,
A-t-on besoin d'autres biens ?
Tra la la... tra la la... la la...

— C'est ici qu'on m'a appelé ? dit le marchand en avançant sa tête dans la chambre.
— Oui, brave industriel... Entrez... Ah ! auparavant, essuyez vos pieds à la porte, s'il vous plaît... car la rue est crottée, et puis on salit l'appartement.
— Mais g'nia pas de paillasson à vot' porte, dit le marchand. Où voulez-vous donc qu'on se frotte les pieds ?
— Il n'y a point de paillasson !... s'écrie Bouchenot en courant regarder à la porte et se montrant d'un air étonné. C'est, parbleu, vrai, il n'y est plus... On nous l'a volé !... on vole tout dans cette maison ! c'est abominable !... Et vous voulez acheter des meubles neufs, messieurs !... Eh bien, moi, je ne le veux pas... on nous les volerait aussi. Nous n'achèterons rien du tout tant que nous logerons ici !...
Cependant le marchand est entré, il regarde autour de lui sans lâcher le paquet de vieux habits qu'il porte sur son bras.
— Où sont les objets dont vous voulez vous défaire ? dit-il à Bouchenot.
— Attendez, mon brave.. je vais vous faire voir cela...
Et Bouchenot court se mettre à genoux devant la malle, en ayant soin de se placer de manière que le marchand ne puisse pas voir dedans. Après avoir eu l'air de fouiller longtemps et avoir constamment remué et retourné la même chose, il en tire cinq caleçons de bain et les présente d'un air satisfait au fripier.
— Tenez, mon brave, regardez-moi cela !...
Le marchand d'habits prend les caleçons, les regarde à peine, et les laisse retomber en disant :
— Je pense que ce n'est pas que pour ça que vous m'avez fait grimper ici ?
— Que pour cela !... que pour cela !... D'abord, mon brave, je suis étonné de vous voir cet air de mépris pour les caleçons... c'est un vêtement d'une utilité reconnue... Allez donc un peu à l'école de natation, et vous verrez quelle consommation on en fait !...
— Mais, monsieur, on n'ira peut-être pas nager avant quatre mois d'ici... jusque-là, qu'est-ce que vous voulez que je fasse de vos caleçons ?...
— Qu'importe ! c'est en toile, ça ne craint pas les vers !...
— Ah ! si vous n'avez que ça à me montrer...
— Attendez, attendez... oh ! nous ne sommes pas au bout.
Bouchenot court dans la chambre, regarde dans tous les coins, et en passant près du grand lit, dit à Timothée :
— Ah ! paresseux ! tu te dorlotes ce matin !... tu te trouves bien sur ton lit de plumes !... Oh ! Sybarite, va !...

Timothée ne répond pas ; il a tourné sa tête du côté de la ruelle, et a soin de ne point remuer pour ne pas faire craquer son traversin. Après avoir fait cinq ou six fois le tour de la chambre, où il n'a trouvé que de vieilles savates, Bouchenot va les présenter au marchand, qui, à la première inspection, s'écrie :
— Ça ne vaut pas deux sous !...
— Peste ! vous êtes un peu dur, mon brave... Ah ! si vous voulez acheter un *bahut*... vous savez qu'ils sont redevenus à la mode maintenant ?
— Qu'est-ce que c'est qu'un *bahut*... une vieille culotte ?
— Non, c'est un coffre antique... Tenez... voyez là-bas... en voilà un superbe, et que nous vous céderions à bon compte, parce qu'il tient trop de place ici... et que c'est gênant.
— Messieurs, je n'achète pas de coffres, moi !... ça n'est bon qu'à brûler, ça... Si vous n'avez pas autre chose...
— Attendez... diable ! comme vous êtes pressé !...
Bouchenot se remet à courir dans la chambre ; tout à coup, après avoir jeté un coup d'œil sur la grande couchette, il s'en rapproche tout doucement et prend une paire de bottes sous le lit. Elles étaient encore presque neuves et appartenaient à Timothée. Bouchenot se dit : Ma foi, j'en suis fâché ! mais comme il n'y a que lui qui puisse les mettre... tant pis ! nous déjeunerons avec... D'ailleurs, quand il voudra sortir, je lui prêterai les miennes.
Et Bouchenot, retournant au marchand d'habits, lui présente la paire de bottes sans prononcer un mot.
— Ah ! au moins, voilà quelque chose de présentable, dit le marchand ; ça peut encore servir...
— Je le crois bien : on ne les a pas mises douze fois, répond Bouchenot à demi-voix.
— C'est dommage que le pied soit un peu petit.
— Vous plaisantez... un pied superbe... Mais ne parlez pas si haut... elles sont à mon ami qui dort... Il ne voudrait pas les vendre ; mais, comme le médecin lui a ordonné de ne porter que des souliers, je prends cela sur moi ; c'est pour son bien.
— Voyons... que demandez-vous de cela ?
— Tous les articles ensemble ?...
— Tous les articles ! il me semble que ça ne fait que deux... cinq caleçons et des bottes...
— Chut ! pas si haut... et les souliers dont vous ne parlez pas.
— Ces mauvaises savates ! ce n'est bon à rien...
— Ah ! tenez, voilà encore un gilet que je puis ajouter, dit Bouchenot en courant à la malle.. c'est un vrai cachemire... il n'a plus de boutons, mais on en met de fantaisie.
— Oh ! c'est une loque que votre gilet... voyons, combien voulez-vous ?
— Mais... mon brave, en vous demandant quinze francs, je crois être très-modeste.
— Quinze francs ! s'écrie le marchand en rejetant à terre les caleçons qu'il avait repris ; vous plaisantez sans doute !... en vous donnant cent sous, je crois que c'est bien payé.
— Cent sous ! ah !... quelle mesquinerie !... Tenez, mon brave, car je suis sûr que vous êtes un brave... vous avez servi, n'est-ce pas ?
— Oui, monsieur.
— Oh ! je l'aurais gagé... ça se voit tout de suite dans la démarche...
— J'ai servi dans un hôtel... j'ai été six ans cocher.
— Ah !... ce n'est pas comme cela que je l'entendais ; mais, n'importe, je ne veux pas vous tenir là une heure, donnez-moi dix francs, et que cela finisse.
— Ça ne les vaut pas... vos caleçons ont l'air bien usés...
— Pas du tout ! c'est la finesse de la toile... examinez-les bien.
— Voulez-vous me permettre de m'asseoir ?...
— Oui, vraiment, mettez-vous à votre aise.
Le marchand d'habits, après avoir repris les caleçons, s'approche de la seule chaise qu'il aperçoit, et se laisse aller dessus ; mais c'était celle qui n'avait plus que trois pieds, et lorsqu'on n'avait pas l'habitude de s'en servir, on devait nécessairement se laisser choir ; c'est ce qui arrive au brocanteur, qui s'étale dans la chambre avec tous ses vieux habits.
— Ah ! mon Dieu !... ah ! juste ciel ! s'écrie Bouchenot en courant aider le marchand à se relever, c'est justement la chaise du tapissier, qu'il nous a donnée en attendant la douzaine qu'il nous fait !... il paraîtrait qu'il y a un pied de faible...
— C'est-à-dire qu'il y a un pied de moins... mais ce n'est rien, je ne me suis pas fait de mal.
— Voulez-vous prendre quelque chose pour vous remettre ?
— Merci, monsieur.
— Sans façon, un verre de vin ou d'eau-de-vie...
— Est-ce que nous en avons ici ? s'écrie Timothée en relevant la tête sur son traversin ; mais Bouchenot lui lance des regards furibonds, et dit tout bas au marchand :
— Ne faites pas attention... mon ami est somnambule... Voyons, terminons... dix francs, c'est convenu...
— Six francs... vous dis-je.

— Allons, vous mettrez bien vingt sous de plus : ce sera pour notre femme de ménage...

— Ça ne les vaut vraiment pas...

— Si... si... c'est fini... prenez... et dépêchons-nous... nous avons affaire tous les trois ce matin aux élections.

Le marchand d'habit prend les caleçons, les bottes ; il prend même le gilet et les vieux souliers qu'il avait dit être bons à jeter ; puis sortant de sa poche une grosse bourse en cuir, il en tire bien lentement sept francs qu'il donne à Bouchenot. Celui-ci a senti sa poitrine se dilater en recevant l'argent ; dès qu'il le tient, il se hâte de refermer la porte sur le marchand.

— Ah ! victoire !... plus de soucis !... plus d'alarmes !... nous sommes en fonds !... crie Bouchenot en faisant des gambades et des pirouettes dans la chambre.

George, qui avait continué de travailler à sa pièce, sans lever les yeux une seule fois pendant que le marché se faisait, dépose alors sa plume en disant :

— Quoi, vraiment ! Bouchenot, tu as vendu quelque chose ?

— Combien as-tu ? dit Timothée en s'asseyant sur son séant.

— Une somme assez gentille pour notre situation ; sept francs, messieurs, les voici !...

— Sept francs ! répètent les deux jeunes étudiants d'un air satisfait.

— Que lui as-tu donc vendu pour avoir cela ? demande George.

— Eh ! mon Dieu ! nos caleçons de bain... quelques mauvaises pantoufles, un gilet à moi... mon vieux cachemire... dont bien des femmes, je gage, voudraient posséder un morceau.

— Ma foi, c'est très-bien vendu, dit Timothée ; puisque nous allons déjeuner, je vais me lever.

— Reste donc encore au lit ! s'écrie Bouchenot, qui craint que son camarade s'aperçoive qu'il n'a plus de bottes. Il fait froid... tu y déjeuneras ; je vais vous envoyer ce qu'il vous faut... Ne bouge pas, Timothée.

Tout en disant ces mots, Bouchenot s'est hâté d'ôter son pantalon de nankin ; il en prend un drap noir qui est suspendu sur une corde, et fait lestement sa toilette.

— Tu me prends mon pantalon noir ? dit Timothée.

— Oui, mais je le laisse le mien... d'ailleurs c'est mon tour de sortir... vite le col noir... Oh ! estimable crinoline... tu es la Providence des jeunes gens... le gilet, boutonné jusqu'en haut... c'est cela... il ne faut pas qu'on voie le linge... c'est encore une excellente mode, et nous soutiendrons longtemps... Voyons mes cheveux... jamais de pommade ici, c'est indigne... il faudra que j'en achète un pot...

— Ne t'avise pas de cela, dit Timothée, ou je te la fais manger.

— C'est égal, je vais me mettre de l'eau de miel... Ah ! maintenant l'habit...

— Comment ! l'habit !... qu'est-ce que tu veux faire de l'habit ? s'écrie George en quittant son ouvrage.

— Parbleu ! je veux le mettre, puisque je sors...

— Ah ! Bouchenot, ça ne se peut pas, mon ami ; il faut que j'aille au théâtre parler au directeur... lui dire que j'ai fait à ma pièce les corrections qu'il m'a demandées... c'est très-important cela !

— J'en suis bien fâché, mon cher George, mais moi il faut que je sorte ; j'ai pour aujourd'hui trois rendez-vous d'affaires, et cinq d'amour ; il m'est impossible de les manquer. Tu iras demain chez ton directeur de spectacle.

— Non, non, demain c'est à mon tour de prendre l'habit, crie Timothée. George est sorti hier, moi je veux aller demain à l'école.

— Mon petit Bouchenot, laisse-moi sortir aujourd'hui, dit le jeune auteur en courant après lui, moi qui viens d'aller prendre au fond de la malle un habit noir qui est encore assez propre. Tu iras demain à tes rendez-vous... tes conquêtes peuvent attendre... tu n'as point d'affaires, je t'assure. Mais ma pièce, songe donc que c'est très-pressé... c'est notre avenir, notre ancre de salut... Elle réussira, et nous ferons tous les plaisirs !

— Tout cela est possible, mais je ne veux pas avoir fait une toilette pour rien... On m'attend... D'ailleurs j'ai besoin de prendre l'air... je jaunis ici... je m'étiole, moi !... je ne veux pas perdre ma fraîcheur... Laisse-moi passer l'habit...

— Non, je veux le mettre, moi... je veux sortir...

— C'est moi qui le mettrai...

— Bouchenot, lâche cet habit !

— Lâche-le toi-même...

— Allons ! voilà qu'ils vont le déchirer maintenant ! et puis nous n'en aurons plus du tout ! crie Timothée en sautant à bas de son lit ; et il s'empresse d'aller s'interposer entre ses deux compagnons qui tiraient l'habit chacun de leur côté.

George cède enfin en disant : — Bouchenot, c'est bien mal ce que tu fais là... mais je vais retravailler une scène alors.

— Travaille ta scène... *Cent fois sur le métier remettez votre ouvrage*, tu sais que c'est le précepte du maître... Timothée, va donc te coucher, mon petit, tu t'enrhumeras... moi, je vole papillonner.

— Ah ! un instant, Bouchenot, avant de t'en aller, et l'argent...

— Oh ! c'est juste... je n'y pensais plus ; le voilà... Tenez, messieurs, je vous laisse deux francs, et je garde cent sous, parce que je n'ai pas d'autre monnaie.

— Pourquoi ne nous laisses-tu pas plutôt les cent sous ? je n'aime pas cet arrangement-là...

— Soyez donc tranquilles, mes enfants, je vous rapporterai la pièce intacte ; je vous en réponds sur ma tête : avec de la monnaie, je serais capable de dépenser quelque chose ; mais quand on a une grosse pièce, on ne veut pas changer, et on ne cède à aucune tentation... Si j'avais un napoléon dans ma poche, je mourrais dessus plutôt que d'y toucher !...

— C'est très-bien... mais sois sage ; ne te laisse pas séduire par des pommades... songe qu'il faut que nous vivions... que nous comptons sur toi.

— Soyez tranquilles, mes enfants... j'ai dans l'idée qu'on m'invitera à dîner quelque part aujourd'hui. Quant au déjeuner, j'ai une connaissance que j'irai voir... si je ne la trouve pas, j'achèterai chez le boulanger un joli petit pain au beurre, et j'irai le manger au Palais-Royal... dans le jardin... il y a longtemps que j'ai envie de déjeuner au Palais-Royal... Vous autres, qu'est-ce que je vais commander pour votre repas ? une poularde aux truffes ?

— Allons, pas de mauvaise plaisanterie, envoie-nous du pain, du vin et des côtelettes de porc frais aux cornichons.

— Peste ! mes gaillards, comme vous vous traitez ce matin !...

— Il ne tient qu'à toi d'en prendre ta part...

— Non, j'aime mieux aller chez ma connaissance, et sortir tout de suite. Adieu, mes enfants... amusez-vous bien... Voyons, que je me regarde encore dans la glace... je suis très-soigné... le costume est fort propre... Je crois que je ferai des passions aujourd'hui. Ah ! la paire de gants est-elle dans la poche ?... Oui, la voici, le gant gauche est encore fort gentil... quant à celui de la main droite, on ne le met jamais, c'est meilleur genre. Au revoir.

— Adieu.

Bouchenot ouvre la porte, il va sortir, mais il revient sur ses pas en s'écriant : — A propos, j'ai rencontré, il y a quelques jours, le gros Eugène... il m'a offert de me donner un chien de chasse superbe... énorme... Faut-il le prendre, messieurs ?...

— Ne t'en avise pas ! crie Timothée, il faudrait encore le nourrir... Belle idée d'avoir un chien de chasse !... nous n'aurions pas même des os à lui donner.

— Allons, comme vous voudrez... Cependant c'est dommage... un chien, c'est une société... je lui aurais appris à rapporter. Mais je me sauve, je veux bien employer mon temps... on m'a fait de superbes promesses... je ne serais pas étonné de vous rapporter un sac d'écus... Malgré cela, croyez-moi, écrivez encore à vos parents... à ces barbares que rien n'émeut... peut-être seront-ils sensibles aux ports de lettre. A ce soir, mes amis... comptez sur moi... je vous rapporterai pour souper un pâté de chez Lesage... Un pâté, c'est nourrissant, et ça fait du profit... Ce soir vous verrez revenir l'amitié et votre habit.

— Ne l'abîme pas surtout !

— Soyez sans crainte. Et cette fois Bouchenot tire la porte après lui, et descend l'escalier d'un air aussi joyeux que s'il avait fait fortune.

Chapitre II. — L'emploi d'une pièce de cent sous.

Bouchenot s'est hâté de sortir du quartier de la Cité ; il marche la tête haute, le nez au vent, le jarret tendu. Ses pieds effleurent à peine le pavé ; ses regards expriment une satisfaction dans laquelle il y a presque de l'impudence ; il lui faut le milieu des trottoirs, il lui semble que chacun doit se déranger pour lui faire place, et tout cela parce qu'il a un habit propre et qu'il possède dans la poche de son pantalon une pièce de cent sous, sur laquelle il porte à chaque instant la main.

Beaucoup de jeunes gens, dont la toilette est plus élégante, et qui ont constamment de l'argent plein leurs poches, sont en ce moment moins heureux que Bouchenot. L'adversité, mes enfants, est un bon côté, et la privation d'une chose en centuple la valeur à nos yeux. La pièce de cinq francs que l'étudiant faisait sauter dans son gousset était pour lui un billet de cinq cents francs.

Bouchenot se dirige vers le quartier du Palais-Royal en se disant :

— Le plus souvent que je déjeunerai avec une flûte au lait !... ce serait curieux !... Un joli garçon comme moi ferait un aussi maigre repas !... Non... non... grâce au ciel, nous avons encore des connaissances... et puis, à la rigueur, j'ai cent sous dans ma poche... la pièce ronde... Il est vrai que j'ai promis de ne point la changer... à moins que ce ne soit pour leur porter un pâté. Oh ! je ne la changerai pas... j'irai chez la bonne Dubillon !... O respectable Dubillon !... conquête de ma jeunesse, quoique je vous aie joué bien des tours et cruellement négligée, même au temps où j'avais l'air de vous adorer, vous ne m'avez jamais refusé la côtelette de l'amitié et le chocolat de l'amour... J'irai déjeuner chez elle... Il y a au moins quatre mois qu'elle ne m'a vu... Ma visite lui fera plaisir... Je lui dirai qu'elle est toujours jolie. A quarante-cinq ans on aime s'entendre dire cela... et tout en ayant l'air de ne pas le croire, on en est facilement persuadée. Je l'embrasserai... je la serrerai dans mes bras... je la presserai avec violence contre ma poitrine... Ses yeux se rempliront de larmes... et elle me donnera de son vieux bordeaux. Voilà qui est arrangé; mais il est encore de bonne heure, madame Dubillon se lève et s'habille tard. Si je me présentais chez elle avant qu'elle eût mis sa fausse natte, son rouge au vinaigre et sa tournure, elle serait de fort mauvaise humeur; j'ai le temps de flâner. Ah! voilà un magasin de comestibles... j'aime beaucoup ces boutiques-là...

Bouchenot s'arrête; il admire les volailles, les poissons; mais comme il est alors sur un trottoir un peu étroit, et qu'il barre le passage, un garçon épicier, porteur d'une grande manne chargée de marchandises, accroche en passant le chapeau de Bouchenot, et le fait rouler du trottoir sur le pavé.

— Vous ne voyez donc pas clair, imbécile? crie le jeune homme en courant après son chapeau.

— Pourquoi barrez-vous tout le trottoir?... Il est là en admiration devant les volailles!... et il lui faut toute la place!...

— Hum!... rustre!... j'ai bien envie d'aller appliquer ma botte dans ton pantalon; si je ne le fais pas, c'est par égard pour ma tenue décente, par égard surtout pour l'habit que je porte, et dont je réponds devant mes deux amis!... murmure Bouchenot en essuyant son chapeau avec un foulard qu'il a soin de ne pas déployer entièrement; puis il continue son chemin en se disant:

— Manant!... Mais qu'est-ce que vous voulez demander à ces gens-là!... Oui, certainement, je garderai le trottoir... je ne le céderai à personne... D'abord, il y a de la boue dans les rues,... il dégèle un peu... les ruisseaux sont gros... je n'ai pas envie de me crotter.

En ce moment une dame venait devant Bouchenot : deux personnes causent et s'arrêtent; il n'y a plus de passage que pour une. Bouchenot tient ferme. La dame, qui n'est ni jeune ni jolie, est obligée de descendre du trottoir pour passer, ce qu'elle fait en murmurant :

— Il y a des hommes bien mal élevés!... je le reconnaîtrai ce monsieur-là!...

— Ah bien! c'est charmant!... elle me reconnaîtra!... se dit Bouchenot en continuant son chemin; parbleu! le le crois bien... j'ai de ces physiques qu'on ne voit pas tous les jours... Mal élevé!... je ne veux pas me faire éclabousser, moi... Pourtant, si la dame avait été jeune et jolie, j'avoue que je lui aurais cédé le passage... Hum!... polissons que nous sommes!... il y a toujours une arrière-pensée dans nos actions!... Cette dame, qui s'en va de si mauvaise humeur, ne se doute pas que mon déjeuner dépend de ma toilette : si je me présentais chez madame Dubillon, on ne me traiterait pas aussi bien; ma femme sensible a la faiblesse de tenir à une tenue soignée... c'est ce qui m'a souvent empêché de me présenter chez elle... Aujourd'hui je suis très-bien... Le pantalon de Timothée me gêne un peu sous les jambes... il me serre beaucoup la taille; mais cela me rend plus svelte, plus mince... il m'est un peu long, mais c'est la mode de marcher dessus... Quant au gilet, il est irréprochable; c'est la seule pièce de mon costume qui ait été faite pour moi, tra la la... tradéri... tra...

Bouchenot, qui suivait le trottoir en fredonnant un air d'opéra, cesse tout à coup de chanter, et s'arrête en se disant:

— Ah! fichtre! que vois-je?... un créancier... un acharné... oh! par exemple, je lui cède le trottoir à celui-là... je n'ai pas envie de le rencontrer nez à nez avec lui.

En effet, Bouchenot a fait volte-face; puis, bousculant quelques personnes qui étaient devant lui, il se hâte de descendre du trottoir et veut s'élancer légèrement sur la pointe de ses pieds pour gagner l'autre côté de la rue; mais une citadine venait à gauche, un cabriolet bourgeois venait à droite : étourdi par le bruit, croyant avoir son créancier sur le dos, et craignant de se faire écraser, le pauvre garçon se précipite vivement à travers les deux voitures; n'ayant pas eu le loisir de choisir ses pavés, il a justement mis la jambe dans un trou, et il s'envoie de la crotte jusque sur son gilet.

— Ah! sacrebleu! cela est fait pour moi, se dit Bouchenot en promenant sur lui des regards désespérés; j'en ai depuis le haut jusqu'en bas! et une botte entièrement couverte de boue!... Allons, il n'y a plus à balancer... il faut changer la pièce!... Heureusement je ne suis pas loin d'une boutique de décrotteur!...

Et au bout d'un moment, Bouchenot était déjà assis devant un artiste en cirage; il tendait son pied à la brosse réparatrice, et goûtait un certain plaisir à s'entendre appeler mon maître et mon bourgeois; quand on n'a jamais eu de domestique, ces mots flattent agréablement l'oreille.

Le bourgeois se fait bien cirer et bien brosser du haut en bas, puis il jette négligemment sa pièce de cent sous sur le comptoir, et donne largement pour boire à son domestique du moment. Les gens les moins riches sont souvent les plus généreux. Quelquefois c'est pour cacher leur pauvreté.

Bouchenot se pavane de nouveau sur le trottoir en se disant : — Maintenant je ferai attention où je poserai mes pieds. D'ailleurs, on n'est pas toujours obligé de courir... On ne rencontre pas à chaque instant un créancier... Je sais bien que j'en ai beaucoup; mais ils ne seront pas tous donné le mot pour sortir ce matin... Je commence à avoir très-faim... Me voici sur la place de la Bourse... Voyons l'heure... Bientôt onze heures... Je puis me diriger vers la rue des Martyrs, où demeure la respectable Dubillon... Eh! eh!... j'ai de l'argent plein mes poches... Pour cinq francs on a beaucoup de monnaie... Avec cela qu'on m'a rendu trente sous en cuivre... c'est égal, ça sonne... c'est gentil... Ah! Dieu! qu'est-ce que je sens par ici?... cela embaume... on se croirait dans un sérail... Ah! c'est un marchand de pastilles parfumées... Si je portais une odeur comme cela chez madame Dubillon... elle qui a un faible pour les parfums, je suis sûr qu'elle me donnerait une dinde aux truffes pour déjeuner...

Bouchenot s'est rapproché d'un homme vêtu en redingote bleue et coiffé d'un turban, qui a devant lui une petite table, sur laquelle sont étalées de petites crottes noires de diverses formes qu'il assure venir directement de l'Arabie. M. Fidèle Bouchenot était essentiellement flâneur; il connaissait trop bien son Paris pour ajouter foi à l'origine des parfums, mais cette odeur ambrée lui montait à la tête; il se voyait assis sur un divan, déjeunant à la turque, entouré d'esclaves, et savourant les sorbets et le moka. Tout en regardant les sachets et les pastilles, il faisait sauter dans sa poche les gros sous qu'on lui avait rendus. Le résultat de cette contemplation fut l'achat d'une petite boîte de parfums que le monsieur coiffé en Turc et baragouinant très-bien l'italien lui assura valoir vingt-cinq francs à Constantinople, mais qu'il lui céda pour vingt-cinq sous, parce qu'il faisait la contrebande.

— Ma foi! se dit Bouchenot en s'éloignant avec sa boîte de parfums dans son gilet, pour une fois on peut bien se donner une petite jouissance à la turque! Moi, j'adore les odeurs!... je trouve que rien ne vous donne un air comme il faut comme les odeurs... Ayez un vieil habit... portez un vieux chapeau sur votre tête, mais ayez du musc; et quand on passera près de vous, on se dira : C'est un marquis ou un sultan qui se promène en bourgeois... Vingt-cinq sous de parfums, sept sous de décrottage et brossage... ça fait trente-deux... je possède encore trois francs huit sous; oh! par exemple, je n'y toucherai pas!... c'est sacré... D'ailleurs, je vais déjeuner et dîner gratis.

Bouchenot avait gagné les boulevards, reniflant avec délice l'odeur qui sortait de son gilet, et à laquelle la chaleur de sa personne donnait à chaque instant plus d'intensité. Un petit bonhomme de quatorze à quinze ans, dont la figure a le cachet israélite, accoste notre flâneur en lui présentant des cannes.

— Monsieur, achetez-moi une jolie canne... Voyez, monsieur, pas cher... Jolie canne à la mode... Choisissez là-dedans.

Bouchenot s'arrête, jette un coup d'œil sur les cannes tout en répondant :

— Oh! non, je n'en veux pas... quoique j'aime assez les cannes... C'est un maintien très-amusant... mais je n'en veux pas...

Et Bouchenot continue son chemin; le petit marchand le suit en lui mettant ses cannes sous le nez, en lui criant:

— Voyez, monsieur, jolie canne, tout ce qu'il y a de plus nouveau... Je vous arrangerai, monsieur...

— Non, puisque je te dis que je n'en veux pas... et si j'en achetais une, je ne voudrais pas de celles-ci, elles sont trop communes...

— J'en ai d'autres, monsieur, j'en ai de plus belles... tenez...

Le petit marchand lui en met un autre paquet sous le nez; Bouchenot s'arrête encore.

Le petit bonhomme reprend avec une étonnante volubilité:

— C'est cela qui est joli, monsieur, de véritables joncs... cannes bien distinguées. Voyez comme ça ploie, je vous défie de casser ça!...

— Oh! véritables joncs! et je vous le persuadé... mais décidément je n'en veux pas... laisse-moi tranquille...

— Vous n'êtes pas persuadé que ce soit un jonc!... je vous le garantis, moi, monsieur.

Et le petit marchand met une canne dans la main de Bouchenot en s'écriant :

— Faites-la voir!... faites-la plier... n'ayez aucune crainte!... ah! comme elle est forte, allez!...

Bouchenot s'appuie sur la canne, la fait plier, et le soi-disant jonc se casse en deux.

— La! j'en étais sûr! dit Bouchenot; c'était un jonc du bois de Boulogne.

— Ah! dame, je ne vous avais pas dit d'appuyer tout votre corps dessus... on sait bien que ce n'est pas du fer... Donnez-moi trois francs, monsieur?

— Que je te donne trois francs!... pourquoi cela?..

— Vous avez cassé ma canne, il faut bien que vous me la payiez.

— Messieurs, dit Bouchenot en s'adressant à quelques personnes qui se sont déjà arrêtées pour voir la suite de cet événement, messieurs, ce petit drôle m'a mis sa canne dans la main malgré moi... Je ne cessais de lui dire que je n'en voulais pas.

Le petit Israélite, qui voit le monde s'amasser, se met à crier de toutes ses forces :

— Vous m'avez dit : Je veux une belle canne qui ne soit pas commune... Je vous ai présenté celle-ci... c'est une canne de cent sous... vous l'avez prise, et vous avez commencé à vous appuyer dessus comme si vous aviez voulu faire un trou dans le boulevard.

— On n'a pas d'idée de l'effronterie de ce petit coquin!... je lui disais toujours : Je ne veux pas de ta canne... il me la fourrait dans les mains. Il me criait aux oreilles: C'est un jonc! Appuyez, monsieur! faites-la plier... je vous défie de la casser!... Moi j'ai voulu la faire plier un peu, par complaisance, elle s'est cassée tout de suite... preuve que ce n'était point un jonc.

— Il m'a cassé ma canne, et il ne veut pas me la payer! reprend le petit marchand en essayant de pleurer. Ce serait commode... une canne de six francs!... moi qui n'ai pas six sous de bénéfice par jour pour gagner ma pauvre vie... et pour soutenir mon pauvre père qui est infirme, et mes trois frères dont l'aîné n'a que dix-huit mois... hi!... hi!... hi!...

— Voyez-vous comme il ment!... D'abord c'était une canne de trois francs... ensuite de cinq, à présent de six... pour peu qu'on l'écoute, tout à l'heure ce sera un jonc de douze francs!

— Certainement que c'était un jonc de douze francs... mais puisque je ne vous en demande que trois... vous voyez bien que je suis raisonnable... hi! hi! hi!...

Une petite femme qui demeure sur le carré.

— Allons, allons, payez la canne à cet enfant! s'écrient plusieurs personnes en se mettant devant Bouchenot, qui cherchait à s'en aller. Vous la lui avez cassée, c'est juste de la payer...

— Qui casse les verres les paye! dit un garçon limonadier.

— Ces beaux mirliflors! dit une vieille femme, ça se frotte avec des odeurs... c'est plein de musc! et ça ne verserait pas seulement une larme d'affection sur l'infortune du malheur!...

— Oui! oui!... c'est juste, crie un ouvrier en calotte grecque, qui ne sait pas ce dont il est question, et pousse tout le monde pour s'approcher. De quoi qu'il y a?... Vive le peuple! vive la liberté!... qui est-ce qu'il faut rosser?...

Bouchenot s'aperçoit qu'on ne le laissera pas s'éloigner sans qu'il ait satisfait le petit pleureur. Déjà les mots de corps de garde se font entendre. Le jeune homme, qui meurt de faim, ne se soucie pas d'aller passer la journée chez un commissaire, un juge de paix; il prend son parti, et, fouillant à sa poche, il en tire trois francs qu'il donne au marchand de cannes, en lui disant :

— Tiens, petit pleurnicheur... tu sais ton affaire, toi!... tu feras ton chemin... j'aime encore mieux te payer et que cela finisse!...

Le jeune Israélite a pris l'argent, Bouchenot repousse la foule, et se hâte de gagner la rue des Martyrs, tenant dans une de ses mains les deux morceaux de la canne qu'il vient de payer si cher, et murmurant entre ses dents :

— Sacré mille joncs!... je voudrais que la grêle détruisit tous les petits marchands de cannes... Enfin, c'est une tuile qui m'est tombée sur la tête. Après tout, il n'y a pas de ma faute... et quand je me chagrinerais... non, pas si bête... il ne faut pas que cette aventure m'empêche de bien déjeuner.

Bouchenot double le pas et arrive bientôt rue des Martyrs... devant la demeure de madame Dubillon... Il entre dans la maison, plusieurs brancards chargés de meubles sont sous la porte cochère; on fait un déménagement; notre étudiant éprouve un sentiment de crainte, il court au concierge.

— Je vais chez madame Dubillon... Ce n'est pas elle qui déménage?

— De quoi?

— Ce n'est pas madame Dubillon qui déménage?

— Qu'est-ce que vous demandez?

— Il est donc sourd ce concierge? se dit Bouchenot; et il passe une partie de son corps dans la loge en criant : — Je vous demande si c'est madame Dubillon qui déménage, madame Dubillon du troisième!

— Ah! non, c'est l'employé du quatrième.

— Ah! c'est bien heureux qu'il ait compris enfin! se dit Bouchenot en gagnant l'escalier... Il a l'air stupide ce portier... mais il mangeait sa soupe, je crois, et il était absorbé par cette occupation; le fait est que, dans ce moment, je voudrais en faire autant... mon appétit devient dévorant... Montons.

Arrivé au second étage, Bouchenot se trouve arrêté par deux commissionnaires qui descendent une commode; l'escalier étant fort étroit, il n'y a pas moyen de passer. Le pauvre Bouchenot est obligé de redescendre, ce qu'il fait en murmurant.

— Voilà un meuble qui tient toute la place... mais aussi pourquoi fait-on des escaliers si étroits?... on voit bien que c'est une vieille maison... ou nos pères avaient de bien petits meubles, ou ils emménageaient par la fenêtre probablement.

Il s'arrête sur le palier du premier étage, espérant pouvoir y rester; mais le palier est petit, un commissionnaire lui crie :

— Rangez-vous donc de là, monsieur! vous voyez bien que nous ne pourrions pas tourner...

— Ah! oui, c'est vrai... il vaut mieux que je descende... Ces hommes sont déjà embarrassés... et puis on peut recevoir un coup... C'est pourtant ennuyeux de redescendre... Allons, passez, mes braves gens... vous devez avoir chaud! Ce meuble-là n'est pas mince...

— Ah! si monsieur veut payer un demi-setier, nous accepterons volontiers!

Bouchenot fait semblant de ne pas entendre, et remonte l'escalier, qui est libre enfin. Il enjambe les marches par quatre à la fois, et il est au milieu du troisième étage lorsqu'on crie au-dessus de lui : — Gare!...

Bouchenot lève les yeux : cette fois c'est un énorme buffet que deux autres commissionnaires sont en train de déménager.

— Ah! mon Dieu! encore un meuble énorme, murmure Bouchenot en reculant d'une marche à mesure que l'on vient sur lui... Mais qu'est-ce que ça signifie d'avoir des buffets de cette taille?... C'est ridicule... je n'ai jamais vu de pareil monstre comme cela... Ma foi, tant pis, je ne redescends pas plus bas... je me blottis dans cette encoignure.

— Prenez garde à vous, monsieur!

— Prenez garde vous-même; je ne peux pas faire que monter et descendre... je n'arriverais jamais.

Le buffet descend, mais il fait tomber le chapeau de Bouchenot, et l'aplatit contre le mur de manière qu'il ressemble à un claque.

— Décidément mon chapeau a du malheur aujourd'hui, se dit Bouchenot en le ramassant, et j'avais emporté le meilleur... celui de George... Enfin, si je vais au bal, ce sera une coiffure plus fashionable. Ah! me voici devant la porte de ma femme sensible... ce n'est pas malheureux... Examinons-nous un peu avant de sonner.

Il rajuste son col de crinoline, redescend son gilet, remonte son pantalon, met son chapeau sous son bras et sonne; une vieille bonne vient ouvrir.

— Bonjour, Madeleine. On déménage dans votre maison, c'est fort incommode pour les personnes qui viennent vous voir... Annoncez-moi à votre maîtresse... je vous prie...

— Monsieur, ça me serait difficile; madame est partie depuis trois jours pour Pontoise, où elle va passer quelques semaines près d'une nièce qui est malade.

— Pour Pontoise!... elle est à Pontoise!... s'écrie Bouchenot d'un air consterné. Ah! mon Dieu! c'est fait pour moi... Mais quelle idée d'aller en hiver à Pontoise!

— Puisque je vous dis que c'est pour voir une de ses nièces qui est malade...

— Oui, j'entends bien... mais sa nièce aurait beaucoup mieux fait de venir à Paris se faire soigner... A Pontoise... Il y a sept lieues de Paris à Pontoise...

— Mais madame sera revenue le mois prochain, très-sûr.

— C'est bien... c'est fort bien... ça me fait beaucoup de plaisir.

— Si monsieur veut écrire à madame, je lui ferai passer la lettre...

— Oh! ce n'est pas la peine, j'étais venu pour la voir... et lui demander à déjeuner... sans façon.

— Madame sera de retour le mois prochain. Votre servante, monsieur.

La domestique referme sa porte, et Bouchenot descend tristement l'escalier en se disant :

— Hum! la vieille mégère! elle ne m'offrirait pas seulement un verre d'eau... Il est vrai que je ne lui ai jamais donné ses étrennes...

ni autre chose. Avec tout cela, mon appétit redouble... Et cet imbécile de concierge qui me laisse monter encore!... Pourquoi ne m'avez-vous pas dit que madame Dubillon était à Pontoise? crie Bouchenot d'un air courroucé en passant sa tête dans le carreau du concierge.
— De quoi?
— Vous êtes donc sourd?... Pourquoi me laissez-vous monter au troisième, et ne me dites-vous pas que madame Dubillon est à Pontoise?
— Vous m'avez demandé si c'était madame Dubillon qui déménageait; je vous ai répondu que non... Vous ne m'avez pas demandé autre chose...
— Hum! grosse brute! murmure Bouchenot en s'éloignant. J'aimerais mieux placer un chien à ma porte qu'un être comme celui-là!... A Paris, on n'est pas assez difficile pour les portiers : quand

Le marchand d'habits.

on a mis dans une loge un tailleur ou un savetier, on se figure qu'on a un bon concierge. Il faut pourtant que je déjeune, moi... ça ne peut pas se passer en promenades... Je sais bien que j'ai encore huit sous dans ma poche... mais je n'aurai jamais un bifteck avec huit sous... Maudite canne!... qui m'a coûté si cher... et dont je n'ai que les morceaux... Si c'était une canne à sucre encore... je pourrais la sucer, ça me soutiendrait... Oh!... un souvenir!... la charmante Elvina... une figurante de l'Opéra... J'ai été très-bien avec elle... je lui ai payé assez souvent de délicieux déjeuners... quand je mangeais le fonds de dragées de mon père... Elle m'a fait des infidélités atroces; mais c'est fini, c'est fini, c'est oublié depuis longtemps... Allons chez elle; elle m'a plusieurs fois prié d'aller prendre du café avec elle... Parbleu! voilà le moment de profiter de son invitation. Elle demeure dans le haut de la rue Saint-George... c'est justement près d'ici. Il faut espérer qu'elle ne sera pas à Pontoise celle-là... Fi donc! une figurante de l'Opéra ne va pas à Pontoise... En Russie, à la bonne heure. Mais mademoiselle Elvina n'a pas assez de talent pour qu'on nous l'enlève.

Bouchenot traverse la rue de Navarin pour gagner la Chaussée-d'Antin. Quoiqu'il ait un grand appétit, il ne peut s'empêcher de s'arrêter devant quelques nouvelles constructions de ce quartier; il admire plusieurs maisons bâties dans le goût de la renaissance, et s'écrie :
— O charmante! délicieuse habitation!... J'aime ces arceaux... ces fenêtres en ogives... ces entablements élégants... il me semble que je vais entrer chez François Ier... Je me ferai une maison dans ce goût-là... quand je serai retiré des affaires... en attendant, tâchons de trouver à déjeuner.

Bouchenot arrive rue Saint-George, à la demeure de sa figurante; il passe rapidement devant la portière en disant :
— Mademoiselle Elvina!
La portière court après lui en lui criant : — Vous ne pouvez pas monter, monsieur, mademoiselle n'y est pas.

— Elle est sortie... et il n'est pas midi... Allons donc, vous plaisantez!... Elvina ne se lève jamais de bonne heure...
— Je vous dis, monsieur, que vous ne pouvez pas monter.
— Je vous dis, moi, qu'on me recevra fort bien. Vous me prenez peut-être pour un créancier!... Je sais ce que c'est, pour les créanciers on n'est jamais visible; mais soyez tranquille... je suis un intime, un ami du cœur...
— Il n'y a pas d'ami du cœur qui tienne... J'ai ma consigne, moi... Ah! tenez, voilà justement la femme de chambre de mademoiselle.
Mamselle Paulouska, v'là z'un monsieur qui veut à toute force monter chez votre maîtresse.
— C'est moi, espiègle Paulouska! dit Bouchenot en s'approchant de la femme de chambre. — Ah! c'est vous, monsieur Fidèle, s'écrie la jeune fille.

Dans le cours de ses aventures galantes, le fils du confiseur ne se faisait jamais appeler Bouchenot; il trouvait le nom de son père trop bourgeois; c'était donc sous celui de Fidèle qu'il était connu de mademoiselle Elvina.
— Ma chère amie, n'est-il pas vrai que la consigne ne me regarde pas?
— Mais, au contraire... vous plus que tout autre, répond la femme de chambre; puis elle se penche contre l'oreille du jeune homme, et lui dit en souriant d'un air malin :
— Ma maîtresse est avec son protecteur... et vous entendez bien que, s'il rencontrait des jeunes gens chez elle... son protecteur ne la protégerait plus.
— Ah! je comprends... en effet... oui... cela tombe mal.
— Mon Dieu! comme vous sentez bon, monsieur Fidèle? Est-ce que vous apportiez un sachet à ma maîtresse?... Si vous voulez me le laisser, je le lui remettrai.
— Non, ce n'est pas un sachet... d'ailleurs... je la verrai une autre fois.
— Adieu, monsieur Fidèle!... Oh! ma maîtresse sera bien contrariée de ne pas avoir pu vous recevoir.

M. Lombard.

— Pardieu! elle ne le sera pas plus que moi, je t'en réponds.
Et M. Fidèle s'éloigne en se disant : — Que le diable emporte les protecteurs... et les protégées!... cela commence à devenir très-désagréable... il faut absolument que je mange... Allons, je vais m'acheter un petit pain... un gros petit pain même... Je sais bien que je suis libre d'aller le manger au Palais-Royal, comme je disais ce matin à ces messieurs... alors je croyais plaisanter... exécutons-nous... C'est vrai que j'embaume... mais en ce moment j'aimerais mieux sentir les truffes que l'encens.

Bouchenot est allé jusqu'à la rue Feydeau, où il y a un boulanger fashionable, car nous avons maintenant des boulangers qui vendent des pâtisseries fines, de la crème, qui ont des vins fins, des sirops, des liqueurs; incessamment on trouvera de tout chez eux, excepté du pain.

Bouchenot entre dans la boutique qui est déjà encombrée de monde ; car le temps avait marché, la scène avec le petit marchand de cannes avait été longue, et il était alors une heure passée. C'est le moment où les élégants et les petites maîtresses vont manger des pâtisseries chez le boulanger en vogue. Ce qui semblerait ridicule à des gens de province ne l'est plus à Paris dès que la mode l'a consacré.

Bouchenot a retapé son chapeau le mieux possible, ce qui n'empêche pas que la forme n'en soit bosselée en plusieurs endroits; il l'a enfoncé sur sa tête de manière à cacher ses oreilles, ce qui lui donne un faux air anglais. A l'aspect de plusieurs femmes élégantes qui mangent des gâteaux, M. Fidèle ne veut pas avoir l'air d'un affamé. Il va regarder, les unes après les autres, toutes les pâtisseries de la boutique, murmurant assez haut pour être entendu :

— C'est trop lourd ceci... Oh! je n'aime pas cela... voilà de ceux dont j'ai mangé hier... ceci est trop sucré...

Enfin, Bouchenot met la main sur un pain de gruau, le plus gros qu'il aperçoive, en disant : — Parbleu !... je n'ai jamais mangé de ce gâteau, il a fort bonne mine.

— C'est un pain pour le café, dit la femme placée dans le comptoir. Bouchenot ne fait pas semblant d'entendre, demande le prix, donne quatre sous, puis brusquement en emportant son pain de gruau, qu'il a cassé en deux, afin de le faire entrer plus facilement dans sa poche.

— Irai-je déjeuner au Palais-Royal ou aux Champs-Elysées ? se dit le jeune homme en se retrouvant de nouveau sur la place de la Bourse.

— Ah! ma foi, déjeunons tout de suite... en nous promenant autour de ce superbe monument... élevé au commerce, et où tant de gens vont se ruiner et ruinent les autres... J'ai de très-belles pensées aujourd'hui... C'est que mon déjeuner ne me porte pas à la tête... On va me prendre pour un spéculateur... un agioteur... Si j'achetais de la rente à terme ?... qu'est-ce que je risque ?... mais probablement on ne m'en vendrait pas... Non, non, je ne jouerai jamais à la Bourse !... fi donc! c'est immoral... Déjeunons tranquillement... et cherchons dans ma tête où je pourrai trouver à dîner gratis...

Bouchenot a déjà mangé la moitié de son pain, lorsqu'il aperçoit à quelques pas de lui une boutique de charcutier.

— Parbleu ! se dit-il, je suis bien bon enfant de manger mon pain sec, lorsque j'ai encore quatre sous dans ma poche... Ce n'est plus la peine d'économiser; pour ce qui reste de la pièce de cent sous, je puis aussi bien le dépenser.

Il entre dans la boutique du charcutier, et s'écrie : — Donnez-moi pour quatre sous de jambon... du meilleur !

Pendant qu'on sert le jeune homme, il s'adresse à une autre fille de la boutique :

— Mademoiselle, pourriez-vous, s'il vous plaît, me prêter un verre d'eau... je viens de prendre de l'absinthe, et cela m'a brûlé l'estomac...

— Très-volontiers, monsieur.

On apporte un verre d'eau à Bouchenot, il le boit en se délectant comme s'il avalait du champagne; puis, prenant son jambon, que l'on a enveloppé dans du papier, il met ses derniers quatre sous, et se dispose à achever son déjeuner dans la boutique du charcutier, lorsqu'il voit passer dans la rue une jeune fille dont la figure ronde, fraîche, rose, la tournure dégagée et les formes rebondies flattent singulièrement sa vue.

Aussitôt fourrant son jambon dans une poche de son habit, et le reste de son pain dans l'autre, Bouchenot sort de la boutique, et s'élance sur les pas de la jeune fille, dont il se sent déjà amoureux.

CHAPITRE III. — Une jeune fille et un gros chien.

La jeune fille était vêtue d'une modeste robe de toile de couleur foncée, et qui montait en guimpe, de manière à enfermer hermétiquement ce que, dans un bal ou au théâtre, certaines dames font beaucoup trop voir : car l'excès en tout est un défaut. Un petit tablier à carreaux rouges et noirs, un fichu de soie roulé autour de son cou, un bonnet bien simple, sans fleurs ni rubans, voilà quelle était la toilette de celle dont la première vue avait suffi pour troubler le cœur de Bouchenot. Mais il pensait sans doute qu'une femme gentille et bien faite est préférable, quoiqu'en robe d'indienne, à une femme laide et mal bâtie qui porterait un cachemire et des diamants. La majorité sera de l'avis de Bouchenot.

La jeune fille ne marchait pas seule : à ses côtés allait et venait un énorme chien, à longs poils, à longue queue, à longues oreilles, espèce abâtardie, qui tient le milieu entre le barbet et le chien de berger, et que les amateurs emmènent à la chasse, où ils ne font pas autre chose que se crotter.

Bouchenot a bientôt rattrapé la jeune fille; il marche quelque temps derrière elle en disant :

— Charmante taille... des hanches bien accusées... j'aime ça, moi; au moins l'on sait à qui on a affaire... Le pied cambré... la jambe un peu forte... j'aime ça aussi. Ne me parlez pas d'une petite jambe de chèvre ; quelquefois la suite est bien, mais c'est fort rare. Cette mise... cette allure... ce doit être une couturière ou une plumassière, ou une frangère... n'importe, elle a la fraîcheur d'une pivoine, et je gagerais qu'elle est ferme comme un gland. Ce gros chien est avec elle, à ce qu'il paraît... oui, elle l'appelle... elle se retourne pour voir s'il la suit. Ce sera un excellent prétexte pour entrer en conversation... charmante conquête à faire... et qui efface toutes les Dubillon... surtout lorsqu'elles sont à Pontoise, et qu'on ne peut pas dîner chez elles.

Et Bouchenot se rapproche, et se met à dire très-haut :

— Superbe chien !... beau chien de chasse !... bel animal !... J'en ai peu vu d'aussi bien mouchetés !

La jeune fille n'a pas détourné la tête ; elle continue de marcher en choisissant les pavés. Le chien semble plus sensible au compliment qu'on lui adresse : il se rapproche de Bouchenot, et tourne autour de lui, le nez au vent, et remuant la queue. Le jeune homme lui fait quelques caresses, tout en pressant le pas de manière à se trouver à côté de la demoiselle au petit bonnet.

— Charmante figure !... Quel teint de rose et quelle jolie taille! murmure de nouveau Bouchenot.

Ce compliment reste sans réponse : on n'a pas l'air de l'avoir entendu.

— Est-ce qu'elle croirait que je parle encore de son chien ? se dit l'étudiant en se rapprochant de la jolie fille. Si je ne fais pas la conquête de la demoiselle, en revanche, son chien semble avoir déjà beaucoup d'amitié pour moi... il se fourre sans cesse dans mes jambes... il va me faire tomber, cet animal !...

— Ici, Moustache ! dit la jeune fille, qui, en tournant la tête, s'est aperçue que son chien n'est plus près d'elle.

Moustache obéit un moment à la voix de sa maîtresse ; mais il ne tarde pas à revenir se coller contre Bouchenot.

— Moustache, vous me paraissez une fort bonne bête, dit le jeune homme, et je suis sensible à l'amitié que vous me témoignez ; mais votre maîtresse commande, et vous devez obéir. Si j'avais une maîtresse comme cela, moi, ah ! fichtre ! j'aurais continuellement les yeux sur son jupon.

La jeune fille ne sourcille pas; seulement elle répète : — Ici, Moustache ! que je vous voie me quitter !

— Ah ! nous ne voulons pas rire, nous ne voulons pas répondre ! se dit Bouchenot. Ou c'est une gaillarde qui est au fait de nos roueries, ou c'est une jeune niaise à laquelle on a fait peur des jeunes gens de Paris. Je croirais plutôt qu'elle est de cette dernière catégorie... En avant les grands moyens !... Prenez garde, mademoiselle, vous perdez quelque chose ! s'écrie tout à coup Bouchenot en se précipitant sur les pas de la jeune fille. Celle-ci s'arrête, et se retourne d'un air saisi en balbutiant :

— Ah ! mon Dieu ! qu'est-ce que je perds donc ?

— Ou vous allez la perdre, mademoiselle ; je suis persuadé qu'elle va tomber.

— Quoi donc qui va tomber ?...

— Votre jarretière, si elle n'est pas bien attachée... A Paris, les jarretières se perdent très-facilement.

La jeune fille a la bonhomie de porter ses mains à ses genoux pour s'assurer que rien n'est en danger de tomber ; puis, s'apercevant que Bouchenot la regarde en riant, ses joues deviennent pourpre, ses yeux s'animent, et elle lui dit avec un air de dépit :

— Il faut que je sois bien bête pour vous avoir écouté !.. C'est pour vous moquer de moi que vous m'avez dit cela ?

— Non ! c'était seulement pour savoir si vous jarretiez dessus ou dessous le genou... Maintenant, je vois que c'est dessus, et j'en suis enchanté, parce que ça ne gâtera pas votre jolie jambe !

— Ah ! on m'avait bien prévenue qu'à Paris les hommes cherchaient sans cesse à dire des bêtises aux filles.... Je n'aurais pas seulement dû vous répondre.

— Comment, des bêtises !... parce que je vous dis que vous avez une jolie jambe ?... Je ne l'ai pas vue, mais je la juge d'après le reste, qui est ravissant !... Quels yeux ! quelles dents ! quelle fraîcheur !... O Dieu ! si j'étais assez heureux pour avoir une maîtresse comme vous, je ne la nourrirais que de blanc de volaille et de biscuits !...

— Allons, monsieur, laissez-moi tranquille, et ne m'insultez pas... ou prenez garde à vous !

— Quoi ! mademoiselle, est-ce que je vous insulte en vous parlant de blanc de volaille... en vous disant que je vous trouve adorable ? Il me semble qu'il n'y a rien là-dedans qui puisse vous offenser.

— Vous me dites des bêtises, et voilà tout ; mais ça ne vous avancera à rien. Et si on me taquinait trop, j'ai mon chien que mon parrain m'a donné, qui me défendrait joliment, lui !... Oh ! c'est qu'il est méchant quelquefois !

— Je le crois beaucoup moins méchant que vous... Regardez : il vous quitte pour moi... Ce chien devine que je vous aime ; il me témoigne déjà beaucoup d'attachement.

— Ici, Moustache, ici !

— Ah ! oui, c'est étonnant comme il vous écoute ! Il me paraît qu'il n'y a pas longtemps que votre parrain vous l'a donné.

— Ça ne vous regarde pas !

— Oh ! êtes-vous méchante !... Qui croirait que cette taille de nymphe cache un cœur de granit ?... Vous êtes couturière, n'est-ce pas ?

— Non, monsieur, je ne suis pas couturière.

— Il n'y a rien dans ma supposition qui doive vous fâcher. La couturière est placée très-haut sur l'échelle des grisettes ; elle tient le milieu entre les modistes et les chamarreuses. Le pavé est glissant : si vous vouliez accepter mon bras ?

— Non, monsieur, je ne veux pas de votre bras, et je vous prie encore une fois de me laisser tranquille.

— Il me semble, mademoiselle, que je ne vous empêche pas de suivre votre chemin ?

— Mais vous me parlez, vous me suivez, et ça m'ennuie... On m'a bien défendu de parler à personne dans les rues...

— Qu'avez-vous à craindre, puisque vous avez un chien qui est très-méchant, et qui a l'air de vouloir entrer dans ma poche ?

— Ici, Moustache, ici donc !

— Oh ! c'est absolument comme si vous le chassiez ! Je crois que votre parrain ne vous l'a pas envoyé assez jeune.

La jeune fille se pince les lèvres d'un air de dépit, et fait ce qu'elle peut pour retenir son chien près d'elle ; mais Moustache, après avoir fait quelques pas, revient toujours sur les talons de Bouchenot. Le jeune homme, qui ne se tient pas pour battu, malgré l'air sévère avec lequel elle accueille ses galanteries, continue de marcher sur la même ligne que la demoiselle, lui lançant des œillades auxquelles elle ne répond qu'en lui faisant la moue.

— Je gage que je sais maintenant qui vous êtes, reprend l'étudiant au bout d'un moment. A cette démarche noble, à cette tournure pleine de grâces, j'aurais dû le deviner... Vous êtes culottière... ou vous vendez des allumettes infernales.

La jeune fille se pince les lèvres, et double le pas.

— Ou vous faites des corsets... ou vous reprisez des cachemires... Mais, quel que soit votre état, vous êtes charmante !... Combien je m'estimerais heureux si vous me permettiez de cultiver votre connaissance !...

La jeune fille marche encore plus vite. Bouchenot est presque obligé de courir pour la suivre ; mais il ne se décourage pas, et continue :

— Vous allez bien vite... vous vous ferez du mal. Si vous vouliez vous rafraîchir, accepter quelque chose... une bavaroise... une limonade ?... Les cafés ne sont pas ouverts pour le roi de Maroc. Je serais trop heureux si par hasard vous n'aviez pas déjeuné... cela peut arriver : quelquefois on sort sans avoir déjeuné... Une côtelette et des huîtres, ça ne se refuse pas.

— Monsieur, laissez-moi tranquille !... ou je vais lâcher mon chien sur vous... à la fin !

— Ah ! ah ! belle brune, nous nous fâchons ?... Lâchez tout ce que vous voudrez, je ne me fâcherai pas. Mais je vous préviens que le chien de votre parrain ne me fait pas peur... Ce brave Moustache ! nous sommes déjà très-amis ensemble... Il ne me quitte pas.

En disant ces mots, Bouchenot venait de fourrer sa main dans sa poche droite, où il avait trouvé un morceau de jambon qui était sorti du papier. Comprenant alors la cause de l'attachement que lui témoigne le gros chien, et tout le parti qu'il peut tirer de cette circonstance, il part d'un éclat de rire en reprenant :

— Après tout, Moustache a raison ; c'est que je l'appelle que votre écuyer s'attache à mes pas ; mais puisque cela vous contrarie que je vous parle et que je marche près de vous, je vais aller d'un autre côté ; je suis trop galant et trop bien élevé pour rien faire qui déplaise aux dames. Mademoiselle, j'ai l'honneur de vous saluer.

— Ah ! c'est bien heureux, murmure la jeune fille tout en continuant son chemin du côté de la pointe Saint-Eustache, tandis que Bouchenot, au contraire, revient vers le Palais-Royal, bien certain que le chien ne le quittera plus.

En effet, Moustache continue de marcher sur les talons du monsieur qui a du jambon à même sa poche, et il fourre sans cesse son museau contre le pan de son habit. La jeune fille, après avoir fait quelques pas, s'est aperçue qu'elle n'a plus son chien avec elle : elle se retourne, et le voit dans les jambes du jeune homme qui s'éloigne. Elle appelle Moustache à plusieurs reprises ; Moustache ne quitte pas Bouchenot, qui lui fait tout en criant :

— Ici donc, vilain chien !... Oh ! quel ennui qu'une bête comme ça !... Monsieur, renvoyez-le donc, je vous en prie !

Bouchenot se retourne, et s'arrête en disant :

— Qu'est-ce que c'est, mademoiselle ?... Vous m'appelez, je crois... Je suis à vos ordres..., car, malgré votre air méchant, vous n'en êtes pas moins fraîche comme un paquet de violettes. Accepteriez-vous le déjeuner que je vous ai proposé ?

— Mais non, monsieur ; ce n'est pas vous que j'appelle, c'est mon chien que vous retenez près de vous pour me contrarier.

— Moi, je retiens votre chien !... par exemple, mademoiselle, pour qui me prenez-vous ? Mes moyens de séduction ne se sont jamais dirigés sur les chiens... Voyez, je fais tout ce que je puis pour chasser le vôtre... Allez, Moustache, allez avec cette jolie maîtresse... cette charmante maîtresse !

Moustache jette les yeux d'un air indécis tantôt sur le jeune homme, tantôt sur sa maîtresse. Celle-ci se remet à marcher, il fait quelques pas avec elle ; mais il ne tarde pas à la quitter pour retourner flairer la poche de Bouchenot, qui, sentant le chien dans ses jambes, continue son chemin sans se retourner.

Au bout de quelques minutes, la voix de la jeune fille se fait encore entendre :

— Arrêtez, monsieur ! mais arrêtez donc !... Vous voyez bien que vous m'emmenez encore mon chien !

Bouchenot s'arrête, et regarde en souriant la jeune personne qui court après lui.

— Il me paraît, mademoiselle, que c'est vous qui me suivez maintenant... Eh bien, moi, je n'imiterai pas votre exemple ; je vous réponds que je ne m'en fâcherai pas ! Être suivi par un minois si gentil !... vais-je faire des jaloux ?

— Je ne vous suis pas exprès, monsieur ; c'est cette vilaine bête qui m'y force !... Ah ! s'il ne venait pas de mon parrain, qui m'a dit d'en avoir bien soin, certainement je le laisserais aller !... Ça me serait égal de le perdre !...

— Il est certain que M. Moustache vous défend d'une singulière façon !... Et l'on dit que le chien est l'emblème de la fidélité... voyez quelle imposture !... C'est parmi les hommes qu'il faut chercher des modèles de constance !... Faites-en l'essai, mademoiselle, si toutefois vous ne l'avez pas déjà fait.

— Je ne veux rien essayer, monsieur ; je veux aller où j'ai affaire...

— Si vous me permettiez de vous accompagner, de cette manière je vous réponds que Moustache ne se perdrait pas.

— Non certainement, je ne veux pas que vous veniez avec moi !... pour que l'on me rencontre avec un homme !... ce serait joli !...

— Les hommes sont cependant faits pour aller avec les femmes... Est-ce que vous croyez que nous devons vivre chacun de notre côté ?... Ah ! mademoiselle, vous n'avez donc pas lu l'*Amour conjugal* ?...

— Voyons, monsieur, laissez-moi tranquille, et rendez-moi mon chien, ou je vais me fâcher, à la fin !... C'est embêtant de me faire aller comme ça, aussi !

— Oh ! si nous employons les gros mots, je n'en suis plus !... Embêtant !... Mademoiselle, voilà un terme bien dur ! En vérité, vous me faites de la peine !... Je commence à croire que vous vendez du cirage anglais.

— Je ne puis pas passer mon temps à courir comme ça après vous. On me grondera... et si je perds Moustache, ce sera bien pis !... Hi ! hi !... Je veux mon chien, hi ! hi !...

— Eh bien ! voilà que nous pleurons à présent !... Mais, chère enfant, vous n'avez pas de raison de vous fâcher... Encore une fois, je n'emploie aucun sortilège pour retenir votre chien.

— Mais vous sentez une odeur de musc, de pommade... de je ne sais quoi !... C'est sans doute cela qui attire Moustache.

— Mademoiselle, je porte sur moi un sachet ambré qui me vient en droite ligne de Constantinople ; mais je doute que ce soit ce parfum qui attire votre chien... d'autant plus que M. Moustache n'est pas un chien turc. Au reste, si vous voulez, pour qu'il ne revienne plus à moi, je vais le battre... Je vais lui donner un grand coup de pied dans le dessous de la queue.

— Non, non... ne le battez pas !... Ah ! j'ai un cordon dans ma poche... Je vais le passer à son cou, et l'emmener attaché... Ah ! j'aurais bien dû penser à cela plus tôt !

— Attachez-le, mais ne l'étranglez pas... votre parrain vous en voudrait encore plus... Avec de si jolis yeux... cette taille... cette poitrine... cette jambe... ne pas vouloir causer !... Est-ce que vous avez un amoureux jaloux ?

La jeune fille ne répond pas. Elle vient d'attacher son chien avec un petit cordon, elle le tire et l'entraîne avec elle en courant, ce qui ne semble pas causer un grand plaisir à Moustache ; puis elle tourne dans la première rue qui se présente, afin qu'il n'aperçoive plus celui pour lequel il montre une si grande prédilection.

Bouchenot a suivi la jeune fille des yeux lorsqu'elle détourne la rue ; il se dit : — La suivrai-je ?... Elle est assez gentille, mais elle m'a l'air passablement bête !... Elle serait capable de se mettre encore à pleurer. Oh ! ma foi ! laissons-la... Il ne manque pas de jolies femmes à Paris, et qui ne sont pas toutes si farouches !... Si celle-là avait accepté à déjeuner, pourtant, comment diable m'en serais-je tiré ?... Mais j'étais bien sûr qu'elle n'accepterait pas. Cherchons une promenade ou une rue solitaire pour achever mon déjeuner ; ensuite, j'aviserai aux moyens de trouver à dîner : ce qui vaudra mieux en ce moment que de courir après une jeune fille.

Bouchenot se remet en marche. Il n'a pas fait trois cents pas, qu'il sent quelque chose se frotter contre ses jambes : il regarde... c'est Moustache, qui avait cassé le cordon avec lequel on le tenait en laisse, et était revenu prendre sa place contre la poche dans laquelle était le jambon.

Chapitre IV. — Les cure-dents et les chaînes de sûreté.

— Parbleu ! voilà un chien bien entêté ! dit Bouchenot en s'arrêtant ; il me paraît qu'il a cassé le faible cordon avec lequel on voulait le retenir... Tu aimes donc bien le jambon, Moustache ? Je croirais aussi que ta maîtresse ne te donne pas trop à manger, car tu fais des bassesses pour bien peu de chose !... Le chien derrière moi, la jeune fille ne doit pas être loin... mais je ne la vois plus... Pauvre petite ! je ne veux pourtant pas lui dérober son chien... Voyons, tâchons de la retrouver. Ah ! Moustache, si je fais la connaissance de cette jeune personne, certainement c'est bien à toi que je le devrai !

Bouchenot retourne sur ses pas ; il n'aperçoit point la jeune fille : il prend la rue qu'elle a prise, double le pas, regarde de tous côtés, et s'adresse au chien en lui disant : — Où est cette maîtresse ?

Pour toute réponse, Moustache met ses deux pattes de devant sur le pan de l'habit de Bouchenot, en fourrant son museau contre la poche.

Après une demi-heure de recherches inutiles, Bouchenot se dit : — J'ai fait ce que j'ai pu pour retrouver la maîtresse de Moustache ; s'il me reste, ce n'est certainement pas ma faute. Ma foi ! je le garderai... Je t'adopte, inconstant animal, jusqu'à ce que tu me quittes pour une poche mieux fournie. Si tu appartenais à quelque riche amateur, demain je lirais avec soin les affiches qui promettraient une récompense honnête... voilà même un genre d'industrie auquel je n'avais pas encore songé ; mais je doute que ta maîtresse te fasse afficher, quoique tu lui viennes de son parrain. Et d'ailleurs, la retrouvé-je, tu es trop galant pour ne pas te rendre gratis. En attendant, comme je ne veux pas que tu m'aies suivi pour rien, je vais partager avec toi cette friandise, cause de ton inconduite... et comme ma poche en conservera longtemps le goût, je suis certain que tu ne me quitteras pas ensuite comme ta maîtresse.

Le jeune homme entre dans une allée. Là, il sort de sa poche le jambon, que les coups de tête de Moustache avaient singulièrement endommagé, il en donne quelques bribes au chien, et y joignant un peu de pain, et Moustache fait disparaître tout cela avec une étonnante vélocité. De son côté, Bouchenot termine son déjeuner dans l'allée, où il a l'air de s'être arrêté pour tout autre chose. Ce repas achevé, il se remet en course avec son nouveau compagnon, en lui disant :

— Allons, Moustache, suivez votre nouveau maître !... Si vous faites mine de me quitter, j'ai là, dans ma poche que vous ne flairez pas, deux morceaux de canne dont je me servirai pour vous corriger, car je n'ai pas perdu l'espérance de vous rendre un jour à votre maîtresse... Et qui sait si ce chien ne me conduira pas au bonheur, à la fortune, aux honneurs ?... Tout ricochet dans la vie !... Les plus grands événements ont eu souvent pour causes des aventures plus futiles que l'obstination de ce chien... Ah ! Moustache, si je te dois un jour une position heureuse, sois tranquille, je ne t'oublierai pas !

— Monsieur veut-il des cure-dents ?... Achetez-moi des cure-dents, monsieur !

C'est une petite fille qui marche à côté de Bouchenot, et lui présente toute sa boutique qui est dans une corbeille. Il repousse la corbeille en disant :

— Je n'ai pas besoin de cure-dents, ma petite ; ce serait du luxe !
— Étrennez-moi, monsieur... à un sou le paquet.
— Quand même ce serait à un liard, je ne t'étrennerais pas. D'ailleurs, je porte malheur...
— Oh ! si, monsieur, vous me porterez bonheur, à moi !...
— Je te répète qu'il m'est impossible de t'étrenner.
— Prenez-en un paquet, monsieur !...
— Mais laisse-moi donc avec tes cure-dents !

Bouchenot repoussait la corbeille que la petite fille s'obstinait à lui présenter toujours. Monsieur Moustache, témoin de cette manœuvre, et croyant qu'il y a aussi des comestibles dans la boutique que porte l'enfant, saute tout d'un coup sur la corbeille, et avec ses deux pattes de devant jette à terre toute la marchandise qu'elle renfermait ; puis, pendant que la petite crie et ramasse ses cure-dents, il happe avec ses dents la corbeille qui est restée à terre, et se met à courir comme si on l'avait éreinté de coups.

Bouchenot ne peut s'empêcher de rire en voyant le chien fuir avec la corbeille dans sa gueule ; il aide l'enfant à ramasser ses cure-dents, et lui dit :

— Tu vois ce que c'est que de harceler les gens ; cela a mis mon chien de mauvaise humeur... il n'aime pas les cure-dents.
— Mais, monsieur, appelez-le donc pour qu'il me rende ma corbeille !
— C'est un animal fort mal élevé... il n'écoute jamais la voix de son maître ; Moustache ! Moustache !... Tu vois qu'il court toujours. Console-toi : ta corbeille valait bien deux sous ; quand je repasserai par ici, je t'en donnerai trente. Aujourd'hui, je n'ai pas de monnaie.

En disant cela, Bouchenot poursuit son chemin, persuadé que cette fois il a aussi perdu le chien. Mais, contre son attente, après avoir marché quelque temps, il entend trotter derrière lui : c'était Moustache, qui tenait toujours la corbeille dans ses dents.

— Voilà un singulier animal !... dit Bouchenot. Ah ! tu voles les corbeilles ! Le parrain de ta maîtresse t'a donné une éducation bien vicieuse, à ce qu'il me semble... De quoi ai-je l'air, moi, maintenant ?... d'un aveugle dont le chien est dressé à recevoir la recette... N'importe, tâche de faire une recette, Moustache, et je ferai faire ton buste, comme celui du chien de Montargis... Ah ! me voilà devant la maison de M. Lombard, cet homme d'affaires qui m'a aidé à vendre tout ce que m'avait laissé mon père. Il est à son aise, le gaillard, et il m'a plusieurs fois engagé à aller lui demander à dîner... Il est vrai que quand j'y suis allé dans cette intention il était toujours sorti, cette fois, je ne le manquerai pas, car je l'aperçois qui rentre chez lui.

Bouchenot court au-devant d'un monsieur d'une cinquantaine d'années, tournure assez commune, figure longue, maigre, nez en bec de corbin, et portant des besicles derrière lesquelles on aperçoit des yeux qui semblent de verre.

— Ah ! bonjour, papa Lombard !... dit Bouchenot en allant frapper sur l'épaule du monsieur, qui le regarde d'un air équivoque, puis fait semblant d'être content, et répond :
— Tiens, c'est l'ami Bouchenot !... Enchanté de vous voir... Comment vous portez-vous, mon cher ami ?... Je pensais à vous ce matin ; je me disais : — Il y a bien longtemps que je n'ai vu ce cher Bouchenot.
— Parbleu ! monsieur Lombard, quand je viens chez vous, on me dit toujours que vous êtes sorti...
— Ah ! je sors beaucoup ; j'ai tant d'affaires !... Et vous ?
— Moi, je n'en ai pas du tout, malheureusement !... Vous devriez bien m'en procurer... Vous m'aviez dit, monsieur Lombard, que vous penseriez à moi...
— Sans doute... je ne demanderais pas mieux... Je sais que vous avez des talents, de l'activité...
— Oh ! pour de l'activité, vous devez vous rappeler que je n'ai pas été longtemps à manger ce que mon père m'avait laissé !...
— Enfin, vous savez votre code... vous sauriez plaider ; mais c'est que vous n'avez pas encore été reçu avocat !
— Qu'est-ce que ça fait, monsieur Lombard ? il y en a tant qui sont avocats, et qui ne plaident pas.
— Vous n'êtes pas connu, voilà le malheur...
— Parbleu ! si j'étais connu, ce serait peut-être encore plus malheureux.
— C'est égal, je vous trouverai de l'occupation ; comptez sur moi, mon ami. En attendant, il faudra venir un de ces jours me demander à dîner. Au revoir, mon cher Bouchenot.
— Eh ! mais, dites donc, papa Lombard, s'écrie Bouchenot en se pendant au bras du monsieur, qui allait entrer dans sa maison, ça ne va, pas plus tard qu'aujourd'hui ; je viens dîner avec vous sans façon... ou avec des façons, ce sera comme vous voudrez : moi, je m'accommode de tout.

Le monsieur ne répond pas, son nez s'allonge un peu plus et semble vouloir s'introduire dans sa bouche ; puis tout d'un coup il s'écrie en regardant Moustache :

— Ah ! voilà un drôle de chien !... il est fort plaisant avec cette corbeille dans sa gueule... Est-ce à vous, ce chien ?
— Oui, c'est à moi... momentanément ; il m'a été confié... Je vous disais donc, papa Lombard, que...
— Pourquoi tient-il cette corbeille dans ses dents ?
— C'est pour un tour qu'il s'est appris à lui-même ; c'est un chien savant... Est-ce que vous voulez l'acheter ?
— Moi ! oh ! je déteste les animaux !...
— Ainsi, c'est convenu, papa Lombard, nous dînons ensemble...
— Oui, mon ami, un de ces jours, venez me trouver... entre quatre et cinq...
— Ce n'est pas un de ces jours, c'est aujourd'hui que je viens dîner avec vous.
— Aujourd'hui, mon ami, ah ! pardon ! je n'avais pas bien entendu ! Aujourd'hui, c'est impossible ; je dîne en ville...
— Vous dînez en ville ! mais vous rentriez chez vous ?
— Je rentre pour m'habiller, puis je vais ressortir ; on m'attend... Au revoir, mon cher Bouchenot ; à une autre fois... entre quatre et cinq...

M. Lombard est rentré dans sa demeure après avoir secoué fortement la main de Bouchenot, et celui-ci s'éloigne en se disant :

— Encore une espérance trompée !... Hum !... vilain ladre !... tu me secoues la main comme un prunier, et tu n'as pas la moindre amitié pour moi !... Tu m'as aidé à me ruiner en m'achetant à vil prix ce que mon père m'avait laissé, et maintenant que tu ne peux plus me gruger, tu refuses à dîner !... car je vois bien que tes invitations ne sont que des attrapes. Oh ! les hommes... ce n'est pas du Pérou que leur connaissance !... les femmes, à la bonne heure !... Si on se ruine avec elles, au moins on y a trouvé du plaisir. Viens, Moustache... viens ; laissons là cet égoïste !... Je suis fort fâché que tu ne lui aies pas pris quelque chose, à lui, ou au moins que tu ne lui aies pas mordu les mollets... mais je crois qu'il n'en a pas. Dirigeons nos pas vers une demeure hospitalière, si toutefois il y en a pour les gens qui n'ont pas le sou ; car, en général, c'est toujours à ceux qui n'ont besoin de rien que l'on offre quelque chose... Dieu ! comme j'ai de belles pensées !... comme l'adversité ouvre l'esprit !... Je devrais écrire des *maximes*.

Bouchenot s'est remis en marche, mais son pas n'est plus aussi léger ; sa tournure n'a plus cette vivacité, cette assurance qu'il possédait en quittant ses deux amis : c'est que la journée s'avance, et qu'elle n'a pas été heureuse pour celui qui voyait tout en rose lorsqu'il avait encore cinq francs dans sa poche et de douces espérances en perspective ; ensuite, c'est que l'appétit se faisait sentir de nouveau... le déjeuner était déjà loin. La digestion se fait vite lorsqu'on marche continuellement, et depuis le matin le pauvre garçon prenait de l'exercice. On a beau avoir de la gaieté dans l'esprit et de la philosophie dans le caractère, les coups du sort aigrissent l'humeur, les injustices froissent le cœur, et la vue d'une foule de gens indifférents à nos peines, ou prêts à nous refuser leur service, n'est pas faite pour adoucir nos chagrins. En général, la solitude, la campagne, voilà ce qui convient le mieux dans ces moments où le sort semble se plaire à nous accabler ; car c'est quelque chose encore que de pouvoir froncer le sourcil et faire la moue en liberté, sans qu'une foule d'importuns, qui ne feraient rien pour vous obliger, viennent vous demander : Qu'est-ce que vous avez ?

— Allons, secouons ces idées noires qui viennent m'assaillir, se dit Bouchenot au bout de quelque temps. Je n'ai pas un sou !... Parbleu, ce n'est pas la première fois que je me trouve dans cette position, je m'en tirerai !... ou j'y resterai ; qu'importe, pourvu que je trouve à dîner ?... voilà le point essentiel maintenant. Madame Dubillon, la céleste Elvina et le vieux coquin de Lombard m'ont fait faux bond, mais il me reste la famille Monflacon !... Oh ! respectable famille Monflacon !... c'est vers vous maintenant que se tournent toutes mes espérances !... Braves bourgeois du Marais, je vous vénère, je vous respecte. Vous ne mangez pas de dindes aux truffes, mais votre pot-au-feu et vos lentilles me seront cent fois plus salutaires. Les Monflacon sont terriblement bêtes, c'est vrai. Le papa ne voit que par sa femme, madame ne voit que par son fils, et ce fils est un petit bonhomme de six ans, fort maussade, fort laid et fort méchant, qui crachait sur mon pantalon et me jetait ses quilles dans les jambes toutes les fois que j'allais voir ses chers parents. C'est égal, aujourd'hui je le trouverai charmant, aimable, espiègle ; je jouerai aux quilles avec lui, et l'on m'invitera à dîner. Dirigeons-nous du côté de la rue des Francs-Bourgeois, c'est loin... mais j'ai de bonnes jambes... A la rigueur, je pourrais me mettre à cheval sur Moustache... mais à Paris on s'étonne de si peu de chose, que tous les gamins seraient capables de courir après moi. Contentons-nous de me faire suivre par mon écuyer.

Bouchenot double le pas. La perspective d'un dîner a donné à sa démarche cette assurance, cette vivacité qu'elle avait perdues. Il est enchanté de s'être rappelé la famille Monflacon, chez laquelle on lui a toujours fait mille politesses, et où il a dîné plusieurs fois, parce qu'avant d'avoir entièrement mangé le fonds de boutique de son père, il avait porté quelques boîtes de dragées au petit Monflacon.

En passant sur les boulevards, Bouchenot a dû prendre pour aller au Marais, Bouchenot est arrêté de nouveau par un petit monsieur en casquette qui lui crie :

— Monsieur, achetez-moi une chaîne superbe... la sûreté des montres... Voyez, monsieur, belle chaîne... Tout ce qu'il y a de plus beau... en or, en acier... trois francs dix sous...

— Laisse-moi tranquille avec tes chaînes ! s'écrie Bouchenot en repoussant avec humeur la marchandise qu'on lui présente. Est-ce que tous les brocanteurs de Paris se sont donné le mot aujourd'hui pour être après moi ?... Je me souviens de la canne de ce matin !... elle a commencé la série de toutes mes infortunes.

— Voyez, monsieur, une belle chaîne, bien solide ; avec ça on ne vous volera pas votre montre.

— Je n'ai pas de montre... Je ne crains pas que l'on me la vole.

— Eh bien, monsieur, vous y pendrez votre lorgnon.

— Je n'ai pas de lorgnon.

— Vous la mettrez sur votre gilet, monsieur... C'est le dernier genre...

— Ah ! si tu ne me laisses pas tranquille, je vais lâcher mon chien sur toi !...

Et Bouchenot repoussait encore le marchand de chaînes de sûreté, qui s'obstinait à lui présenter sa marchandise. En ce moment Moustache, qui depuis quelques instants tournait et retournait autour de son nouveau maître, lâche tout d'un coup la corbeille que l'homme tenait encore à ses dents, puis se met à sauter sur le marchand en donnant un grand coup de tête à travers toutes les chaînes de sûreté.

Bouchenot part d'un éclat de rire, et le marchand effrayé bat en retraite en disant des injures au maître et au chien.

— Bravo, Moustache ! bravo, mon brave compagnon ! dit Bouchenot en poursuivant sa route. Tu me débarrasses promptement des importuns... Peste ! tu es un gaillard, tu ne souffres pas que l'on te barre le passage... C'est bien, je suis content de toi ; avec un chien comme cela je traverserais la forêt de Bondy sans sourciller.

Moustache semble flatté des éloges qu'on lui adresse, car il court en avant, puis revient le museau en l'air et en remuant la queue, regarde Bouchenot et se place devant lui. — Ce qui me fait surtout plaisir, dit le jeune homme en regardant le chien, c'est que dans cette nouvelle affaire tu as abandonné la corbeille aux cure-dents... Tu as fort bien fait, Moustache, cette corbeille te donnait l'air d'un chien d'aveugle, et quoique ce soient des animaux fort estimables, cela me mettait, moi, dans une fausse position. Ah ça ! mais... c'est singulier... en perdant la corbeille, il me semble qu'il a pris autre chose... Qu'est-ce qui brille donc comme cela à son cou ?... Moustache !... ici... ici tout de suite !

Le chien s'arrête, et Bouchenot s'aperçoit alors que le valeureux Moustache a autour du cou une des chaînes de sûreté que le marchand tenait à sa main. En se jetant à travers la marchandise, le chien avait passé sa tête au milieu des chaînes, qu'il avait détachée des autres, et en se sauvant pour éviter le chien, le petit homme à la casquette ne s'était point aperçu qu'il avait une chaîne de moins.

— Oh ! voilà qui vaut beaucoup mieux que la corbeille ! dit Bouchenot en riant, ma foi, je ne courrai pas après le marchand pour lui rendre sa chaîne... Moustache l'a bien gagnée ; et, après tout, si ce jeune homme m'avait laissé passer mon chemin comme je l'en priais, il n'aurait pas perdu sa marchandise. Allons, Moustache, te voilà avec un collier superbe... c'est le cas de te présenter à la famille Monflacon.

Bouchenot se remet en route, et le chien trotte à ses côtés en secouant à son cou la chaîne de sûreté.

Chapitre V. — La famille Monflacon et les paillasses.

M. Monflacon avait cinquante ans, il s'était marié tard à une demoiselle qui était en retard aussi ; ils n'avaient eu un enfant qu'après six ans de ménage, et lorsque l'âge de madame Monflacon commençait à lui ôter l'espérance de devenir mère : de là cette faiblesse que les parents montraient pour ce rejeton que la nature leur avait aussi tardivement accordé. L'enfant était fort laid, et ils le trouvaient beau comme un Amour. Tout cela est fort naturel et fort excusable ; un enfant doit toujours être beau pour ses parents, qui le voient autant avec leur cœur qu'avec leurs yeux. Mais le petit Stanislas Monflacon était méchant, hargneux et sournois ; et, au lieu de s'occuper à le rendre meilleur, on lui pardonnait ses défauts, dans lesquels on s'efforçait de trouver des qualités : ici l'amour paternel allait évidemment trop loin.

Bouchenot est arrivé rue des Francs-Bourgeois à la nuit tombante ; mais, quoique habitants du Marais, les époux Monflacon ne dînaient point de bonne heure. Le petit Stanislas ayant l'habitude de faire deux ou trois déjeuners, qu'il prolongeait à sa fantaisie, il s'ensuivait que lorsque l'heure du dîner arrivait, l'enfant n'avait pas faim, on retardait l'instant des repas pour attendre que le petit Monflacon eût de l'appétit.

Bouchenot est entré, il monte l'escalier suivi de Moustache, dont le collier brille et jette un éclat qui fait mal aux yeux.

C'est M. Monflacon lui-même qui ouvre au jeune homme ; en l'apercevant il pousse une exclamation de joie.

— Eh ! c'est l'ami Bouchenot !...

— Moi-même, mon cher monsieur Monflacon.

— Il y a un siècle que nous ne vous avons vu !...

— C'est vrai, il y a bien longtemps... mais à Paris, vous savez, on a tant d'affaires... Et comment se porte madame ?...

— Entrez donc, vous allez la voir.

— Et monsieur votre fils ?

— Il est là... qui joue près de sa mère. Oh ! vous allez voir comme il est grandi... c'est un homme maintenant.

Bouchenot passe dans un petit salon, où madame Monflacon, femme de quarante et quelques années, qui n'avait jamais été jolie, mais qui avait toujours été bête, était assise dans un fauteuil, tenant dans ses mains des cartes que monsieur son fils prenait plaisir à jeter à terre lorsque sa maman les avait toutes ramassées, et que la maman avait la constance de toujours ramasser quand son fils les avait jetées sur le parquet.

Le petit Stanislas était alors à quatre pattes dans la chambre, les joues barbouillées de raisiné, et mâchant encore les restes d'une tartine dont les débris étaient épars à ses côtés.

— C'est notre ami Bouchenot, que nous n'avions pas vu depuis longtemps, dit M. Monflacon en ouvrant la porte du salon.

Bouchenot fait de profondes salutations à madame, puis, en homme qui sait son monde, il se tourne vers le petit Stanislas, et s'écrie :

— Ah ! Dieu, le joli enfant ! le beau garçon !... Est-il grandi !... Oh !... c'est incompréhensible comme il est grandi ! c'est un homme... et quelle force !... Il est superbe !...

— N'est-ce pas qu'il est bien renforci ? dit madame Monflacon en faisant sa bouche en entonnoir, ce qui était sa manière de sourire lorsqu'on faisait des compliments à son fils.

— C'est-à-dire qu'il est... je ne sais pas l'âge qu'il a, mais on lui donnerait dix ans.

— Il n'en a que six et demi dans trois mois, dit le papa en faisant

jabot ; mais le fait est que c'est un gaillard... Ah çà, mon cher Bouchenot, vous allez dîner avec nous... j'espère...
— Ah! vous êtes bien bon... je ne venais pas pour cela... je croyais que vous aviez dîné.
— Nous, nous dînons fort tard, et puis Stanislas a mangé du pain et du raisiné il n'y a pas longtemps, et nous aimons mieux attendre qu'il ait faim.
— Eh bien, je dînerai avec vous, alors... mais point de façons, je vous en prie!... Ah! je ne reviens pas de votre fils... il est superbe.
— Ma chère amie, va donc dire à ta bonne de nous faire une petite friandise pour le dessert.
C'était le nouveau compliment que Bouchenot venait d'adresser à l'enfant qui lui valait ce plat de dessert; connaissant la manière qu'il fallait employer pour que l'on soignât le dîner, Bouchenot allait trouver de nouvelles beautés à Stanislas, lorsque tout à coup l'enfant se relève vivement en poussant un cri.
C'était Moustache, qui, après s'être arrêté quelques instants dans l'antichambre, venait d'entrer dans le salon, et s'était placé subitement devant l'enfant.
Le père et la mère ont pâli ; ils regardent leur fils pour tâcher de connaître la cause de son effroi ; mais l'enfant leur montre le chien en murmurant :
— Ah! ce tou-tou... ce gros tou-tou !
— Vous avez un chien ? dit madame Monflacon d'un air indécis.
— Est-ce que cet animal est à vous ? dit le papa en cherchant à lire dans les yeux de son fils.
Mais avant que Bouchenot ait répondu, le petit garçon s'était déjà rapproché de Moustache, et lui donnait de petites tapes sur le dos en disant : — Il est beau, le toutou !... Ah! j'en voudrais un comme ça, moi ; je jouerais bien avec lui.
M. et madame Monflacon reprennent leur air aimable en voyant que le chien plaît à leur fils.
— Oui, c'est un chien que j'ai depuis peu de temps, dit Bouchenot, c'est un cadeau que l'on m'a fait... Oh! il est très-doux quand on ne me taquine pas ; mais si l'on m'attaquait, il prendrait bien vite ma défense.
— Il est très-beau, ce chien ! dit madame Monflacon en voyant son fils jouant avec Moustache ; il a une bien belle tête !
— C'est, je crois, un chien de Terre-Neuve ? dit M. Monflacon en caressant aussi Moustache.
— Non, non... il n'est pas d'une aussi illustre famille... mais il n'est pas mal... Et puis il a des qualités : il emporte... c'est-à-dire, il rapporte parfaitement.
— Vous lui avez mis un collier bien élégant !... Diable ! une chaîne en or !
— Oh! en or !... Vous entendez bien que cela n'en a que le brillant !...
— C'est égal, c'est fort joli, fort distingué. Comment nommez-vous votre chien ?
— Moustache.
— Viens ici, Moustache ! Oh! qu'il a l'air bon enfant, Moustache ! Bouchenot, qui s'aperçoit que l'on oublie le dîner, s'empresse de changer la conversation en s'écriant :
— Je ne me lasse pas de regarder votre fils... Les beaux yeux !... Quelle malice dans ce regard !... Il ressemble beaucoup à sa mère... et pourtant il a tous les traits de son père !
— Oui, je crois qu'il nous ressemble, répond madame Monflacon en faisant encore à sa bouche un entonnoir.
— Eh bien! nous allons donc à ce dîner, dit M. Monflacon. Ah! fais-nous faire des beignets... Bouchenot doit les aimer, et Stanislas en est fou.
— Moi, j'aime tout ; mais, pas de façons, je vous prie !... Ah! petit Stanislas, tu feras bien des passions, je te le prédis !
Madame Monflacon a quitté le salon pour aller donner des ordres à sa domestique. Bouchenot va s'asseoir devant le feu, se disant à lui-même : — Cela va bien. Je vais enfin faire un bon repas ; ça ne peut plus me manquer. Moustache a plu au jeune Monflacon : c'est fort heureux; sans cela, je ne sais pas trop si l'on m'aurait gardé à dîner.
M. Monflacon, qui voit son fils fort en train de jouer avec Moustache, a été s'asseoir à côté de Bouchenot, et lui frappe amicalement sur le genou en lui disant :
— Mon ami, j'ai de grands projets pour l'éducation de mon fils, pour son avenir.
— Ah! vous avez de grands projets ?
— Oui, je veux faire de Stanislas un grand homme.
— Au fait... si ça ne dépend que de vous.
— Mon fils a tout ce qu'il faut pour faire un génie.
— J'en suis déjà persuadé.
— Il a toutes les bosses qui annoncent l'esprit, la facilité, le jugement, la sagacité...
— Diable !...
— Je l'ai fait tâter par un phrénologue très-savant dans cette science... il a été en admiration devant les bosses de mon fils
— Vraiment !

— Il lui en a trouvé une monstrueuse pour l'intelligence ; la tête de cet enfant est toute couverte de montagnes !...
Un cri aigu poussé par le petit Stanislas interrompt la conversation.
— Est-ce que l'enfant se serait fait une nouvelle bosse ? se dit Bouchenot en se retournant ; mais le cri du petit garçon venait d'une autre cause.
Pendant son père causait avec Bouchenot, le jeune Monflacon n'avait pas cessé d'agacer le chien ; Moustache, qui semblait fort patient en repos, le jeune Monflacon s'était pendu après la chaîne et les enfants, endurait sans murmurer les caresses parfois un peu brutales du petit garçon. Mais M. Stanislas ayant voulu s'emparer de la chaîne brillante qui entourait le cou du chien, celui-ci s'était fâché. Des grognements sourds avaient averti l'enfant qu'on ne lui céderait pas l'objet qu'il voudrait avoir ; mais, au lieu de laisser Moustache en repos, le jeune Monflacon s'était pendu après la chaîne en la tirant de toutes ses forces ; alors le chien, sautant sur lui, avait happé son pantalon, et, avec un de ses crocs, égratigné le derrière du petit bonhomme.
Aux cris de son fils, M. Monflacon s'est levé, et madame est accourue l'air effaré, le regard inquiet.
— Qu'y a-t-il ? demande la maman; qu'est-il donc arrivé à ce cher bijou ?
— Qu'as-tu, mon fils ? dit M. Monflacon en courant au petit garçon ; celui-ci crie comme un damné en montrant à ses parents son postérieur et son pantalon déchiré.
— Il s'est laissé tomber, et il aura déchiré son pantalon ! dit vivement Bouchenot, qui craint que la scène ne tourne mal.
— Non, non... c'est son chien !... son méchant chien qui m'a mordu là !... hi, hi, hi ! s'écrie le petit garçon en pleurant encore plus fort.
— Ah! mon Dieu ! serait-il possible ! dit madame Monflacon en prenant son fils dans ses bras : ce méchant chien t'a fait du mal !... oh ! mais c'est affreux ! c'est une horreur... Pauvre cher ami !... je crois que sa petite fesse est endommagée !...
M. Monflacon court examiner la partie blessée, et, fronçant le sourcil, il se tourne vers Bouchenot en lui disant :
— Monsieur, je trouve bien extraordinaire que vous ameniez chez moi un animal qui se porte à de tels excès sur mon enfant.
— Eh! mon Dieu, mon cher monsieur Monflacon, dit Bouchenot, vous faites là une grande affaire de fort peu de chose ; votre petit garçon aura trop taquiné Moustache... qui s'est un peu fâché... voilà tout !... mais quand on laisse ce chien tranquille, il ne dit rien à personne.
Comme l'enfant continue de pleurer, on n'écoute pas Bouchenot.
— Il faut aller chercher quelque chose chez le pharmacien, dit madame Monflacon, il faut soulager cet enfant... Après ce qui vient de se passer, certainement je ne songe plus à dîner.
— Oh ! ni moi non plus, dit M. Monflacon en se pinçant les lèvres avec une intention marquée ; quand mon fils pleure, je serais un tigre si je pensais à dîner... Je vais envoyer chez le pharmacien.
— Mais vous voyez bien que votre fils n'a rien, reprend Bouchenot, qui voudrait réparer la sottise de son chien. Allons, Moustache, allons vite, demandez pardon au petit garçon... Sautez pour ce joli Stanislas !...
Et Bouchenot, levant plusieurs fois la main en l'air en regardant Moustache, veut lui faire faire quelque gentillesse, persuadé qu'il parvient à faire rire l'enfant, l'accident de la culotte sera vite oublié. Malheureusement le chien prend mal les gestes de son maître ; ennuyé peut-être d'avoir été longtemps taquiné, étourdi par les cris, les plaintes qu'il entend autour de lui, et se figurant que Bouchenot l'excite à le défendre, Moustache s'élance sur madame Monflacon, et pose ses pattes de devant sur cet endroit que les nourrices ne craignent point de montrer en public, mais que la mère du petit Stanislas cachait avec beaucoup de soin, parce qu'elle n'avait rien à faire voir.
En sentant les pattes de Moustache sur son sein, madame Monflacon pousse des cris horribles, et semble près de se trouver mal. Le petit Stanislas beugle de plus belle, et M. Monflacon court prendre des pincettes et en donne de grands coups sur le dos de Moustache, en s'écriant :
— C'est épouvantable !... quelle indécence !... Retenez donc votre chien, monsieur... il met ses pattes où jamais personne n'a osé porter la main !...
— Si vous le battez ainsi, il va faire bien d'autres sottises !...
— Quelle horreur !... un animal prendre le sein de mon épouse !...
— Il n'a rien pris du tout, monsieur, j'en suis persuadé.
Cependant, pour se soustraire aux coups de pincettes, Moustache se sauve sur un sofa, de là il saute sur un guéridon, faisant tomber les tasses et la théière d'un assez joli cabaret de porcelaine dont les époux Monflacon ne se servaient que le premier jour de l'an ; puis, sautant de nouveau à terre, Moustache va prendre avec ses dents un gros polichinelle que l'on avait donné la veille au petit Stanislas, et auquel l'enfant n'avait encore cassé que le bras et le nez.
— Mon porrichinel ! crie le petit garçon en devenant pourpre de colère et faisant des grimaces horribles ; il m'emporte mon porrichinel !...

— Viens, mon fils, tu en auras trois demain. Sauvons-nous, dit la maman; si monsieur reste un instant de plus ici avec son chien, moi, je déclare que je déserte la maison.

En achevant ces paroles, madame Monflacon quitte le salon et emporte son fils. Quant à M. Monflacon, après s'être armé de la pelle et de la pincette, il se pose majestueusement devant Bouchenot, et lui dit :

— Vous avez entendu mon épouse, monsieur; j'espère que vous ne la forcerez pas à déserter son domicile. Quand on a un si méchant animal, on ne se présente pas chez des personnes qui ont des enfants. Je vous souhaite le bonsoir, monsieur.

— Eh! mon Dieu, monsieur, quand on a un enfant si laid, si méchant et si mal élevé que le vôtre, on doit nécessairement se brouiller avec toutes ses connaissances. Bonjour, bonsoir, bonne nuit!

Et Bouchenot s'éloigne brusquement, laissant M. Monflacon tout stupéfait de ce qu'on a osé dire de son fils.

— Allons, sacrebleu! il est dit que je ne dînerai pas aujourd'hui! s'écrie Bouchenot lorsqu'il se trouve dans la rue. Cette fois c'est ce maudit chien qui en est cause... Mais aussi vit-on jamais une famille plus bête que celle de ces Monflacon? Avec tout cela je ne vois plus où je pourrai me présenter, je suis au bout de mon rouleau. Voilà la nuit, il est sept heures passées... allez donc dîner en ville à cette heure-là... tout le monde a dîné... tout le monde... excepté ceux qui sont dans ma position. Diable de Moustache, va!... et pourtant je ne puis pas m'empêcher de rire quand je me rappelle le tableau de tout à l'heure, au moment où ce polisson de chien avait posé ses pattes sur ce que M. Monflacon appelle le sein de son épouse!... Ah! ah!... si j'étais peintre, si j'avais, comme *Biard*, le talent de rendre au naturel des scènes comiques... l'art, si rare en peinture, de faire rire sans cesser d'être vrai, certainement, je ferais le tableau de la famille Monflacon... mais je ne sais pas peindre... je ne sais pas la musique... je ne sais pas grand'chose, au fait! et quand je dis que je suis étudiant, c'est une mauvaise plaisanterie, car je n'ai jamais étudié!... Je commence à m'apercevoir qu'il est assez difficile de faire fortune quand on ne sait rien... O mon pauvre père! qui m'avez laissé une assez honnête aisance en vendant des dragées!... pourquoi m'avez-vous pas été plus sévère avec votre fils?... pourquoi, au lieu de me croire un petit génie lorsque je disais toutes les sottises qui me venaient à la tête, ne m'avez-vous pas corrigé, puni, mis au pain et à l'eau pour me forcer à faire mes devoirs?... pourquoi avez-vous toléré mes habitudes de fainéantise... de gourmandise... habitudes qui ne tardent pas à devenir une seconde nature, et que l'on ne peut plus surmonter quand on est parvenu à l'âge de faire sa barbe?... Ah! c'est que vous m'aimiez beaucoup, et que vous étiez faible... c'est que vous aviez pour votre petit *Fidèle* les mêmes yeux que M. Monflacon a pour son Stanislas... qui probablement deviendra un mauvais sujet comme moi. La seule différence en ma faveur, c'est que j'étais gentil, et que M. Stanislas sera toujours fort laid. Mais ne croyez pas que je vous accuse, ô mon pauvre père! ce ne sont point des reproches que je vous adresse, ce sont tout simplement des réflexions que je fais. La bonté des pères n'autorise pas la mauvaise conduite des enfants... ceux-ci devraient au contraire redoubler d'efforts pour se rendre dignes de cet amour qu'on leur témoigne... mais, au lieu de cela, ces petits génies qui savent tout ne font rien que des dettes, et appellent leurs parents *ganaches*!

Le jeune homme marchait toujours; il était encore revenu sur les boulevards. Il se trouvait alors près de la rue des Filles-du-Calvaire. Moustache trottait fidèlement à deux pas de la poche qui sentait encore le jambon; il tenait dans ses dents quelque chose qu'il n'avait pas lâché depuis qu'on était sorti de chez la famille Monflacon.

Bouchenot se retourne, et pour la première fois remarque ce nouveau trophée conquis par le chien : c'était le polichinelle du petit Stanislas.

— Ah! tu as encore emporté quelque chose, Moustache! dit Bouchenot en caressant l'animal, qui relève la tête et semble montrer avec fierté à son nouveau maître ce qu'il tient dans sa gueule. Décidément, mon ami, tu as la bosse du vol... ou bien ceux auxquels tu appartenais t'ont lancé à dessein dans la carrière du crime... Je voudrais bien savoir à qui tu appartiens... car je ne regarde pas comme ta maîtresse cette jeune fille avec laquelle je t'ai rencontré; je suis persuadé qu'il n'y avait pas longtemps que son parrain t'avait donné à elle. Ce parrain doit être un chef de brigands, d'après l'éducation qu'il avait donnée à ce chien. Avec tout cela, j'ai envie d'aller chercher dispute à un pâtissier, et pendant la querelle tu emporteras quelque chose de plus nourrissant que des colliers en cuivre, des corbeilles et des polichinelles. Mais non... je suis honnête, moi, quoique je n'aie pas le sou... ce qui est bien plus méritant que d'être honnête quand on est riche; et si tu continues à vous conduire avec aussi peu de délicatesse, je vous préviens, Moustache, que je me servirai des deux morceaux de canne que je porte précieusement dans ma poche pour faire un feu de joie de lui... en guise de souper. Mais que vois-je de l'autre côté du boulevard?... des paillasses,... des bateleurs... des parades... Allons écouter la parade... c'est un spectacle qui ne coûte rien; et dans la foule je n'ai pas peur d'être volé.

Bouchenot traverse le boulevard et se mêle à la foule rassemblée devant une grande maison de toile, à laquelle était attaché un grand tableau qui se roulait et se déroulait sur un manche à balai. Ce tableau représentait le *nouveau monde*. On y voyait une quantité prodigieuse de personnages, d'animaux, d'arbres et de fleurs. Les fleurs y étaient aussi grandes que les arbres, et les animaux beaucoup plus gros que les hommes, et ceux-ci avaient la tête couverte de cheveux blancs comme de la neige, qui leur descendaient jusqu'aux talons.

Un homme, monté sur des tréteaux placés contre l'entrée de la maison de toile, expliquait le tableau en frappant dessus avec une grande baguette. Cet homme avait une vieille redingote dont on ne distinguait plus la couleur, un mauvais chapeau rond presque sans bords, et portait d'énormes moustaches qui se rejoignaient avec ses épais favoris.

Pendant qu'il parlait au public, deux hommes habillés l'un en paillasse, l'autre en marquis, s'exerçaient sur le tréteau à une danse dont ils inventaient probablement les figures, et se permettaient mille charges, où la décence était rarement observée. Enfin, dans le coin du tréteau se tenait une jeune femme habillée en espèce d'amazone, et coiffée en turban, qui jouait du violon pour faire sauter le paillasse et le marquis.

La foule écoutait peu l'orateur, elle aimait mieux regarder la danse, et elle accueillait par de gros rires chaque pose érotique des danseurs; cependant le monsieur en redingote n'en continue pas moins de pérorer en frappant de sa baguette sur le tableau.

— Messieurs et mesdames, ceci est le *nouveau monde* que nous avons l'honneur de vous faire voir, avec les personnages et animaux vivants, qui en ont été rapportés par un célèbre navigateur suisse, qui a voulu continuer les recherches du fameux et illustre Lapeyrouse, que vous avez tous connu comme moi. Les personnages que vous voyez sur le tableau sont des albinos; leurs cheveux sont blancs, longs et épais... vous pourrez vous en assurer vous-mêmes... vous pourrez les toucher, les palper, en emporter même une mèche pour vos femmes, vos enfants ou vos maîtresses. Vous voyez les albinos combattre et terrasser des animaux quatre fois plus forts qu'eux!... Dans le nouveau monde les hommes sont doués d'une force extraordinaire, mais ils ne se battent jamais entre eux; ils sont d'un naturel doux, bon, juste et exempts d'envie; les femmes y sont soumises, obéissantes et fidèles; c'est pour ça que cela s'appelle le nouveau monde. Entrez, messieurs et dames, venez voir ce curieux spectacle; venez faire connaissance avec les habitants du nouveau monde, on leur a appris à dire en français : *Bonsoir, la compagnie!* mais ils le disent aussi bien qu'un bourgeois de Sèvres ou de Saint-Cloud. Ce spectacle vous épargne un voyage de neuf cents lieues, et on est bien aise, en rentrant dans sa famille, de pouvoir dire à ses domestiques: Je viens de voir le nouveau monde. De plus, messieurs et dames, j'ai l'honneur de vous prévenir que le spectacle sera terminé par un grand assaut d'armes donné par mademoiselle *Malatorchi*, une des premières tireuses de France; elle s'offre à soutenir tous les assauts quelconques que l'on pourra lui proposer. MM. les prévôts, MM. les militaires et tous les amateurs qui veulent faire des armes avec cette célèbre tireuse, peuvent entrer sans rétribution. Prrrenez vos billets, cela va commencer.

La célèbre Malatorchi n'était autre que la dame en amazone et en turban qui jouait du violon. Quittant son instrument quand le monsieur a fini de parler, elle s'avance à son tour sur le devant des tréteaux, et s'adresse au public en criant de toute la force d'une voix enrouée:

— Oui, messieurs, c'est moi qui suis prête à tirer le fleuret, l'espadon ou le briquet, avec tous ceux qui voudront me faire cet honneur. Après avoir eu beaucoup d'agrément avec les meilleurs tireurs de l'étranger, je veux faire jouir la France de mes talents. Que les amateurs se présentent... c'est gratis pour eux!... *Gratis!* vous l'entendez... ce qui veut dire qu'il n'en coûtera rien.

La dame fait trois saluts militaires et quitte les tréteaux; le paillasse et le marquis en font autant après avoir montré autre chose que leur figure à la société. Enfin le monsieur aux favoris sonne de la trompette, et une partie de la foule se précipite dans la baraque de toile.

Bouchenot est resté à sa place. Une idée bizarre vient de lui passer par la tête: il lui prend envie de voir ce spectacle, et, pour ne rien payer, se dit-il, faut montrer son talent; je suis d'une jolie force au fleuret, je gage bien que je toucherai madame Malatorchi. Parbleu! donnons-nous ce divertissement!... puisque c'est gratis, je puis bien me permettre ce plaisir, ça me distraira, ça me fera un moment oublier mon appétit. Et puis, ces messieurs se moquent souvent de ma bravoure, ils prétendent que je crains de me battre... si je touche la première tireuse de France, je ne craindrai plus personne... Allons, en avant.

Bouchenot relève la tête, met son chapeau de côté, remonte sa cravate et se donne pour un tireur d'armes. On lui demande son billet, il répond fièrement: Amateur en fait d'armes!

On le laisse entrer; mais le monsieur aux gros favoris va le prendre

Par la main et l'introduit au fond de la baraque, dans une enceinte dont le public était séparé par une barrière, en criant :
— Voici un amateur de la première force qui se présente pour tirer avec la célèbre Malatorchi !... Vous voyez, messieurs et dames, que le spectacle sera fort intéressant... Que ceux qui sont debout, derrière, prennent des suppléments de deux sous pour voir l'assaut d'armes.

— Je n'ai pas dit que j'étais de la première force, murmura Bouchenot, qui n'est pas très-flatté d'être annoncé au public, et de se trouver placé à côté des albinos du nouveau monde ; mais il n'est plus temps de reculer. L'annonce est faite, tous les regards se portent déjà sur lui, et madame Malatorchi le toise d'un air malin qui semble annoncer qu'elle ne sera pas fâchée de lui montrer son savoir-faire.

Première entrevue de Bouchenot et de Moustache.

Moustache avait suivi Bouchenot dans le spectacle, et il était venu audacieusement se placer à côté des habitants du nouveau monde. Les albinos se composaient d'un monsieur, une dame et une petite fille habillés en sauvages, et ayant sur la tête des perruques de filasse. Celle du monsieur était énorme et frisée comme les cheveux d'un nègre ; celle de la dame tombait en longues mèches jusque sur ses hanches. Cette famille d'albinos était assise sur un banc de bois, ne s'occupant qu'à manger des pommes de terre cuites à l'eau, et ne levant pas les yeux sur le public. La femme semblait avoir le bout du nez gelé, ce qui ne donnait pas envie d'aller vivre au nouveau monde. L'enfant avait un goître, et le monsieur murmurait entre ses dents :

— Ces sacrés b......là ! ils n'ont pas seulement mis un peu de sel dans l'eau en les faisant cuire... et ils nous engagent en disant qu'ils nous nourriront. Belle f..... nourriture !... Ils n'ont qu'à chercher d'autres albinos ; moi, j'aime mieux vendre des contre-marques.

— Ce chien est-il à vous, monsieur? demande à Bouchenot l'homme aux favoris, qui paraît être le directeur du spectacle.

— Oui, ce chien est de ma suite.

— Fort bien... laissez se placer le chien de monsieur l'amateur de première force.

Moustache n'avait pas attendu la permission. Le paillasse et le marquis s'étaient placés près de l'animal, qu'ils semblaient admirer. Bouchenot regardait à droite et à gauche, il aurait voulu s'en aller ; mais madame Malatorchi ne cessait point de le regarder, tout en faisant des écarts et levant les jambes à l'instar des danseuses quand elles s'exercent dans les coulisses avant d'entrer en scène. Au bout de quelques instants, Bouchenot, reportant les yeux sur Moustache, s'aperçoit qu'il n'a plus ni collier ni polichinelle.

— Diable !... il me paraît qu'on ne laisse rien traîner ici, se dit le jeune homme. Du reste, cela se fait avec beaucoup d'adresse, puisque Moustache n'a pas même crié... Malgré cela, je commence à me repentir d'être entré ici en amateur... quoique madame Malatorchi me lance des œillades terribles, et s'exerce à me montrer son caleçon.

Enfin !... le vin est tiré !... il n'y a plus à reculer ; ces gens-là m'ont annoncé à leur public, et ils seraient capables de me rosser si je ne voulais plus me battre.

— Messieurs et dames, contemplez les habitants du nouveau monde prenant leur repas... approchez, ne craignez rien, ils ne sont pas méchants...

A cette annonce du directeur, la famille coiffée de filasse se jette avec encore plus d'avidité sur les pommes de terre.

— Eh ben, quoi ! ils mangent comme nous, dit un gamin à son voisin. Quoi qu'ils ont donc de curieux ?...

— Tiens ! tu ne vois donc pas que ce sont des *albino*.

— Ils mangent des pommes de terre comme nous !... c'est déjà pas si beau, les *albino*... Attends, je vas leur parler, moi.

Le gamin se penche sur la barrière qui sépare le public des habitants du nouveau monde, en criant à ceux-ci :

— C'est-y bon, ce que vous mangez là ?

Le chef de la famille des albinos relève lentement la tête, et, faisant semblant de parler avec difficulté, répond en nasillant : *Bonsoir, la compagnie.*

La femme placée près de lui fait la même pantomime et prononce la même phrase ; l'enfant en dit autant en parlant comme ces poupards que l'on n'a pas mouchés depuis un mois.

— Tiens, ils disent tous la même chose !... s'écrie le gamin.

— Voilà tout ce que les indigènes du nouveau monde possèdent de français pour le moment, répond le directeur, et encore a-t-on eu beaucoup de peine à leur faire prononcer ces mots. Voyez-les, examinez-les, messieurs et dames : quoique ce soient un mâle et une femelle comme nous, vous devez vous apercevoir cependant qu'il y a une grande différence dans leur conformation et la nôtre !

— Oh ! dame ! ce n'est pas bâti comme moi, dit le paillasse en faisant une culbute devant la société.

— Et cela n'a pas notre souplesse, dit le marquis en se mettant à marcher sur ses mains.

— Malédiction ! dit un des hommes, c'est un étranger !

Pendant que ces messieurs occupaient le public, qui examinait la famille sauvage, madame Malatorchi s'était venue placer contre Bouchenot, et le regardait fort tendrement. Voyant qu'il ne lui adresse pas la parole, elle lui dit enfin :

— Cher ami, nous ne nous ferons pas de mal, n'est-ce pas ?... qu'est-ce que nous tirerons ?...

— Tout ce que vous voudrez, madame, répond Bouchenot en renfonçant son menton dans sa cravate.

— Oh ! comme vous avez l'air méchant !... C'est égal, vous payerez un demi-litre après, j'espère ?...

— Ah ! mon Dieu, où me suis-je fourré ! se dit Bouchenot en cherchant par où il pourrait s'en aller ; mais en ce moment une grande rumeur, des éclats de rire poussés par le public, lui font tourner les yeux du côté où se montre le nouveau monde.

Paris. Typographie Henri Plon, rue Garancière, 8.

Moustache, que l'on avait habilement débarrassé de son collier et de son polichinelle, s'était quelque temps promené d'une manière fort leste dans le spectacle, courant tantôt d'un côté, tantôt de l'autre. Bientôt, cependant, il s'était fixé près des albinos, flairant avec une attention très-marquée la longue perruque de la femme qui mangeait des pommes de terre ; puis, soit que l'odeur de la filasse lui fût agréable, soit tout autre motif, il venait de lever la cuisse et de se mettre à pisser sur la femme du nouveau monde.

C'est cette action qui causait l'hilarité du public ; mais ce fut bien pis lorsqu'en se retournant et apercevant ce que Moustache faisait, l'albinos femelle se mit à crier en fort bon français :

— Ah ! le gredin !... ah ! le fichu animal !... voilà ce que c'est que de laisser entrer des chiens dans l'enceinte des acteurs : me voilà propre, à présent !...

— Oh ! oh ! le nouveau monde qui ne parlait pas français ! crie le gamin ; c'est des albinos de la Courtille !

— Que le diable emporte votre chien ! dit le directeur en passant près de Bouchenot ; puis il se met à crier à tue-tête :

— Messieurs et dames, voici l'assaut, le superbe assaut qui va commencer... C'est ceci qui est curieux et qui mérite l'attention des connaisseurs. Madame Malatorchi et ce grand tireur qui m'a ordonné de ne pas dire son nom... parce qu'il veut garder l'incognito, mais que vous reconnaîtrez sans peine à son grand talent, vont commencer par le fleuret boutonné, et se porteront successivement une foule de bottes secrètes !... En avant la musique !

Le paillasse a pris le violon, et le marquis la trompette ; ils se mettent à faire un charivari qui, avec l'annonce du directeur, achève de faire oublier l'aventure arrivée à la femme du nouveau monde.

Cependant madame Malatorchi, après avoir levé en l'air ses bras et ses jambes, est allée chercher deux fleurets boutonnés, avec lesquels elle vient saluer le public.

— Otez-vous votre habit ? dit le directeur à Bouchenot.

— Non, je le garde.

— Mais pour faire des armes, ça vous gênera ; on ôte son habit.

— Je vois que je ne veux pas ôter le mien.

— Comme vous voudrez. Commencez alors.

Bouchenot ne se sent pas à son aise, mais il voit bien qu'il n'y a pas à reculer. Madame Malatorchi lui présente les fleurets ; il s'assure qu'ils sont bien garnis et se décide à en prendre un. Avant de se mettre en garde, la célèbre tireuse passe et repasse devant le public en faisant des pirouettes et des entrechats. Elle regarde Bouchenot d'un air malin en passant près de lui, et semble attendre qu'il en fasse autant qu'elle : celui-ci se renfonce encore dans sa cravate en murmurant : — Quand vous aurez fini de sauter !... je vous attends, moi.

Enfin le directeur donne le signal de l'assaut. Les combattants se mettent en garde, et la musique joue l'ouverture de *Blaise et Babet*.

Madame Malatorchi, croyant avoir réellement affaire à un habile tireur, se tient longtemps sur ses gardes et cherche à étudier le jeu de son adversaire. De son côté, Bouchenot, qui a peur de n'être pas de force, n'ose point attaquer, et se borne à maintenir son fleuret contre celui de son adversaire.

— Est-ce qu'ils ne feront que cela ? dit un ouvrier à son voisin. On se bat mieux aux *Folies-Dramatiques*. Ils devaient se porter des bottes secrètes... Je ne vois rien faire !

— Eh ben, Colas, pisque c'est des bottes secrètes, comment veux-tu les voir ?

Cependant madame Malatorchi ne tarde pas à s'apercevoir que son adversaire n'est pas fort et qu'il est intimidé. Alors, recouvrant toute son assurance, elle le pousse, le presse, l'attaque vigoureusement. Bouchenot ne sait plus où il en est ; à chaque instant il se sent touché au ventre, à la poitrine, aux cuisses. Le directeur est enchanté, le public applaudit, et la célèbre tireuse pousse des cris de triomphe chaque fois qu'elle touche son homme. Moustache, que ce combat semble beaucoup impatienter, fait entendre de sourds grognements, et aurait déjà sauté sur l'amazone si le directeur ne l'avait contenu. Bouchenot avait envie de dire qu'il en a assez ; cependant, exaspéré par les coups de bouton, il tente un dernier effort ; oubliant qu'il se bat au fleuret, il se sert de son arme comme d'une pique, il attaque à tort et à travers. L'amazone, étourdie par ce nouveau jeu, oublie un moment de parer. Tout à coup un cri lui échappe, et elle jette son fleuret de côté en jurant d'une façon fort énergique, puis elle porte sa main à son visage en disant :

— Bigre d'imbécile !... il m'a crevé l'œil !...

— Mademoiselle, nous sommes incapables de manquer aux égards que l'on doit aux dames.

Le directeur se hâte de faire taire la musique et d'annoncer que l'assaut est terminé ; alors le public sort de la baraque, et les habitants du nouveau monde ôtent leur perruque de filasse, et endossent des vêtements très-bourgeois.

Bouchenot a voulu s'en aller avec le public, mais le directeur le retient assez brutalement par le bras en lui disant d'un ton peu honnête :

— Eh ben, est-ce qu'on s'en va comme ça ?... Voyez donc comme vous avez arrangé madame Malatorchi...

L'amazone avait en effet l'œil horriblement rouge et gros.

— Un peu plus, j'étais borgne, dit-elle en montrant son visage à Bouchenot. Dites donc, cher ami, savez-vous que vous faites des armes comme une huître ?

— Je suis désolé de vous avoir attrapé l'œil... mais ça ne sera rien... vous le bassinerez avec un peu d'eau et d'eau-de-vie.

En disant cela, Bouchenot cherchait encore à gagner la sortie ; mais le paillasse et le marquis lui barrent le passage, et le directeur s'écrie :

— Un instant donc !... Est-ce que vous plaisantez ?... Vous allez payer deux litres et des petits verres, ça guérira l'œil de madame Malatorchi.

— Je ne payerai rien du tout. Je suis entré ici pour faire des armes, j'en ai fait... je m'en vais.

— Ah ! elle serait bonne celle-là !... Il entre ici gratis, il blesse notre premier sujet... et il ne voudrait rien payer ! Pour qui donc nous prenez-vous ?... Exécutez-vous de bonne grâce, ou les claques vont pleuvoir.

— Je vous dis que je ne payerai rien... Je n'ai pas d'argent, d'ailleurs...

— C'est pas vrai.

— Je vous enjoins de me laisser tranquille...

Bouchenot veut sortir en repoussant le paillasse et le marquis ; le directeur le retient par le collet de son habit, dont il déchire un morceau. A cette vue, Bouchenot exaspéré donne des coups de poing à droite et à gauche. Mais il ne serait pas le plus fort, et le combat se terminerait mal pour lui, si Moustache ne se mettait de la partie. Le chien saute sur le directeur et ses employés, et revient ensuite tirer son maître par la poche qui sent le jambon. Au bout de quelques minutes, Bouchenot parvient à se faire jour à travers ses adversaires, et crevant un côté de la baraque, dont la muraille est en toile, il se retrouve enfin en liberté avec son brave Moustache près de lui.

Mais, dans quel état, à quel prix Bouchenot est-il sorti du spectacle forain ? Son habit est perdu, un des pans a disparu, un des rebras est en lambeaux, et le dos ainsi que le collet sont déchirés en plusieurs endroits.

Chapitre VI. — Une rue déserte.

Bouchenot est sorti très-précipitamment de la maison de toile. Pendant quelque temps il marche sans s'arrêter et sans oser tourner la tête; il lui semble encore avoir sur le dos le paillasse, le directeur, le marquis et madame Malatorchi; ce n'est qu'au bout d'un certain temps qu'il se décide à faire halte et à regarder derrière lui.

— Ah! les gredins! ah! les drôles! s'écrie-t-il en examinant sa toilette; dans quel état ils m'ont mis!... bien heureux encore que je sois parvenu à me tirer de leurs mains... Je crois qu'ils voulaient m'assommer... Après tout, j'ai bien ce que je mérite!... où m'étais-je fourré!... quelle idée d'aller faire des armes avec des paillasses!... c'est la faim qui avait troublé ma raison... je voulais me distraire... Jolie distraction que j'ai prise là... Mais mon habit!... mon pauvre habit... c'est-à-dire notre pauvre habit, car il est autant à mes amis qu'à moi... déchiré en trois endroits... un pan tout entier d'arraché... ah!... sacrebleu!... c'est le bouquet cela... Que vont dire George et Timothée?... que mettront-ils à leur tour?... Je suis un misérable! je suis une fichue bête!... Montrez-vous donc comme cela!... j'ai l'air d'un *Robert Macaire*!... J'ai envie de me jeter dans le canal avec Moustache!... mais ça ne donnerait pas un habit à mes amis!...

Bouchenot est vraiment désolé; pour la première fois de sa vie, il n'a pas envie de rire de ce qui lui arrive. Il a quitté les boulevards, il s'est enfoncé dans les rues désertes qui donnent sur le canal. Dès qu'il entend marcher, il double le pas; quand il aperçoit du monde, il traverse la rue, car il craint d'être vu dans l'état pitoyable où il se trouve. Après avoir passé un des ponts du canal, il marche encore quelque temps. L'heure est avancée; le quartier où il se trouve n'est point encore éclairé par le gaz; il est dans une rue déserte où il n'y a point de boutiques et fort peu de maisons; à droite et à gauche il ne voit que des murs de clôture, et depuis longtemps il ne rencontre plus personne.

— Où diable suis-je? dit Bouchenot en s'arrêtant de nouveau; je n'en sais rien... je ne connais pas ce quartier... c'est bien désert... je dois être près de quelque barrière... Ces murs... je crois que ce sont les murs d'enceinte de Paris... Où vais-je aller par là? il n'est pas l'heure de se promener dans la campagne... ce que j'ai de mieux à faire, c'est de retourner à notre logis... rue de la Calandre... Sapredié! il y a un joli ruban de queue d'ici là... Je conterai à mes amis ce qui m'est arrivé. Après tout, je suis très-bien qu'ils ne me battront pas, ces pauvres amis... Je leur avais promis un pâté de Lesage... ils comptent peut-être là-dessus pour souper... Et revenir dans cet état... ah! Il est vrai que je sens le musc... nous brûlerons des parfums pour nous endormir!... O Dieu! ô Dieu!... et je crois que je plaisante encore... quand je devrais m'arracher les cheveux!... Enfin, ce qui est fait est fait!... Avant de nous remettre en route, reposons-nous un moment, car je me sens bien las... cet assaut d'armes, ce combat à coups de poing... et n'avoir fait qu'un repas depuis ce matin, c'est bien peu!...

Bouchenot regarde autour de lui; il aperçoit une borne contre un mur, il va s'asseoir dessus en se disant : Je ne resterai pas longtemps là, car certainement si une patrouille passait, elle me prendrait pour un voleur.

Après s'être reposé quelques minutes, Bouchenot, sortant tout à coup de ses réflexions, s'aperçoit que Moustache n'est plus avec lui.

— Il m'a quitté! se dit le jeune homme et se levant; quoi!... parce que je suis dans le malheur, le chien m'abandonne aussi!... On dit pourtant que le chien est l'ami de l'homme... Est-ce parce que mon habit est en loques que M. Moustache ne daigne plus me suivre?... Mais la poche qui me reste est celle où a été le jambon... non, je ne puis croire que mon compagnon m'ait quitté ainsi. Et pour qui?... pour quoi?... Il ne passe personne par ici... il m'avait si bien défendu lorsque je boxais dans la baraque!... d'ailleurs il n'y a pas encore longtemps qu'il trottait près de moi... c'est bien singulier!... Est-ce que la maîtresse, cette jeune fille de ce matin, demeurerait par ici? Le quartier ne me semble pas commerçant... il faut pourtant que quelque chose ait attiré Moustache. Allons, puisqu'il m'a quitté, je rentrerai sans lui... pourvu que je trouve mon chemin.

Au moment où Bouchenot allait se remettre en route, le chien reparaît et accourt se frotter contre lui, puis il fait de nouveau quelques pas en avant, s'arrêtant ensuite comme pour engager son maître à le suivre.

— Ah! te voilà revenu, Moustache!... je t'accusais à tort, mon brave compagnon... tu ne m'avais pas abandonné... Ah çà, mais qu'a-t-il donc à courir ainsi devant moi, en s'arrêtant pour tourner la tête?... on dirait qu'il veut me mener quelque part. Où veux-tu me conduire, Moustache?

Le chien s'arrête, regarde Bouchenot, puis trotte de nouveau en agitant sa queue en signe de joie.

— Ma foi, suivons-le, se dit le jeune homme; qu'ai-je à craindre?... on ne peut plus me voler... mon habit même on n'en voudrait plus. D'ailleurs, j'ai dans l'idée que Moustache va me mener auprès de sa maîtresse, et je ne serais pas fâché du tout de la revoir, cette jeune fille... elle était fort bien... des appas un peu robustes, mais beaucoup d'appas. C'est elle qui est en partie cause de tout ce qui m'est arrivé aujourd'hui; c'est à elle que je dois ce chien et mes malheurs; je lui rendrai son Moustache, et je lui raconterai tout ce qu'il a fait depuis ce matin, ça la fera rire, et quand une femme rit... elle est désarmée. Suivons Moustache.

Le chien n'a pas marché longtemps, il s'arrête devant une maison de fort médiocre apparence et qui se trouve seule au bout d'un mur. Une porte d'allée sert d'entrée, mais cette porte est fermée; cependant Moustache se frotte contre cette porte, qu'il semble chercher à enfoncer avec sa tête; et n'y pouvant parvenir, il revient à son maître, comme pour le prier de lui ouvrir l'entrée de la maison.

— Ah! c'est ici que nous nous arrêtons? dit Bouchenot en examinant la maison. Ce n'est pas précisément un palais!... mais la beauté et l'innocence n'habitent pas toujours un palais... l'innocence est fort mal logée quelquefois!... Je n'aperçois aucune lumière aux fenêtres! cette maison semble inhabitée, mais les locataires se couchent peut-être de bonne heure. Ce pauvre chien, il fait tout ce qu'il peut pour ouvrir cette porte... Dois-je frapper?... qui demanderais-je... je ne sais pas le nom de cette demoiselle de ce matin... Il ne peut pas y avoir beaucoup de monde dans cette maison... un étage et puis des toits... c'est une bicoque, pas de maison dans le voisinage... un grand mur... une rue qui n'est pas encore pavée... tout cela est peu engageant; je crois que je ferais bien de m'en aller.

Bouchenot fait quelques pas; mais Moustache ne le suit point, il reste blotti contre la porte de l'allée.

— Oh! ma foi, je serais bien niais d'abandonner ici mon fidèle compagnon, et de ne point voir la fin de cette aventure, se dit Bouchenot en retournant vers la maison. La maîtresse de Moustache loge là... il n'y a pas de doute... le chien m'a conduit à sa demeure, et il veut y rentrer. Il me semble que cette jeune fille ne peut pas me recevoir mal en voyant que je lui ramène Moustache. Je vais frapper... si on demande qui est-ce qui est là, probablement le chien se chargera de répondre pour moi.

Bouchenot va contre la porte, mais il n'y a point de marteau pour frapper; en regardant à droite et à gauche pour chercher une sonnette, il voit une espèce de loquet en fer, il le tourne, et la porte s'ouvre aussitôt.

— Voilà une maison qui est bien peu fermée! se dit le jeune homme en jetant un coup d'œil dans l'allée, où règne une obscurité complète. Qu'est-ce que je vais faire?... c'est bien noir là dedans, suivrai-je encore mon compagnon?

Mais déjà le chien a enfilé l'allée, et il disparaît pendant que Bouchenot est resté sur le seuil de la porte, indécis sur ce qu'il doit faire.

— Allons!... voilà mon écuyer qui va m'annoncer, se dit Bouchenot; puis il écoute si l'on ouvre quelque porte; il n'entend rien, il ne distingue même plus les pas de Moustache. Il se hasarde alors à faire quelques pas dans l'allée, en étendant ses bras en avant pour ne point se cogner dans cette route qui lui est inconnue.

Après avoir fait une dizaine de pas, il croit apercevoir un peu de clarté devant lui; il avance encore et se trouve dans une petite cour, où il peut au moins distinguer les objets.

— Est-ce que cette maison est abandonnée? se dit Bouchenot en regardant autour de lui; pas de lumière nulle part... il est vrai qu'on peut être couché et endormi. Tout ceci me rappelle le conte de *la Belle et la Bête*, toujours avec la différence du palais à une bicoque. Et ce diable de chien que je ne vois plus... qui n'est plus là pour me conduire!... De quoi ai-je l'air ici?... Décidément je ferai beaucoup mieux de m'en aller... Allons... voilà que je ne retrouve plus le chemin par lequel je suis venu. Ah! écoutons, il me semble pourtant que j'entends quelque chose.

Le bruit que Bouchenot avait entendu ressemblait à des coups de marteau, et était fréquemment répété. En cherchant à se rapprocher du lieu où se fait ce bruit, le jeune homme se trouve devant une porte basse, et ses pieds, en tâtonnant, sentent un escalier.

— C'est une cave... il me paraît qu'il y a du monde à la cave... Est-ce que la maîtresse de Moustache mettrait du vin en bouteilles? Mais ces coups répétés que j'entends! on ne tape pas si fort pour enfoncer des bouchons... Je crois que je devrais m'en aller... pourtant je distingue une petite lueur... certainement il y a du monde à la cave. Est-ce cette jeune fille de ce matin qui est là avec un amoureux?... ce serait très-possible, les caves ont plus d'une fois servi de rendez-vous à des amoureux; pendant que les parents dorment, on s'y croit plus en sûreté... Mais ce bruit que j'entends... les amoureux ne se servent pas de marteaux ordinairement... Descendons quelques marches, j'en saurai peut-être davantage.

Bouchenot descend; plus il avance, plus il voit clair. Parvenu au bas de l'escalier, il se trouve dans un couloir souterrain; à sa droite est une porte qui n'est fermée qu'à demi; c'est de là que partent les rayons de lumière qui éclairent la cave, c'est de là aussi que part le bruit de marteau, et bientôt s'y mêle celui de plusieurs voix.

Bouchenot s'avance doucement, il prête l'oreille, et entend la conversation suivante :

— Cet imbécile de Thomas est bien longtemps à revenir... pourvu

que cette fois il n'ait pas oublié de fermer la porte de la rue comme avant-hier ?
— Eh ! mon Dieu ! quand cela serait... vous avez toujours peur, vous autres !... il ne passe pas un chat dans cette rue, surtout à l'heure qu'il est !
— Mais si on avait des soupçons, on viendrait exprès... et n'ayant pas eu le temps de rien cacher, nous serions pincés alors.
— Je vous dis qu'on ne soupçonne pas ce qui se fait dans cette masure... Après tout, qui ne risque rien n'a rien.
— Ah ! mon Dieu ! ce sont des faux monnayeurs, se dit Bouchenot en sentant une sueur froide couvrir son visage; sauvons-nous... c'est ce que j'ai de mieux à faire.

Et se reculant précipitamment, il veut regagner l'escalier ; mais, dans son trouble, il n'a pas vu une planche qui est posée contre le mur ; il se jette dessus, la fait tomber et tombe avec elle. Au bruit de sa chute, la porte du caveau s'ouvre brusquement, plusieurs hommes en sortent, et l'un d'eux lui dit :
— Est-ce toi, Thomas ?
Bouchenot n'a pas la force de répondre ; un des hommes court à lui pour le relever, et s'écrie : — Ah ! malédiction ! c'est un étranger !

CHAPITRE VII. — Mademoiselle Prudence.

Retournons près de George et de Timothée, que nous avons laissés dans leur modeste logement de la rue de la Calandre, dont il leur était bien impossible de sortir, puisqu'ils n'avaient pas de quoi se vêtir convenablement.

Mais George travaillait à sa pièce, et pour lui le temps passait vite ; les heures semblaient courtes, l'appétit même était moins exigeant. Heureux privilège de l'auteur ! lorsque son imagination enfante une scène, un chapitre, ou esquisse un plan nouveau, il oublie ses ennuis, ses soucis et quelquefois même ses besoins ; il vit avec ses héros, il cause avec son héroïne, il rêve succès et gloire, et dans ses rêves il est heureux. Ce moment est presque toujours le plus doux de la vie de poëte ; au fond de son cabinet il arrange tout à sa guise ; sa pièce va aux nues, sa gloire est complète, et le public ne prononce son nom qu'en y ajoutant un éloge.

Mais pourquoi faut-il être obligé de sortir de son cabinet ! Beaucoup d'auteurs devraient avoir un petit théâtre dans leur appartement ; là, ils feraient jouer leurs pièces par leurs amis, leurs enfants et leurs femmes ; là, ils ne seraient pas tracassés par la censure ni les directeurs ; les acteurs ne demanderaient pas des changements à leurs rôles, et les actrices des rôles pour leurs robes. On aurait des succès domestiques bien innocents et bien purs.

Je ne répondrais pas pourtant que cela mènerait à la postérité !... Mais pourquoi donc y tenons-nous tant ? quand elle arrive, nous n'y sommes plus.

George écrivait, cherchait un couplet, un trait, et le fredonnait entre ses dents. Timothée, qui ne composait pas, s'écriait de temps à autre :
— Ces côtelettes aux cornichons sont bien longues à venir... Bouchenot est capable d'avoir oublié de nous commander à déjeuner... Dis-donc, George, va donc voir chez le petit traiteur en bas si on pense à nous.
— Est-ce que je puis descendre comme cela ?... Vas-y toi-même.
— Il me semble que mon costume n'est guère plus correct que le tien... Mais, après tout... pour aller à deux pas on peut bien sortir en blouse... en voisin. Je vais me lever et aller chercher notre déjeuner... Bouchenot n'aura plus pensé à le commander. A-t-il laissé les quarante sous au moins ?
— Oui, les voilà sur la cheminée.
— C'est bien heureux... J'avoue que je ne suis pas très-tranquille sur les cent sous qu'il a emportés. Je le connais ! il est capable de les dépenser en niaiseries. Je n'ai insisté pour qu'il les laissât, parce que cet argent provenait en partie de la vente de nos caleçons de bain... Mais, sans cela... certainement... Eh bien !... c'est singulier... où diable sont-elles fourrées !... je les avais mises sous le lit... j'en suis bien sûr...
— Qu'est-ce que tu as donc, Timothée ? Tu cries, tu parles toujours... On ne peut pas composer ici...
— Ce que j'ai ?... Ah ! par exemple, s'il m'a joué ce tour-là... ce serait indigne... George, est-ce que tu as as à tes pieds ?
— Quoi donc ?
— Mes bottes... mes belles bottes toutes neuves... que je n'ai encore mises que cinq fois... que je soignais comme la prunelle de mes yeux !...
— Tu vois bien que je ne les ai pas, puisque je suis en pantoufles.
— Il les aura vendues, le scélérat... Oh ! je n'en doute plus à présent... il a vendu mes bottes neuves !... c'est avec ça qu'il a eu sept francs !... Je me disais aussi, sept francs pour quelques méchants caleçons de bain et un gilet en amadou, c'est beaucoup... mais c'est qu'il a vendu mes bottes neuves !... c'est indigne !... des bottes que j'ai payées dix-huit francs il y a quinze jours en touchant ma pension. C'est qu'il avait si peur que je me levasse... Oh ! j'en pleurerais de colère...

— Allons, calme-toi, mon pauvre Timothée... Bouchenot a peut-être mis tes bottes pour sortir, il te les rendra.
— Oh ! non !... il ne pouvait pas les mettre, et c'est bien pour cela qu'il les a vendues... il ne faisait que me dire : Tu as un pied ridicule... un pied extraordinaire, on ne peut pas entrer dans tes bottes... et il les a vendues au marchand d'habits !... il me le payera ! ça ne se passera pas ainsi... Il nous mange tout, ce garçon-là, nos habits, nos pantalons, nos bottes, tout y passe. Je ne veux plus de ça, moi !.. je veux me fâcher, à la fin.

Et Timothée marchait dans la chambre en frappant du pied avec colère et en donnant des coups de poing sur la cheminée, contre la muraille, sur tout ce qu'il rencontrait. Pour la première fois sa figure, ordinairement impassible, avait pris de l'expression, ses yeux brillaient, ses narines étaient gonflées, et ses cheveux semblaient encore plus roux que de coutume.

George attendit que la colère de son ami fût apaisée ; puis il lui dit d'un ton bien doux :
— Timothée, il faut être homme et savoir supporter les coups du sort... La colère est un signe de faiblesse...
— Eh bien ! ça m'est égal, je veux me mettre en colère... je veux me battre avec Bouchenot... et on verra si je suis faible... Des bottes qui m'allaient si bien ! je n'en avais jamais eu de si bien faites.
— Timothée, est-ce que tu n'as plus faim ?...
— Certainement que si... mais avec quoi descendrai-je chez le petit traiteur ?... Que mettrai-je à mes pieds ?
— Quand on va en voisin... on peut descendre en pantoufles...
— C'est ça... en pantoufles ! avec ça qu'il n'y a pas de crotte dans la rue de la Calandre !... Moi, je veux que ça finisse... Bouchenot nous gruge par trop... Certainement que les douze francs que me fait papa, je pourrais très-bien vivre tout seul... et je ne serais pas obligé de garder la chambre faute de vêtements... Je pourrais suivre mes cours, me présenter partout... Eh bien ! je veux redevenir mon maître, moi.
— Tu as raison, Timothée, dit George en posant sa plume sur son manuscrit et en regardant tristement son ami ; oui, tu pourrais vivre tranquille, toi... tu as assez pour être exempt de soucis, d'inquiétudes ; tandis que nous autres... nous n'avons rien de fixe. La pension que me font mes parents est bien faible... Je ne suis pas raisonnable comme toi... l'amour du théâtre m'a pris ; enfin, j'ai fait des dettes... et ce que je reçois de mon pays est bien vite emporté par mes créanciers... Bouchenot avait quelque fortune, lui, mais il l'a mangée... avec nous, il est vrai ; car il faut lui rendre justice, quand il avait de l'argent, sa bourse était toujours ouverte à ses amis. Enfin il ne possède plus rien... moi, je n'ai que de vagues espérances et des dettes... tandis que toi tu reçois régulièrement la pension de douze cents francs que te fait ton père... il n'est donc que juste que tu la donnes pour nous nourrir. Quitte-nous, Timothée ; laisse-nous avec notre misère et nos soucis !... avec nos privations du jour et notre dénûment pour le lendemain !... Seul, tu peux vivre heureux... Laisse-nous, va te loger en garni... tu trouveras du crédit, toi, en prouvant que ton père te fait une pension, et bientôt tu auras oublié nos maigres repas... nos journées sans feu et nos lits sans draps !...

Pendant que George lui tenait ce discours, Timothée s'était arrêté ; il ne frappait plus avec son poing contre la muraille, sa colère s'était apaisée, et, lorsque son ami eut fini de parler, il essuya avec sa main deux grosses larmes qui coulaient de ses yeux, et balbutia d'une voix entrecoupée :
— Non, certainement, je ne vous quitterai pas... je ne vous laisserai pas quand vous êtes malheureux !... Par exemple !... pour qui me prends-tu ?... tu sais bien que je dis ça, et que je n'ai pas envie de le faire !... faudrait que je fusse un fameux sans cœur !... c'est que la colère me fait dire des bêtises... Et puis allons, embrasse-moi, George !... ne sois plus fâché contre moi... et je vais aller chercher à déjeuner.

George embrasse son ami en souriant. Il savait bien que Timothée avait de bon cœur, et il ne songe déjà plus à ce que celui-ci a pu dire dans sa colère. Timothée passe le pantalon à la cosaque, il attache sa blouse, met des pantoufles à ses pieds et descend chercher le déjeuner, que, dans sa joie de posséder cinq francs, Bouchenot avait oublié de commander.

Timothée a emporté un vieux panier, il fait mettre dedans côtelettes, pain, vin, et remonte à la chambre qu'ils occupent à trois en tenant sous son bras le bienheureux panier.

Sur l'escalier, le jeune étudiant rencontre sa jolie voisine, qui descendait... Il redevient rouge comme un coq, parce qu'il pense qu'avec son panier au bras il a l'air de revenir du marché. Mais il se range de côté et fait un profond salut à sa voisine.

C'était une jeune fille d'une vingtaine d'année, brune de cheveux et de peau, aux yeux vifs et fripons, à la tournure leste et dégagée ; elle avait de jolies dents, et riait souvent pour les faire voir, d'autant plus qu'outre ses dents on voyait alors deux petites fossettes qui se formaient dans chacune de ses joues ; enfin, c'était un petit minois très-gentil et très-provoquant, qui, ainsi que l'avait dit Bouchenot, ne semblait pas annoncer une Lucrèce.

La jeune fille rit en regardant Timothée, dont le costume, la figure et la tenue, avec son panier au bras, étaient faits pour provoquer un accès de gaieté. Elle lui rend son salut et se hâte de descendre. Le jeune homme revient près de George le cœur tout palpitant, et s'écrie :

— Ah! mon ami... je suis dans le ravissement... je n'ai jamais rien vu de si délicieux !...

— Bah! tu as donc déjà goûté... gourmand?

— Goûté!... oh! Dieu! je voudrais bien en avoir goûté... Quels yeux séduisants !

— Comment ! nos côtelettes ont des yeux ?

— Il n'est pas question de côtelettes ; je te parle de notre voisine.., la jeune fille d'en face, que je viens de rencontrer dans l'escalier...

— Ah! c'est bien différent... Je vais toujours mettre le couvert.

— Je l'ai saluée... elle m'a rendu mon salut.

— Parbleu, il me semble que c'est bien le moins qu'on puisse faire.

— Oui, mais elle a souri en me saluant ; elle a beaucoup souri...

— Au fait, elle a pu te trouver drôle comme cela...

— Dis donc..! tu ne sais pas...

— Quoi donc encore ?

— Elle a deux fossettes dans les joues !...

— Deux fossettes ! en vérité !... en ce cas, déjeunons.

— Oui, déjeunons... Mais c'est égal ; tiens, George, je sens que je suis amoureux de la petite voisine !...

— Tu en es bien le maître.

— Oh! j'en suis amoureux ! avec ça qu'il y a fort longtemps que je n'ai été amoureux, et mon cœur a besoin de se fixer.

— Fixe-toi, je ne t'en empêche pas.

— Oui, mais je ne veux pas que ce soit comme à l'ordinaire, et qu'on me souffle encore ma conquête.

— Moi ! je te souffle tes conquêtes !

— Je ne dis pas toi ; maintenant tu ne songes plus qu'au théâtre, à tes pièces... tu ne penses plus à l'amour ; mais c'est Bouchenot qui me joue toujours de ces mauvais tours-là... Au moment où je vais plaire à une femme... crac ! il me l'enlève, il se trouve que c'est sa maîtresse.

— C'est à toi à t'arranger de manière à être aimé avant lui.

— Certainement, je m'arrangerai en conséquence... Oh ! la voisine... la jolie voisine !... Oh ! je vais me jeter sur les côtelettes.

Les jeunes gens déjeunent. L'amour n'empêche pas encore Timothée de manger, il dévore ; George en fait autant, les deux francs ont été entièrement employés, et il n'en restera rien. Ils ne quittent la table que lorsqu'il est impossible d'y trouver encore quelque chose à mettre sous la dent.

Timothée va se regarder devant un petit miroir, il soupire en murmurant : — Être vu comme cela... en blouse sale... en pantoufles ! Après tout, cela vaut encore mieux que d'être vu... comme Bouchenot l'a été... n'est-ce pas, George ?

— Mais... peut-être...

— Ah ! George, voilà un peut-être qui m'afflige... Tu as donc bien mauvaise opinion de la voisine ?

— Moi ? je n'en ai aucune ; je l'ai aperçue en passant, mais je ne la connais pas.

— Quand tu la connaîtras, j'ai peur que tu en deviennes amoureux aussi.

— Oh ! je ne m'enflamme pas si vite que toi... Je n'en suis plus aux premières illusions de l'amour.

— Je vais me mettre sur le carré et guetter son retour.

— Je n'y vois aucun inconvénient ; et quand tu la verras, que lui diras-tu ?

— Je la saluerai.

— Elle croira que tu ne sais pas faire autre chose.

— Ne veux-tu pas que j'aille tout de suite lui faire une déclaration... là... devant sa porte ?

— Bouchenot le ferait, lui.

— Oh ! mais Bouchenot fait l'amour comme on boit un verre de bière... ce n'est pas là mon genre.

— Il me semble pourtant qu'il réussit mieux que toi, puisqu'il t'enlève toutes les femmes que tu courtises.

— Moi, j'aime à filer le sentiment ; je soutiens que l'amour doit se filer, ou ce n'est plus de l'amour.

— File tant que tu voudras, mon cher ami, moi je vais achever mes corrections.

George se remet à l'ouvrage ; Timothée, après avoir passé sa main dans ses cheveux, auxquels il a mis ce qu'il a trouvé de pommade, va se poster sur son carré pour revoir sa voisine.

Après une heure d'attente vaine, il entend enfin monter l'escalier... c'est un porteur d'eau.

Timothée rentre avec humeur dans la chambre.

— Est-ce qu'elle ne t'a pas souri cette fois ? lui dit George.

— Eh ! ce n'est pas elle !... c'est le porteur d'eau. J'ai du malheur, vous verrez qu'elle ne rentrera pas de la journée... Je ne puis cependant pas rester sur le carré toute la soirée...

— Veux-tu que je te donne une idée ?...

— Oh ! oui, mon petit George, donne-moi une idée... toi, c'est ton métier d'avoir des idées, puisque tu veux être auteur ; mais moi, il ne m'en vient pas souvent.

— Ecris une déclaration à la voisine, et glisse-la dans le trou de sa serrure.

— Que j'écrive une déclaration à une femme à laquelle je n'ai pas encore parlé... dont je ne sais pas même le nom!

— Qu'est-ce que cela fait ?... a-t-on besoin de savoir le nom d'une femme pour en être amoureux ?

— Oh ! non... car je le suis déjà amoureux... mais je ne suis pas fort pour écrire une déclaration... Si tu voulais me l'écrire, toi, George ?

— Pas maintenant... laisse-moi donc terminer ma pièce.

— Ah ! je crois que j'entends monter.

Timothée retourne sur le carré... il tend le cou par-dessus la rampe pour voir dans l'escalier, et il aperçoit le vieux voisin Jacquillot qui rentre chez lui.

— C'est fait pour moi ! s'écrie Timothée en retournant près de George ; tout le monde rentre, excepté la voisine.

— Mais il me semble que Bouchenot ne rentre pas non plus, dit George, et voilà la journée qui s'avance.

— Bouchenot !... oh ! parbleu ! il a cent sous dans sa poche !... il ne reviendra pas de bonne heure. Pourvu qu'il pense à nous apporter le pâté qu'il nous a promis... sans cela comment dînerons-nous ?...

— Oh ! il nous apportera un pâté ; il sait bien que nous comptons dessus.

— Je ne suis pas tranquille, moi !

Plus d'une heure s'écoule encore. Timothée ne fait qu'aller de la chambre sur le carré ; enfin il entend monter lestement l'escalier. A la légèreté de la marche, il juge que ce doit être une femme, et probablement sa voisine.

C'est une jeune fille en effet ; mais ce n'est pas la voisine. Cependant Timothée est resté sur le carré, parce que la vue d'une femme est un aimant qui attire toujours un jeune homme. Celle qui monte l'escalier est beaucoup plus grande, plus grasse et plus forte que la petite voisine ; ce n'est une beauté d'aucun autre genre.

— Est-ce qu'elle viendrait chez nous ? se dit Timothée en voyant que la demoiselle monte jusqu'au quatrième. Nous n'avons personne au-dessus... que des chats... elle vient donc chez nous... ou elle va chez la voisine en face...

La jeune fille est arrivée au quatrième ; elle passe devant Timothée, qui lui fait un salut respectueux, puis elle s'arrête indécise en regardant les deux portes, et dit au jeune homme :

— Monsieur... je vous demande pardon... mademoiselle Cœlina... s'il vous plaît ?

— Mademoiselle Cœlina !... répond Timothée en saluant encore, je ne connais pas du tout ce nom-là... Qu'est-ce qu'elle fait cette demoiselle ?

— Monsieur, c'est une enlumineuse... il n'y a pas longtemps qu'elle est emménagée...

— Oh ! alors, ce doit être notre voisine qui demeure là en face... Je ne savais pas encore son nom ; mais c'est bien probable que c'est elle... une brune, petite, qui a une robe à carreaux rouges et verts.

— Oui, monsieur, c'est cela ! Il y a bien longtemps qu'elle a cette robe-là... C'est cette porte-là ?...

— Oui, mademoiselle.

La jeune fille se dispose à frapper. Timothée l'arrête.

— Vous frapperez inutilement, mademoiselle : notre voisine est sortie il y a déjà longtemps, et elle n'est pas rentrée...

— Ah ! mon Dieu ! que c'est contrariant !... Vous êtes sûr qu'elle n'est pas rentrée ?...

— Très-sûr. Je n'ai pas quitté le carré... c'est-à-dire... je ne suis pas sorti ; et de chez nous on entend très-bien rentrer ses voisins.

— Ah ! c'est bien désagréable ! avec ça que je demeure très-loin... et que je n'ai pas souvent le temps de sortir.

— Mademoiselle, je pense que notre voisine ne peut pas tarder beaucoup à revenir, puisqu'il y a déjà longtemps qu'elle est dehors. Si vous vouliez l'attendre chez nous... en vous reposant ?...

— Ah ! monsieur, vous êtes bien honnête... ça vous gênera peut-être !...

— Au contraire, mademoiselle.

Et Timothée salue de nouveau, et se hâte de pousser la porte toute grande pour engager la demoiselle à entrer. Après avoir balancé un instant, la jeune fille se décide à accepter l'offre qu'on vient de lui faire. L'air respectueux de Timothée avait charmé cette demoiselle, qui d'ailleurs était taillée de façon à pouvoir se défendre contre un téméraire. Mais il ne faut pas se fier aux apparences : les femmes fortes au physique peuvent être faibles au moral. On a vu de petits hommes grêles et fluets prendre d'assaut des vertus solides et robustes : peut-être bien qu'alors la vertu s'y prêtait un peu.

La jeune fille est entrée dans la chambre des étudiants ; mais en apercevant George, elle s'arrête et semble prête à revenir sur ses pas. Cependant George s'est levé pour saluer, et Timothée a couru prendre la chaise que son ami avait sous lui pour la présenter à la demoiselle, qui sans cela n'aurait pas manqué de faire comme le marchand d'habits, ce qui aurait pu être assez agréable pour les jeunes gens, mais eût été une grande perfidie envers la jeune fille.

— Asseyez-vous donc, mademoiselle!... dit Timothée en présentant la chaise dont les quatre pieds sont solides.

— Oh! monsieur, vous êtes bien honnête... mais je crains... et puis je ne vais pas attendre longtemps...

— Vous ne resterez que le temps qui vous fera plaisir, mademoiselle, dit George, vous pouvez sans crainte vous reposer chez nous... nous sommes incapables de manquer aux égards qu'on doit aux dames.

— Oui, certainement, dit Timothée en s'asseyant sur la chaise qui n'a que trois pieds et se tenant de manière à ne point perdre l'équilibre, nous sommes incapables... de... comme dit mon ami.

La jeune fille se décide à s'asseoir; pourtant elle ne se pose que sur le bord de la chaise. Il y a des personnes qui croient que cela leur donnera plus de facilité pour s'en aller.

George, sans faire semblant de rien, est allé tirer la malle et l'approche de la table, ensuite il s'assied dessus. Timothée tourne sa bouche et fait le joli cœur; la jeune fille regarde à ses pieds et semble embarrassée. George se hâte de ranimer la conversation.

— Nous ne connaissons encore notre voisine que de vue, dit-il, mais elle paraît bien gaie... bien aimable...

— Nous l'entendons chanter quand elle sort de chez elle, dit Timothée, elle a une très-jolie voix.

— Oh! oui, Cœlina chante très-bien, aussi avait-elle envie de se mettre au théâtre... mais ses parents n'ont pas voulu.

— Est-ce qu'elle est d'une famille noble? dit Timothée.

— Je ne crois pas, monsieur; moi, mon père vendait des dindons...

— C'est un excellent métier, reprend George en soupirant, et je voudrais bien ce soir connaître un homme qui vendit de la volaille!...

— Est-ce que mademoiselle est enlumineuse comme notre voisine? demande Timothée en passant le bout de sa langue sur ses lèvres.

— Non, monsieur; moi, je suis une lingère, mais je ne sors pas souvent; d'abord, il n'y a pas longtemps que je suis à Paris.

— Mademoiselle est étrangère? dit Timothée.

— Oui, monsieur, je suis de Poissy... au-dessus de Saint-Germain.

— Oh! je sais, mademoiselle... je connais Poissy... ville célèbre par sa maison de détention et la longueur de son pont.

— Je n'étais jamais venue à Paris avant d'y venir pour la première fois, reprend la jeune fille.

— En vérité? s'écrie George en s'efforçant de ne pas rire de cette naïveté de la demoiselle. Alors vous devez avoir encore beaucoup de choses à connaître dans Paris?

— Oh! oui, monsieur; aussi aujourd'hui j'étais sortie d'assez bonne heure pour venir chez Cœlina, avec qui je comptais aller un peu me promener, parce que Cœlina, qui est de Paris, m'a dit qu'elle me ferait voir tout ce qu'il y a de curieux, et puis encore autre chose!... et je serais arrivée bien plus tôt ici sans un événement qui m'est arrivé...

— Un événement, mademoiselle!

— Oh! un événement bien malheureux... et ça me fait bien du chagrin! reprend la jeune fille en poussant un gros soupir.

— Si ce n'était pas une indiscrétion de vous demander quel genre d'événement vous est arrivé? dit Timothée, qui s'intéresse déjà beaucoup à la grosse fille.

— Si nous pouvons vous être utiles, mademoiselle, nous sommes tout à votre service, reprend George.

— Vous êtes bien honnêtes, messieurs; mais tous les jeunes gens ne sont pas aussi polis que vous... En ce moment, je suis bien en colère contre un monsieur... que je ne connais pas.

— On vous aurait insultée dans la rue?...

— Oh! c'est-à-dire... Je vais vous conter comment cela s'est fait. J'étais sortie de chez ma maîtresse d'apprentissage avec mon chien... parce que vous saurez que mon parrain m'a donné un gros chien pour me défendre dans Paris quand je sortirai seule.

— Excellente précaution!

— Ah! oui, c'est étonnant comme ça m'a bien servi! Voilà que je sors avec Moustache. Il n'y a que trois semaines que je l'ai, mais il avait déjà l'air de m'être bien attaché. Dans la rue, un monsieur s'avise de me suivre et vient me parler... de me dire des bêtises... que je suis jolie, qu'il m'adore...

— Et vous appelez cela des bêtises, mademoiselle?...

— Certainement, parce qu'on ne peut pas devenir comme cela amoureux d'une femme en la voyant traverser un ruisseau. Comme je sais qu'on ne doit pas écouter les hommes qui nous parlent dans les rues, je n'écoutais pas ce monsieur, mais il me suivait toujours...

— Alors vous lâchez votre chien sur lui...

— Mon Dieu! je n'ai pas eu cette peine-là, Moustache m'avait déjà quittée pour suivre ce monsieur.

— Et il lui mordait les mollets?

— Il ne lui mordait rien du tout, il paraissait au contraire très-ami avec lui. Je me fâche, j'appelle mon chien, il ne m'écoute pas. Ce monsieur consent à me laisser tranquille, il s'éloigne... Moustache le suit, et c'est moi qui suis obligée de courir après ce monsieur. Enfin, j'attache mon chien avec un cordon, et je l'emmène... mais, bah!... je n'étais pas bien loin qu'il avait cassé le cordon et était parti de nouveau. Comme je ne pouvais pas toujours courir après ce monsieur, j'ai pris le parti de continuer mon chemin... mais avec tout cela mon chien est perdu... et ça me fait bien de la peine, parce que mon parrain me l'avait bien recommandé!... et certainement c'est la faute de ce monsieur, qui avait sans doute quelque secret pour attirer les bêtes. Et c'est tout cela qui m'a retardée et qui m'a fait manquer Cœlina.

— Mademoiselle, vous n'avez plus qu'un moyen pour revoir votre chien, c'est de le faire afficher et de promettre une récompense honnête à celui qui vous le ramènera.

— Une récompense!... Ah! ma foi, j'en suis bien fâchée, mais moi je n'ai pas d'argent pour donner des récompenses.

— Si l'on vous connaissait, mademoiselle, dit Timothée, je suis sûr qu'on vous le rendrait pour rien... on serait trop heureux de vous obliger...

— Vous êtes bien honnête, monsieur.

— Il est possible ensuite que vous retrouviez votre chien chez vous, il sera retourné au logis.

— Ah! je ne l'espère pas, il y a si peu de temps qu'il est à la maison! il ne s'y plaisait pas beaucoup; j'avais toute la peine du monde à l'empêcher de courir.

— Si la journée n'était pas si avancée, dit Timothée, je vous demanderais la permission de sortir avec vous, mademoiselle, pour aller chercher votre chien. Mais avez-vous été voir chez votre parrain? peut-être c'est lui qui vous l'a donné, le chien sera probablement retourné chez lui.

— Mon parrain n'habite plus Paris; il est parti il y a trois semaines pour retourner dans son pays, à Meaux, et il n'est pas probable que Moustache sera allé l'y rejoindre; il ne doit pas savoir le chemin, il n'y a jamais été. Mais il se fait tard... Cœlina ne revient pas?... Je vais m'en aller.

— Quoi! mademoiselle, vous ne voulez pas l'attendre?

— Oh! non, voilà la nuit qui vient, ma maîtresse d'apprentissage me gronderait de rentrer si tard... et puis moi, je ne voudrais pas aller seule le soir dans Paris... surtout n'ayant plus mon chien.

— Il me semble qu'il ne vous défendait pas beaucoup, dit George.

— C'est égal, c'était une société.

— Est-ce que vous demeurez loin, mademoiselle?

— Oui, monsieur, rue Poissonnière, près du boulevard... d'ici, il y a une *trotte conséquente!*

— C'est vrai, dit George en souriant.

— Voulez-vous que nous vous reconduisions, mademoiselle? dit Timothée en jetant un coup d'œil inquiet sur son costume.

— Oh! je vous remercie, monsieur, mais j'aime mieux m'en aller seule.

— Nous n'insisterons pas, mademoiselle, se hâte de répondre George, car nous ne savons pas ce que c'est que de contrarier les demoiselles.

— Que dirons-nous à notre voisine de votre part? demande Timothée.

— Si vous voulez avoir la complaisance de lui dire que je suis venue... Ah! mais que je suis bête! vous ne savez pas mon nom... Prudence Flambard... que je suis bien fâchée de ne pas l'avoir trouvée, et que je la prie de venir me voir chez ma maîtresse d'apprentissage, où je suis toujours, jusqu'à ce que j'en sorte, parce que je m'y ennuie, et j'ai envie d'entrer ailleurs... Je vous serai bien obligée, messieurs.

— Cela suffit, mademoiselle, nous ne manquerons pas de lui dire cela... Je suis bien fâché que vous ne puissiez pas attendre davantage.

— Oh! non... car j'ai déjà perdu mon chien, je n'aurais qu'à perdre encore autre chose en chemin; et puis il faut rentrer bien vite, je vous remercie, messieurs... je vous demande pardon de vous avoir dérangés.

— Nullement, mademoiselle. Nous sommes trop heureux d'avoir pu vous être agréables... Prenez garde de tomber en descendant... l'escalier est humide et glissant.

Mademoiselle Prudence Flambard est partie, et Timothée, qui l'a reconduite jusque sur l'escalier, rentre dans la chambre en s'écriant:

— Superbe fille! n'est-ce pas, George?

— Oh! superbe fille!... parce qu'elle a de grosses hanches, de gros bras, une grosse gorge... C'est une fille solidement conformée, voilà tout.

— Mais elle a une jolie figure, de belles couleurs, de belles dents...

— Elle a une figure de paysanne... des couleurs trop foncées, de grosses joues comme un enfant nouveau-né... Moi, je ne suis pas admirateur de ce genre de beauté; j'aime les femmes mignonnes... et puis mademoiselle Prudence Flambard me fait l'effet d'être passablement bête.

— Tu crois?
— Il me semble que sa conversation nous en a donné un échantillon.
— Oh! quelquefois... la timidité... C'est égal, c'est une belle fille, et qui me plairait beaucoup.
— Ah çà! mais tu étais amoureux de la voisine, voilà celle-ci qui te plait beaucoup; pour peu qu'il en arrive une troisième, elle te séduira sans doute aussi?
— Ecoute donc, quand il y a longtemps qu'on n'a aimé, c'est comme quand il y a longtemps qu'on n'a mangé, on trouve tout bon. A propos de manger!... je dînerais volontiers...
— Et moi aussi.
— Voilà la nuit... Bouchenot ne revient pas!... S'il ne nous apporte pas un pâté, avec quoi dînerons-nous... ou souperons-nous?...
— Il ne reste donc rien du déjeuner?
— Eh! tu sais bien que nous avons tout mangé...
— Diable!... Allumons toujours la chandelle.
George prend un briquet phosphorique dont il avait fait emplette l'avant-veille, et il allume une chandelle qui était enfoncée dans le goulot d'une bouteille, ce qui tenait lieu de chandelier. Ensuite, il s'assied de nouveau devant la table.
— Tu vas encore travailler? dit tristement Timothée.
— Sans doute... Que veux-tu que je fasse... puisque nous ne pouvons pas encore souper?... Crois-moi, Timothée, fais de même... quand on s'occupe, on n'a pas si faim.
— C'est possible quand on compose... mais pour étudier ce n'est pas la même chose... Ah! Bouchenot! si tu n'apportais rien... si tu nous jouais un tour comme cela... après avoir emporté l'argent de mes bottes! car c'est l'argent de mes bottes qu'il avait en poche... Cent sous!... On a quatre pâtés avec cent sous...
Timothée s'était assis sur la chaise que mademoiselle Prudence avait occupée, et il se balançait doucement en faisant tout haut ces réflexions :
— Cette pauvre fille qui a perdu son chien... et cet autre qui l'a emmené... Sapredié!... que j'ai faim!... Bouchenot... ne revient pas... J'ai envie de faire un somme... on dit que qui dort dîne... Prudence Flambard... le drôle de nom! Et la voisine qui se nomme Cœlina, comme un vieux mélodrame de l'Ambigu... c'est peut-être aussi un enfant du mystère !... Ah! il faudra que j'écrive encore à mon père !... Mes pauvres bottes qui m'allaient si bien !...
Timothée cesse de parler, ses yeux se ferment, il s'est endormi, George s'en aperçoit, il écrit plus doucement, et a soin de ne point remuer ses papiers de crainte de réveiller son ami.
Plus d'une heure s'écoule ainsi. Enfin George, qui ne se sent plus la force de travailler, et qui envie le sommeil paisible de Timothée, repousse doucement son ouvrage, et mettant son bras sur la table, appuie sa tête dessus en se disant :
— Si je pouvais faire comme lui... pendant ce temps-là peut-être que Bouchenot reviendrait.
La nature seconde le désir de George, il ne tarde pas à s'endormir aussi profondément que Timothée.
Minuit sonnait à l'horloge du Palais lorsque les deux jeunes gens rouvrirent les yeux.
La chandelle brûlait encore, mais elle touchait presque à sa fin.
— Il est bien tard, dit Timothée, nous avons dormi longtemps, il paraît.
— Voilà minuit qui sonne, dit George.
— Minuit! ah! mon Dieu! et Bouchenot n'est pas revenu !...
— C'est bien singulier, en effet!
— Et il est que nous ne possédons plus rien, que nous comptons sur lui pour souper... ah! sa conduite est indigne !...
— Il faut qu'il lui soit arrivé quelque chose d'extraordinaire, car il ne nous laisserait pas ainsi... il reviendrait au moins.
— Plus de ressources !... et comment ferons-nous demain?...
— Allons, Timothée, ne te chagrine pas; nous vendrons quelque chose...
— Mais nous n'avons plus rien à vendre... toutes nos ressources sont épuisées... Ah! je sens des tiraillements d'estomac...
— Couche-toi, tâche de dormir encore...
— Non... je n'en ai plus envie... je suis trop inquiet!...
George cherchait à tranquilliser Timothée, mais au fond du cœur il était aussi triste que lui. Toute la philosophie, toute l'insouciance de la jeunesse ne tient pas contre le besoin. L'avenir leur offrait bien quelques espérances, mais il faut pouvoir y arriver, à cet avenir. Il faut avoir assez de forces pour atteindre à ce but que l'on voit dans l'éloignement, et ne pas tomber de fatigue en chemin.
Les deux amis étaient toujours assis l'un devant l'autre, ils ne se parlaient plus, car ils ne trouvaient pas de consolations à se donner.
Tout à coup, ils entendent monter précipitamment l'escalier, ils écoutent... on s'arrête devant leur porte... on frappe violemment.
— Ah! c'est lui... c'est Bouchenot! s'écrient avec joie les deux jeunes gens en courant ensemble ouvrir leur porte.

CHAPITRE VIII. — Retour de l'enfant prodigue.

En effet, c'était Bouchenot, mais pâle, défait, haletant, couvert de crotte, en nage, l'habit déchiré, comme vous savez, et dont les traits renversés expriment la terreur.
— Ah! te voilà enfin! disent George et Timothée, qui, dans leur joie de revoir leur ami, n'ont pas encore remarqué son trouble ni l'expression d'effroi de sa physionomie.
— Revenir si tard!...
— Que diable as-tu donc fait jusqu'à présent?
— Tu apportes des provisions, j'espère.
Pour toute réponse, Bouchenot referme avec soin la porte de leur logement, puis il va se jeter sur la chaise en murmurant :
— Enfin !... me voici donc en sûreté ! ah ! je n'en puis plus.
Timothée examine alors la toilette de Bouchenot, un cri lui échappe :
— Ah! mon Dieu!... vois donc, George... vois dans quel état il revient... notre habit... notre pauvre habit est en lambeaux !...
— En effet... déchiré devant et derrière... Qu'est-ce que cela veut dire ?... tu viens donc de te battre ?...
— Est-ce que tu as été attaqué par des voleurs ?... Parle donc !...
— Ah! mes amis, de grâce, laissez-moi me remettre un peu ! Ah! quelle journée! grand Dieu! quelle malheureuse journée !...
— Et le pâté que tu devais nous rapporter... où est-il ?
Bouchenot tire de sa poche les deux morceaux de sa canne cassée, et les présente à ses amis en leur disant :
— Voilà tout ce que j'ai rapporté... et encore cela m'a coûté trois francs !
— Bouchenot, nous mourons de faim; tu prends mal ton temps pour plaisanter !...
— Ah! morbleu! moi aussi je meurs de faim, moi aussi je n'ai pas dîné, et je gage que j'ai moins bien déjeuné que vous... et je suis sûr mes jambes depuis que je suis sorti.
— Mais tu avais cent sous ?...
— Mais cet habit, notre seul vêtement à tous trois, était en bon état ce matin... et tu reviens en loques...
— Et tu n'apportes pas de provisions ?...
— Laissez-moi me remettre... et je vous conterai mes aventures.
— Ça ne nous donnera pas à souper, tes aventures, dit Timothée en se jetant sur la malle d'un air désespéré, et nous comptions sur toi pour cela...
— Alors, aimez-vous mieux que je ne vous dise rien ?
— Parle, nous t'écoutons, dit George.
Bouchenot jette encore des regards effarés autour de lui, puis, après avoir essuyé la sueur de son front, il commence son récit, mais d'une voix basse, et comme s'il craignait d'être entendu :
— Je suis sorti ce matin avec les plus belles espérances et cinq francs dans ma poche...
— Oui, cinq francs qui venaient de mes bottes neuves, que tu as vendues! s'écrit Timothée.
— Que diable, mon ami, il nous fallait de l'argent à tout prix; ce marchand d'habits ne donnait rien de nos caleçons !... et vous vouliez avoir à déjeuner...
— Et maintenant nous voudrions à souper...
— Timothée, si tu m'interromps ainsi, je ne pourrai pas vous faire le récit de mes aventures...
— Allons, poursuis, Timothée va se taire.
— J'étais donc sorti dans la plus heureuse situation d'esprit... je voyais tout en rose... même les marchandes de marrons !... Je comptais déjeuner chez mon ancienne amie... madame Dubillon... Mon premier malheur fut de mettre mon front dans un ruisseau, ce qui m'obligea à changer ma pièce de cent sous pour me faire décrotter... ensuite j'achetai des pastilles du sérail à un vrai Turc de la rue Vivienne; je conviens que j'aurais pu m'en passer... mais cela sentait si bon! Tenez, mes enfants, je les ai dans ma poche... les voici... vous pouvez en brûler une... ça se brûle, et vous allez renifler avec volupté !...
George hausse les épaules, et Timothée repousse les pastilles du sérail en s'écriant :
— Crois-tu que pour nous restaurer nous nous contenterons de respirer tes parfums ?... Belle emplette ! C'est pitoyable de nous apporter des choses comme cela !...
— Timothée, tu m'as promis de me laisser parler... Je poursuis. Il me restait trois francs huit sous; avec cela je pouvais encore vous faire souper très-gentiment... lorsque le diable déchaîna à mes trousses un petit marchand de cannes... Il m'en met une dans la main... il me dit de la faire plier... elle se casse... C'est trois francs qu'il faut que je donne !...
— Pourquoi marchander des cannes quand on ne veut pas en acheter ?
— Timothée, veux-tu que je continue ? Je vais chez ma sensible Dubillon... elle est à Pontoise pour un mois... Je vole chez ma tendre Elvina... elle est avec son protecteur... Vous concevez que je commençais à me lasser de courir; il me restait huit sous, je les dépense

pour mon déjeuner... il me semble qu'on peut bien manger huit sous quand on a déjà couru tout Paris... Vous voyez que voilà l'emploi de la pièce de cent sous bien détaillé...

— Il est gentil, l'emploi que tu en as fait!

— Et notre habit... et l'état où le voilà? dit George.

— Un instant... je vais y arriver... vous ne connaissez encore qu'une partie de mes malheurs. Comme je déjeunais... chez un charcutier... je vois passer une jeune fille assez drôlette... du moins alors elle me semblait drôlette... à présent je la trouve fort laide... Je marche à ses côtés en lui disant quelques douceurs... elle se fâche... C'était une jeune fille sans usage; moi, je la laisse aller. Mais figurez-vous qu'elle avait un chien... et que ce chien quitte sa maîtresse pour me suivre... j'ai beau le renvoyer, il ne veut plus me quitter...

— Ah! bah! vraiment! dit Timothée en regardant George, qui souriait; et où est-il maintenant, ce chien?

— Laisse-moi donc continuer. Je poursuis mon chemin avec le chien sur mes talons... C'est le jambon que j'avais eu dans ma poche qui l'attirait ainsi; je m'en aperçus après... Je ne puis vous dire toutes les aventures que ce misérable chien m'attira : il emporta la corbeille d'une marchande de cure-dents, puis une chaîne de sûreté; puis, comme j'allais dîner enfin chez les Monflacon, il se jeta sur le petit Stanislas, et moi on me jeta à la porte. Enfin, la soirée était avancée, je n'avais pas dîné, et j'étais de fort mauvaise humeur... lorsque le hasard me conduisit sur les boulevards du Marais... devant des paillasses... des baladins; il y avait une femme qui faisait des armes; elle proposait à tous les amateurs de tirer *gratis*... J'eus la malheureuse idée de me donner ce petit divertissement... d'autant plus que je puis me flatter de tirer assez bien...

— Ah! oui, je te conseille de t'en vanter!

— La preuve que je tire bien, c'est que j'ai touché cette amazone... je l'ai même touchée dans l'œil... une botte superbe!...

— Enfin?

— Enfin, piqués de ce que j'avais vaincu leur amazone, les saltimbanques ont voulu me faire régaler la troupe; vous sentez bien que j'ai refusé... J'avais d'ailleurs de bonnes raisons pour cela!... Alors grande querelle... combat à coups de poing... Je me suis battu comme un lion... j'ai rossé tout le monde. Mais le maudit chien, qui voulait me tirer de là, m'a plusieurs fois happé mon habit... et vous voyez dans quel état je suis sorti du spectacle forain!...

— Eh bien, ensuite... que t'est-il encore arrivé? tu ne t'es pas battu jusqu'à minuit... et ce chien qui t'avait suivi, qu'en as-tu donc fait?...

— Ensuite, répond Bouchenot en regardant autour de lui d'un air inquiet et traînant sur chacune de ses paroles, je quittai les boulevards... Dans l'état où j'étais, vous sentez bien que je ne me souciais pas d'être vu; je marchai longtemps... au hasard... Enfin je m'arrêtai dans une rue... je ne sais pas trop si c'était une rue... je ne sais pas du tout où j'étais...

— On dirait que tu ne sais pas non plus ce que tu veux dire, s'écrie George impatienté de la lenteur que Bouchenot apporte dans la fin de son récit.

— Ah! écoute donc... après tout ce qui m'est arrivé, il m'est bien permis d'avoir la mémoire un peu troublée...

— Enfin, que t'arriva-t-il encore?

— Ce qui m'arriva?... mais rien de plus... je me reposai sur une borne... J'y restai longtemps, car j'étais accablé de fatigue... ensuite je pensai à revenir ici, mais je me perdis dans les rues que je ne connaissais pas... et... voilà pourquoi je suis revenu si tard.

— Comment! c'est là tout ce qui t'est arrivé?...

— Il me semble que c'est bien assez...

— Et tu avais l'air si inquiet... si bouleversé en entrant ici!

— J'ai cru qu'il avait une bande de voleurs à ses trousses, dit Timothée.

— Ah!... c'est que... se trouver seul... la nuit... dans Paris... à minuit passé...

— Ah! ah!... voilà du nouveau! et cent fois tu n'es rentré qu'à deux ou trois heures du matin... En vérité, mon pauvre Bouchenot, je crois que l'assaut d'armes que tu as soutenu a un peu dérangé ton moral... tu as de la fièvre.

— C'est possible, dit Bouchenot en laissant retomber sa tête sur sa poitrine; oui... en effet... je dois avoir un peu de fièvre!...

— Ah ça! et le chien?... dit Timothée. Tu ne nous parles plus de ce chien qui avait quitté sa maîtresse pour te suivre... qu'en as-tu donc fait?

— Il m'a quitté aussi, comme vous voyez... C'est en m'éloignant du spectacle de toile... dans ces rues... que je ne connaissais pas... Lorsque je me suis reposé, je me suis aperçu que le chien... n'était plus avec moi... et depuis ce moment... je ne l'ai pas revu.

— Voilà qui est très-malheureux!

— Pourquoi cela?... vous me disiez ce matin qu'un chien serait du luxe ici.

— Aussi nous n'aurions pas gardé celui-là, mais nous l'aurions rendu à sa maîtresse.

— A sa maîtresse! s'écrie Bouchenot en relevant aussitôt la tête et regardant ses deux amis avec inquiétude. Comment!... sa maîtresse... Est-ce que vous la connaissez?...

— Oui, nous la connaissons... Tiens, pour preuve, nous allons te faire son portrait : c'est une jeune fille de vingt ans à peu près, grande, forte, bien taillée, haute en couleur... assez jolie... et portant un petit bonnet et un tablier à carreaux rouges et noirs!

— C'est cela... c'est parfaitement cela, dit Bouchenot d'un air stupéfait.

— Son chien s'appelle Moustache...

— Oui... oui...

— Et quant à la demoiselle, nous savons aussi son nom; elle se nomme Prudence Flambard...

— Prudence Flambard!... je ne savais pas son nom, moi; mais comment se fait-il que vous sachiez tout cela?

— Rien de plus simple, dit George. Cette jeune fille connaît notre voisine du carré... Aujourd'hui elle est venue pour la voir, et, comme la voisine était sortie, elle a bien voulu l'attendre quelque temps ici. C'est alors qu'elle nous a raconté que son chien l'avait quittée pour suivre un monsieur qui lui avait dit des *bêtises*... Nous aurions dû deviner que c'était toi. Cette pauvre fille est désolée de la perte de son chien, parce que cet animal lui avait été donné par son parrain.

— C'est cela... oh! c'est bien cela!... Ah! elle se nomme Prudence Flambard?... que vous a-t-elle dit encore?...

— Rien de bien intéressant; qu'elle est en apprentissage chez une lingère... qu'elle connaît fort peu Paris, où elle n'est venue que depuis peu de temps.

— Et son adresse?... vous a-t-elle dit son adresse?

— Oui, elle demeure rue Poissonnière, près du boulevard.

— Rue Poissonnière! murmure Bouchenot; puis il porte de nouveau ses regards sur la terre, et semble réfléchir profondément.

— Est-ce que tu songes déjà à aller voir cette jeune fille? dit Timothée d'un air railleur; je te préviens que tu ne lui plaisais pas du tout... c'est du moins ce qu'elle nous a dit ici, en se plaignant de ton obstination à la suivre.

— Et je crois que tu aurais un rival dans Timothée, ajoute George en souriant.

— Moi... aller chez cette demoiselle... Dieu m'en garde! répond Bouchenot à voix basse.

— Oh! cet air de dédain! dit Timothée; tu feins de n'en plus vouloir, parce que tu t'es bien aperçu qu'elle ne voulait pas t'écouter; mais certainement que c'est une fort belle personne... fraîche comme une pomme d'amour et ferme comme un roc...

— Est-ce que tu t'en es assuré?

— Non, mais ça se voit tout de suite. D'ailleurs, elle a l'air très-honnête, n'est-ce pas, George?

— Oui, autant que l'on peut en juger sur les apparences.

— Messieurs, dit Bouchenot en regardant tour à tour ses deux amis, croyez-moi, ne formez aucune liaison avec cette demoiselle Prudence Flambard... et quant à la petite voisine du carré... puisqu'elle est amie de l'autre... ne lui parlez pas... ne cherchez pas à faire sa connaissance.

— Oh! voilà qui est trop fort! dit George. Il faut que tu sois endormi, ou que tu aies perdu la tête, mon pauvre Bouchenot! Depuis quand es-tu si sévère en fait de connaissance de femmes?... sur quoi d'ailleurs juges-tu que mademoiselle Prudence n'est pas digne de notre société?... Est-ce parce que tu lui as perdu son chien?

Bouchenot baisse les yeux, et ne répond rien.

— Non, c'est parce qu'il est vexé que cette jeune fille n'ait pas voulu l'écouter, dit Timothée; mais cela n'est pas beau, Bouchenot, de dire du mal d'une femme parce qu'elle ne veut pas de nous. Et la voisine, tu la trouvais charmante ce matin, et tu aurais bien voulu faire sa conquête. Quelle haine as-tu donc contre les femmes, toi qui es si amateur du beau sexe?... Est-ce que tu aurais reçu un mauvais coup d'amazone qui t'ait fait des armes?

— Non, je n'ai de haine pour personne... Faites ce que vous voudrez... moi je vais me coucher, car je ne me sens pas à mon aise.

— Couche-toi, tu feras bien, car certainement tu as quelque chose... tu n'es pas dans ton état normal.

— C'est la fatigue... les émotions de cette journée... les regrets d'avoir dépensé les cent sous... et de revenir avec notre habit déchiré...

— Oh! tu n'es pas un gaillard à t'affliger pour tout cela, dit George; il faut qu'il te soit encore arrivé d'autres aventures que tu ne veux pas nous dire...

— D'autres aventures! s'écrie vivement Bouchenot, non... non... vous vous trompez... je n'ai rien... que la fièvre... mais je dois avoir une grosse fièvre.

En disant cela, Bouchenot se déshabillait et se glissait dans la vieille couchette, dont il retapait les rouleaux de papier qui servaient de traversin.

— S'il allait tomber malade! dit tristement Timothée en considérant la mine pâle et allongée de Bouchenot. Il ne nous manquerait plus que cela!... avec quoi acheter des tisanes... quand on n'a pas de quoi souper?...

— Et plus d'habit! dit George en jetant un regard désolé sur le malheureux frac que Bouchenot avait mis dans un coin de la chambre. Comment irai-je demain lire ma pièce au directeur?... allez donc lire une pièce en blouse ou en camisole!... Ah! notre situation devient cruelle!...

— Et notre appétit, dont tu ne parles pas! dit Timothée. Ce soir, nous pouvons encore nous serrer le ventre, parce que nous avons déjeûné assez bien; mais demain... que ferons-nous demain?... Nous ne pouvons même pas sortir pour aller emprunter à quelques connaissances!...

George reste quelques moments pensif, puis il dit à Timothée :
— Sais-tu que notre position serait fort dramatique et d'un grand effet en scène?...
— Ah! que le diable t'emporte avec tes scènes!... j'ai cru que tu nous avais trouvé quelque ressource... Tiens, vois donc comme Bouchenot saute dans le lit... est-ce qu'il a des attaques de nerfs?...
— Bouchenot, où souffres-tu? dit George en s'approchant de la vieille couchette.

George et Timothée.

Bouchenot, qui commençait à s'assoupir, ouvre les yeux en criant :
— Ah! mon Dieu!... ils vont m'assassiner!... Grâce!... grâce!... je ne dirai rien!...
— Eh bien! à qui donc en as-tu, mon pauvre garçon?... reviens à toi, tu es avec tes amis, dit George en prenant le bras de Bouchenot. Celui-ci le regarde d'un air effrayé, puis passe sa main sur son front en balbutiant :
— Qu'est-ce que j'ai donc dit?...
— Tu parlais d'assassins... tu demandais grâce...
— Ah! c'est que... j'avais le cauchemar, apparemment... Mais il fait bien froid ici... On ne peut pas se réchauffer dans ce lit...
— Attends, attends; nous allons faire un bon feu, s'écrie George.
— Du feu! et avec quoi donc?... demande Timothée.
— Avec quoi? et parbleu! avec le grand coffre qui ne sert à rien, puisque la malle est plus que suffisante pour nos effets!...
— Ah! tu as raison!... Au feu le grand coffre!...
— Oh! nous allons bien nous chauffer!

Et Timothée saute de joie dans la chambre, tandis qu'avec deux ou trois coups de pied, George a mis le grand coffre en morceaux. La pensée qu'ils vont avoir un bon feu a ranimé le courage des deux jeunes gens. La plus petite douceur est un grand plaisir pour ceux qui ne vivent que de privations.

Le feu est bien vite allumé. Le bois du coffre brûlait très-facilement. George et Timothée se chauffaient avec délices et ne doutaient pas que la chaleur ne fit du bien à leur ami.
— Comment te trouves-tu maintenant? dit Timothée; as-tu chaud?
— Oui... mais j'ai terriblement soif... donne-moi à boire, je t'en prie.
— Qu'est-ce que nous allons lui donner? dit Timothée en regardant George; nous n'avons que de l'eau ici.
— Alors ta question me semble superflue.
— C'est que... de l'eau pure... si ça augmentait sa fièvre...
— Nous n'avons pas de sucre à mettre dedans?...

— Pas un morceau...
— Pour un malade... cela s'emprunte, du sucre...
— A minuit passé!... tout le monde dort dans cette maison...
— Pauvre garçon! il faudra donc lui donner de l'eau?...

Les deux jeunes gens se regardaient tristement, puis reportaient leurs regards sur le malade.

En ce moment, le calme qui régnait dans la maison permet d'entendre très-distinctement une voix de femme qui chantait :

> Combien je regrette
> Mon bras si dodu
> Ma jambe bien faite
> Et le temps perdu.

Cette chansonnette, qui rompt le silence de la nuit, fait sur les deux jeunes gens une impression difficile à rendre. Le sourire reparaît sur leurs lèvres, et l'espérance revient dans leur cœur.
— C'est la voisine! s'écrie Timothée, c'est mademoiselle Cœlina... elle ne dort pas, puisqu'elle chante!...
— Il faut aller lui emprunter un peu de sucre, dit George.
— Lui emprunter du sucre... je ne sais pas si j'oserai...
— Oh! alors j'irai, moi! pour un ami malade, je ne craindrai pas de demander un service... D'ailleurs, les jeunes filles ont toujours bon cœur; elle sera bien aise de nous obliger!...
— Au fait, tu as raison; et puis il faut bien que nous lui disions que son amie Prudence est venue pour la voir. Décidément je vais aller frapper chez elle.

Timothée courait vers la porte, lorsque Bouchenot, qui ne dormait pas, lui crie :
— Où vas-tu?
— Chez la voisine en face, chercher un peu de sucre.
— Je n'en veux pas... je n'ai plus soif... ne va pas chez la voisine, c'est inutile.
— Ah! laisse-nous donc tranquilles!... tu as la fièvre, nous savons mieux que toi ce qu'il faut faire.
— N'écoute pas Bouchenot, dit George, allume ce bout de chandelle, car celle-ci va finir, et va cogner doucement chez mademoiselle Cœlina.

Timothée a bien vite pris une lumière, et il est déjà contre la porte de la voisine, tandis que Bouchenot répète encore : — Ne va donc pas demander quelque chose à cette demoiselle... Je n'ai besoin de rien.

CHAPITRE IX. — Mademoiselle Cœlina.

— Qu'est-ce qui est là?... qu'est-ce qui frappe à ma porte aussi tard? demande la jeune voisine avant d'ouvrir à Timothée.
— Mademoiselle... c'est moi... un de vos voisins d'en face... Je vous demande pardon de vous déranger; mais comme je vous ai entendue chanter, j'ai pensé que vous ne dormiez pas.
— Que me voulez-vous donc, monsieur?
— Mademoiselle... je voulais vous dire que votre amie Prudence Flambard est venue dans la journée pour vous voir, et vous a attendue longtemps chez nous.
— Ah! la grosse Prudence est venue!... Je vous remercie, monsieur; mais vous m'auriez aussi bien dit cela demain matin.

Ce dialogue avait lieu à travers la porte restait fermée. La voisine n'ayant pas jugé nécessaire d'ouvrir, Timothée se tenait contre la porte et ne savait comment demander ce qu'il désirait. George, qui a entendu cette conversation et qui s'aperçoit que la voisine aura le temps d'aller se coucher avant que Timothée se décide à faire sa demande, court à son tour se placer contre la porte, et dit d'une voix émue :
— Mademoiselle, nous vous demandons bien pardon de vous importuner aussi tard, mais l'un de nos amis est malade, il souffre, et nous avons besoin d'un morceau de sucre chez vous pour lui donner dans de l'eau, et calmer la soif qui le dévore. A l'heure qu'il est, tous les marchands sont couchés dans ce quartier, nous vous avons entendue chanter, et c'est pour cela que nous nous sommes permis de frapper à votre porte.
— Vous avez un malade... mon Dieu! il fallait donc le dire tout de suite! attendez, me voilà.

Et bientôt la porte de la voisine est ouverte, et mademoiselle Cœlina paraît en jupon court et en petite camisole de couleur, serrée autour de sa taille, et la tête coiffée d'un madras, sous lequel sa figure éveillée semble encore plus piquante.
— Qu'est-ce qu'il a donc, votre ami? demande Cœlina en s'adressant à la fois aux deux jeunes gens; est-ce qu'il lui est arrivé un accident?... est-ce que ça lui a pris tout de suite? Voyons, où est-il?...
Oh! moi, je sais très-bien soigner les malades, je sais faire des cataplasmes, je sais poser les sangsues... je sais donner tous les remèdes possibles... Je voulais me faire sœur du Pot, mais le costume ne m'allait pas, c'est ce qui m'en a empêchée... Eh bien! menez-moi donc près de votre ami?...
— Mon Dieu, mademoiselle, vous êtes bien bonne... nous ne voudrions pas vous donner tant de mal... lorsque c'est l'heure de votre

repos... Si vous pouvez seulement nous prêter un peu de sucre, cela nous suffira !...

— Certainement que je vous prêterai du sucre ; j'ai justement reçu ma provision de ma tante... avant-hier, ça se trouve bien, Ma tante m'envoie deux livres de sucre tous les mois... ce n'est pas trop, et il n'y a pas de quoi mettre tout au caramel ; mais moi j'en ai assez, parce qu'en fait de sucre, je préfère le porc frais ; je n'aime la douceur que dans la conversation. Mais je ne vais pas vous laisser faire de la tisane à votre malade ; est-ce que les hommes s'entendent à cela ?... Je crois qu'il serait bien soigné, ce pauvre garçon !... Quant à mon repos, que cela ne vous inquiète pas ! On passe bien des nuits à danser, on peut bien en passer aussi pour rendre service à des voisins.

Et en disant ces mots, la petite voisine, qui tient toujours son bougeoir à la main, est entrée dans la chambre des jeunes gens.

Je m'ennuyais beaucoup chez ma tante Bernard.

— Elle est un peu bavarde, dit George à Timothée, mais elle paraît obligeante.

— Si elle est aussi bonne qu'elle est gentille ! dit Timothée, ce doit être un bijou que cette femme-là.

— Où donc est-il ? demande Cœlina en portant ses regards sur les deux lits, dans lesquels elle n'aperçoit personne, parce que Bouchenot s'est caché entièrement sous la couverture lorsqu'il a entendu la voisine entrer dans la chambre.

— Il est couché là, dit George en s'approchant du lit. C'est qu'il a froid peut-être... voyons s'il dort.

George baisse doucement la vieille couverture, et découvre la tête de Bouchenot, qui ferme les yeux et fait semblant de dormir.

— Ah ! je reconnais votre ami, dit mademoiselle Cœlina en souriant ; c'est lui qui un jour était habillé d'une si drôle de façon... Certainement je ne suis pas bégueule, mais j'ai trouvé la plaisanterie un peu forte ; et comme de sa part je m'attendais toujours à quelques nouvelles drôleries, si c'était lui qui eût frappé à ma porte, certainement je n'aurais pas ouvert. Mais il est malade, ce pauvre garçon, et je ne lui en veux plus. Voyons s'il a de la fièvre...

Cœlina s'avance pour tâter le pouls à Bouchenot ; celui-ci, sans ouvrir les yeux, retire vivement sa main et la cache à un endroit où la jeune voisine ne pouvait pas se permettre d'aller la chercher.

— Est-ce qu'il a des crispations ? demande Cœlina aux deux jeunes gens.

— Nous ne savons pas ce qu'il a... nous ne comprenons rien à la terreur qu'il semble éprouver : il est rentré, il n'y a pas longtemps, tout bouleversé, tout tremblant ; il nous a dit qu'il s'était battu à coups de poing... qu'il tombait de fatigue ; ensuite il s'est couché... Il a eu comme un cauchemar, il se croyait entouré d'assassins, et regardait avec effroi autour de lui. Maintenant vous voyez qu'il s'obstine à fermer les yeux, et pourtant je suis persuadé qu'il ne dort pas.

— C'est sans doute la fièvre qui le travaille. Tâchez donc d'avoir une de ses mains, que je lui tâte le pouls...

— Voyons, Bouchenot, donne ta main à notre bonne voisine, qui veut venir te soigner, dit George en tâchant de s'emparer d'une des mains du malade.

— C'est mademoiselle Cœlina, qui a la bonté de nous prêter du sucre, dit Timothée, et de se déranger au milieu de la nuit.

— Je vous répète que ça ne me dérange pas ! s'écrie la jeune fille ; je ne m'étais pas couchée parce que j'ai de l'ouvrage un peu pressé, et que j'ai flâné toute la journée au lieu de rentrer travailler. Mais moi, ça m'est égal... quand je m'amuse le jour, je me rattrape la nuit ! j'ai une santé de fer. Eh bien, donnera-t-il sa main enfin ?

George parvient à s'emparer d'un des bras de Bouchenot, et mademoiselle Cœlina peut tâter le pouls au malade.

— Il a une grosse fièvre, dit la jeune fille ; son pouls va... va ! comme s'il battait la générale. Il faut lui faire une boisson calmante...

— Si on lui donnait de la bourrache ? dit Timothée.

— De la bourrache ! à un homme qui a déjà une fièvre de cheval ! dit Cœlina. Ah ! bien, ce serait du joli ! si vous êtes étudiant en médecine, je vous en fais mon compliment. Soyez tranquille, je sais ce qu'on peut lui donner ; mais avant tout, il faudrait qu'il fût mieux couché... il faut lui remettre la tête sur le traversin... Je vais le retaper d'abord.

En disant cela, Cœlina, qui s'est penchée sur le lit, donne deux coups avec ses mains sur ce qui représente un traversin : les rouleaux de papier rendent un son sec et criard. La jeune fille en reste toute saisie, tandis que les deux amis de Bouchenot détournent la tête en baissant les yeux, tout honteux de ce qu'on connaisse leur pauvreté.

La petite voisine est quelques instants immobile ; elle se sent aussi embarrassée que les deux jeunes gens, car elle craint de leur avoir fait de la peine. Son cœur s'est serré à l'aspect de la misère de cette chambre ; une larme roule dans ses yeux, et elle l'essuie vivement avec le revers de sa main en balbutiant :

Quelquefois il me fallait rester des heures entières sans remuer, et ce n'était pas du tout amusant.

— Mon Dieu !... je vous demande pardon... je croyais... Oh ! mais c'est égal, il ne peut pas rester comme cela !...

Et la jeune fille sort vivement de la chambre et court chez elle, d'où elle revient bientôt en tenant un oreiller et un traversin véritables qu'elle se hâte de placer sous la tête de Bouchenot, après avoir jeté de côté les liasses de papier qui étaient sur la couchette.

— Que faites-vous, mademoiselle ? Oh ! nous ne souffrirons pas que vous vous priviez ainsi pour nous, dit George.

— Il faudra pourtant bien que vous le souffriez, dit Cœlina. D'ailleurs, c'est pour votre ami malade que je le fais, et vous n'avez pas le droit de vous y opposer.

— Mais vous, mademoiselle ? dit Timothée.

— Moi? eh! mon Dieu! avec une robe et un ou deux jupons, on se fait tout de suite un oreiller délicieux... D'ailleurs, je n'ai pas envie de dormir... Voyons, j'ai chez moi de la mauve, c'est très-bon pour toutes les maladies, nous allons en faire une infusion... vous avez du feu, nous allons la faire ici, car j'avais laissé s'éteindre mon feu... Avez-vous une bouillotte ici?...

— Une bouillotte?... qu'est-ce que c'est que cela, mademoiselle?...

— Je pense que c'est une table de jeu, dit Timothée.

— Eh non! répond Cœlina en riant, c'est une grande cafetière pour faire chauffer de l'eau.

— Nous n'avons pas de grande cafetière, dit George; nous n'avons qu'un pot à l'eau... Si cela pouvait suffire...

— Non, ça ne vaudrait rien; mais j'ai chez moi ce qu'il nous faut, je vais chercher tout ça... Vous... entretenez le feu... mettez encore une bûche... nous en aurons besoin.

La jeune fille est retournée chez elle; George va prendre un morceau du coffre qu'il jette dans la cheminée en disant :

— Des bûches, Timothée, la voisine doit avoir de nous une singulière opinion. Mais, après tout, ce n'est pas un crime d'être pauvre; quand on n'a jamais commis de bassesse, pourquoi rougirait-on de sa misère?... tant de gens devraient plutôt rougir de leur fortune!... Quel bon cœur!... quelle obligeance dans cette jeune fille qui ne nous connaît pas... et se prive de tout ce qu'elle a pour nous l'offrir!... ce n'est qu'une grisette pourtant... Cherchez donc dans de riches salons cette humanité, cet empressement à rendre service... Vous y rencontrerez quelquefois la bienfaisance, mais toujours accompagnée de morgue et d'ostentation : vous y lirez dans des journaux la liste des personnes qui ont secouru les malheureux et qui se font mettre la liste des abonnés du journal et les habitués de café sachent qu'ils sont bienfaisants... Ce n'est pas ainsi qu'une grisette oblige!... elle ne tient pas à voir son nom imprimé en toutes lettres, elle agit sans calculs, sans réflexions; elle suit l'impulsion de son cœur, et ne vise pas à se faire une réputation.

Pendant que George parlait, Timothée s'était assis sur la malle; il bâillait, étendait les bras, et devenait à chaque instant plus pâle, tout en balbutiant :

— Oh! oui... mademoiselle Cœlina se conduit avec nous... c'est admirable... je la trouverais encore plus jolie... si je n'avais pas des tiraillements d'estomac.

— Eh bien! qu'as-tu donc à présent, Timothée? est-ce que tu vas tomber malade aussi... quelles contorsions tu fais!...

— Ce que j'ai... parbleu!... tu le sais bien... je fais ce que je peux pour ne pas penser à mon appétit... mais il y a des moments où je ne me sens plus de forces... et toi-même, George, tu ne dois pas souffrir moins que moi.

— Moi, j'ai du courage... Voyons, Timothée, ne te laisse pas aller ainsi...

— Eh bien... est-ce qu'il se trouve mal aussi? demande la petite voisine, qui entre alors avec une bouillotte, une tasse et sa provision de sucre dans du papier.

— Non... non... ce n'est rien... dit George, c'est la fatigue... c'est une faiblesse... il a trop travaillé aujourd'hui.

Tout en disant ces mots, George lui-même s'appuyait contre la cheminée et s'efforçait de dissimuler le malaise qu'il éprouvait.

Cœlina regarde les deux jeunes gens, qui ne veulent pas avouer la cause de leur abattement et de la pâleur qui règnent sur leur visage ; mais une femme devine facilement ce qu'on veut lui cacher, surtout lorsqu'il y a quelque peine à soulager, quelques larmes à essuyer. La jeune fille s'est accroupie devant l'âtre, et tout en disposant la bouillotte au feu, plusieurs fois à la dérobée elle a porté ses regards sur George et Timothée ; puis son front s'est rembruni, et la gaieté a disparu de sa physionomie habituellement si riante.

Tout à coup elle se relève en s'écriant :

— Mon Dieu ! puisque vous avez un bon feu ici... si vous vouliez me le permettre, j'y ferais cuire mon souper... et si vous étiez bien aimables, vous le partageriez avec moi ?

— Votre souper ! s'écrie Timothée en ayant peine à cacher la sensation que ce mot lui fait éprouver. Comment, mademoiselle, vous n'avez pas soupé ?

— Mais non ; ni vous non plus, peut-être ?

— Il est vrai, répond George; nous attendions toujours notre camarade, nous étions inquiets de sa longue absence... et puis... je crois que nous n'avions plus de provisions ici...

— Raison de plus pour partager mon souper ; entre voisins, ces choses-là ne se refusent pas. Je vais aller chercher tout ce que j'ai chez moi... Dame, ce ne sera pas bien friand, je vous en préviens; mais ma tante m'a justement envoyé des œufs, nous ferons une omelette...

— Une omelette ! s'écrie Timothée, qui se sent déjà ranimé par l'assurance de souper. Une omelette ! Oh ! mais c'est délicieux !... c'est mon plat de prédilection... j'adore les omelettes !...

— Mais, mademoiselle, vous avez vraiment trop de bontés, dit George; à peine si vous nous connaissez, et tant de marques d'intérêt !...

— Oh ! moi, j'ai vite fait connaissance, et d'ailleurs je déteste les cérémonies... Je vais chercher mes provisions... veillez à la bouillotte; quand l'eau sera bouillante, jetez dedans cette pincée de fleurs de mauve, la tisane se fera toute seule, et ça fait qu'en soupant nous pourrons aussi soigner votre ami.

Cœlina retourne chez elle, et Timothée s'accroupit devant le feu en s'écriant :

— C'est notre ange tutélaire !... notre bon génie... c'est notre étoile que cette femme-là !...

— Il est certain que nous lui devons beaucoup ! dit George. Ah ! si quelque jour la fortune me devient favorable... ce qui arrivera, j'espère, combien il me sera doux de reconnaître ce que cette bonne fille fait aujourd'hui pour nous !

— Dis donc, George, Bouchenot doit avoir faim aussi... et il préférerait peut-être l'omelette à la tisane ?... Si nous la lui demandions pendant que la voisine n'est pas là ?

— Oh ! non... il est malade... D'ailleurs, tu vois bien qu'il dort... il ne faut pas le réveiller.

Effectivement, à force de fermer les yeux pour faire semblant de dormir, Bouchenot s'était réellement endormi, et depuis quelque temps il n'entendait plus ce qui se disait autour de lui.

— Voilà les provisions ! dit la petite voisine, qui revient tenant dans son tablier des œufs, sous son bras un pain, et sous l'autre une poêle dans laquelle il y a un morceau de fromage de Brie. Allons, messieurs, venez me débarrasser, s'il vous plaît ?

— Et surtout ne cassons pas les œufs, dit Timothée.

— J'ai apporté tout ce que j'avais... treize œufs. Ah ! mais, il y a un malheur... Vous ne savez pas ?... Je n'ai pas de beurre chez moi !

— Oh ! qu'importe ? dit George ; ça n'en sera pas moins bon.

— Nous ne tenons pas au beurre, dit Timothée ; c'est du luxe.

— Du luxe, dans une omelette ! s'écrie Cœlina en riant. Ah bien ! il me paraît que vous n'êtes pas forts sur l'article de la cuisine... Mais vous ne savez pas que si nous mettions nos œufs comme cela dans la poêle, nous ne pourrions plus les détacher ?... Ce serait tout brûlé !... Heureusement, j'ai retrouvé dans le coin d'une armoire ce restant de lard... Nous allons le couper par petits morceaux, le faire fondre, et ça nous servira de beurre.

— Et ce sera bien meilleur, dit Timothée, qui a craint un moment que l'absence de beurre ne les privât entièrement de l'omelette.

Mademoiselle Cœlina se place devant la table ; elle coupe son lard, et casse ses œufs dans un vieux saladier ébréché que Timothée lui présente avec une certaine fierté. George attise le feu ; le bois du vieux coffre pétille et flambe. La jeune fille bat les œufs en disant :

— J'ai peur que tout cela ne tienne pas dans la poêle.

— Oh ! que si, mademoiselle, répond Timothée, tout tiendra !... Et puis, à la rigueur, nous en ferions deux...

— Mais cela ne se pourrait pas... je n'ai plus de lard.

— Alors, tout tiendra.

L'omelette se fait ; les jeunes gens tâchent de mettre une espèce de couvert ; ils parviennent à rassembler trois soucoupes qui serviront d'assiettes, trois fourchettes, et une petite cuiller à café en étain, qui est la seule qu'ils possèdent. En un instant, le couvert est mis : bientôt l'omelette est cuite ; la voisine la verse dans le vieux saladier, et la pose sur la table en disant : — Messieurs, quand vous voudrez, voilà le souper.

Les jeunes gens ne se font pas répéter cette invitation. Ils présentent la bonne chaise à Cœlina, s'asseyent tous deux sur la malle, qui leur sert de banc, et attaquent l'omelette avec une avidité qui prouve à la petite voisine qu'elle a fort bien fait de leur offrir son souper.

La chambre des étudiants a pris un tout autre aspect : la tristesse, l'inquiétude, ont déjà fait place au plaisir, à la joie ; des exclamations de gaieté remplacent le silence ou les soupirs ; enfin, George et Timothée ne sont plus les mêmes. Chacun d'eux a repris une physionomie heureuse, animée, riante ; et il n'a fallu qu'une omelette pour produire un tel changement !... Il faut quelquefois si peu de chose pour amener de grands résultats !

— Elle est délicieuse ! dit George en s'arrêtant un moment pour couper du pain.

— C'est ce que j'ai mangé de meilleur ! murmure Timothée en s'emplissant la bouche.

— Vous êtes bien honnêtes, messieurs ; moi, je la trouve un peu lourde... Ne mangez donc pas si vite, vous vous étoufferez.

— Oh ! il n'y a pas de danger !

— Buvez donc, au moins !

— Ah !... oui... buvons ! dit George en regardant son camarade ; mais c'est que le plaisir de manger nous a fait oublier de boire.

— Parbleu ! et avec quoi aurions-nous du vin ? répond Timothée, que le plaisir de manger de l'omelette rend plus expansif. Son camarade lui marche sur le pied pour le faire taire : la petite voisine s'écrie :

— Eh ! mon Dieu ! ce n'est pas une chose indispensable que le vin !... C'est bien plus sain de boire de l'eau... Cependant, si nous avions du champagne... J'avoue que j'ai un faible pour le champagne ! Ah ! Dieu !... Et puis, ce vin-là me rappelle des souvenirs... Je de-

vrais le haïr, le champagne... Oh! mais, attendez!... si nous n'avons pas de vin, j'ai de l'eau-de-vie à la maison.
— De l'eau-de-vie! s'écrient les jeunes gens d'un air surpris.
— Oui, messieurs... Mais j'espère que vous ne penserez pas pour cela que j'en bois en place de vin... Je vais vous dire : ma tante, qui est une excellente femme, et qui m'aima toujours, quoique je lui aie joué plus d'un tour, ma tante a un goût très-prononcé pour le punch; et comme je sais très-bien le faire, en m'envoyant des provisions elle y a joint une bouteille d'eau-de-vie pour que je puisse lui faire du punch quand elle viendra me voir; parce que, tenant. une boutique, vous comprenez qu'elle n'ose pas en prendre chez elle... Les voisins sont si méchants! On dirait bien vite dans le quartier que ma tante se grise, et cela lui ferait un très-grand tort dans son commerce... D'autant plus que ma tante est herboriste, et que si elle avait le défaut de boire, elle pourrait donner à une pratique de la farine de moutarde pour de la farine de graines de lin, ce qui ne produirait pas le même effet en cataplasme... Attendez-moi, je vais chercher ma bouteille d'eau-de-vie; nous en mettrons un peu dans de l'eau, ça fera du *grog*; c'est délicieux, et nous aurons l'air de milords anglais !...
— Excellente fille! dit Timothée pendant que la voisine court chez elle. Elle va nous faire du grog!
— Elle a une franchise, un abandon qui me charment! dit George, et elle a une bien bonne tante qui la bourre de provisions... Ah! si nous avions des tantes comme cela!... Ce pauvre Bouchenot ! Je suis fâché qu'il ne prenne pas sa part de notre festin... car c'est un véritable festin que de souper.
— Puisqu'il dort, il ne faut pas le réveiller.
— Si nous pouvions lui mettre un peu d'omelette de côté!...
— Je n'oserai jamais le proposer.
— Bah! la voisine est si bonne enfant !
— Chut! la voilà..
Cœlina revient avec une grande bouteille et une tasse couverte d'un papier.
— Qu'est-ce que c'est que cela? dit Timothée en regardant la tasse; encore une surprise?
— C'est du raisiné... Je l'avais oublié.
— Du raisiné !... Ah! mademoiselle, vous nous accablez de douceurs !
— C'est vraiment trop de bontés !
— Oh! je vous conseille de me remercier, pour un peu de raisiné!... D'ailleurs, je vous régale aujourd'hui ; une autre fois, ce sera votre tour, et nous serons quittes.
— Oui, sans doute, répond George, nous espérons bien vous régaler une autre fois.
— Quand je toucherai ma pension, dit Timothée ; car je suis bien aise de vous dire, mademoiselle, que mon père, Benoît Glindoré, ancien cultivateur, retiré à Reims, me fait douze cents francs de pension pour que je poursuive à Paris mes études en droit.
— Moi, dit George, je suis né en Bourgogne ; mon nom de famille est Rembrun. Mes parents se livraient au commerce ; ils ne furent pas heureux ; plusieurs faillites successives firent perdre à mon père une grande partie de ce qu'il possédait. Avec le bien de ma mère, ils pouvaient encore vivre dans une certaine aisance ; mais alors il lui aurait fallu déposer son bilan, faire faillite, enfin, en prouvant qu'il y était forcé par les banqueroutes qu'il avait essuyées. Beaucoup de gens conseillèrent à mon père d'en agir ainsi, et de terminer ses affaires en donnant cinquante pour cent à ses créanciers, qui s'en seraient contentés. Mon père ne le voulut pas ; il aima mieux vivre dans la gêne, et payer tout ce qu'il devait. Le bien de ma mère a été employé, et maintenant mes parents existent du produit d'un petit emploi que l'on a trouvé pour mon père. Vous concevez d'après cela, mademoiselle, qu'ils ne peuvent faire que bien peu pour moi, et qu'il faut que je tâche de me suffire à moi-même. Mais, du moins, si je n'ai pas de fortune, j'ai l'avantage de porter le nom d'un honnête homme, d'un homme que chacun estime et révère. C'est un héritage dont je suis fier, et jamais, je le jure! George Rembrun ne flétrira le nom que son père lui a transmis.
— C'est très-bien! dit Cœlina. Ah çà! messieurs, sans que cela paraisse, vous venez de me conter vos histoires, de m'apprendre vos noms de famille, et moi, maintenant, il me semble que ce doit être à mon tour... car enfin on est bien aise de savoir avec qui l'on soupe!
— Ah! mademoiselle, ce n'est pas pour vous interroger que nous avons parlé ainsi... Nous savons que vous êtes aussi bienfaisante que jolie, et cela nous suffit.
— C'est très-aimable, cela ; mais, moi, ça ne me suffit pas. Je suis bien aise de vous conter mon histoire... Ce sera un peu plus long que les vôtres, mais nous ne sommes pas pressés !... Pendant ce temps-là, je vais faire encore bouillir de l'eau, et nous ferons un petit punch anodin... Je crois que je tiendrai un peu de ma tante, moi,.. Prenez du raisiné, messieurs... Oh! le beau feu !... c'est dommage que votre bois brûle comme du papier joseph... Je commence : y êtes-vous, messieurs ?
— Nous vous écoutons, mademoiselle, dit George en se faisant un verre de grog.

Et Timothée en dit autant, après avoir couvert de raisiné une énorme tartine de pain.
Alors la petite voisine commence son récit.

CHAPITRE X. — Une histoire de jeune fille.

— Je suis née dans la rue aux Ours ; c'est vous dire que je suis de Paris, car je ne suppose pas qu'il y ait deux rues aux Ours en Europe... ça peut être, cependant. Je ne dirai pas non plus, comme une tragédie que j'ai vu jouer rue Chantereine :

A tous les cœurs biens nés que la patrie est chère;

moi, je trouve ma patrie... c'est-à-dire la rue aux Ours, infiniment trop crottée ; j'aurais préféré naître rue de la Paix... que voulez-vous? Il n'est pas défendu d'avoir de l'ambition.
Mes parents étaient, je crois, bimbelotiers... Je dis « je crois, » parce que, n'étant presque jamais dans la boutique, je ne sais pas trop ce qu'on y vendait. Ma mère, qui n'avait que moi d'enfant, aurait préféré un garçon à une fille. Pendant tout le temps de sa grossesse, elle s'était flattée de mettre au monde un beau petit amour. Ses voisines, les commères du quartier, et toutes ses pratiques, étaient sans cesse consultées par elle. Les unes lui disaient : Vous aimez les pommes crues et les cornichons depuis que vous êtes enceinte... vous aurez un garçon. Les autres : Vous avez les joues pâles et le bout du nez rouge... vous pouvez être certaine que vous mettrez au monde un fils. Celles-ci lui disaient d'un ton doctoral : Quand l'oreille vous démange, vous y portez souvent votre main gauche, n'est-ce pas, madame Michat?... C'est que vous allez avoir un garçon. Celles-là : Vous vous endormez sur le dos, et vous vous réveillez sur le ventre... c'est un héritier que vous aurez, il n'y a pas le moindre doute. Non contente de tous ces pronostics, qui, suivant les commères, n'avaient jamais menti, ma mère se fit tirer les cartes par un des plus célèbres devins de l'époque. Les cartes lui annoncèrent un garçon. Enfin, un monsieur, qui n'en faisait pas son état, car c'était, je crois, un acteur d'un théâtre des boulevards, au moyen d'un ruban avec lequel il mesurait votre cou et votre bras, vous disait aussi de quel sexe était l'enfant que vous portiez dans votre sein ; et le monsieur, après avoir mesuré ma mère, lui avait annoncé la naissance d'un fils... J'ai su tous ces détails par ma tante ; car vous concevez que, de l'endroit où j'étais alors, je n'aurais pas pu me les rappeler.
Bref, malgré les cartes, les rubans, et tous les signes immanquables, ma mère mit au monde une fille... Grand désappointement dans le quartier !... Les commères prétendirent que probablement ma mère ne leur avait pas dit bien juste ce qu'elle ressentait. Ma mère eut de l'humeur de se voir trompée dans ses espérances ; mon père n'osa pas me caresser parce qu'il craignait que cela ne déplût à sa femme, et je fus reçue comme les gens qui viennent dîner dans une maison où l'on est déjà au dessert ; comme ces personnes qui, avec des boutons sur le visage, ont la fureur de vouloir vous embrasser ; ou, enfin, comme un seizième voyageur dans un omnibus.
Afin de remédier autant que possible au malheur de mon sexe, il fut décidé que l'on m'habillerait en garçon, et que je garderais ce costume le plus longtemps qu'il se pourrait. Moi, vous concevez bien qu'il m'était fort indifférent de porter une culotte ou un jupon. Je crois même que j'aurais donné la préférence aux vêtements masculins. En revenant de nourrice, où l'on m'avait laissée jusqu'à près de trois ans, je pris le costume d'un garçon ; de plus, on me laissa jouer, courir, gambader avec un vrai polisson. Je ne restais presque jamais à côté de ma mère ; j'étais dans la cour, dans la rue, à jouer avec des petits garçons de mon âge. J'avais tous les goûts, toutes les habitudes de mes petits camarades ; je connaissais tous les jeux ; j'étais forte au bouchon, au palet, à la toupie ; je me battais même lorsque l'occasion s'en présentait. Mais si l'on me parlait de broder, si l'on me présentait une poupée, je haussais les épaules, je faisais la grimace ; j'étais la langue aux petites filles ; je ne voulais point jouer avec elles, et lorsqu'on me disait que j'étais une fille aussi, oh! alors, j'entrais en fureur, et je soutenais très-hardiment que cela n'était pas vrai, ce qui faisait beaucoup rire tous les petits garçons.
Les personnes qui venaient à la maison disaient à ma mère : Vous avez un joli petit garçon qui a l'air bien éveillé. Ma mère soupirait en leur répondant : Cet enfant n'est point un garçon, il n'en a que la mise ; puis elle me renvoyait brusquement d'auprès d'elle en me disant, suivant son habitude : Allez jouer dehors, vous n'avez que faire ici.
Quelquefois on me ramenait à la maison, blessée, meurtrie, le visage tout en sang ; je voulais faire tous les tours d'agilité, tous les exercices que je voyais faire à mes compagnons de jeu, et la nature ne m'avait pas donné des forces masculines. Chez nous, c'est à peine si on me soignait ; mon père me regardait quelquefois comme s'il eût eu bien envie de m'embrasser ; mais il n'osait pas sans doute céder à ce désir, car jamais je ne fus pressée dans ses bras. Enfin, au lieu de Cœlina, on m'appelait Cœlio, et je ne doutais pas que j'avais un autre nom.
Témoin de la manière singulière dont j'étais élevée et de la rigueur avec laquelle on me traitait, ma tante seule s'intéressait à moi et me

témoignait de l'amitié; souvent elle avait des querelles avec ma mère, et c'était toujours à mon sujet. Mais au lieu de changer les dispositions que l'on avait pour moi, cela ne faisait qu'augmenter l'humeur de ma mère, et elle finit par se brouiller tout à fait avec sa sœur, qui cessa de venir à la maison; alors, ne voyant plus ma tante, qui seule me traitait encore comme une jeune fille, j'oubliai bien vite ses sages conseils, et je continuai à vivre en gamin de Paris.

Le temps s'écoula. J'avais atteint ma treizième année sans que ma mère eût encore songé à me faire changer de manière de vivre. Notre commerce n'allait pas bien, à ce qu'il paraît; des pertes successives ruinèrent à peu près mes parents. Mon père tomba malade de chagrin; bientôt il fut très-mal, moi je ne le savais pas... je ne pouvais pas m'en douter; on me renvoyait presque toujours de la maison. Cependant, un jour, pendant que je jouais à la toupie dans la cour d'une maison voisine de la nôtre, un de mes camarades me dit:

— Mais, Cœlio, ce n'est pas beau à toi de jouer comme cela quand ton père est près de mourir.

— Mon père? repris-je. Comment... vous croyez qu'il est bien malade?... Dame, je n'en savais rien, moi, on ne m'a pas dit... Quand j'ai déjeuné ou dîné, on me renvoie tout de suite de chez nous... je ne peux pas savoir si mon père est malade, on ne me laisse jamais entrer dans sa chambre.

Cependant je laissai là ma toupie, poussée par un sentiment dont je ne pouvais pas bien me rendre compte. Je quittai le jeu et mes camarades pour revenir à la maison.

Ma mère était sortie, sans doute pour chercher quelques médicaments ordonnés au malade. Nous n'avions plus de bonne; j'entrai chez nous, et au lieu de gagner comme d'ordinaire un petit cabinet où je couchais, et qui était à un étage au-dessus du logement de mes parents, je traversai une petite salle à manger, et pour la première fois depuis bien des années je pénétrai dans la chambre de mon père.

Je m'en souviens encore : cette chambre était sombre, il y avait un lit dans une alcôve et de grands rideaux tirés à demi. Je m'avançai bien doucement; j'étais tremblante, je craignais d'être bien grondée par mon audace, je craignais qu'on ne me chassât lorsqu'on m'apercevrait. Pourtant je m'approchai du lit en marchant sur la pointe de mes pieds et retenant ma respiration; alors j'aperçus mon père : il avait les yeux fermés, mais sa poitrine semblait oppressée, on eût dit en dormant il paraissait souffrir. Je me sentis émue, affligée, car pour la première fois je remarquai quels changements effrayants s'étaient depuis peu opérés sur toute sa personne. Il était si pâle, si maigre, la maladie avait fait des progrès si rapides, que ce n'était déjà plus que l'ombre de lui-même.

Attendrie, inquiète, je restai longtemps immobile à le considérer, puis j'allai m'asseoir à quelque distance du lit, ne bougeant pas, n'osant remuer de crainte d'éveiller mon père, et tout étonnée moi-même des nouvelles sensations que j'éprouvais.

Il y avait déjà quelque temps que j'étais là, et ma seule crainte était que l'on ne vînt, et que l'on ne me renvoyât de cette chambre dans laquelle j'étais entrée furtivement, mais où il me semblait pourtant naturel de rester.

Tout à coup j'entendis du bruit dans l'alcôve : mon père s'était éveillé, il venait de faire un mouvement pour se soulever, puis il était retombé sur son oreiller. J'allais me risquer à m'approcher de lit pour m'informer de ce dont il pouvait avoir besoin, lorsque j'entendis prononcer ces paroles d'une voix éteinte qui pénétra jusqu'au fond de mon âme :

— Ma fille Cœlina... où est-elle?... ah! faites-la donc venir... je voudrais bien l'embrasser avant de mourir...

Je restai un moment surprise, indécise; mais, ne me doutant pas que c'était de moi que mon père parlait, je sortis brusquement de la chambre et de l'appartement en m'écriant : Attendez... attendez... je la trouverai peut-être.

Dans l'escalier je rencontrai ma mère; j'étais pâle, égarée. — Où courez-vous? me dit-elle brusquement.

— Mon père est bien malade, lui dis-je en pleurant, et avant de mourir il demande à voir sa fille Cœlina... je sais pas où elle est... mais j'allais la chercher partout... car je voudrais bien que fois au moins faire plaisir à mon père.

A ces paroles ma mère changea de couleur; elle sembla anéantie, elle cacha quelques instants sa tête dans ses mains, puis d'une voix déchirante elle s'écria :

— Malheureuse!... mais c'est toi qui es Cœlina... c'est toi qui es sa fille.

Je ne savais pas si je devais en croire ma mère, mais elle me prit par la main, m'entraîna vivement avec elle; nous retournâmes dans la chambre du malade. Je courus près du lit... hélas! mon père était mort, et il ne m'avait pas embrassée.

Depuis cet instant ma mère changea entièrement à mon égard. Elle devint pour moi aussi bonne, aussi tendre qu'elle avait été dure ou insouciante. Mais je ne jouis pas longtemps de ses caresses... à peine six mois s'étaient écoulés depuis la mort de mon père, lorsque ma mère le rejoignit au tombeau.

Alors ma tante Bernard me prit avec elle, et je n'ai pas besoin de vous dire que son premier soin fut de me faire porter les habits de mon sexe. Mes parents ne m'avaient laissé aucune fortune et ne m'avaient fait apprendre aucun état. Je savais très-bien abattre un bouchon, lancer un palet, grimper sur un arbre et faire la roue; mais ma tante jugea qu'une jeune fille devait savoir autre chose. On me mit une aiguille dans les mains, et il me fallut apprendre à coudre. Cela ne m'amusait pas autant que la toupie, et comme je me piquais souvent, souvent aussi je jetais l'aiguille et le fil pour sauter dans la chambre. Je voulais encore faire la roue, mais cela est beaucoup moins commode avec un jupon qu'avec des habits d'homme; d'ailleurs ma tante me fit comprendre que ce genre d'exercice avait de dangereux pour une demoiselle.

Pauvre tante! quelle patience il lui fallut avoir pour supporter mes folies, mes boutades, mes gaucheries! Je ne pouvais prendre les habitudes d'une demoiselle; c'était un supplice pour moi de rester tranquillement assise sur ma chaise. Je détestais les ouvrages de mon sexe; je ne pouvais pas parvenir à broder, je pleurais quand on me parlait de faire une reprise, et je cassais tout dans ma chambre quand on voulait me forcer à ravauder des bas.

Cependant j'atteignis ma seizième année. On me disait souvent que j'étais gentille, et cela commençait à me faire plaisir. Ma tante désirait que je devinsse un peu coquette, parce qu'elle disait que cela me donnerait tout à fait les manières de mon sexe. Ce qui m'amusait le plus depuis que je ne jouais plus au bouchon, c'était le spectacle. J'avais un goût très-prononcé pour la comédie, et j'aurais bien aimé à entrer au théâtre... Le hasard... ou ma destinée amena dans notre maison un jeune homme, fort joli garçon... Je ne vous dirai pas son nom, parce que vous n'avez pas besoin de le savoir. Il logeait en face de chez nous, il se trouvait sans cesse sur mes pas; il me disait que j'étais jolie, qu'il m'adorait, et je commençais à prendre goût à de tels discours. Il me demanda un rendez-vous dans ma chambre, parce qu'il avait, disait-il, quelque chose de secret à m'apprendre. Moi, je ne vis aucun inconvénient à recevoir ce jeune homme. Je crus qu'il voulait en cachette me proposer une partie de bouchon, et comme ma tante me défendait toujours ce genre d'amusement, je me promettais un grand plaisir à m'y livrer en secret avec ce jeune homme.

Ma chambre était à côté de celle de ma tante. Lorsqu'elle fut couchée, et que je pensais qu'elle devait être endormie, j'ouvris au joli garçon, qui avait déjà plusieurs fois gratté à ma porte. Mais au lieu de me parler de ce que je croyais, il se jeta à mes genoux et me dit encore qu'il m'adorait et ne pouvait vivre sans moi, puis il se permit de m'embrasser et de me presser dans ses bras. Je commençais alors à m'apercevoir qu'il est dangereux d'accorder des rendez-vous... mais j'étais bien embarrassée pour me défendre; car ce jeune homme était si audacieux... et moi j'étais si gauche avec mes habits de femme! Enfin il paraît que nous faisions du bruit, car ma tante s'éveilla et me demanda ce qui m'arrivait; je lui répondis que je jouais au bouchon.

Le lendemain le jeune homme revint encore, puis la nuit suivante; mais ma tante prit de l'humeur, et me cria à travers la cloison que si je ne cessais pas de jouer au bouchon au lieu de dormir, elle me ferait coucher dans sa chambre. Cette menace me fit peur, et comme j'avais pris goût à la conversation de mon amoureux, le lendemain matin je quittai la boutique de ma tante Bernard, et je partis avec le joli garçon, qui me conduisit à Saint-Germain en Laye.

Mon amant m'avait dit qu'il était acteur, il m'avait promis de m'apprendre à jouer la comédie et de me faire débuter; mais quand nous fûmes à Saint-Germain, nous passâmes notre temps à courir, à nous promener dans la campagne, et à nous parler de notre amour. Trois mois s'écoulèrent; je demandais quelquefois à mon amoureux quand il comptait me faire entrer au théâtre, et il se contentait de rire et de m'embrasser. Un beau matin, en m'éveillant, je cherchai inutilement celui qui m'avait enlevée, je me trouvai qu'une lettre dans laquelle il me faisait ses adieux et me disant qu'il partait pour le Brésil, où il ne voulait pas m'emmener parce qu'il craignait qu'il n'y fît trop chaud pour moi; de plus, il me laissait vingt-quatre sous pour payer un coucou et revenir à Paris. Je trouvai ce procédé indigne, et pour la première fois de ma vie je me félicitai de ne point faire partie du sexe qui se faisait un jeu de tromper le nôtre. Cependant je pris les vingt-quatre sous, et je revins chez ma tante, qui me fit une verte mercuriale, et, pour me punir de mon escapade, me donna des bas à ravauder... ce n'était pas le moyen de me faire repentir de l'avoir quittée...

J'étais depuis quelques mois de retour chez ma tante, où je m'ennuyais beaucoup, parce que je ne trouve aucun amusement à vendre du chiendent et à peser de la réglisse, lorsque je remarquai un grand jeune homme qui avait de fort jolies moustaches noires et une petite mouche sous la lèvre inférieure. Ce monsieur me faisait des mines que je commençais à comprendre depuis que ma tante avait voulu que je devinsse coquette; il me guettait quand je sortais, et me disait aussi que j'étais charmante et qu'il m'adorait. Mon premier amoureux m'en avait dit autant; je présumai alors que les hommes disent tous la même chose quand ils veulent séduire une femme; mais comme ça me fit encore plaisir de m'entendre dire cela, je jugeai qu'ils avaient raison de nous tenir la même conversation.

Ce monsieur me supplia de lui accorder un rendez-vous dans ma chambre ; je refusai, car je me rappelai combien cela était dangereux... et puis ma tante nous aurait encore entendus, et elle m'avait positivement défendu de causer avec des jeunes gens ; mais mon nouvel amoureux m'offrit de nous trouver chez un traiteur : j'acceptai, car chez un traiteur je ne croyais pas courir le moindre danger : je me trompais encore... il paraît que j'étais destinée à me tromper souvent. On m'attendait dans un petit cabinet, où était préparé un joli déjeuner. J'acceptai d'abord le déjeuner ; mais on m'y fit boire d'un vin qui moussait, qui pétillait, qui faisait sauter les bouchons ; je trouvai cela bien gentil. Je n'avais jamais bu de vin de Champagne, et je ne me doutais pas que cela pouvait faire tourner la tête et le cœur ; c'est malheureusement ce qui m'arriva. Bientôt je devins d'une gaieté folle, je voulus danser, je voulus faire la roue ; cela parut faire grand plaisir à ce monsieur qui était avec moi ; il m'encourageait, il me défiait même ; et quand je revins à la raison, j'avais fait tant de choses, que je n'osai pas retourner chez ma tante, et que je suivis mon second amoureux, qui m'emmena à Rouen.

Ce monsieur qui portait de si belles moustaches, et que j'avais pris pour un militaire, était peintre ; il faisait des tableaux avec de grandes personnes dedans. Dans les premiers temps de notre connaissance, il voulait toujours faire mon portrait ; il me peignait en Diane, en sultane, en Vénus, en religieuse, en Espagnole, en Anglaise, en bacchante ; enfin, il me fit de toutes les façons, et moi je trouvais cela bien agréable de retrouver ma figure sous tous les costumes ; mais au bout de quelque temps ce monsieur me fit poser pour de grands tableaux qu'il faisait ; alors cela ne m'amusa plus autant. Quelquefois il me fallait rester des heures entières sans remuer, tout en ayant une jambe tendue et un bras en l'air, et souvent avec un costume très-léger. Quand je témoignais de l'ennui, mon amoureux me disait : Tu es faite comme un ange, jamais je ne trouverai ailleurs une si jolie taille, une jambe aussi fine. Moi, je répondais : Tout cela est très-galant, sans doute ; mais si vous croyez que je puis vivre à rester des journées entières sans remuer, vous vous trompez beaucoup. Le mouvement est mon élément, ma santé ; si je ne remue pas, je tomberai malade... Et tout en disant cela je sautais, je cabriolais dans l'atelier ; alors mon amoureux se mettait en colère, et moi je lui disais : La première fois que nous avons déjeuné ensemble, vous sembliez si heureux pendant que je faisais des gambades ! pourquoi donc cela ne vous amuse-t-il plus à présent ?

Enfin, un certain jour que mon amant m'avait fait poser, pendant cinq heures à peu près, pour un nouveau tableau que je présumai devoir être fort long à terminer, je ne jugeai pas nécessaire de rester plus longtemps à Rouen ; je crois que j'aurais encore mieux aimé ravauder des bas que de poser. J'avais de quoi payer ma place dans la diligence, je partis pour Paris, et je revins chez ma tante, qui me grondait toujours... mais qui ne m'aurait jamais refusé sa porte.

Cependant, j'avais gagné quelque chose dans cette dernière aventure : à force de voir peindre et barbouiller de la toile avec des couleurs, j'avais pris du goût pour la peinture. Ne sachant pas dessiner, je ne pouvais rien composer moi-même ; mais je me fis enlumineuse, et au bout de quelque temps j'eus enfin un état.

Alors je dis à ma tante : — Tenez, j'ai envie de vivre chez moi, d'être ma maîtresse. Ne croyez pas que pour cela j'en ferai plus de sottises !... J'en ferai peut-être moins, au contraire ; car la liberté de pouvoir faire toutes ses volontés est, je crois, la meilleure garantie contre l'envie de mal faire. — Ma tante m'embrassa, et me dit : — Fais comme tu voudras. Je te meublerai ma chambre ; tu y travailleras, tu viendras me voir souvent, et moi j'irai chez toi boire un peu de punch, quand j'aurai le temps.

Ce qui fut dit fut fait. Ma tante me loua d'abord une chambre dans la rue Dauphine : c'était plus gentil que rue de la Calandre ; mais comme j'étais un peu loin de chez ma tante, qui habite sur le quai aux Fleurs, elle m'a loué dernièrement un logement dans cette maison ; voilà pourquoi je suis votre voisine.

Vous savez mon histoire, messieurs. Je ne vous ai pas caché mes folies ; je n'ai aucune raison pour vous mentir, et je trouve qu'on ne doit jamais se faire meilleur que l'on n'est. Mes fautes sont peut-être la suite des habitudes masculines que l'on m'avait laissé contracter ; mais, après tout, si j'ai péché, je n'ai fait du tort qu'à moi-même... et il y a bien des gens dans ce monde qui n'en pourraient pas dire autant.

Chapitre XI. — Bouchenot se réveille.

Les jeunes gens avaient écouté avec attention l'histoire de la petite voisine, et le récit de Cœlina les avait à la fois fait rire et pleurer. Lorsque la jeune fille a fini de parler, George lui présente la main, et serrant la sienne comme celle d'un ami, lui dit :

— Mademoiselle, quand on a vos qualités, on ne doit pas craindre d'être blâmée pour quelques faiblesses ; les unes rachètent les autres, et après tout, si une femme est coupable pour avoir été sensible, il me semble que ce n'est pas aux hommes à la blâmer.

— Non certainement, dit Timothée en cherchant dans sa tête à tourner un compliment. Non, mademoiselle... ce n'est pas nous qui nous permettrons de... D'ailleurs, comme vous disiez, vous êtes libre, vous êtes votre maîtresse... et... moi aussi, je sais jouer au bouchon, j'y étais même assez fort dans mon pays.

Cœlina sourit, et court prendre la bouillotte qui était au feu en disant : — Voilà l'eau qui bout... Occupons-nous de faire le punch... c'est très-bon pour la digestion.

— Il est vrai que j'ai soupé comme cela ne m'était pas arrivé depuis longtemps ! dit Timothée. Ah ! on a bien raison de dire qu'il ne faut jamais désespérer de la Providence !... Mais, sans vous...

Timothée est arrêté par un coup de pied de George. Cœlina prend un pot à fleurs qui lui sert de théière ; elle y verse de l'eau-de-vie, de l'eau bouillante, y jette du sucre avec profusion, y presse la moitié d'un citron qu'elle a pris chez elle, et bientôt la boisson bienfaisante remplit les verres, et son fumet répand dans la chambre une odeur que les jeunes gens trouvent bien préférable à celle des pastilles du sérail.

— A la santé de notre bonne voisine ! disent les jeunes gens en élevant leurs verres.

— A celle de votre ami malade, d'abord ! dit Cœlina en approchant son verre de celui de ses convives.

— Ah ! oui, vous avez raison. Au rétablissement de Bouchenot !

Au moment même où l'on trinquait à la santé du malade, celui-ci s'éveillait. Il entend rire et boire. Il sent une odeur de punch qui caresse agréablement son odorat ; il ouvre les yeux, se met sur son séant en s'écriant :

— J'ai soif, messieurs ; ne buvez pas tout sans moi, je vous en prie !...

— Eh ! te voilà donc éveillé, mon pauvre Bouchenot ! dit George en courant près du lit. Parbleu ! tu as dormi longtemps, et cela doit t'avoir fait du bien...

— Oui... cela m'a fait du bien... mais à présent il me semble que je prendrais bien quelque chose...

— Attendez... attendez... je vais vous donner de la tisane, dit Cœlina en cherchant une tasse de tous côtés ; à défaut de tasse, elle trouve un pot à confiture, qu'elle remplit de tisane et présente à Bouchenot. Mais, après avoir goûté l'infusion de mauve, celui-ci fait la grimace en disant :

— Est-ce que c'est de cela que vous buviez tout à l'heure tous les trois, en trinquant à ma santé ?

— Nous, nous buvions du punch, répond la voisine. C'était pour égayer et terminer gaiement notre souper. Mais nous ne sommes pas malades, nous ; tandis que cela ne vous vaudrait rien...

— Vous buviez du punch... pour terminer votre souper !... murmure Bouchenot en regardant dans la chambre d'un air étonné. C'est bien singulier !... ici un souper et du punch !... Est-ce que je dors toujours ?...

— Non, tu ne dors pas, dit Timothée ; mais apprends que c'est à notre aimable voisine que nous devons ce festin... Ah ! c'est bien le cas de dire : Deus nobis hæc otia fecit !

— Quand vous voudrez me faire des compliments, faites-les-moi en français, dit Cœlina ; j'aime mieux cela, parce que je n'entends pas le latin.

— C'est juste, mademoiselle, je vous les ferai en français... Je voudrais vous les faire comme vos yeux... car alors... oh !... Bois donc ta tisane, Bouchenot ; ça te fera du bien.

— Non... je vous assure que j'aime mieux un peu de punch... avec un morceau de ton pouce...

— Mais tu as de la fièvre.

— C'était de fatigue... je n'en ai plus à présent.

— Allons, tiens, mange, puisque tu le veux ; voilà un restant d'omelette, du fromage et du punch. Après tout, c'est peut-être excellent contre la fièvre.

— A propos, messieurs, dit Cœlina pendant que Bouchenot soupe sur son lit, vous avez donc vu notre amie Prudence ?... la grosse Prudence, comme nous l'appelons toutes...

— Oui, mademoiselle ; elle vous a attendue quelque temps... elle a bien voulu se reposer ici, et causer avec nous.

— Causer... Ah ! Dieu ! elle a dû vous dire bien des bêtises alors, car ce n'est pour rien du mal, mais elle n'a pas inventé la poudre, cette pauvre fille !... Figurez-vous, messieurs, que l'autre jour nous allons la voir chez elle, moi et une de mes amies ; nous la trouvons dans sa chambre, occupée à raccommoder son corset... devinez avec quoi !... avec des clous !...

— Avec des clous ?

— Oui, messieurs ; elle tenait un marteau, et mettait des clous d'épingle, assez forts même, pour fixer les baleines.

— Mais savez-vous, mademoiselle, que cela peut donner une idée bien avantageuse des appas de mademoiselle Prudence ! dit George en souriant.

— Oh ! monsieur, il n'y a point d'appas, tels fermes qu'ils soient, qui puissent endurer le frottement d'un clou. Enfin, ce n'est pas sans peine que nous avons fait comprendre à Prudence que, pour attacher des baleines à un corset, on prenait une aiguille, et non pas un marteau. Ah ! encore un autre trait de son esprit. Il y a quelques jours, la lingère en regardant sa pendule s'aperçoit qu'elle est arrêtée. — C'est qu'elle a besoin d'être remontée, dit une des ouvrières; mais cela regarde madame; moi, j'aurais peur d'y casser quelque chose. — Oh! bien, moi, je n'ai pas peur, dit Prudence, et s'il ne s'agit que de la remonter, je m'en charge. Au bout de quelques instants, on s'aperçoit que la pendule n'était plus sur la cheminée. La lingère s'inquiète. — Soyez tranquille, madame, lui dit Prudence; on a dit que pour la faire aller il fallait la monter, et je l'ai montée au cinquième, dans ma petite chambre; elle doit aller très-bien à présent. — Voilà quelques traits de cette grosse Prudence; mais cela n'empêche pas que ce ne soit une fort bonne enfant, et probablement que le séjour de Paris la formera.

— Elle nous a dit qu'elle était de Poissy, et que son père vendait des dindons.

— C'est avec la marchandise de son père que Prudence aura pris de mauvaises habitudes.

— Mais il lui est arrivé un malheur, à votre amie.

— Ah! mon Dieu! qu'est-ce donc?... Est-ce qu'on lui aurait pris son cœur?

— Non; c'est son chien qu'elle a perdu.

— Son chien?... Moustache?... Ah! je le connais; il est très-voleur, ce chien-là; un jour que j'étais avec sa maîtresse, il s'était sauvé avec mon cabas.

— Eh bien! Bouchenot, qu'est-ce que tu fais donc?... tu jettes ton assiette à terre? dit George. Prends garde! tu sais que nous avons fort peu de vaisselle.

— C'est qu'elle m'est échappée!... répond Bouchenot, qui semble inquiet, et depuis un moment regarde la petite voisine d'un air soupçonneux.

— Ah! je vois ce que c'est, s'écrie Timothée. Bouchenot a peur que nous ne disions que c'est lui qui est cause que mademoiselle Prudence a perdu son chien.

— Comment! c'est monsieur qui le lui a pris? dit Cœlina en riant.

— Non, mademoiselle, non... je n'ai rien pris... répond Bouchenot en cherchant à cacher son agitation; ce chien a voulu me suivre... ce n'est pas ma faute, j'ai fait tout mon possible pour l'en empêcher.

— Eh bien, s'il vous a suivi, vous pourrez le rendre à sa maîtresse, puisque je le connais.

— Je le voudrais, mademoiselle; mais cela n'est pas possible, car... j'ai perdu le chien à mon tour.

— Ah! c'est fâcheux... Je sais que Prudence tenait beaucoup à ce pauvre Moustache, parce que c'est son parrain qui le lui avait donné.

— Son parrain?... répète Bouchenot en regardant fixement Cœlina. Et le connaissez-vous... le parrain de votre amie?

— Moi?... mon Dieu! non. D'abord, il n'y a que fort peu de temps que je connais Prudence Flambard. Je me suis trouvée avec elle chez une de mes amies qui est depuis longtemps chez la lingère. Prudence arrivait à Paris; on ne y connaissait personne; nous ne lui avons fait que des amitiés! Entre jeunes filles, il faut bien s'aider; et puis, parce qu'elle n'a pas d'esprit, ce n'est point une raison pour la mépriser, cette pauvre fille! Je sais seulement qu'elle nous a dit que son parrain était jardinier-fleuriste, et qu'avant de retourner à Meaux, son pays, il lui avait fait présent de Moustache.

Le ton de franchise de la jeune fille ne permet pas de douter de la sincérité de ce qu'elle vient de dire. Bouchenot semble plus satisfait. Son front s'éclaircit; il tâche de reprendre son air aimable, et saisissant la main de mademoiselle Cœlina, qui se trouve alors près de son lit, il la serre tendrement dans la sienne en lui disant:

— Mademoiselle... votre omelette, votre punch et votre fromage sont gravés dans mon cœur. Mais, je vous en prie, veuillez reprendre ces oreillers que vous avez mis sous ma tête... Je ne consentirai pas à vous en priver une nuit.

— Et moi, je vous dis que je ne les reprendrai que demain... et si vous êtes bien portant tout à fait. Mais je crois que maintenant il serait bien temps de songer à nous coucher. Nous avons soupé, vous n'avez plus besoin de rien. Bonsoir, messieurs, bonne nuit; demain, je reprendrai ma Louillote, mes vases, ma poêle... maintenant je vais me coucher.

— Mademoiselle, nous aurons l'honneur de vous reporter tout cela demain, dit Timothée.

— Oh! ce n'est pas la peine; je viendrai le chercher... Est-ce que des hommes savent porter une poêle?... Bonsoir, dormez bien.

— Recevez tous nos remercîments!...

— C'est bon, c'est bon!...

La petite voisine a pris sa lumière, et elle est déjà rentrée chez elle sans écouter les remercîments des trois amis.

— Au fait, elle est fort gentille! dit Bouchenot lorsque Cœlina est partie.

— Ah! ça te reprend maintenant! dit Timothée, et tantôt tu nous disais: Il ne faut pas vous lier avec elle... Quant à moi, si elle veut que je sois son troisième amant...

— Elle en a donc déjà eu deux?

— Du moins elle nous en a avoué deux. Elle nous a conté son histoire, demain nous te le dirons... maintenant il faut dormir... Ce punch est une boisson délicieuse... Ah! si la voisine avait voulu...

— Taisez-vous, Timothée, vous êtes un libertin.

— C'est égal, murmure Bouchenot en fourrant sa tête dans son oreiller, je suis fâché que la petite voisine connaisse cette Prudence Flambard... Il est vrai que celle-ci peut être... Le parrain était jardinier-fleuriste... et il est reparti pour Meaux... à ce qu'on dit!

Au bout de quelques instants les trois jeunes gens étaient profondément endormis.

CHAPITRE XII. — Un quatrième.

Neuf heures étaient sonnées depuis longtemps, et les trois jeunes gens dormaient encore profondément. Que l'on vienne donc nous dire que c'est malsain de manger le soir! A coup sûr, c'était au souper qu'ils avaient fait dans la nuit que les trois amis devaient le repos dont ils jouissaient.

Des coups frappés avec force contre la porte de leur chambre réveillèrent presque en même temps nos trois dormeurs.

— Qui diable vient nous réveiller? dit Timothée en se frottant les yeux. Quel dommage!... nous nous étions couchés si tard...

— C'est peut-être la petite voisine qui a besoin de sa poêle ou de sa cafetière, dit George.

— Bah! il est bien probable que la voisine dort encore.

En ce moment on cogne de nouveau et beaucoup plus fort.

— N'ouvrez pas... n'ouvrez pas, messieurs, s'écrie Bouchenot, qui s'assied sur son lit d'un air effaré. Si c'étaient des gens de la police... des gardes municipaux?...

— Et que diable veux-tu que la garde municipale vienne faire chez nous? est-ce que nous avons rien à démêler avec la police?...

— Mais quelquefois... on ne sait pas... on peut s'être trouvé innocemment avec des malfaiteurs.

— Je crois, Bouchenot, que ton cauchemar d'hier au soir n'est pas bien passé. Certainement il faut ouvrir. Lève-toi, Timothée, et va voir qui c'est.

— Vas-y toi-même, je ne veux pas encore me lever.

— Que Bouchenot y aille, lui qui a eu des oreillers sous sa tête; il doit avoir encore mieux dormi que nous.

— Ah! oui, c'est étonnant comme je vais y aller!... Je ne veux pas me lever de la journée, moi.

Pendant que chez les jeunes gens c'était à qui ne se lèverait point, une voix fait entendre ces mots:

— Allons donc, paresseux!... est-ce que vous ne voulez pas ouvrir aujourd'hui?...

Les trois habitants de la chambre se regardent: aux accents de cette voix bien connue, leurs traits s'épanouissent, leurs bouches sourient; ils s'écrient en même temps:

— Est-il possible!... c'est lui!...

— C'est Henri!

— Notre cher Henri!

— Il est de retour!

— Eh oui, certainement c'est moi! répond la personne qui est sur le carré. Mais est-ce que vous allez me laisser là?

Cette fois les trois jeunes gens se lèvent précipitamment, et, sans prendre le temps de s'habiller, courent à la porte; c'est à qui maintenant ouvrira le plus vite. Bientôt Henri Jumière est dans leurs bras.

Cet Henri Jumière était un jeune homme de vingt-cinq ans environ; sa taille était moyenne, sa tournure distinguée; il avait une figure pâle et sérieuse, qui, sans être belle, avait du charme; la douceur de son regard, l'expression de ses yeux, le son de sa voix même, annonçaient un cœur aimant, une âme profondément sensible. La physionomie trompe rarement. Ceux qui disent le contraire ne sont pas physionomistes.

Henri devait aimer beaucoup et être aimé souvent. En général, les femmes, qui se connaissent assez bien en physionomie, aiment les hommes qu'elles jugent susceptibles de sentir profondément; pour celles qui ne font pas de la galanterie une simple affaire de coquetterie, un amant qui sait aimer n'est pas chose si commune, et puis il est flatteur de faire sourire une figure sérieuse, de faire parler une bouche muette, de faire éclater un feu qui couve et ne s'évapore point en fumée.

Les parents de Henri étaient honorés dans leur province; ils avaient laissé à leur fils une fortune médiocre, mais suffisante pour un garçon qui n'avait point le désir de briller et de faire le grand seigneur. Avec cent louis de revenu, Henri avait longtemps vécu heureux et satisfait de sa position. Après avoir étudié le droit, le goût des lettres lui avait fait abandonner le barreau. Il avait eu des succès au théâtre, et il suivait avec ardeur la nouvelle carrière qu'il avait embrassée, lorsqu'une rencontre changea toute sa destinée. Vous devinez qu'il s'agit d'une femme!... la destinée des hommes est presque toujours sous l'influence d'un cotillon. Il y a des gens qui diraient comme Beaumarchais: Où diable a-t-on été placer cette influence? Moi, je trouve qu'on ne pouvait pas mieux choisir.

Dans une soirée bourgeoise, où Henri avait été présenté comme un jeune auteur donnant de grandes espérances, il rencontra Pauline

Giraumont; c'était une jeune personne de seize ans, aussi aimable que douce, aussi douce que sage. C'était une figure ravissante sur une âme plus belle encore. Aux charmes de sa personne elle joignait ce charme secret qui impose le respect avec l'admiration ; en la voyant on pouvait l'adorer, mais on ne pouvait concevoir la pensée de la réduire.

Il y a dans le monde de ces jeunes filles, de ces jeunes femmes auxquelles on ose tout dire, mais il en est aussi près desquelles on se contente d'éprouver.

Les jeunes fats, les étourdis, les libertins admiraient Pauline, mais ce n'était point autour d'elle qu'ils allaient papillonner. Les hommes les plus avantageux devinent la femme près de laquelle ils ne doivent pas réussir. Les coquettes, les femmes galantes sont toujours entourées d'une cour nombreuse ; la beauté et la vertu restent souvent isolées.

Henri avait trouvé dans mademoiselle Giraumont de ces figures qu'il avait rêvées (car nous avons tous rêvé une figure, une personne à notre fantaisie), et le poëte, dont l'imagination crée tant de choses, doit que tout autre se bercer d'illusions. Henri passa la soirée à contempler Pauline, mais il n'osa ni lui parler ni s'approcher d'elle, il aurait craint que toute la société ne devinât que déjà il en était amoureux.

Cependant les traits de Pauline avaient tant de douceur, ses manières étaient si simples, si dénuées de toute coquetterie, que la seconde fois qu'il la rencontra dans le monde, Henri s'approcha d'elle, et se permit de lui adresser quelques mots. Peut-être ses yeux laissèrent-ils malgré lui voir le trouble de son âme, car Pauline baissa les siens et rougit ; était-ce pressentiment ou sympathie ? mais il faut bien que les cœurs se devinent lorsqu'ils n'osent pas se parler.

Henri n'avait pas manqué de demander qui était cette charmante personne dont chacun admirait la grâce et la décence ; on lui avait répondu : C'est la fille unique de M. Giraumont, ancien commerçant retiré des affaires avec une dizaine de mille livres de rente. Pauline avait perdu sa mère depuis cinq ans, et quoiqu'elle n'en eût que onze alors, son cœur a compris toute la perte qu'il avait faite. Depuis ce temps, une teinte de mélancolie s'est répandue sur les traits de la jeune fille, et le temps ne l'a pas dissipée. Pauline était adorée de sa mère, et l'aimable enfant lui rendait au centuple les caresses qu'elle en recevait. Sa mère était pour elle un Dieu, un avenir, et le bonheur de tous les instants. Loin de sa mère, point de joie, de plaisirs, de divertissements ; près d'elle, jamais de regrets ou de vains désirs. Il ne fallait pas parler à la jeune fille d'un bal, d'un spectacle, où sa mère ne l'aurait pas accompagnée, car alors, au lieu de lui donner l'espérance d'un plaisir, vous lui auriez d'avance causé du chagrin.

Et la mort impitoyable avait brisé tout cela ; elle avait séparé l'enfant de celle qui l'entourait de soins et de tendresse, nous ne dirons point à cet âge où l'on a encore besoin des caresses de sa mère, car nous croyons qu'à tout âge, et dans telle situation que le sort nous ait placés, l'affection d'une mère est toujours nécessaire à notre bonheur.

Pauline, plus que toute autre peut-être, avait besoin de déverser sur quelqu'un le foyer d'amour dont son âme était formée. Il lui restait son père, elle l'aimait et le respectait, mais elle ne pouvait se livrer avec lui à ces doux épanchements, à ces confidences enfantines dont l'indulgence de sa mère lui aurait un besoin de chaque instant. M. Giraumont était un petit homme, sec au physique comme au moral ; il aimait sa fille, et il était fier de la posséder, mais jamais il ne lui avait fait une caresse ; il n'était point expansif, et peut-être en embrassant sa fille aurait-il craint de compromettre sa dignité. Il avait regretté sa femme, mais il ne l'avait pas pleurée. Tout occupé d'affaires de commerce, il avait concentré ses affections sur un point principal : gagner de l'argent, s'enrichir, mais par des moyens honnêtes, voilà ce qui, suivant M. Giraumont, devait être le but de conduite de chacun. Ce n'était point un méchant homme, c'était un homme entier dans ses opinions, entêté par principes, et intéressé par système. Quand sa fille venait l'embrasser, il la regardait avec attention et lui disait : — Ta robe a coûté cela... ton châle cela... il faut beaucoup dépenser pour aller dans le monde... Ce n'est point un reproche que je t'adresse, je veux seulement te faire comprendre que la fortune est nécessaire au bonheur ; car sans fortune tu ne pourrais pas avoir un beau châle et une belle robe ; par conséquent je ne te marierai qu'à un homme riche, ou qui gagnera beaucoup d'argent ; c'est dans ton intérêt, c'est pour que tu sois toujours bien mise.

Pauline ne répondait rien à son père, qu'elle craignait, et vous comprenez bien maintenant pourquoi le visage de la jeune fille avait conservé une teinte de mélancolie.

Henri était fort assidu dans les réunions où il espérait rencontrer Pauline. Bientôt il ne fut plus un étranger pour elle. Si l'on dansait, il tâchait d'être son cavalier ; si l'on causait, il s'approchait de sa chaise ; si l'on proposait quelque jeu, il trouvait moyen d'être placé près d'elle. Cependant jamais un mot d'amour n'était sorti de ses lèvres ; jamais un regard n'avait cherché à rencontrer celle de Pauline, et peut-être était-ce à cette conduite réservée qu'il devait la bienveillance que la jeune fille lui témoignait.

Et pourtant chaque jour Henri devenait plus épris de Pauline ; déjà il sentait que le bonheur de toute sa vie dépendait de cette jeune fille, près de laquelle il était muet et tremblant, car il est bien naturel de trembler et de se taire lorsqu'on est devant celle qui décidera de notre avenir. Lorsqu'on doute, lorsqu'on n'ose se flatter encore, lorsqu'on craint d'entendre un mot qui détruirait nos espérances, et que pourtant on brûle de savoir si l'on est aimé, c'est qu'alors l'amour n'est point une simple fantaisie, un caprice ; c'est une passion réelle, et les passions bouleversent l'âme, elles influent sur toute notre existence.

Un soir, cependant, Henri et Pauline s'étaient encore rencontrés dans une maison où régnait une douce liberté. Pendant que les gens âgés jouaient aux cartes, les jeunes personnes avaient commencé des jeux innocents, auxquels les jeunes gens qui ne préféraient pas la bouillotte à la aimable gaîté des demoiselles demandaient la permission de prendre part.

Il n'est pas besoin de dire que Henri s'était glissé près de Pauline. Mais quand on eut décidé que l'on jouerait au furet, quand ils se trouvèrent assis l'un contre l'autre ; faisant courir leurs mains sur le fil qui tenait l'anneau, et que chaque joueur fit semblant de passer le furet à son voisin ou à sa voisine, ils éprouvèrent un trouble inconnu. Un frémissement involontaire s'emparait d'eux lorsque leurs mains se rencontraient, et elles se rencontraient à chaque instant ; le fil qu'ils tenaient était électrisé par leur amour ; chaque mouvement que l'un ou l'autre y imprimait leur faisait éprouver une volupté nouvelle, et leurs mains, en se rencontrant, ne pouvaient plus se séparer.

Le furet fut trouvé chez Pauline, comment aurait-il pu en être autrement ? L'aimable fille, troublée, tremblante, ne savait plus à quel jeu elle jouait.

Je l'ai dit plus d'une fois, je ne connais rien de plus dangereux pour les jeunes personnes que les *petits jeux innocents*. De ce moment, Henri et Pauline s'entendirent, et sans se l'être dit encore, ils avaient fait l'échange de leur cœur.

Cependant, M. Giraumont recevait quelquefois du monde, et il n'invitait pas le jeune auteur à venir chez lui ; Henri faisait pourtant tout ce qu'il pouvait pour se rendre agréable au père de Pauline. Il était avec lui d'une excessive politesse, il trouvait moyen de se mêler aux entretiens du vieux négociant ; il avait l'air de prendre beaucoup d'intérêt à des conversations souvent fort sottes et fort ennuyeuses, et rien de tout cela ne lui avait encore fait obtenir la faveur d'une invitation de M. Giraumont.

C'est que l'ancien commerçant faisait très-peu de cas des hommes de lettres ; que, près de lui, l'esprit n'était point une recommandation, et qu'il ne comprenait pas ce qu'il pouvait y avoir de mérite dans un vaudeville ou une comédie ; il y a beaucoup de négociants comme cela : si vous leur offrez un commis, n'ayez pas le malheur de leur dire : — C'est un garçon très-spirituel, il tourne joliment le couplet, il fait très-bien des vers. Vous verrez aussitôt le négociant faire la grimace, et il refusera votre protégé en vous disant : — Je n'ai pas besoin que mes commis aient de l'esprit, je veux seulement qu'ils fassent bien leur besogne. (Ces messieurs ne veulent pas comprendre que : qui peut plus peut moins.

Enfin sachant que son père devait donner une grande soirée, Pauline laissa par hasard tomber son mouchoir en sortant d'une maison où Henri était aussi ; le jeune homme se trouva là par hasard pour ramasser le mouchoir ; le hasard est excessivement complaisant quand il s'agit d'amour, il sert très-bien des amants. Henri ne fut pas assez maladroit pour rendre sur-le-champ le mouchoir. Le lendemain, il osa se présenter chez M. Giraumont pour restituer à sa fille ce qu'elle avait perdu.

Pauline était seule lorsque le jeune homme fut introduit ; elle devint rouge en apercevant Henri, qui, de son côté, resta d'abord interdit et embarrassé, car c'était la première fois qu'il se trouvait seul avec la jeune fille qu'il adorait ; il s'avança près d'elle en balbutiant :

— Pardonnez-moi, mademoiselle, d'avoir osé me présenter chez monsieur votre père... mais ce mouchoir que j'ai trouvé hier... chez madame Dalbonne... il est à vous, je crois...

— Ce mouchoir... oui, monsieur... ah ! c'est vrai... je l'avais perdu... et vous avez pris la peine de me le rapporter ?

— La peine !... ah !... c'était un grand bonheur, au contraire, puisque cela me procurait l'occasion de vous voir... elles reviennent si rarement à mon gré ces soirées où je puis me trouver près de vous !... je les attends avec tant d'impatience ! je compte les jours, les heures, les instants... Ah ! si vous saviez, mademoiselle... si vous pouviez deviner ce qui se passe en mon âme... mais je n'oserai jamais vous le dire !... je craindrais tant de vous fâcher... ou de vous déplaire... Oh ! je serais si malheureux si vous me défendiez de vous aimer... et je serais forcé de vous désobéir... Ne plus vous aimer ! quand cet amour est maintenant toute ma vie... oh ! non, ce serait impossible !... vous ne l'exigerez pas... n'est-ce pas que vous me permettrez de vous aimer ?

Quand une fois les amoureux sont en train, il n'y a plus moyen de les arrêter. Les plus timides, les plus embarrassés deviennent quelquefois les plus éloquents. Henri laissait parler son cœur, et quand l'amour est vrai, le cœur doit être bavard. Pauline écoutait, les yeux baissés, émue, mais heureuse d'entendre les assurances d'un sentiment qu'elle partageait; elle balbutiait de temps à autre quelques mots inintelligibles pour tout autre qu'un amoureux; mais Henri les comprenait, il voyait bien que l'on ne repoussait pas son amour, il était au comble du bonheur; il allait tomber aux genoux de la jeune fille lorsque le vieux négociant parut.

Henri ne savait plus trop pourquoi il était venu; Pauline cherchait dans sa tête ce qu'elle allait dire à son père. Heureusement pour les jeunes gens, M. Giraumont n'était pas très-fin, et il avait entièrement oublié comment commençait l'amour, peut-être même ne l'avait-il jamais su. Il y a des gens, dit Montaigne, qui s'en vont de ce monde sans avoir déballé toutes leurs marchandises; mais il en est d'autres encore moins favorisés du sort, et qui arrivent au bout de leur carrière sans avoir eu la moindre chose à déballer.

M. Giraumont.

D'ailleurs le vieux commerçant était bien loin de se douter que ce jeune auteur qu'il connaissait à peine fût amoureux de sa fille. Il reçut fort bien Henri Jumière, et, pour le payer de sa politesse, il l'engagea à venir à la grande soirée qu'il allait donner.

Henri s'éloigna ivre de joie. Un regard de Pauline lui avait appris qu'elle partageait son bonheur. Voilà donc la maison de l'ancien négociant ouverte au jeune auteur; mais les amoureux ne sont pas toujours prudents dans leur conduite. S'il est un dieu pour les amants, c'est ordinairement lorsqu'ils sont coupables qu'il les protége, tandis que les amours innocentes se trahissent tout de suite; c'est bien peu moral à ce dieu-là de favoriser les coupables plutôt que les innocents.

Dans cette soirée donnée chez le père de Pauline, Henri dansa presque toujours avec celle qu'il aimait, il se trouva sans cesse à côté d'elle, et quand il lui fallait s'éloigner un peu de la charmante fille, ses yeux franchissaient aussitôt la distance.

Le vieux Giraumont n'aurait pas remarqué cela; mais on prit soin de le lui faire apercevoir; car dans le monde il y a toujours de ces gens qui n'ont pas de plus grand plaisir que de se mêler des affaires des autres; qui passent leur temps à épier, à espionner, à chercher, à s'informer, à bavarder, à rapporter et à amplifier.

On ne manqua pas de dire au vieux commerçant : Le jeune auteur est amoureux de mademoiselle votre fille. Il lui fait la cour; il ne la perd pas de vue un moment, et elle semble l'écouter avec plaisir : cela saute aux yeux de tout le monde.

Du moment que cela sautait aux yeux de tout le monde (tout le monde signifie les mauvaises langues de la société), le père de Pauline fut très-mécontent de ne point s'en être aperçu. Le lendemain de la soirée, il fit venir sa fille devant lui, la regarda sévèrement, et lui demanda pourquoi M. Henri Jumière se permettait de l'inviter si souvent à danser et la suivait sans cesse des yeux. Une jeune fille rusée aurait pu répondre à son père ce qu'il ne pouvait pas empêcher ce jeune homme de l'inviter et de la regarder; mais Pauline ne savait pas mentir, elle était aussi franche que belle; aux premières paroles de son père, elle se troubla, baissa les yeux et se mit à pleurer.

Les larmes ne sont pas toujours une réponse, mais on les prend souvent pour un aveu. M. Giraumont se mit fort en colère, et lorsque Henri se présenta chez lui, il lui demanda pourquoi il se permettait de faire pleurer sa fille.

Le jeune homme, qui n'avait que des vues honnêtes, se jeta aux pieds du vieux négociant, et le supplia de lui accorder la main de Pauline, dont il jurait de faire le bonheur.

— Et avec quoi êtes-vous certain de faire son bonheur ? demanda le vieux monsieur.

— Avec quoi ? répondit le jeune homme tout interdit de cette brusque question, mais avec mon amour, qui ne finira qu'avec ma vie.

— Monsieur, voilà des phrases vides de sens, dit le père de Pauline. J'ai été très-heureux dans mon ménage, et je n'ai jamais connu l'amour. Vous n'achèterez point des robes, des chapeaux à votre femme avec de l'amour. Vous ne ferez point marcher votre maison et ne payerez point vos fournisseurs avec votre amour pour votre femme.

— Je vous entends, monsieur, répondit Henri, mais j'ai cent louis de rente, avec le théâtre je m'en fais plus du double; et j'ai l'espoir, en travaillant, en ayant des succès, d'augmenter encore mon revenu.

— Monsieur, on n'épousera point ma fille avec de l'espoir, il me faut de la réalité, du positif. Vos produits de théâtre sont à mes yeux trop éventuels. Je ne donnerai point ma fille à un auteur. Je veux qu'elle épouse un commerçant déjà riche ou qui fasse de très-bonnes affaires. C'est mon dernier mot, je vous en préviens; et je ne reviens jamais sur ce que j'ai dit.

— Eh bien, monsieur, puisqu'il en est ainsi... comme je ne puis exister sans mademoiselle votre fille, je renoncerai aux lettres, je me ferai négociant.

— Alors... alors, quand vous ferez de bonnes affaires... nous verrons.

Et voilà pourquoi Henri avait quitté la carrière que d'abord il avait embrassée. Certain d'être aimé de Pauline, il n'avait pas hésité devant le sacrifice de ses penchants. Il s'était livré au commerce avec autant d'ardeur qu'auparavant il en montrait pour les lettres. Afin

— Mon voisin, trouvez-vous que ce soit gentil ce que je fais là ?

d'acquérir plus vite les connaissances qui lui manquaient encore dans sa nouvelle profession, il avait accepté une place de voyageur pour une maison de commission dont les chefs connaissaient son zèle et sa loyauté; et, après une absence de huit mois, il revenait à Paris, assez instruit désormais pour commencer des affaires pour son compte, et toujours plus épris de la fille de M. Giraumont.

Vous savez maintenant toute l'histoire de Henri Jumière, qui, le lendemain de son arrivée à Paris, était allé à neuf heures du matin rue de la Calandre, afin de revoir ses amis, car Henri était aussi fidèle en amitié qu'en amour.

— Comment ! paresseux ! à neuf heures vous dormez encore ! dit Henri après avoir embrassé ses amis; mais quelle vie menez-vous donc à Paris depuis que j'en suis parti ?... voyons, les affaires, la

Paris. Typographie Henri Plon, rue Garancière, 8.

santé, les plaisirs... comment tout cela va-t-il?... Remettez-moi au courant, car le temps m'a paru bien long depuis huit mois...

— Ce cher Henri!... il ne nous avait pas oubliés! dit George en serrant la main de son ami.

— Vous oublier? et pourquoi le supposer?... suis-je devenu un grand seigneur depuis que vous ne m'avez vu? Et quand même! je vous assure que la fortune ou les honneurs ne me changeraient pas, du moins j'ai assez bonne opinion de moi pour le croire.

— Et moi aussi, dit Bouchenot, je te crois incapable d'oublier tes anciens camarades.

— Suis-je content de le revoir! s'écrie à son tour Timothée. Hier un bon souper... une omelette et du punch! aujourd'hui Henri qui est de retour... On a bien raison de dire qu'un bonheur ne vient jamais sans un autre!

— Que dis-tu donc, Timothée?

— Rien... tu le sauras... mais assieds-toi donc...

— Et vous, habillez-vous, afin que nous allions déjeuner ensemble... je suis venu vous chercher pour cela.

Au mot de déjeuner, les jeunes gens ont fait un mouvement de joie; mais bientôt ils se regardent d'un air embarrassé.

Pendant ce temps, Henri cherche une chaise pour s'asseoir : et pour la première fois alors ses yeux examinent la chambre des étudiants.

— Diable! dit Henri en s'asseyant sur la malle, il me semble, mes amis, que vous ne brillez pas par les meubles... avant pour départ vous aviez des chaises, au moins... et ces lits... ces croisées sans rideaux... Voyons, contez-moi vos affaires... vous savez bien qu'entre nous il ne doit y avoir rien de caché.

George regarde Timothée, Timothée regarde Bouchenot, c'est à qui ne parlera pas; mais ils poussent chacun un profond soupir.

— Ah çà! eh est-ce que vous êtes devenus muets aussi? s'écrie Henri en regardant tour à tour chacun des habitants de la chambre.

George se décide enfin, et, s'approchant de Henri, lui dit :

— Notre misère est telle que nous n'osons même pas l'avouer... mais avec toi... ce serait une fierté déplacée... Apprends que nous ne possédons plus un sou; que petit à petit nous avons vendu nos meubles, puis nos effets; enfin qu'il ne nous restait plus qu'un seul habit que nous mettions pour sortir chacun à notre tour... Mais cette ressource même nous est ravie, car hier Bouchenot, qui le portait, s'est battu... ou fait battre, si bien que notre habit est rentré hier au soir dans un tel état qu'il n'y a pas moyen de sortir avec. Voilà notre situation, mon cher Henri, et malgré tout le plaisir que nous éprouverions à aller déjeuner avec toi, juge maintenant si nous pouvons nous rendre à ton invitation.

— Comment! mes amis, il serait possible! vous vous trouveriez dans cette situation... et vous ne me le disiez pas tout de suite!

— Ah! c'est qu'avant ton départ tu nous as obligés plusieurs fois, tu nous as prêté quelques petites sommes que nous ne t'avons pas encore rendues.

— Eh! qu'importe? est-ce que de vrais amis doivent compter les services qu'ils se rendent!

— Peut-être, dans notre infortune, y a-t-il un peu de notre faute, reprend George; moi, au lieu de suivre mes cours, j'ai pris le goût des lettres, du théâtre... j'espère y réussir, mais c'est sans doute une chimère que je poursuis. Quant à Bouchenot, il jure tous les jours qu'il cherchera à se placer, à s'occuper; mais, au lieu de cela, il passe son temps à suivre tous les jolis minois qu'il rencontre.

— Oh! je jure bien que cela ne m'arrivera plus! s'écrie Bouchenot, on ne m'y prendra plus, à suivre une femme... quand même elle n'aurait pas de chien.

— Quant à Timothée, reprend George, ce serait le plus sage de nous trois; le pauvre garçon ne demande qu'à étudier... c'est notre position qui l'en empêche, et sans nous il aurait assez de quoi vivre pour lui.

— Allons, tout cela s'arrangera, reprend Henri; toi, George, tu as de l'esprit, de l'instruction, de la facilité; poursuis la carrière des lettres, tu réussiras, j'en ai la certitude... Timothée deviendra un docteur, un savant... Et quant à Bouchenot, parbleu! j'ai son affaire. Je vais entreprendre le commerce pour mon compte; j'ai besoin de quelqu'un pour travailler avec moi, pour tenir mes livres, mes écritures; cette place... je te l'offre, Bouchenot; tu auras en outre un logement chez moi, car il me faut quelqu'un qui puisse être toujours là, en qui j'aie toute confiance, et tu dois être bien certain que, tout en étant mon employé, tu n'en seras pas moins mon ami.

— Il se pourrait!... tu as une place et un logement à me donner! s'écrie Bouchenot en sautant au cou de Henri; ce cher Henri!..... J'accepte avec plaisir; mon ami... je travaillerai comme un nègre!... Oh! c'est fini, je change de conduite, je me range, tu seras édifié de ma sagesse.

— Je n'en doute pas; mais en attendant, mes amis, comme il faut d'abord que vous soyez en état de sortir pour vaquer à vos affaires et pour déjeuner avec moi, tenez, voici un billet de cinq cents francs dont je vous prie de disposer.

En disant ces mots, Henri sort de son portefeuille un billet de banque qu'il présente à ses amis; ceux-ci se sentaient émus jusqu'aux larmes, ils n'ont que la force de murmurer :

— C'est trop, Henri... oh! c'est beaucoup trop... tu as besoin de ton argent pour tes affaires... une faible partie de cette somme suffira.

— Eh non! encore une fois! reprend Henri, je veux que vous preniez ceci!... vous me rendrez ça plus tard, quand vous pourrez. Eh! mon Dieu! on change si souvent de place dans cette vie!... obliger quand on le peut, c'est se créer des ressources pour les mauvais jours. Quant à mes affaires, elles sont en bon chemin, et j'espère, d'ici à peu de

Héro et Léandre.

temps, avoir une maison bien établie; aussi le père de celle que j'aime m'a fait un accueil plus favorable lorsque, hier, en arrivant, j'ai été lui rendre visite; il m'a permis d'aller quelquefois le voir : il ne m'a rien promis encore, mais il m'a dit en me quittant : — Vous allez fort bien, vous avez du zèle, de l'activité; je crois que vous arriverez. Dans la bouche de M. Giraumont, de telles paroles sont déjà beaucoup.

— Et ta Pauline?

— C'est un ange! toujours aussi aimante, aussi belle et aussi fidèle... En nous revoyant après une si longue absence, si vous saviez quel bonheur nous avons éprouvé!... comme les regards de Pauline me disaient les ennuis de l'absence et les joies du retour!... Mais je vous conterai tout cela en déjeunant... car enfin il faut déjeuner, et je vais le commander pendant qu'un portier ou une voisine obligeante ira vous chercher un fripier; à Paris on trouve tout de suite de quoi s'habiller complètement... Avez-vous quelqu'un pour vous faire cette commission?

— Oui, oui! oh! nous avons une voisine charmante, qui nous ira chercher tout ce que nous voudrons.

— Fort bien; en ce cas, je vous laisse; je vais faire une course, et je serai dans une heure au Veau-qui-tette, place du Châtelet.

— C'est convenu, nous irons t'y retrouver, et avec un fameux appétit!...

— Je l'espère bien! Allons, plus de chagrin, mes amis, de la gaieté, de la santé, et nous goûterons encore tous les plaisirs de notre âge.

— C'est à toi que nous le devrons...

— C'est bien... c'est bien... au revoir.

Henri serre la main à ses amis, et les quitte précipitamment pour se dérober à leurs remerciments.

Chapitre XIII. — Une bourse.

— En voilà un ami! s'écrie Timothée lorsque Henri est parti. Qu'on dise donc que l'amitié est une chimère!

— Non, sans doute, ce n'est pas une chimère, dit George; mais il n'en est pas moins vrai que les amis comme Henri sont rares.

— C'est un garçon de l'âge d'or!... Il mériterait une statue, s'écrie Bouchenot en allant se mirer. Mais ce n'est plus le moment de faire des réflexions; il faut nous mettre en état d'aller le retrouver.

— Oui, il nous faut tout de suite un tailleur, des habits, des gilets.

— Et des bottes même, ajoute Timothée, puisque hier on a vendu les miennes.

— La voisine nous trouvera tout cela. Il faut la prier de nous rendre encore ce service. Je vais aller frapper chez elle.

— Tiens, je crois que je l'entends.

C'était, en effet, mademoiselle Cœlina qui venait chercher sa cafetière et sa poêle. La jeune fille, avec sa camisole blanche, son petit jupon court, et son madras noué coquettement sur sa tête, avait un air mutin et piquant qui frappa sur-le-champ les trois amis.

— Salut à notre bonne et jolie voisine, dit George.

Timothée voulut faire un compliment, mais il ne put que pousser un gros soupir. Bouchenot, qui avait déjà repris son air avantageux, lança à la jeune fille un regard très-expressif.

— Je viens vous débarrasser de mes ustensiles de cuisine et savoir des nouvelles du malade, dit Cœlina en entrant.

— Le malade se porte très-bien grâce à vous!... et il n'éprouve plus que le besoin de vous exprimer sa reconnaissance.

En disant ces mots, Bouchenot avait pris une main petite et potelée, qu'il voulait porter à ses lèvres; mais mademoiselle Cœlina la retira vivement en disant :

— Si ce n'est plus que cela qui vous tient, ça ne presse pas... Je vais leur faire mon déjeuner; puis je me remettrai à enluminer *Adam et Eve*; j'en ai deux douzaines à faire, et on les attend.

— Vous avez de la besogne pressée? dit George.

— Oui, pourquoi ?

— C'est que nous voulions encore réclamer un service de vous.

— Parlez toujours, me voilà. Adam et Eve ont le temps d'attendre, d'autant plus qu'ils se promènent dans le paradis. De quoi s'agit-il ?

— Un grand bonheur vient de nous arriver...

— Oh ! tant mieux !

— Un ami, que nous n'attendions pas sitôt, vient de venir ce matin; il s'est aperçu que nous manquions de beaucoup de choses.

— Vraiment ! il ne faut pas être malin pour voir cela.

— Avec lui nous avons été francs... et maintenant, mademoiselle, nous ne rougissons pas de vous dire qu'hier... en nous offrant votre souper... vous nous avez presque sauvé la vie...

— Pauvres jeunes gens !... Et ne pas être venus me trouver plus tôt !... c'est là votre tort.

— Oh ! maintenant nous sommes riches! Tenez !

Et George montre à Cœlina le billet de cinq cents francs.

— Qu'est-ce que c'est que cela? demande la jeune fille.

— C'est un billet de banque... cela vaut cinq cents francs.

— Ce chiffon ce papier tout vieux... tout jaune... cela vaudrait tant d'argent !... Ah ! je n'aurais jamais cru qu'une si grosse somme pût tenir si peu de place.

— Maintenant voici ce que nous attendons de vous : nous n'avons pas d'habits, plus de chaussures pour sortir; il nous faudrait sur-le-champ des vêtements tout faits, tout confectionnés.

— Et des cravates...

— Et des mouchoirs...

— Et des cols...

— Et des bas...

— Et des chemises...

— Ah ! vous n'avez besoin que de cela ! dit Cœlina en riant.

— Le fait est que nous étions dans une grande débine ! s'écrie Timothée.

— Mais pour le moment le plus pressé, c'est pour chacun un habit... ou une redingote et des bottes... Si vous aviez la bonté de nous chercher des marchands.. car nous ne pouvons pas sortir.

— Bien volontiers ! Oh ! je vous trouverai sur-le-champ ce qu'il vous faut!

— Voici notre billet de banque; ayez aussi la complaisance de le changer pour que nous puissions payer ce que nous achèterons.

— Donnez... je vais me dépêcher... Dites donc... si je ne revenais plus avec votre argent?...

— Ah ! mademoiselle, nous voudrions avoir une fortune à vous confier !

— Mais cinq cents francs, c'est déjà bien joli ; je n'aurai jamais eu tant d'argent à la fois... Je vais courir... Ne vous impatientez pas... Mon Dieu ! pourvu que je ne perde pas le petit chiffon qui vaut cinq cents francs... Oh ! je vais le regarder tout le long du chemin.

Cœlina est partie ; les jeunes gens font leur toilette avec ce qu'ils possèdent encore ; puis, tout en se préparant, afin de n'avoir plus à passer qu'une redingote, ils font chacun des projets et des plans pour l'avenir.

— Nous n'allons pas tout dépenser en vêtements, dit George ; il faudra un peu nous remeubler ici...

— Ah ! oui, en fait de meubles, dit Timothée, il nous faudra d'abord des draps et des oreillers.

— Oui, et des chaises et un chandelier.

— Messieurs, dit Bouchenot, vous ne parlez que d'acheter; mais il me semble qu'il ne faut pas dépenser tout notre argent ; il faut bien en garder pour vivre.

— Tu oublies donc, Bouchenot, que tu vas avoir une place et des appointements ?

— C'est très-bien... mais toi, George ?

— Ma pièce sera jouée ; elle réussira ! Timothée pourra garder pour lui seul la pension qu'il reçoit de son père... Oh ! maintenant l'avenir me semble riant et rose... je ne vois pour nous que bonheur et plaisirs... nous les devrons à nos talents, à notre travail... à l'amitié. Dites-moi, messieurs, est-ce que tout cela n'est pas charmant ?

— Oui, dit Timothée, cela peut devenir bien gentil... surtout si la petite voisine voulait... Je crois que j'en tiens pour la voisine.

— Un instant ! s'écrie Bouchenot, elle me plaît beaucoup aussi à moi, et je me flatte qu'elle me voit d'un bon œil... d'autant plus qu'elle a été à même de m'apprécier.

— Voyez-vous cette fatuité ! il croit déjà avoir fait la conquête de la petite Cœlina... Je gage qu'elle ne t'écoutera pas...

— C'est ce qu'il faudra voir.

— Je te dis que c'est moi qui serai son amant...

— Ah ! oui... avec ça que tu t'entends à séduire une femme !

— Allons, messieurs, ne vous disputez pas d'avance, dit George. Eh! mon Dieu ! elle ne voudra peut-être ni de l'un ni de l'autre ; au reste, je la crois assez franche pour ne point vous leurrer que de vaines espérances.

— Il est certain qu'une jeune fille qui enlumine Adam et Eve !...

— Je voudrais bien savoir si c'est avant le péché !...

— Chut! taisez-vous, la voici.

Cœlina ramenait un bottier et un marchand de nouveautés qui vendait des vêtements tout confectionnés.

Des habits, des redingotes, des gilets, des pantalons sont étalés devant les jeunes gens. Pendant que Timothée essaye des bottes, George passe une redingote et Bouchenot un habit. La petite voisine est rentrée chez elle un moment, parce qu'elle a pensé qu'on pourrait essayer les pantalons ; mais elle a d'abord remis à George les cinq cents francs en écus.

— Nous payons comptant, messieurs, crie Bouchenot, en se pavanant dans un habit neuf ; nous payons en espèces, cela mérite considération et doit vous rendre accommodants.

En effet, la vue du sac d'argent rend les marchands plus disposés à céder de leurs prétentions : bientôt le marché est conclu moyennant la somme de deux cent cinquante francs. Les jeunes gens ont acheté une redingote, deux habits, trois pantalons et deux gilets, dont ils peuvent se parer sur-le-champ ; et le bottier leur a trouvé à chacun des bottes qui, suivant son expression, les chaussent comme des gants.

Pendant que George paye les fournisseurs, Timothée dit à Bouchenot :

— Tu devrais profiter de l'occasion pour te défaire de l'habit que tu as rapporté hier... il n'est plus mettable, il vaut autant le vendre tout de suite.

— Tu as raison, dit Bouchenot; et en faveur du marché considérable que nous venons de faire, je pense que monsieur nous en donnera un prix raisonnable.

— Je vous en donnerai ce qu'il vaut, dit le tailleur, quoique je n'aie pas l'habitude d'acheter des habits...

— N'importe, voyez-le.

Bouchenot, en se déshabillant la veille, avait jeté l'habit dans un coin, où on l'avait laissé. Il va le prendre ; il l'examine, le retourne en s'écriant :

— Les gredins !... comme ils m'ont déchiré !... Je me souviendrai de madame *Malatorchi*... C'est un drap superbe... Il m'allait comme un ange... Voyez, monsieur le marchand.

— Oh ! je vois déjà qu'il est en lambeaux... Sans l'examiner davantage, je vous en offre douze francs... Ce sera seulement pour avoir des morceaux de drap.

— Allons, donne-le ! dit Timothée.

— Douze francs! c'est bien peu, dit Bouchenot, qui tient toujours l'habit. Mais enfin... puisque vous dites qu'on n'en peut tirer que des morceaux... et que...

En parlant, Bouchenot venait de fourrer sa main dans la poche de la seule basque de l'habit qui restait. Tout à coup il s'arrête, ses traits s'altèrent, et il va reposer doucement dans un coin de la chambre le vêtement qu'il tenait.

— Alors c'est douze francs de moins que je vais compter à monsieur, dit George.

— Non!... non! s'écrie Bouchenot, j'ai changé d'avis... Décidément je ne veux plus vendre cet habit, je le garde.

— Et pourquoi donc cela? dit Timothée; douze francs valent mieux pour nous que des morceaux de drap... Qu'est-ce que tu veux donc faire de cet habit à présent?

— Je le ferai raccommoder... Il pourra encore me servir... Ça me fera une veste du matin... Enfin je ne veux plus le vendre.

— Oh! tout comme il vous plaira, dit le marchand ; quant à moi, je préfère nous le laisser. Adieu, messieurs, je me recommande à vous quand il vous faudra autre chose.

Les marchands sont partis. Les jeunes gens achèvent leur toilette. Gorge et Timothée se hâtent; mais Bouchenot, tout en ayant l'air de s'habiller, trouve moyen de ne pas être prêt.

— Je ne comprends rien à ce caprice de Bouchenot, reprend Timothée ; n'avoir pas voulu vendre cet habit pour douze francs... Parce que nous avons un peu d'argent, le voilà qui refait déjà de l'embarras.

— Il n'est point question de faire de l'embarras, répond Bouchenot, qui pour la troisième fois vient de déboutonner son pantalon neuf en ayant l'air d'être gêné dedans. C'est par économie que j'ai gardé cet habit... Il me semble que j'en suis le maître.

— Allons, messieurs, point de querelles, dit George. Voyons, nous venons de dépenser en tout deux cent quatre-vingt-quinze francs. Je propose de remettre quatre-vingt-cinq francs à la voisine pour qu'elle nous achète ce dont nous avons le plus urgent besoin en linge. Il nous restera cent vingt francs, c'est quarante francs pour chacun... Avec cela et de l'économie, je pense que nous pourrons attendre les événements.

— Je crois bien! dit Timothée, quarante francs en poche et habillés à neuf, c'est superbe!...

— Donne-moi tout de suite ce qui me revient, dit Bouchenot.

— Tenez, messieurs... ceci est pour remettre à la voisine... Je vais l'appeler... Mademoiselle Cœlina... pardon de vous déranger, encore un mot, s'il vous plaît.

La jeune fille accourt en sautillant.

— Me voilà ; que voulez-vous?... Ah! à la bonne heure, vous êtes bien mis... vous pourrez vous présenter partout maintenant.

— Pensez-vous que nous puissions faire des conquêtes ainsi? dit Timothée en prenant la taille à la voisine.

— Pourquoi pas?... il y en a de plus laids que vous qui en font!

Ce compliment ne semble pas faire grand plaisir à Timothée, qui lâche la taille de la voisine, et retourne arranger sa cravate.

— Mademoiselle, dit George, vous êtes si bonne pour nous, que nous en abusons. Voici un peu d'argent avec lequel nous voudrions bien avoir du linge, enfin... ce qui nous manque ici... Seriez-vous encore assez complaisante... vous savez que des garçons n'entendent rien à ces sortes d'achats.

— Oh! très-volontiers!... je ferai de mon mieux... Laissez-moi la clef de votre chambre, et en rentrant, j'espère que... Ah bien! je m'en vas, parce que voilà M. Bouchenot qui défait encore son pantalon... Vous m'apporterez une clef.

— Ah çà! Bouchenot, est-ce que tu te fiches du monde? dit George lorsque la voisine est repartie ; tu ne fais qu'ôter et remettre ce pantalon... tu n'es pas encore habillé, et nous sommes prêts... et Henri doit nous attendre.

— J'en suis bien fâché... mais ce pantalon me gêne... c'est-à-dire je crois que ce sont mes bottes... j'ai envie de les ôter!...

— Que le diable t'emporte!... tu n'en finiras donc pas? — Allons-nous-en toujours ; il viendra nous retrouver quand il aura achevé sa toilette.

— Eh bien! c'est ça, dit Bouchenot ; allez devant, messieurs ; moi, je vous suis!... Oh! je vous aurai bientôt rejoints!...

— Tu sais où c'est?

— Certainement! sur la place du Châtelet.

— Tu donneras notre clef à la voisine.

— C'est convenu!

— Ne sois pas deux heures surtout, ou nous déjeunerons sans toi.

— Allez, allez... je marche sur vos talons.

George et Timothée sont partis. Lorsqu'il est bien certain qu'ils sont descendus et que la porte est fermée, Bouchenot, qui s'est vivement rhabillé, court prendre l'habit déchiré qu'il avait déposé dans un coin, et, fourrant sa main dans la poche, il en sort un rouleau, petit, mais lourd et soigneusement fermé. Il se hâte de déchirer le papier qui sert d'enveloppe, et trouve dedans des pièces de vingt **francs**.

— De l'or! s'écrie Bouchenot, qui est resté saisi, et qui semble plutôt éprouver de l'effroi que du plaisir à la vue de ce trésor. De l'or... des napoléons. Cinq... dix... quinze... ça fait trois cents francs... trois cents francs qu'ils m'avaient glissés dans la poche... les misérables qui... Ah! mon Dieu!... et je ne m'en étais pas aperçu... Ah! cela se conçoit dans le trouble où j'étais... Trois cents francs... Ils m'auront pris pour un malheureux ouvrier... un pauvre diable ; au fait, mon costume ne pouvait pas donner de moi une idée bien avantageuse. Ils m'ont mis cela dans la poche pour payer mon silence... Diable!... je n'ai garde de parler... après les menaces qu'ils m'ont faites... De l'or... puisque je l'ai... je n'irai certes pas le reporter... Mais j'y songe... si c'étaient des pièces fausses!... il n'y aurait rien d'étonnant à ce que ce soient des pièces fausses... elles sonnent bien pourtant... Ah! si je prenais la voisine pour en faire voir une... la première venue... Peste! un instant! c'est que je ne veux pas mettre de mauvaises pièces en circulation... Ces scélérats voudraient peut-être me forcer par là à devenir leur complice... Ah! mon Dieu!... je ne sais plus que faire, moi .. j'ai comme une sueur froide... J'ai envie d'aller jeter ces napoléons dans la rivière... j'ai des vertiges! O maudite nuit!... infâme chien!... Quel parti prendre?

Bouchenot reste quelques instants à réfléchir ; enfin, après avoir mis les pièces d'or dans ses poches, il se décide à aller trouver mademoiselle Cœlina.

La jeune fille enluminait, lorsque Bouchenot, qui, cette fois, est habillé complètement, se présente devant elle.

— Bonjour, ma voisine.

— Ah! vous êtes donc habillé enfin! dit Cœlina en souriant. Dieu merci! vous êtes plus long à votre toilette qu'une femme.

— C'est qu'aujourd'hui... je ne sais pas... je ne sais plus mettre mes boutons.

— Il faudrait peut-être aller vous habiller comme un enfant... Trouvez-vous que ce soit gentil ce que je fais là?...

— Ce que vous faites... Oh! pardon... je ne voyais pas... c'est le *Petit Poucet*?...

— Eh non! c'est *Adam et Eve*... Vous n'y voyez guère, à ce qu'il paraît... Comme vous êtes pâle! Est-ce que vous vous sentez encore malade?

— Non, ma voisine, mais... c'est que... Ah! dites donc, ma voisine, pendant que je vais remettre ma cravate... auriez-vous la complaisance d'aller me changer... c'est-à-dire d'aller faire voir cette pièce de vingt francs chez un bijoutier?... j'ai peur qu'elle ne soit pas bonne...

— Tiens, vous avez de l'or à présent!... Diable! des billets de banque, de l'or... vous devenez des millionnaires...

— Ah! c'est une pièce... que... j'ai retrouvée... que je croyais avoir perdue.

— Il me semble que vous pourriez bien aller vous-même montrer votre pièce au bijoutier.

— Vous croyez?... c'est que ma cravate me gêne... elle m'étrangle, et puis je ne suis pas encore à mon aise dans ce pantalon neuf... il faudra qu'on m'y fasse une pince.

— Ah! ah! quel drôle de corps vous faites!... Allons, donnez-moi votre napoléon, j'ai justement besoin d'aller chercher de l'amidon, et pendant que je descends, tâchez de finir de vous arranger, car sans cela vos amis pourront bien déjeuner sans vous.

Cœlina a pris la pièce et elle est partie. Pendant tout le temps qu'elle est absente, Bouchenot respire à peine, son anxiété redouble à chaque minute ; enfin, la jeune fille remonte l'escalier en chantant.

— Eh bien! s'écrie Bouchenot en courant au-devant de Cœlina.

— Eh bien! elle est délicieuse, votre pièce! c'est de l'or première qualité ; le bijoutier m'a dit qu'il m'en souhaitait un lingot comme ça.

— En vérité! répond Bouchenot, dont la figure redevient rayonnante. Ah! au fait, je ne sais pas pourquoi je me figurais... on a quelquefois des idées bizarres... Allons, au revoir, voisine ; voici notre clef ; mes amis m'attendent... je vais déjeuner.

— Vous n'êtes donc plus gêné dans votre cravate et votre pantalon?

— Oh! je vous assure, voisine, que depuis longtemps je ne m'étais pas trouvé si à mon aise.

— Vraiment... voilà l'air malin qui vous revient aussi.

— Près de vous, charmante voisine,.. si les yeux disaient tout ce qu'on sent, tout ce que... Mais je vais déjeuner, car je meurs de faim.

— Allez, vous me direz le reste une autre fois.

Bouchenot prend un baiser sur le joli visage de la jeune fille, en sautant, en chantant et en faisant résonner les pièces d'or qu'il a dans sa poche.

Chapitre XIV. — Un déjeuner et ses suites.

Henri, George et Timothée venaient de se mettre à table, lorsque Bouchenot arriva enfin chez le traiteur.

— Allons donc, maudit lambin! Tu seras donc toujours en retard? disent les jeunes gens en apercevant Bouchenot. Est-ce que tu as encore suivi une jeune fille?

— Est-ce que tu as encore détourné un chien de sa route?

— Que diable as-tu fait depuis que nous t'avons quitté?

— Eh! mon Dieu, messieurs, je me suis habillé : ce pantalon m'allait mal... Heureusement la voisine était chez elle.

— Comment! la voisine t'a mis ton pantalon? dit George en riant.

— C'est une fatuité de sa part! s'écrie Timothée, et je gage bien que ça n'est pas vrai...

— Je n'ai pas dit qu'elle m'avait mis mon pantalon... Au reste, cela n'empêche pas que... Mais déjeunons d'abord! J'ai un appétit superbe!... Est-on bien ici?

— Oui, sans doute, on est bien, dit George... Ah! mais, messieurs, comment trouvez-vous la question de Bouchenot? C'est Henri qui nous donne à déjeuner, qui nous conduit ici, et monsieur se permet de demander si l'on y est bien. D'abord le restaurant est assez connu, mais ensuite je vous demande si c'est à nous de faire les difficiles!... lorsque hier nous aurions été si heureux de trouver à dîner dans la plus mauvaise gargote de Paris.

— C'est la joie d'être devant une bonne table qui lui tourne la tête, dit Timothée.

— Messieurs, je ne pense pas avoir rien dit qui puisse offenser Henri, répond Bouchenot en couvrant son assiette d'anchois, de beurre et de cornichons. Parce que notre ami nous paye à déjeuner, certainement il ne prétendrait pas que nous trouvassions bon ce qui est mauvais!... ce serait du despotisme; et d'ailleurs, quand on a de l'argent dans sa poche, il faut se faire servir convenablement : je ne connais que ça.

— Tiens, Bouchenot, mange et tais-toi, tu feras beaucoup mieux.

— Mais laissez-le donc parler! dit à son tour Henri; il a raison de ne point se gêner; ne sommes-nous pas autant l'un que l'autre? et s'il y a un peu d'argent dans la poche de l'un de nous, l'amitié ne nous met-elle pas tous de niveau?

— Oui, certainement, dit Bouchenot en se carrant sur le fauteuil dans lequel il s'est assis. Oui, l'amitié ne doit point s'occuper de ce que nous avons dans nos poches... il ne fait pas assez chaud ici... Garçon, mettez donc du bois dans le poêle... et donnez-moi une chaufferette... j'aime à avoir les pieds chauds pour manger...

— Ah! voilà qu'il lui faut une chaufferette à présent! s'écrie Timothée.

— Pourquoi donc se priver quand on peut être bien?... Garçon, voilà une bouteille qui sent le bouchon... Donnez-nous-en une autre.

George et Timothée se regardaient en riant; ils ne revenaient point du ton avec lequel Bouchenot se faisait servir; en effet, à la manière dont il l'ordonnait, on aurait pu croire que c'était lui qui était l'amphitryon. Tout en répétant que l'amitié ne devait point attacher de prix au plus ou moins de fortune, Bouchenot passait à chaque instant une de ses mains sur la poche de son gilet, ainsi que de sentir, de palper ses espèces. La possession des cent écus perçait dans ses manières et son langage. Il est bien rare que l'on n'éprouve pas l'influence du contact de l'or. Si vous voulez en faire l'épreuve, mettez-en dans la poche d'un pauvre diable jusqu'alors timide et se défiant de lui-même, vous le verrez bientôt relever la tête, marcher d'un pas plus ferme, et parler avec assurance. Si l'argent peut quelquefois changer l'humeur d'une personne sage, jugez de ce qu'il doit faire sur celle qui ne l'a jamais été.

En ce moment, trois cents francs étaient pour Bouchenot une fortune; n'ayant jamais songé qu'à s'amuser, n'ayant su ni calculer ni travailler, il avait en peu de temps dépensé le bien de son père. Mais après avoir dissipé son héritage, son seul regret avait été de ne point pouvoir recommencer; ses jours d'infortune et de privation ne l'avaient point calmé, et maintenant il ne songeait qu'à se procurer les plaisirs dont il était privé depuis longtemps. Il y a des gens que l'infortune ne rendra jamais sages : riches, ils se ruineront; pauvres, ils n'aspireront à l'opulence qu'afin de pouvoir satisfaire de nouveau leurs passions et se ruiner encore; ces gens-là se définissent le plus ordinairement par le nom de paresseux.

— Ah! dit Timothée en savourant un filet sauté au vin de Madère, on a bien raison de dire que les jours se suivent et ne se ressemblent pas. Hier, si malheureux tous trois, n'ayant plus de quoi nous vêtir... aujourd'hui, nous voilà habillés et assis devant une bonne table!...

— Et c'est à Henri que nous devons tout cela, dit George; grâce à lui, je puis aller lire ma pièce... elle sera reçue... j'en ferai d'autres... Oh! je me sens en verve... quelque chose me dit maintenant que je réussirai... que mon nom aura quelque célébrité... et avec la gloire viendra la fortune !...

— Moi, dit Timothée, je vais travailler avec ardeur... je passerai mon examen, je serai reçu avocat, j'aurai des causes, je plaiderai avec talent, ce sera à qui m'aura pour défenseur!... j'amasserai de l'argent, je deviendrai député, j'arriverai aux emplois, aux honneurs... et je vous donnerai à dîner au rocher de Cancale.

— Quant à moi, dit Henri, si, comme tout me le fait espérer, je réussis dans mes entreprises, j'épouserai celle que j'aime. Pauline sera ma femme !... Ah ! mes amis, quel bonheur sera le mien !... si vous connaissiez ma Pauline, si vous pouviez apprécier l'alliance de ses vertus, de ses aimables qualités, toutes ces grâces qui charment, qui subjuguent le cœur, ah ! vous diriez comme moi que mon sort sera digne d'envie. Mais vous connaîtrez Pauline ; en devenant ma femme, elle deviendra votre sœur... ma maison sera la vôtre, et vous partagerez mon bonheur !...

Pendant que les trois amis parlaient, Bouchenot se contentait de boire et de manger comme quatre, en portant de temps à autre la main à son gousset.

— Et toi, Bouchenot, tu ne dis rien, s'écrie George; tu ne fais point de projets pour l'avenir... cependant tu dois être enchanté d'avoir une place chez notre ami, et si tu prends goût au commerce, ne serait-il pas possible que tu fisses par la suite des entreprises pour ton compte?

— C'est bien ce que j'espère aussi, dit Henri, et je l'y aiderai de tous mes moyens.

— Messieurs, répond Bouchenot, je suis très-content, certainement... Garçon ! donnez-nous d'autre poivre.... c'est du poivre de cuisine, ça... fi donc !... donnez-nous de la mignonnette... Oui, je ne suis point fâché d'avoir une place, et quand j'y serai, je... Mais l'avenir, voyez-vous, c'est du vent. Suivant moi, ce qu'il y a de sûr, de positif, c'est ce que l'on tient, comme, par exemple, le déjeuner que nous mangeons en ce moment; aussi, vous voyez que j'y fais honneur.

— Je crois que si le déjeuner pouvait durer toujours, Bouchenot aimerait mieux cela que de travailler chez Henri ! dit Timothée entre ses dents.

— Enfin, messieurs, dit George, telle chose qui arrive, j'espère que rien ne pourra rompre notre amitié, parce qu'elle sera toujours basée sur l'estime, et que pour faire son chemin dans ce monde, aucun de nous ne s'écartera de la route de l'honneur et de la délicatesse.

— Bien dit ! s'écrie Timothée. D'abord une fortune mal acquise n'est plus un bien... c'est un fardeau que l'on porte; du moins, telle est mon opinion à moi.

— Vous savez que ces sentiments sont aussi les miens, dit Henri; la main même de la femme que j'adore, j'y renoncerais si, pour l'obtenir, il me fallait employer de ces moyens qu'on ne peut avouer sans rougir.

Bouchenot ne disait rien; il se contentait de manger et de se gratter le nez.

— Allons, messieurs, trinquons à notre éternelle amitié, dit George en élevant son verre.

— Ah ! oui, trinquons ! j'en suis ! dit Bouchenot en prenant son verre qui était plein de vin de Bordeaux ; mais au moment de trinquer, il s'arrête en disant :

— Si nous trinquions avec du champagne, il me semble que cela serait plus digne de nous... Messieurs, j'offre de vous en payer une bouteille...

— Décidément, Bouchenot, tu nes dis aujourd'hui que des bêtises, répond George après avoir vidé son verre. Oh ! mais celle-ci passe la permission : comment ! tout ce que nous avons maintenant... nos vêtements même, nous les devons à l'obligeance de notre ami... Il nous prête de l'argent, sans que nous sachions encore à quelle époque nous pourrons le lui rendre; il nous donne à déjeuner chez un excellent traiteur, et parce que tu sens dans ta poche sonner cet argent que l'on t'a prêté, voilà que tu veux payer du champagne à celui qui ne craint pas de se gêner pour venir à notre secours !... Alors, quand tu n'auras plus rien, tu ne craindras pas de lui emprunter de nouveau?

— Moi, je crois que sa fièvre d'hier au soir lui revient, dit Timothée.

— Messieurs, reprend George, Bouchenot me rappelle une aventure arrivée à un homme de lettres duquel je la tiens. Un matin, un homme âgé, proprement mis, s'était présenté chez lui, et d'un ton piteux avait réclamé ses secours en lui disant que, depuis plusieurs jours, il ne possédait pas même de quoi s'acheter du pain. L'homme de lettres, quoique harcelé par ces sortes de demandes, se sentit ému par le ton du bonhomme, et ne le renvoya qu'en lui mettant dix francs dans la main. Le même soir, après son dîner, en entrant dans un café, la première personne que notre homme aperçoit, c'est son indigent du matin, qui, assis devant une table, savourait sa demi-tasse et son petit verre; et vous croyez peut-être que celui-ci devint embarrassé à l'aspect de la personne qui, le matin même, lui avait fait l'aumône ? Pas du tout, il s'écria avec un ton d'aisance sans égal : Bonsoir, mon cher D..., vous venez faire comme moi, vous venez prendre votre café ! Eh bien, dans ce moment-ci, Bouchenot offrant de payer du champagne à Henri me semble le digne pendant de cet infortuné qui prenait son café et son petit verre.

Bouchenot ne répondait pas, il contournait sa bouche, il baissait les yeux et semblait vouloir chercher quelque excuse pour faire oublier sa proposition ; mais Henri lui frappa sur l'épaule en lui disant :

— Mon pauvre Bouchenot, il me semble que nos deux amis te traitent bien durement aujourd'hui... Mais laisse-les dire ! Quant à moi, je ne trouve pas mauvais que tu préfères le champagne au bordeaux, et j'avais deviné ton goût... Tiens, regarde derrière toi... sur cette table, cette bouteille ficelée qui est là... seulement tu me permettras de la payer avec le déjeuner.

— C'est cela que je voulais dire, reprend Bouchenot. Eh ! mon Dieu ! est-ce que la langue ne peut pas tourner ?... est-ce qu'il est défendu d'ailleurs de dire parfois des bêtises ?... Mais George et Timothée le prennent avec moi sur un ton qui ne me convient pas du tout...

Je ne veux pas être molesté, moi! il ne faut pas qu'ils croient me mener comme un nègre...

— Allons! la paix! s'écrie Henri en prenant la bouteille de champagne; il serait beau que vous vous querellassiez pour notre première réunion depuis mon retour! Plus un mot de tout cela, et buvons ce champagne aux souvenirs de notre jeunesse! à notre bonheur présent et à nos espérances pour l'avenir!

— Je le veux bien, dit Bouchenot; je ne suis pas rancunier, moi. Buvons... mais pas dans ces verres-là... Garçon! des verres à champagne! allons donc... et des biscuits de Reims : ça se trempe dans le champagne, ça le fait remousser!

George retient une exclamation qui allait encore lui échapper, il se contente de sourire en regardant Timothée. Mais les verres à champagne sont apportés, ainsi que les biscuits demandés par Bouchenot. Henri verse le vin pétillant, il avance son verre, on trinque, on boit, on rit, et la bonne harmonie est bientôt rétablie entre les quatre jeunes gens.

— Maintenant, messieurs, je vais vous quitter, dit Henri lorsque la bouteille de champagne est achevée.

— Déjà! dit Bouchenot en regardant la bouteille qui est vide. Mais est-ce que nous ne pourrions pas... en...

George ne laisse pas Bouchenot achever sa phrase; il lui donne un grand coup de genou et s'écrie : — Il faut aussi que je vous quitte sur-le-champ... il est près de trois heures, mais je trouverai encore le directeur au théâtre. J'ai mon manuscrit dans ma poche, je vais le lui porter.

— Moi, je rentre, dit Henri. Je m'installe dans mon nouveau local... J'établis mes bureaux... ma caisse...

— Où loges-tu maintenant?

— Rue de Provence. Tenez, mes amis, voici mon adresse. A propos, Bouchenot, je compte sur toi... Je t'attends demain.

— Demain? répond Bouchenot d'un air indécis. Ah! oui... demain, ou après.

— Et pourquoi pas demain? reprend Henri.

— Ah! c'est que... vois-tu... j'ai encore mille petites choses à terminer... et puis mes dispositions à prendre... pour mon déménagement.

— Ah! ah! ah!... il sera long, ton déménagement! s'écrie Timothée en riant aux éclats. Henri a vu ce matin un échantillon de notre mobilier.

— Non, dit George, c'est qu'il a encore un rendez-vous d'amour pour demain.

— J'ai ce que j'ai, reprend Bouchenot avec humeur. Que diable, messieurs, chacun a ses affaires... je ne m'inquiète pas des vôtres, moi!

— Ne te fâche pas, Bouchenot, dit Henri en reprenant son chapeau; mais tâche seulement que tes affaires soient promptement terminées, parce qu'il me tarde de t'établir dans ta place et de te mettre au fait de la besogne.

— Oh! compte sur moi... Je te le répète, une fois que j'y serai je travaillerai étonnamment.

— Maintenant, messieurs, partons.

Les jeunes gens sortent de chez le restaurateur; puis Henri et George quittent leurs camarades pour vaquer à leurs affaires.

Timothée et Bouchenot sont restés tous deux sur la place du Châtelet. Ils se regardent et semblent ne pas savoir ce qu'ils veulent faire. Bouchenot est bien décidé à s'amuser, mais il ne sait pas encore comment. Quant à Timothée, peu accoutumé à boire, il est déjà étourdi par les fumées du champagne, et il regarde son ami comme pour savoir de lui de quel côté il doit se diriger.

— Qu'est-ce que nous allons faire? dit enfin Timothée à Bouchenot.

— Parbleu! nous allons nous amuser, jouir de la vie, répond Bouchenot en enfonçant son chapeau sur le côté, de façon à se donner un air tapageur.

— Jouir de la vie! répète Timothée; mais il me semble que nous nous en sommes déjà assez donné ce matin... nous avons parfaitement déjeuné.

— Eh bien, qu'est-ce que cela fait?... est-ce que la journée est finie?... il n'est que trois heures, nous pourrons encore dîner et souper... Nous avons fait diète pendant assez longtemps, il faut nous dédommager, mon cher!... Les jours de tristesse et de privations vont être remplacés par des jours de plaisir et de bombances! Nous avons de l'argent dans nos poches... notre temps est à nous... nous sommes nos maîtres... Vive la joie! je ne connais que ça...

— Vive la joie!... c'est très-bien! mais l'argent que nous avons en poche, il faut le ménager... puisqu'on nous l'a prêté...

— Ménage le tien si tu veux; mais moi, je veux faire rouler le mien; l'argent est fait pour rouler.

— L'argent à soi... passe encore... mais l'argent d'un autre...

— Ah! Timothée, ne me taquine pas, je t'en prie; j'ai le vin très-méchant, je t'en préviens. Voyons, veux-tu passer une journée de Sybarite? veux-tu nager dans les délices de Capoue?... prends mon bras et laisse-toi conduire, c'est moi qui régale...

— Tu régales... tu régales... j'ai envie de bouquiner un peu sur les quais... je cherche un vieux dictionnaire latin-français.

— Allons, ne vas-tu pas penser à travailler aujourd'hui! tu n'es pas en train... Le champagne t'a émoustillé... Tu achèterais *Faublas*

pour les *Pandectes* de Justinien, tu prendrais un *Matthieu Laensberg* pour le *Code civil!*... Encore une fois, laisse-toi guider par l'amitié et semons de roses le chemin de la vie. Pour commencer, nous allons faire une partie de billard, que nous arroserons de bischoff, ça nous donnera de l'appétit pour dîner.

— Mais je sais à peine jouer au billard.

— Eh bien, moi j'y suis très-fort, ça fera compensation. En avant du pied droit!... Sacrebleu! que la vie est belle quand on a les goussets garnis!

Timothée a passé son bras sous celui de son ami, et ces messieurs se dirigent vers le Palais-Royal : là ils entrent dans un café, montent au billard, et Bouchenot fait venir du bischoff et des cigares.

Timothée joue fort mal et perd toutes les parties; mais Bouchenot lui répète à chaque instant : — Que cela ne t'inquiète pas, c'est moi qui régale... Admire mon jeu et prends des leçons.

Le bischoff, dont Bouchenot verse avec abondance, achève d'étourdir Timothée, qui ne sait bientôt plus ce qu'il fait; il cherche à imiter le jeu brillant de son compagnon, et en voulant, comme lui, faire un *bloqué fumant*, il crève le tapis du billard.

— Va toujours! s'écrie Bouchenot, et ne t'inquiète de rien!... je fais bon des accrocs.

Mais le garçon de billard, effrayé de la manière de jouer de Timothée, court à lui en s'écriant :

— Monsieur, chaque accroc fait au tapis se paye vingt francs.

— Eh bien, c'est bon, répond Bouchenot; quand il y en aura quinze ça fera cent écus... hein? on sait calculer.

Mais le garçon n'a pas confiance dans les joueurs qui sont gris; il pense qu'avec sa manière de bloquer, l'un d'eux est capable de ne point laisser un morceau de drap sur le billard, et il court chercher son maître.

Le maître du café monte; c'est un tout petit homme qui a une grosse perruque bouclée comme une tête de lion, avec laquelle il se croit aussi haut que la porte Saint-Denis, et qui, à chaque enfant que sa femme lui donne, fait ajouter de nouvelles boucles à la sienne. Il court à Timothée, qui était en train de viser une rouge, et arrêtant son bras ainsi que la queue qu'il tenait, il lui dit avec une grosse voix de poitrine :

— Monsieur, vous ne jouerez point davantage!

Timothée regarde le maître du café d'un air hébété, tandis que Bouchenot, qui allait porter à ses lèvres un verre de bischoff, s'écrie en ricanant :

— Qu'est-ce que c'est que ce petit lion?...

— Monsieur, je suis le maître du café, et je vous enjoins de cesser de jouer au billard... Monsieur a déjà fait un accroc *très-conséquent;* à la manière dont il tient sa queue, on voit qu'il ne sait pas jouer du tout, et je n'ai pas envie que mon billard, qui est superbe, soit bientôt complètement en lambeaux!

— Oh! en voilà-t-il assez?... A présent, petit lion, vous allez nous faire un plaisir, c'est de nous laisser tranquilles, et de vous en aller.

— Monsieur, dit le maître du café en fermant les poings et montant sur ses orteils, je ne m'appelle pas petit lion. Je vous répète que je suis le maître ici.

— Après nous, mon bon ami; nous sommes les maîtres, en payant, de faire tout ce que nous voudrons dans un café.

— Je vous prouverai, moi, que ce n'est pas vrai. Vous ne jouerez plus, messieurs!...

— C'est comme ça que vous achalandez votre billard!... Vous n'avez pas le droit de nous empêcher de jouer.

— Pardonnez-moi, parce qu'il est évident que votre ami ne sait pas se servir de la queue de billard.

— Je ne sais pas comment vous vous servez de la vôtre! mais vous avez une sacrée grosse tête qui doit faire peur à tous les enfants du quartier.

— Monsieur! vous m'insultez, je crois! prenez garde! Je ne souffre pas la moindre plaisanterie, et si vous voulez que je sorte avec vous, je suis votre homme... Je ne recule jamais, n'importe devant quoi!...

— Diable! vous êtes bien heureux!... moi, votre perruque me ferait rire.

— Monsieur, je vous avertis que je vais employer la violence pour vous mettre dehors.

Bouchenot s'aperçoit que le petit limonadier a une mauvaise tête, et quoiqu'il ait mis son chapeau de travers, il ne se soucie cependant pas de se battre. Il jette deux napoléons sur le billard en disant :

— Payez-vous! et que cela finisse!... mais nous ne remettrons jamais les pieds dans votre café!

— Vous me ferez plaisir... Je ne tiens pas à ce qu'on fasse chez moi de la dépense, messieurs, je tiens avant tout à ce qu'on s'y conduise décemment!

— Votre raisonnement est à la hauteur de votre perruque. Allons, rendez-moi mon reste, méchant lion!...

Pendant qu'on donne à Bouchenot sa monnaie, Timothée fait le tour de la salle en cherchant de tous côtés son chapeau qui est sur sa tête. Ce n'est pas sans peine qu'on lui fait comprendre qu'il est coiffé de son castor. Enfin Bouchenot lui prend le bras, et bientôt ils sont tous deux dans le jardin du Palais-Royal.

— Ce limonadier est un petit impertinent que je reconnaîtrai, dit alors Bouchenot. Et si ce n'avait pas été à cause de toi, je l'aurais corrigé !

— Est-ce qu'il nous a insultés ? répond Timothée, qui tout en marchant fait ce qu'il peut pour ne point paraître gris et conserver son équilibre.

— Certainement, c'est un drôle !...

— Alors il faut aller nous battre avec lui... retournons au café.

Et Timothée tire le bras de son ami pour lui faire rebrousser chemin. Mais Bouchenot résiste en disant :

— Non... non... il faut mépriser tout cela... cet homme n'est pas digne de notre colère... Songeons à dîner maintenant.

— A dîner !

— Sans doute ! il est cinq heures et demie ; c'est bien l'heure, il me semble.

— Est-ce que tu as faim, toi ?

— Oui... je prendrais bien quelque chose.

— Moi, je n'ai pas du tout d'appétit.

— Il viendra en mangeant.

— Je me sens tout étourdi...

— Ça se dissipera avec le potage.

— Tu crois ?

— Eh oui ! Allons... où veux-tu aller ?

— Ça m'est absolument égal !...

— Allons chez le premier venu, il ne manque pas de traiteurs dans le Palais-Royal. Si on ne nous sert pas bien, je casse tout !... j'ai la tête montée.

Les deux amis font plusieurs fois le tour du jardin avant de trouver un restaurant.

Timothée veut toujours aller chez Fortin, qu'il croit être un traiteur, et Bouchenot se sauve de tous les restaurateurs, qu'il prend pour le café dont le maître a voulu se battre avec lui. Enfin, grâce à un honnête promeneur, ces messieurs entrent dans un salon où l'on dîne, et vont s'installer à une table après avoir renversé sur leur chemin deux chaises et un couvert. Cette manière de s'introduire ne dispose pas en leur faveur, et toutes les personnes qui dînent dans le salon lèvent les yeux pour examiner ces messieurs qui renversent tout ce qui se trouve sur leur passage.

Timothée s'est jeté plutôt qu'assis sur une chaise. Bouchenot tousse et crache, affecte des airs de grand seigneur, cligne les yeux en regardant autour de lui ; puis, en voulant accrocher son chapeau à une patère, fait tomber un chapeau et un parapluie placés à côté.

— Voilà des messieurs bien maladroits, dit un petit homme joufflu et jaune, propriétaire du chapeau et du parapluie. Ce monsieur est assis à une table voisine, avec une dame d'un âge mur, qui est coiffée comme une jeune fille, et dont le front ridé est orné d'une élégante féronnière.

Mais Bouchenot est parvenu à s'asseoir. Un garçon s'est empressé de ramasser les chapeaux, on met le couvert de ces messieurs, et on leur demande ce qu'ils veulent. Timothée, qui a l'air d'avoir envie de dormir, regarde le garçon d'un air hébété et ne répond rien. Bouchenot prend la carte, la parcourt, puis se tourne vers son ami en lui disant :

— Qu'est-ce que tu veux ?...

— Je prendrais bien du thé, répond Timothée en se dandinant sur sa chaise.

— Du thé ! imbécile... il se croit encore à Londres... où il a dépensé un million à boire une foule de choses. Garçon, donnez-nous ce que vous aurez de meilleur... n'importe quoi... et d'excellents vins, surtout... car je m'y connais, je vous en préviens.

— On voit même qu'ils en ont déjà bu aujourd'hui ! murmure le petit homme joufflu, qui ne pardonne pas à Bouchenot d'avoir jeté son chapeau par terre. La dame qui est avec ce monsieur s'est pincé la bouche d'un air dédaigneux après avoir envisagé ses deux voisins ; et Bouchenot, qui vient de la regarder, part d'un éclat de rire en disant à Timothée :

— Oh ! la tête !... tiens, derrière moi... cette vieille coquette habillée en rosière !... je ne lui ferai pas l'honneur de la prendre pour une Parisienne ! cela arrive de son endroit avec les modes et un visage qu'on portait il y a quinze ans... et le mari... le petit roquet bouffi au teint bilieux... quel joli couple !... Je gage qu'ils viennent à Paris pour se faire peindre et mettre au salon.

Timothée ne répond rien : il a bien assez à faire en tâchant de tenir ses yeux ouverts. Le garçon sert. Bouchenot couvre l'assiette de son ami en lui disant :

— Mange, bois, ça te remettra, et regarde notre petite voisine, cela te réveillera tout à fait.

— Comment ! est-ce qu'elle est ici ? dit Timothée en se frottant les yeux.

— Oh ! comme tu prends feu !... je te parle de cette antiquaille coiffée avec une féronnière.

— Je pensais que c'était mademoiselle Cœlina que tu allais me montrer.

— Ah ! fripon ! il me paraît que tu t'en tiens pour la petite enlumineuse...

— Pourquoi pas ?...

— C'est que tu en seras pour tes soupirs, mon garçon.

— Qu'est-ce qui te fait penser cela ?

— Parbleu, c'est bien simple : cette charmante grisette me plaît ; j'ai jeté mes vues sur elle... et je ne crois pas, mon pauvre Timothée, que tu aies la prétention de l'emporter sur moi.

— Tu es un suffisant !... Je ferai la cour à la petite Cœlina, et ce n'est pas toi qui m'en empêcheras !

— Timothée, vous le prenez bien haut, mon ami ; mais je te pardonne, parce que tu es gris.

— Bouchenot, si tu m'ennuies, je te jette ce verre de vin au visage !...

— Oh ! oh ! je t'en défie bien, par exemple !...

— Ah ! tu m'en défies !...

Ces mots n'étaient point achevés, que Timothée avait pris son verre et en avait lancé le contenu sur Bouchenot, qui était assis en face de lui ; mais Bouchenot s'était jeté de côté au mouvement que Timothée avait fait pour saisir son verre, si bien que le vin lancé avec violence va laver le visage du petit monsieur joufflu qui était à la table voisine.

— Ah ! c'est trop fort ! s'écrie le petit homme en secouant la tête. On n'a jamais vu se conduire aussi indécemment... Messieurs, vous vous croyez au cabaret, apparemment !...

— Je suis désolé, monsieur ! balbutie Timothée ; ce n'est pas à vous que cela était adressé.

— Mais c'est moi qui ai tout reçu, monsieur ; et si vous aviez aussi bien attrapé mon épouse... cela ne se serait point passé ainsi.

— Monsieur... je suis confus...

— J'en ai plein ma cravate.

Pendant ce dialogue, Bouchenot se cachait le visage sous sa serviette pour ne point éclater ; mais ne pouvant résister au désir de voir la figure de son voisin, il se retourne et se met à rire comme un fou, ce qui augmente la colère du petit monsieur.

— De quoi riez-vous, monsieur ? dit le petit homme en lançant à Bouchenot des regards furibonds.

— Monsieur... c'est de souvenir...

— Qu'est-ce que cela signifie ?... est-ce que vous me connaissez ?...

— Non, mais votre figure me rappelle un petit ange bouffi que j'avais sur une tabatière.

— Est-ce que vous avez l'intention de m'insulter, monsieur ?

— Comment, vous insulter ! parce que je vous dis que vous ressemblez à un ange...

— Je ne suis point endurant, monsieur !...

— Et madame votre épouse vous adore comme cela, j'en suis sûr...

— J'ai bien envie de vous laver la tête...

— Essuyez donc la vôtre, d'abord...

— Sortons, monsieur...

— Prenez garde, je vais croire que vous avez une mauvaise graisse !...

Ces mots et le ton goguenard de Bouchenot achèvent d'exaspérer le monsieur ; il fait un mouvement comme pour se lever ; mais déjà sa femme s'est saisie de son chapeau et de son parapluie et se hâte de coiffer son époux, et le prend par le bras en s'écriant :

— Allons-nous-en, mon bon, allons-nous-en !... ne vous compromettez pas avec ces espèces... Je ne reste pas ici davantage ; venez, je sens mes nerfs qui me travaillent... venez, mon bon, je vous en supplie.

Le gros monsieur se laisse entraîner par sa femme ; il se lève, prend le bras de son épouse, passe avec elle au comptoir, où il paye son dîner en vociférant contre les jeunes gens qui viennent gris chez un traiteur, puis il sort du restaurant, dont il ferme la porte comme s'il voulait en casser tous les carreaux.

— Mon bon me fait l'effet d'être un gros méchant, dit Bouchenot en se versant à boire.

— Tais-toi, Bouchenot, tu as tort, tu nous fais des querelles partout où nous allons !

— Je te conseille de parler... monsieur qui s'amuse à lancer des verres au nez de ses voisins...

— Tu sais bien que c'est à toi que je le destinais.

— Allons, je te pardonne, je n'ai pas de rancune, moi ; tu es amoureux de Cœlina, moi aussi, eh bien, nous lui ferons la cour tous les deux, et elle choisira.

— A la bonne heure... je te rends mon amitié.

— Bois donc... mange donc... tu ne fais rien ; tiens, un verre de volnay... Ah ! il est délicieux le volnay.

— Je t'assure que j'aimerais mieux du thé.

Bouchenot force son compagnon à boire et à manger avec lui ; cependant les dîneurs ont petit à petit déserté le salon, et Timothée dit à son ami :

— Tout le monde s'en va... il doit être tard, nous devrions nous en aller aussi.

— Bah! déjà? est-ce que tu as assez mangé?
— Il y a une heure que j'étouffe!...
— Il faut prendre notre café d'abord... Garçon, du café! vivement!... Comment emploierons-nous notre soirée, Timothée?
— Notre soirée!... mais nous irons nous coucher.
— Nous coucher à huit heures! fi donc! nous deviendrions jaunes comme ce petit monsieur auquel tu viens de laver la tête... Ah! une idée!... Connais-tu *Séraphin*, toi?
— Qu'est-ce que c'est que *Séraphin*?
— Alors tu ne le connais pas. C'est un spectacle de marionnettes, d'ombres chinoises... La dernière fois que j'y suis allé, j'avais sept ans, et je me rappelle que je m'y suis beaucoup amusé; je veux voir si cela me procurera le même plaisir aujourd'hui. D'ailleurs, on m'a dit qu'il y avait là de jolies petites bonnes... des femmes de chambre... du cotillon enfin; il faut aller là... nous rirons, je me sens en train de rire! Allons, dépêche-toi de prendre ton café, je brûle d'envie de voir Polichinelle.

Le café étant pris, Bouchenot paye la carte, puis, soutenant Timothée, qui ne serait point en état de marcher seul, il le mène chez *Séraphin*.

CHAPITRE XV. — Le spectacle de Séraphin.

C'est un théâtre bien respectable que celui qui brave le temps, les révolutions, et reste toujours debout, toujours en état de prospérité, dans le même emplacement, avec la même direction. Séraphin a résolu ce problème : tandis qu'autour de lui tout change et tout passe, tandis que vingt directeurs ont fait faillite, que trois ou quatre ont fait fortune, tandis que les théâtres les plus en vogue ont vu leurs salles désertes; que les genres ont été renouvelés, mêlés, confondus, bouleversés; qu'il a fallu faire des dépenses énormes pour attirer le public, que les acteurs en renom sont devenus nomades, que les actrices de talent sont devenues rares; que les auteurs ont eu des procès avec les directeurs, que les entrepreneurs de succès ont fait la loi aux auteurs, et qu'au milieu de tout cela le public a souvent gardé son argent dans sa poche malgré la longueur démesurée des affiches, le spectacle de Séraphin a continué sa modeste fortune, et une fortune modeste qui va toujours son chemin vaut beaucoup mieux qu'un char brillant qui culbute. Vous me direz à cela que le directeur d'un théâtre de marionnettes a beaucoup moins de frais qu'un autre; que sa troupe est toujours soumise à ses moindres volontés; que ses acteurs ne murmurent jamais lorsqu'on leur donne un mauvais rôle; que ses actrices ne cabalent point entre elles pour se faire siffler. Mais, suivant moi, ce qui assure l'existence de ce spectacle, et ce qui en fait son public se compose en grande partie d'enfants, et les enfants sont beaucoup moins exigeants que les hommes; pourvu qu'on les amuse, ils sont contents et ne s'inquiètent pas si la pièce est bien écrite, bien conduite, bien intriguée. Il faut si peu de chose pour faire rire tous ces petits visages qui viennent là chercher le plaisir et la joie! l'aspect seul de *Polichinelle* suffit pour animer, pour enchanter toutes ces petites physionomies; il ferait beau voir que quelqu'un s'avisât de siffler *Polichinelle*! les cris, les trépignements des enfants en auraient bientôt fait justice. Ainsi donc, jamais de chutes au théâtre de Séraphin. Heureux théâtre pour les auteurs!... Heureux public pour ce théâtre! et nous ne prévoyons pas ce qui pourrait entraver la prospérité de ce spectacle de marionnettes, car il y aura toujours des enfants, du moins nous aimons à le croire.

Cependant, avec les enfants qui chez *Séraphin* sont les habitués, le noyau, la majorité du public, il vient aussi de grandes personnes. D'abord les enfants ne viendraient pas tous seuls; il faut, pour les accompagner, une maman, une bonne, ou une gouvernante; car ce sont ordinairement les bonnes qui mènent les enfants voir les marionnettes. Mais les jeunes bonnes sont souvent avec elles des *payses*, celles-ci ont des cousins, ou de simples connaissances auxquelles elles donnent rendez-vous chez Polichinelle.

Ensuite il y a les jeunes gens qui, comme Bouchenot (mais sans être gris cependant), vont chez Séraphin dans le but de rire avec les jeunes femmes de chambre, auxquelles ils content des gaudrioles pendant la représentation des *feux arabesques* ; car les feux arabesques nécessitent une nuit complète dans la salle, c'est une espèce de fantasmagorie; le moment où l'on fait la nuit complète n'est pas le moins agréable de la soirée. Vous entendez alors de petits cris partir de différents points de la salle : ce sont les bonnes qui ont peur. Vous remarquez que les enfants ne crient jamais, ils sont beaucoup plus courageux que leurs bonnes.

Enfin, vous trouverez encore au théâtre de Séraphin des gens raisonnables, des gens âgés même, qui vont là sans enfants, et seulement pour se remémorer une récréation de leur jeunesse. Ils veulent voir s'ils prendront encore quelque plaisir aux scènes de *Polichinelle* et du *Pont cassé*; ils voudraient oublier le temps qui a marché, et s'amuser comme aux beaux jours de leur printemps; mais ils ont beau faire, et y mettre de la complaisance, le *Petit Poucet*, ou la *Forêt aux Animaux*, n'ont plus le même charme pour eux; ils restent froids devant les danses de la mère Gigogne, ils ne sourient que du bout des lèvres aux bons mots d'Arlequin et de Gille! C'est que ce spectacle n'est plus fait pour leur âge, et que l'on ressent toujours un fond de tristesse dans un endroit où l'on ne va que pour chercher des souvenirs.

Or, donc, Polichinelle avait déjà fait des choses admirables; il avait rossé le diable, bu plusieurs verres de vin, et s'était deux fois changé en pot de fleurs, à la grande satisfaction du public, lorsque deux nouveaux spectateurs entrèrent dans la salle de Séraphin, s'annonçant d'avance comme une tempête qui vient troubler le beau jour; dès leur entrée, ils avaient fait tant de bruit que les enfants même avaient un instant détourné leurs yeux de la scène pour regarder vers la porte.

Vous devinez que ces deux nouveaux venus étaient Bouchenot et Timothée; ce dernier, encore plus gris depuis qu'il avait pris l'air, posait sa main sur tout ce qu'il pouvait atteindre, cherchant toujours à se donner un point d'appui. Son camarade était encore plus bruyant que chez le traiteur, mais ses yeux étaient devenus si petits qu'à peine si on les apercevait.

— Passez sur le quatrième banc, messieurs, il y a de la place, dit aux deux amis une femme qui sert à la fois de contrôleur, de placeur et d'ouvreuse.

— Nous passerons où nous voudrons, chère amie! répond Bouchenot en élevant la voix. Nous avons pris des premières places... des plus chères... ainsi, nous pouvons aller partout et circuler où cela nous fera plaisir... Voyons d'abord le sexe... Je veux faire mes frais, moi...

— Silence donc là-bas! disent quelques personnes impatientées par le bruit que font les nouveaux venus.

— Prrrrout! répond Bouchenot; les moutards qui voudraient nous faire taire!... Ah! ah!... nous les empêcherons d'entendre Polichinelle! Nous sommes ici pour notre argent! nous ferons du bruit si ça nous plaît. Dis donc, Timothée, aperçois-tu une figure un peu émoustillante?

Timothée, qui chancelait sans cesse, venait enfin de sentir quelque chose sous sa main gauche, et il s'appuyait avec délices sur ce qu'il avait rencontré. Mais bientôt une voix tremblante fait entendre ces mots :

— Monsieur, voudriez-vous bien ôter votre main de dessus ma tête?... vous me gênez!... Est-ce qu'on s'appuie comme cela sur la tête du monde?

C'était une vieille dame coiffée d'un immense chapeau vert pouvant à la rigueur passer pour un auvent, qui était assise à l'extrémité d'un banc devant Timothée, et celui-ci avait empoigné le chapeau vert comme une rampe d'escalier.

— Ah! belle dame, s'écrie Bouchenot, excusez mon ami; à coup sûr, c'est sans intention qu'il vous a pris quelque chose... Comment, polisson, vous prenez les dames par la tête!... Qu'est-ce que ça veut dire?... Est-ce que c'est jamais par là qu'on entame l'entretien?

Timothée a retiré sa main, et balbutie des mots que l'on n'entend pas. La vieille dame murmure parce que l'on a déformé son chapeau, et la personne qui reçoit les billets dit à Bouchenot d'un ton fort sévère :

— Monsieur, on ne doit pas troubler le spectacle; si vous êtes venu ici dans cette intention, on va vous rendre votre argent.

— Laissez-moi donc tranquille, répond Bouchenot en lorgnant dans la salle; vous allez voir que nous troublons vos acteurs, peut-être!... Ces gaillards-là savent toujours leurs rôles parfaitement! Par exemple... Ah! Timothée, viens là-bas... suis-moi, mon vieux... j'aperçois une figure assez drôlette... En avant!

Bouchenot passe à travers tout le monde sans demander excuse, et sans attendre qu'on lui fasse place; il traîne Timothée avec lui. Ces messieurs arrivent derrière deux bonnes dont l'une était assez gentille, l'autre horriblement laide. Bouchenot s'assied derrière la première, et dit à son compagnon :

— Mets-toi à côté de moi.

— Mais il n'y a pas de place, répond Timothée.

— Assieds-toi toujours; ça se fera, on se prêtera un peu.

Timothée se laisse tomber sur les genoux d'un monsieur qui semblait en extase devant les lazzi de *Polichinelle*.

— Vous êtes sur moi! vous m'étouffez!... crie monsieur en recevant Timothée, qui se laisse aller avec un extrême abandon.

— Ça va se faire... Tout à l'heure nous serons très-bien, dit Bouchenot.

Mais le monsieur se plaint toujours ; le public s'impatiente, de toutes parts on crie : Silence! à la porte! Enfin, la dame contrôleur parvient à rétablir l'ordre en faisant reculer toutes les personnes qui sont sur la banquette occupée par les deux amis. Timothée se trouve avoir une place ; son voisin n'est plus sous lui, et chacun peut voir le spectacle.

— Ne craignez pas de vous appuyer sur moi, belle blonde, dit Bouchenot en s'adressant à la jeune fille qui est devant lui. Adossez-vous... mes genoux vous serviront de bras de fauteuil... et ils seront plus doux, car je me flatte qu'ils ne sont pas pointus.

La jeune fille se contente de sourire sans répondre, et Bouchenot dit à Timothée :

— Ça prendra... fais comme moi... occupe-toi de ton vis-à-vis, et tâche de ne point dormir sur l'épaule de ton voisin... Allons, Timothée, éveillons-nous... l'amour nous appelle.

— Mais il me semble qu'elle est laide, celle qui est devant moi, répond Timothée en cherchant à s'appuyer contre son voisin.

— Laide !... pas du tout... c'est le clair-obscur de la salle qui te fait croire cela... Elle a une superbe tête africaine. Laisse-moi faire : nous allons leur payer du plaisir ; ici avec six sous on subjugue tous les cœurs... ça n'est pas cher.

— Il y avait pourtant une grande cabale dans la salle.

Les bonnes placées devant ces messieurs avaient chacune un enfant sous leur surveillance : c'étaient deux petits garçons qui étaient assis devant elles, et qui poussaient des exclamations de plaisir à chaque marionnette qui paraissait.

— Ma bonne, dit un des petits garçons à la jeune fille qui est devant Bouchenot, qu'est-ce que c'est donc que ce grand homme-là qui a un bonnet pointu ?

— Mon cher ami, dit Bouchenot en avançant sa tête, c'est *Rotomago* ou *Croquemitaine*, qui vient ici pour fouetter tous les petits garçons qui ne sont pas sages ; mais il ne vous fouettera pas, parce que vous êtes bien obéissant, et que vous mangez de la soupe sans pleurer, n'est-ce pas, jolie blonde ?... Ah ! quelle jolie petite taille d'abeille !

— Voyons, monsieur... vous m'empêchez d'entendre le spectacle !

— Ah ! parbleu ! quand vous perdriez un des brrrout de Polichinelle, voyez le grand malheur !... Adossez-vous donc sur moi.

— Non, je n'ai pas besoin de m'adosser.

— Vous avez des cheveux d'un blond délicieux.

— Tant mieux !

— Je donnerais mon petit doigt pour les natter.

— Laissez-moi donc tranquille.

— Vous seriez ravissante en Suissesse.

— C'est possible.

— Sont-ils bien longs ?

— Qu'est-ce que cela vous fait ?

— Frisent-ils tout seuls ?

— Ça ne vous regarde pas.

— Ma bonne, s'écrie le petit garçon d'un air effaré en regardant une marionnette, qu'est-ce que c'est donc que ce vilain-là qui a des cornes sur la tête ?

— C'est le diable, répond la bonne.

— Tiens ! c'est drôle... il ressemble à papa Lolo !

— Ce petit garçon a des saillies charmantes, s'écrie Bouchenot tandis que les deux bonnes se regardent en riant.

— Soutenez-vous donc, monsieur, dit le voisin de Timothée ; vous appuyez toujours votre tête sur mon épaule ; c'est fatigant, à la fin !...

— Allons, Timothée, redresse-toi donc ! dit Bouchenot en secouant le bras de son ami. Tu veux sans cesse dormir... Est-ce que tu deviens marmotte ?... Cause donc avec ton vis-à-vis... la belle Africaine ; je t'assure qu'elle n'est pas mal faite.

— Regarde donc : ses mains sont rouges, et ont l'air enflées.

— Ce n'est rien ; ce sont des engelures : ça n'empêche pas le sentiment. Ah ! la toile baisse ; c'est fini pour les marionnettes... Nous allons avoir les feux arabesques. J'adore ce théâtre-ci ; je n'y étais pas venu depuis l'âge de sept ans, mais je veux m'y abonner... Venez-vous souvent, blondinette ?

— J'y viens quelquefois... quand on m'y envoie... Voyons, monsieur, ôtez donc vos mains... Est-ce que vous avez besoin de les mettre là ?

— C'est que je voudrais les réchauffer.

— Et vous prenez mon... dos pour un poêle ?... c'est sans gêne !...

— Voulez-vous des plaisirs, qui est-ce qui veut des plaisirs ? crie une vieille femme en se promenant dans la salle avec un grand panier rempli d'oublies et de pains d'épice.

— Par ici, la marchande ! dit Bouchenot, envoyez-nous votre panier. Je régale tous ceux qui en veulent... Vivent les plaisirs ! c'est léger... c'est casuel... c'est amusant !

— Combien monsieur en veut-il ? demande la marchande.

— Je vous dis de me passer votre boutique !... J'achète toutes vos oublies ! Je vous payerai ce que vous voudrez !

La marchande s'incline avec respect devant le monsieur qui agit en grand seigneur. Elle présente son panier à Bouchenot. Celui-ci prend des piles de plaisirs : il en donne par douzaines aux petits garçons, et en offre aux bonnes, qui font d'abord des façons.

— Prenez donc ! dit Bouchenot ; le plaisir ne se refuse jamais, et il ne donne jamais d'indigestions.

— Ah ben ! je veux ben ! tant pis ! répond la bonne qui est devant Timothée. Moi, j'aime tout ce qui se mange. Prends donc, Louise !

Louise est la jolie blonde ; elle se décide enfin à accepter des oublies, et Bouchenot se penche vers Timothée en lui disant à l'oreille :

— Elles sont à nous !

— Quoi ? répond Timothée.

— Ah ! tu n'y es jamais !... Tiens, prends des plaisirs, et offre cette douzaine à ton voisin qui te sert d'oreiller : c'est bien le moins que tu puisses faire pour lui.

Le voisin accepte d'un air très-reconnaissant la douzaine de plaisirs que Timothée lui présente. Bouchenot en distribue encore à quelques enfants qui sont près de lui, et ne rend le panier que lorsqu'il n'y a plus d'oublies dedans. Il paye la marchande, qui lui fait une profonde révérence. En ce moment la lumière de la salle disparaît : ce sont les feux arabesques que l'on va faire voir.

Bouchenot s'est hâté de se rasseoir ; et tandis que l'on montre les tableaux, il cause de très-près avec la jeune blonde, que la douzaine de plaisirs a beaucoup humanisée et qui n'a plus peur de s'adosser sur son voisin. Pendant l'obscurité, il prend cent fois de Bouchenot de s'assurer si les genoux de la petite bonne ne sont pas plus pointus que les siens ; déjà sa main s'est avancée furtivement et se flatte d'atteindre ce qu'elle cherche, lorsqu'un cri aigu se fait entendre. Toute la salle a frémi, et le voisin de Timothée en a laissé tomber à terre sa pile de plaisirs.

La dame contrôleur se hâte de rendre la lumière à son public ; Bouchenot a retiré sa main, et se tient à une distance respectueuse de sa voisine.

— Qu'est-ce qu'il y a ?... qu'est-il arrivé ?... demande-t-on de toutes parts.

C'était le petit bonhomme confié à la jeune blonde qui avait poussé le cri qu'on venait d'entendre. On s'aperçoit qu'il pleure encore en portant les mains à sa figure.

— Qu'as-tu donc, Alexandre ? lui demande sa bonne.

L'enfant répond en pleurant :

— Pendant qu'on ne voyait pas clair... j'avais posé ma tête sur tes genoux... parce que j'avais peur, et puis quelqu'un m'a fourré son doigt dans le nez... hi ! hi ! hi ! hi ! hi ! et m'a tout égratigné...

— Allons, taisez-vous imbécile ! répond la petite bonne en rougissant ; il fallait vous tenir à votre place, et ça ne vous serait pas arrivé !... Si vous n'êtes pas sage, je ne vous amènerai plus aux Ombres Chinoises.

Pendant qu'on grondait l'enfant, Bouchenot s'était levé et retourné pour rire à son aise de la méprise que l'obscurité lui avait fait commettre ; et il allait redemander une seconde représentation des feux arabesques si brusquement interrompus par les cris du petit Alexandre, lorsqu'une jeune fille placée au fond du théâtre, et qui vient pour la première fois d'apercevoir la figure de Bouchenot, dit à une femme qui est avec elle :

— Ah! mon Dieu... je ne me trompe pas!... voilà ce monsieur qui est cause que j'ai perdu mon chien...

Le son de cette voix a frappé Bouchenot : il regarde la personne qui a parlé, et reconnaît mademoiselle Prudence. En ce moment, celle-ci se lève à demi, et s'adressant au jeune homme dont elle est séparée par trois banquettes, lui crie :

— Monsieur, et Moustache?... dites-moi donc ce que vous avez fait de mon pauvre Moustache?

En entendant prononcer le nom du chien, en reconnaissant la maîtresse de Moustache, Bouchenot a pâli, un changement subit s'opère en lui ; il porte sa main à son front comme frappé de souvenirs, puis, se penchant vers Timothée, lui dit d'un ton qui n'est plus celui d'un homme gris :

— Viens... allons-nous-en... partons!...

Madame Bahon la lingère, patronne de Prudence.

— Comment, partir!... est-ce que c'est fini? murmure Timothée en se frottant les yeux.

— Oui... c'est fini... Viens donc!...

— Non, ce n'est pas fini ; il y a encore les ombres chinoises, s'écrie la jeune blonde en regardant Bouchenot d'un air tout surpris. Mais celui-ci ne fait plus la moindre attention à la petite bonne, et, sans même lui dire adieu, il prend Timothée par le bras, l'entraîne, et ne semble tranquille que lorsqu'ils sont hors du théâtre de Séraphin.

Cependant, Timothée ne marchait qu'avec peine. Bouchenot parvient à le conduire jusqu'à un fiacre, il l'y fait monter, se place près de lui, et se fait mener à leur domicile.

Le mouvement de la voiture a bientôt endormi Timothée ; cette fois son compagnon le laisse se livrer au sommeil, et pendant qu'il dort il se dit :

— Je me suis conduit comme un imbécile. J'étais gris... le nom de ce maudit chien m'a tout de suite dégrisé. J'ai dépensé beaucoup d'argent aujourd'hui... si Timothée se le rappelait, que dirai-je ?... Ces cent écus en or que j'ai trouvés dans ma poche... faut-il dire à mes amis d'où ils me viennent ?... Je l'aurais dû, peut-être... Cependant, j'ai juré de me taire... Un serment fait par force à des misérables..... ça n'engage à rien... mais si je parle... ils m'ont menacé... Et puis, cet argent... George et Timothée me diraient de n'y point toucher... de ne rien recevoir de ces... Sacrebleu ! c'est bien embarrassant !... Allons, décidément, je me tairai. Timothée est gris ; je lui dirai ce que je voudrai, il ne se souviendra de rien.

La voiture s'arrête. Bouchenot réclame l'assistance du cocher pour l'aider à porter Timothée jusqu'à son logement. Le cocher y consent. On prend le dormeur sous les bras et on le monte au quatrième sans qu'il se réveille. La clef était sur la porte de la chambre des jeunes gens. George était déjà couché et endormi. Bouchenot s'empresse de mettre Timothée sur un lit, et après avoir payé et renvoyé son fiacre, il se jette lui-même à côté d'un des dormeurs en disant :

— Ma foi ! demain il fera jour !

CHAPITRE XVI. — Héro et Léandre.

C'est George qui réveille ses camarades en allant de grand matin leur crier aux oreilles :

— Mes amis! mes bons amis... éveillez-vous ! Vous ne savez pas la bonne... l'excellente nouvelle? ma pièce est reçue... reçue... entendez-vous ? et on va la mettre sur-le-champ en répétition... Allons, félicitez-moi donc.

Bouchenot se met sur son séant et regarde George, qui, pour la première fois de sa vie, saute et danse en chemise dans la chambre; pendant ce temps, Timothée étend les bras en murmurant :

— Est-ce vrai que j'ai crevé un tapis de billard ?

— Oui, mes chers amis, reprend George, j'ai vu hier le directeur; il a été satisfait de mes corrections, et ma pièce va être jouée.

— Tant mieux, je suis enchanté! dit Bouchenot ; tu peux être sûr que nous serons là pour t'applaudir.

— Oui... oui, nous serons là, dit Timothée. Mais, mon Dieu! qu'est-ce que nous avons donc fait hier, Bouchenot ?... il me semble que tu m'as mené jouer au billard, boire du punch, dîner chez le traiteur... avec du champagne, des truffes...

— Diable! messieurs, reprend George, il me paraît que vous n'avez pas ménagé les quarante francs qui vous restaient à chacun !

— Timothée ne sait ce qu'il dit, dit Bouchenot, nous n'avons presque rien dépensé. Le fait est qu'en sortant de déjeuner il était gris ; je l'ai fait entrer dans un café où il s'est endormi en croyant jouer au billard. Ensuite nous avons été dîner chez un modeste traiteur à deux francs par tête ; et de là, je l'ai régalé des Ombres Chinoises; mais, comme il y dormait continuellement sur l'épaule de ses voisines, je l'ai ramené ici un peu avant la fin du spectacle. Voilà ce que nous avons fait hier.

— C'est singulier! dit Timothée, je me figurais avoir crevé un billard... avoir jeté un verre de vin au nez de quelqu'un... enfin, il me semblait que nous avions dépensé beaucoup d'argent... et le fait est qu'en visitant mon gousset, je vois que je n'ai rien dépensé du tout.

Le champagne chez l'enlumineuse.

— Mon pauvre Timothée ! tu étais tellement étourdi hier, que tu ne dois te souvenir de rien. Oh! je ne te conseille pas de boire beaucoup, car tu ne peux pas supporter le vin.

— Je n'en ai pas envie non plus, répond Timothée en se levant, cela m'a donné un mal de tête! Mais c'est égal, il ne s'agit plus de flâner... nous pouvons sortir maintenant... je vais aller à mes cours... Oh ! je vais travailler, réparer le temps perdu.

— Moi, je vais courir chez un copiste, dit George, il fera mes rôles, et je ferai avec mon brouillon un double du manuscrit.

Tout en parlant, George et Timothée se hâtaient de s'habiller, tandis qu'au contraire Bouchenot s'étendait avec volupté dans le lit qu'alors il occupait seul, en disant :

— Ma foi, on est très-bien au lit... dans de bons draps... A propos, messieurs, la petite voisine ne nous a pas oubliés... nos deux couchers sont bons maintenant... et elle a mis jusqu'à des rideaux à la fenêtre !... Oh ! les femmes ! ça pense à tout !...

— J'irai la remercier dès que j'aurai le temps, dit George ; l'heure me presse, je pars : au revoir, mes amis.

— Je m'en vais aussi, dit Timothée en suivant George... Eh bien, Bouchenot, tu ne te lèves donc pas, paresseux ?

— Si fait, tout à l'heure... c'est que j'ai comme une courbature.

— A ton aise... mais tu sais que Henri t'attend...

— Oui... oui !

Les deux jeunes gens sont partis, et Bouchenot se refourre dans son lit en disant : — Henri m'attend ! Henri m'attend !... Ils me répètent toujours la même chose... Je ne se suis pas pressé d'y aller, moi... je m'ennuierai beaucoup là, avec ses écritures, auxquelles je ne connais goutte. Après tout, quand je n'aurai plus le sou dans ma poche, il sera temps d'aller travailler... Voilà qui me semble parfaitement raisonné. Sur ce, tant pis ! je me dorlote !

Après être resté au lit et s'être dorloté encore plus d'une heure, Bouchenot se décide pourtant à se lever. Tout en s'habillant, il compte son or, en se disant :

— Je l'ai fait danser un peu vite hier, mais on ne ribote pas tous les jours !... La petite blonde de chez Séraphin était gentille ; pourtant elle ne vaut pas la voisine, et d'ailleurs n'est pas... fi donc ! c'est bon quand on n'a pas le moyen de mettre le pot-au-feu. Je vais aller faire la cour à la voisine ; d'abord c'est bien le moins que je la remercie pour la peine qu'elle a prise de nous acheter des draps, des oreillers et des rideaux... Mais si chez elle je venais à rencontrer cette grosse Prudence... qui m'a reconnu hier chez Séraphin... et qui me reconnaîtrait également ailleurs... hom !... je la trouve affreuse maintenant, cette grosse fille-là... Hier, quand elle m'a parlé de Moustache, je n'ai pas été maître de ma terreur... j'ai si peur de me trouver compromis !... car, au fait, je puis être compromis, moi... on pourrait me faire un crime de n'avoir pas révélé ce que j'ai vu... D'un autre côté, si je le révélais, les autres qui m'ont promis de me tuer à la moindre indiscrétion !... Ah ! maudit chien ! c'est toi qui m'as mis dans la position critique où je me trouve, en me conduisant dans cette infernale maison que tu connais si bien.

Bouchenot reste quelques instants plongé dans ses réflexions. Enfin il prend son parti et dit :

— Après tout... quand je me rendrais malade, je ne puis pas revenir sur ce qui est arrivé !... Comment pourrait-on jamais savoir que j'ai découvert ce qui se passait dans cette maison ?... Ce n'est pas Moustache qui le dira ! ni ces hommes... d'ailleurs ils ne savent pas qui je suis, et j'espère bien ne les rencontrer nulle part. Quant à cette grosse Prudence, je pense que je m'alarme à tort... Certainement elle ne sait rien du tout ; ce ne serait donc que son parrain qui pourrait être un de ces misérables... et cependant mademoiselle Prudence a dit que son parrain était jardinier fleuriste, et avait quitté Paris depuis trois semaines pour retourner dans son pays. Si je rencontre Prudence chez Cœlina, je la ferai jaser sans qu'elle se doute de rien. En attendant, allons faire la cour à la voisine et couper l'herbe sous le pied à notre ami Timothée.

La petite enlumineuse était en train de travailler lorsque Bouchenot entre chez elle, ce qu'il a pu faire sans la déranger, parce que les grisettes laissent ordinairement leur clef sur leur porte, excepté lorsqu'elles sont en tête-à-tête avec leur amant ; alors on n'oublie pas, tout en allant et venant, de retirer la clef sans faire semblant de rien, et on a parfaitement raison ; il ne faut jamais s'exposer à être interrompue dans le beau milieu d'une conversation ; on ne retrouve pas toujours ce que l'on allait dire.

— Bonjour, voisine, dit Bouchenot en s'approchant de Cœlina.

— Bonjour, voisin... pardon si je continue de travailler, mais c'est pressé.

— Faites, je vous en prie. Si je pensais vous déranger, je ne viendrais pas. Est-ce encore Adam et Eve que vous enluminez ?

— Non, c'est autre chose. Prenez donc une chaise.

— Ne faites pas attention.

— Dites donc, vous avez ramené votre ami dans un joli état hier au soir !

— Comment ! vous avez su cela ?

— Sans doute, ma porte n'était point fermée.

— Et vous ne m'avez rien dit.

— Oh ! quand on ne m'appelle pas, je ne me présente jamais, je craindrais d'être indiscrète... d'ailleurs, entre voisins, il ne faut pas s'espionner !... fi donc ! A la vérité, j'entends tout ce qu'on dit dans l'escalier ; mais dame, ce n'est pas ma faute, je ne peux pas me boucher les oreilles.

— Oui... hier nous avons assez bien dîné... aucun excès pourtant ; mais Timothée ne sait pas boire... a la tête très-faible ! la moindre chose lui fait mal !... C'est un garçon auquel il faut beaucoup de ménagements en tout genre.

— Ah ! vous croyez ? Pauvre jeune homme ! c'est bien triste.

— La moindre folie le rend malade... il a la poitrine faible.

— Vraiment ?

— Règle générale : si vous avez la poitrine délicate, ne soyez pas amoureux. Mais, malheureusement, on ne veut pas écouter les conseils de la raison !...

— Et c'est pour ça que la guimauve est si chère ! A propos, voisin, vous étiez peut-être venu pour me demander quelque chose... quelque service ?

— Non, jolie voisine ; j'étais venu d'abord pour vous remercier pour moi et mes amis de la peine que vous avez bien voulu prendre en arrangeant notre chambre, en nous achetant tout ce qui nous manquait.

— Ah ! il y a encore bien des choses qui nous manquent ; mais du moins vous avez le nécessaire, et c'est le principal... Par exemple, j'ai dépensé tout l'argent que vous m'aviez donné... d'ailleurs j'ai écrit... ma note est là, vous verrez.

— Vous plaisantez... est-ce que nous compterons après vous ?

— Si, si, je veux que l'on compte, moi... Vos amis sont sortis ?

— Oui ; la pièce de George est reçue, on va la jouer ; il est dans l'enchantement.

— Ah ! tant mieux ! ça fait que j'irai au spectacle ! car j'espère qu'on me donnera un billet pour l'aller voir... cette pièce !

— Et je vous demande d'avance la permission de vous offrir mon bras pour vous conduire au spectacle.

— Très-volontiers, monsieur, si toutefois... vous n'avez personne autre à mener.

— Pourrais-je en avoir d'autres... lorsque vous voulez bien m'accepter pour cavalier ?...

— Si cela devait faire de la peine à quelqu'un... oh ! je ne le voudrais pas.

— A qui voudriez-vous donc que cela fît de la peine ?

— Mais... à une de vos maîtresses...

— Des maîtresses ! je n'en ai pas !...

— Pas du tout ! oh ! ce mensonge ! vous en avez toujours au moins une... vous n'avez point la poitrine faible, vous.

— Non, grâce au ciel, je suis un gaillard solide ! Mais depuis quelque temps nous étions si malheureux... Est-ce que l'on peut songer à l'amour quand on n'a pas de quoi dîner ?

— Si j'avais un amant et qu'il fût malheureux, croyez-vous donc que je l'en aimerais moins pour cela ?

— C'est que vous êtes vraiment sensible, vous ! toutes les femmes ne pensent pas ainsi ! Il en est tant auxquelles il faut avant tout les plaisirs, de la toilette ! quand leur amant ne peut plus leur offrir cela, elles lui tournent le dos.

— Ces femmes-là ne savent pas ce que c'est que l'amour !...

— Aussi, on ne les adore pas comme vous !

— Ah bah ! laissez donc, on les aime bien plus au contraire ! on les accable de présents, de galanteries ! on se met en quatre pour leur plaire, on leur parle comme à des divinités ; on supporte, sans se plaindre, leur humeur, leurs caprices ! et souvent même leurs infidélités ! tandis que nous, pauvres filles, qui ne savons qu'aimer bien sincèrement, on nous prend sans amour et on nous quitte sans regrets !

— Ah ! voisine, j'espère que vous ne croyez pas tous les hommes capables de se conduire ainsi ?

— Ma foi, d'après les échantillons, il me semble que l'on peut juger les pièces. Deux fois j'ai été faible, j'ai cédé au penchant de mon cœur, et j'en ai été tristement récompensée. L'un m'avait prise par caprice, l'autre par intérêt ; ni l'un ni l'autre ne m'aimaient.

— Voisine, il faut essayer une troisième fois, ce sera la bonne... Il y a un proverbe qui dit : que la troisième fois fait ève.

— Non... je ne veux plus aimer... les hommes sont trop perfides !

— Je ne le serais pas, moi, si j'avais le bonheur de vous plaire.

— Vous feriez tout comme les autres !

— Oh ! non, je serais si heureux d'avoir une petite maîtresse jolie, bien faite, aimable, spirituelle comme vous !...

— On nous trouve toujours charmantes quand on nous fait la cour... mais après...

— Après, on doit vous idolâtrer... vous diviniser... vous...

— Voyons, monsieur Bouchenot, ne remuez pas ma chaise, vous me feriez faire des bêtises sur mon ouvrage... Qu'est-ce que nous disions donc tout à l'heure ?...

— Je ne m'en souviens plus... vos jolis yeux me font tout oublier.

— Ah ! vous me disiez que la pièce de M. George va se jouer... et que nous irions au spectacle.

— Nous n'avons pas besoin d'attendre sa pièce pour y aller ; et quand vous le voudrez, je suis tout prêt à vous y conduire...

— C'est bon... nous verrons cela quand je serai moins pressée. Et M. Timothée, que fait-il ?

— Oh ! celui-là doit être avocat... il fait son droit... le voilà retombé sur le *Digeste* et les *Authentiques* ; c'est un garçon perdu pour le plaisir.

— Mais il faut bien travailler quand on n'est pas riche. Et vous, me semblait que vos amis vous avaient dit : N'oublie pas que Henri t'attend.

— Tiens, vous savez cela aussi ?

— Puisque je vous dis que de chez moi j'entends tout... Oh ! je suis une voisine gênante !...

— Vous ne vous êtes pas trompée. Notre ami Henri m'a, en effet, proposé un emploi...

— Eh bien, est-ce que ça ne vous va pas?

— Pardonnez-moi... Je crois que... c'est-à-dire j'aurais préféré une vie indépendante... c'est là ce qui m'irait très-bien... Oh! la liberté!... avec de la fortune... c'est si gentil!...

— Je crois que vous aimeriez assez à vous amuser du matin au soir... avec la liberté de ne pas faire autre chose... n'est-ce pas, voisin?

— Non... ce n'est pas cela; mais j'aurais voulu être artiste... j'avais tout ce qu'il faut pour faire un artiste... Mon père a eu grand tort de vouloir faire de moi un avocat... il a faussé ma vocation.

— Qu'est-ce qu'il faisait, votre père?

— Il était confiseur.

— Et je gage que vous avez mangé son fonds...

— Hom!... espiègle!... Si je vous avais connue alors... je vous aurais accablée de dragées... de pralines... de pastilles...

Deux petits coups frappés à la porte interrompent la conversation.

— Qu'est-ce qui m'arrive? dit Cœlina; c'est peut-être ma tante.

— Est-ce qu'elle vient prendre du punch le matin? dit Bouchenot.

— Oh! non... ce n'est pas probable.

On frappe de nouveau.

— Eh bien, entrez! la clef est à la porte! crie Cœlina sans se déranger.

— Tiens! c'est vrai! Je ne la voyais pas! répond une voix de femme. Et au même instant la grosse Prudence entre dans la chambre.

Bouchenot, qui se tenait un peu derrière la porte, n'est pas maître d'un mouvement d'effroi en apercevant la jeune fille; cependant il se remet bientôt. Mademoiselle Prudence, qui ne voit pas d'abord le jeune homme, court à son amie en disant :

— Bonjour, Cœlina. Ah! c'est bien heureux que je te trouve!... Je suis venue hier : tu étais sortie, et je t'ai attendue fort longtemps chez tes voisins. Du reste, ce sont des jeunes gens bien honnêtes, bien polis... Il y en a même un qui est bien gentil, quoiqu'il ait les cheveux un peu rouges.

— Ah! tu as remarqué cela, toi! dit Cœlina en souriant... C'est bon... je dirai au voisin que tu le trouves gentil...

— Ah! Cœlina, ne fais pas cela... je n'oserais plus venir chez toi... je serais si honteuse... et... Ah! mon Dieu!...

Prudence venait de se retourner et d'apercevoir Bouchenot.

— C'est un de mes voisins, dit Cœlina en riant de la mine que fait Prudence, et l'ami de celui que tu trouves de ton goût...

— Monsieur! s'écrie la grosse Prudence en regardant Bouchenot. Comment! monsieur serait mon voisin?...

— Oui, mademoiselle, j'ai ce plaisir, répond Bouchenot en s'inclinant.

— Qu'est-ce qu'il y a donc là qui te fasse ouvrir de si grands yeux? demande Cœlina à son amie.

— Ce qu'il y a?..... c'est que c'est monsieur qui m'a emmené mon pauvre Moustache; qui est cause que j'ai perdu mon chien. C'est que ce monsieur m'a fait perdre : dans la rue, ici, et hier au soir chez *Séraphin*. Mais c'est égal, je suis bien aise de retrouver monsieur chez toi; Cœlina; je t'en prie, dis à monsieur qu'il me rende mon chien...

— Eh! mon Dieu! tu vois bien qu'il ne l'a pas, ton Moustache!... Voyons, monsieur Bouchenot, justifiez-vous, à Prudence Flambard, sans quoi elle est capable de nous ennuyer pendant deux heures avec son chien.

— Mademoiselle, répond Bouchenot en allant s'asseoir entre les deux jeunes filles, il ne me sera pas difficile de me justifier, pour cela j'en appellerai même à la bonne foi de la plaignante. Avant-hier, en effet, ayant eu le plaisir de rencontrer mademoiselle dans la rue, et suivant le même chemin qu'elle, je tâchai de lier conversation. J'ai toujours aimé à causer avec les jolies femmes...

— Oh! oui, on sait cela, dit Cœlina d'un air piqué. Il paraît que vous vouliez aussi faire la conquête de Prudence! Mon Dieu! quel conquérant vous faites!... vous êtes un petit Napoléon pour les cœurs!...

Bouchenot se rengorge dans sa cravate, jette un tendre regard à Cœlina, et reprend :

— Mademoiselle ne se montra point disposée à causer, je la quittai, car je suis incapable de contrarier une femme. Mais son chien me suivit... il abandonna sa maîtresse pour moi, quoique je fisse tous mes efforts pour le chasser. Est-ce ma faute, et suis-je responsable des caprices de ce chien?

— Non certainement, dit Cœlina; et si cela s'est passé comme cela, que peux-tu reprocher à monsieur?

— Mais... je ne sais pas... Enfin mon chien vous a suivi, voilà le fait; eh bien! rendez-le-moi maintenant.

— Si je l'avais encore, c'est ce que je m'empresserais de faire; mais, après m'avoir suivi toute la journée, et m'avoir, par ses dérèglements, attiré une foule d'aventures toutes plus désagréables les unes que les autres, votre Moustache m'a quitté le soir, et je ne l'ai plus revu depuis.

— Vous l'avez perdu aussi!... Mon Dieu, que c'est malheureux!...

Comment le retrouver à présent?... Oh! c'est fini, je vois bien qu'il faut que j'en fasse mon deuil.

— Eh bien, le grand malheur! dit Cœlina; je vous demande un peu de quelle nécessité il est pour une apprentie lingère d'avoir un énorme chien que tu étais obligée de tenir renfermé toute la journée dans ta chambre?

— Dame, ça me faisait une société, une sûreté quand je sortais.

— Ah! oui, il paraît qu'il te défendait bien!

— Et puis, il m'avait été donné par mon parrain Laforêt... et mon parrain aimait tant Moustache, il m'avait tant recommandé d'en avoir bien soin!...

— Votre parrain s'appelle Laforêt? dit Bouchenot en regardant attentivement Prudence.

— Oui, monsieur.

— Et... que faisait-il à Paris, votre parrain?

— Il était jardinier fleuriste.

— Jardinier fleuriste... c'est un assez bon état... Savez-vous où il demeurait à Paris?

— Oui, monsieur, car j'ai été deux fois chez lui avant qu'il retournât à son pays.

Bouchenot pâlit en murmurant : — Ah! vous savez... vous connaissez la maison... où logeait votre parrain?...

— Eh bien, qu'y a-t-il d'étonnant? dit Cœlina. Etes-vous drôle avec toutes vos questions!...

— Mademoiselle... si je demande cela à votre amie, c'est parce que je pense que le chien pourrait fort bien être retourné à la demeure d'où il venait, c'est même fort présumable, et si mademoiselle sait où c'est...

— Ah bien! s'écrie Prudence, est-ce que vous croyez que je n'ai pas songé à cela hier? Je n'ai pas manqué d'aller à la demeure de mon parrain... mais inutilement... on n'y avait pas vu Moustache... j'ai demandé à tous les voisins, personne n'a pu me donner de ses nouvelles.

— Vous avez demandé... aux voisins? dit Bouchenot d'un air surpris. Est-ce que votre parrain... avait des voisins?

— Tiens, et pourquoi donc pas? Est-ce qu'il ne loge pas du monde dans la rue des Martyrs?

— Rue des Martyrs!... Comment... c'est rue des Martyrs que demeurait votre parrain?

— Sans doute, c'est rue des Martyrs! près du faubourg Montmartre... puisque je vous dis que j'y suis encore allée hier.

— Rue des Martyrs? se dit Bouchenot; allons, c'est à tort que j'accusais le parrain de cette jeune fille... Certainement, avant-hier, j'étais bien loin de la rue des Martyrs... Le jardinier fleuriste est innocent, ou du moins cette jeune fille n'a jamais rien su, et j'étais un sot de trembler devant elle.

Bouchenot reprend toute sa sécurité, et se rapprochant de mademoiselle Prudence, lui fait un gracieux sourire en lui disant :

— Tenez, mademoiselle, croyez-moi, comme votre amie Cœlina, que le meilleur parti à prendre est de ne plus penser à votre chien... il est perdu, c'est un malheur... si j'en fus la cause, c'est bien involontairement; mais pour que vous ne m'en vouliez plus, je vous offre un caniche ou un lévrier, à votre choix; j'en ai vu de charmants sur le Pont-Neuf, et de cette façon vous auriez de nouveau votre petite société.

— Oh! je vous remercie, monsieur, répond Prudence; mais je ne veux plus de chien, c'est fini, j'en ai bien assez!...

— En ce cas, qu'il n'en soit plus question, dit Cœlina; tu aurais perdu ton amant, que tu ne ferais pas tant de bruit. Veux-tu déjeuner avec moi?

— Comment! est-ce que tu n'as pas encore déjeuné?... il est midi.

— Qu'est-ce que ça fait? je déjeune toutes les fois que j'ai faim, moi. Monsieur Bouchenot sera des nôtres... n'est-ce pas, voisin?

— Avec grand plaisir, à condition que je paye un pâté.

— Oh! vous payerez tout ce que vous voudrez; je ne suis pas fière, moi.

— En ce cas, je cours aux provisions.

— Allez, pendant ce temps-là Prudence mettra le couvert.

Bouchenot est sorti, et tout en mettant le couvert, mademoiselle Prudence dit à son amie :

— Il est bien drôle, ce monsieur-là... c'est dommage qu'il soit trop hardi avec les femmes!... il vous regarde fixement; moi, ça me trouble tout de suite.

— Bon! tu t'y feras; d'ailleurs les hommes les plus gais ne sont pas toujours les plus dangereux.

— Bah! vraiment! je voudrais bien reconnaître tout de suite ceux qui sont dangereux... Ah! que tu es heureuse de savoir tout cela, Cœlina! ça fait qu'on ne peut pas t'attraper, toi.

— La même chose. Mais, que veux-tu! c'est notre lot à nous autres femmes!...

— Ah! il faut que nous soyons attrapées?

— A moins pourtant de ne pas être sensibles...

— Qu'est-ce qui est le meilleur, de ne pas être sensible ou de se laisser attraper?

— Mon Dieu! que tu es bête, Prudence!... est-ce qu'on est maîtresse de ces choses-là?...
— Dame, je ne sais pas, moi! tu m'avais dit que tu me déniaiserais, afin que ces demoiselles au magasin ne se moquent plus de moi... Et tu ne veux rien m'apprendre... Dis donc, si ce monsieur veut me faire encore la cour, faudra-t-il que je le laisse faire?
— Sois tranquille, il ne te la fera plus.
— Pourquoi cela?
— Parce que c'est à moi qu'il la fait maintenant.
— Tiens, il a donc changé d'idée!... Est-ce que tu l'écouteras, toi?
— Peut-être... C'est possible.
— Ah bien, c'est bon, je vais retenir ce que tu lui répondras pour le dire quand on me fera la cour.

Bouchenot revient avec un pâté et une boîte d'anchois; on se met à table. Toutes les attentions du jeune homme sont pour Cœlina; c'est toujours elle qu'il regarde, c'est à elle qu'il parle sans cesse; aussi mademoiselle Prudence prend-elle fort peu de part à la conversation; en revanche, elle en prend une très-grosse du pâté, et écoute attentivement ce que Cœlina répond aux doux propos de son voisin.

Le déjeuner s'est prolongé. Il est près de trois heures; Bouchenot est très-animé, la petite voisine rit beaucoup, et la grosse Prudence en est à son treizième anchois, lorsqu'on frappe à la porte: c'est Timothée qui se présente devant la société.

Timothée paraît d'abord assez mécontent de trouver Bouchenot établi chez la voisine, et s'y mettant déjà à son aise comme s'il était le maître du logis; mais en apercevant mademoiselle Prudence, le grand jeune homme reprend sa bonne humeur.

— J'étais venu pour vous faire nos remercîments, mademoiselle, dit Timothée en saluant Cœlina. Mais... il me paraît que Bouchenot vous a déjà fait les siens...
— Je ne me laisse jamais devancer, mon petit, répond Bouchenot en se dandinant sur sa chaise et regardant son ami d'un air railleur.
— Asseyez-vous donc, monsieur Timothée, dit Cœlina. Vous êtes ici en pays de connaissance... Voilà mon amie Prudence... à laquelle avant-hier vous avez bien voulu permettre de se reposer chez vous... Prudence, monsieur est un de mes voisins... dont tu me parlais tout à l'heure... Tu sais bien... celui que...
— Oui, oui, répond Prudence en rougissant jusqu'au blanc des yeux et avalant un quatorzième anchois pour se donner une contenance. Oh! je reconnais bien monsieur...
— De mon côté, mademoiselle, je vous ai reconnue sur-le-champ, dit Timothée en s'asseyant près de la jeune fille.
— Décidément vous vous étiez fait impression l'un à l'autre, s'écrie Bouchenot en riant. Ce n'est point de mauvais augure.
— Oh! par exemple... monsieur ne m'avait rien fait du tout! dit Prudence en baissant le nez sur sa serviette.
— Je gage que mon ami n'en dirait pas autant, répond Bouchenot.

Timothée semble fort embarrassé et ne pas savoir ce qu'il va répondre; mais Cœlina se hâte de lui dire:
— Voulez-vous déjeuner avec nous, monsieur Timothée?
— Mademoiselle... vous êtes bien bonne... Je comptais dîner bientôt; c'est égal.
— Tiens! il n'y a plus d'anchois... Ah bien, il paraît que tu les aimes, Prudence?...
— Dame!... oui... je n'en avais jamais mangé... Je croyais que c'était des huîtres!...
— Je vois, dit Bouchenot, qu'à Poissy on est un peu en retard sur le poisson... Il va aller chercher une autre boîte...
— Oh! ce n'est pas la peine!...
— Si! si! va donc, Timothée; tu vois bien que mademoiselle Prudence aime les anchois.

Et Bouchenot dit à l'oreille de son ami: — Les anchois sont salés, cela la fera boire!... Tu étourdiras la grosse Prudence, et elle est à toi!...
— Je ne veux pas réussir par de semblables moyens!... répond Timothée.
— Alors j'ai bien peur que tu ne réussisses pas du tout.
— Qu'avez-vous donc à dire tout bas? demande Cœlina.
— Rien, voisine. Je disais à mon ami de nous acheter un peu de dessert.
— Ah! pas de folies, messieurs; je n'entends pas qu'on se mette en dépense.
— Je vous obéirai, mademoiselle, répond Timothée en sortant.
— Oh! parbleu, c'était inutile de lui recommander cela, dit Bouchenot. Si jamais celui-là se ruine, je vous assure qu'il n'y aura pas de sa faute.

Timothée ne tarde pas à revenir avec une boîte d'anchois, un quarteron de mendiants et un petit morceau de fromage de Gruyère.
— Peste! tout cela pour quatre! s'écrie Bouchenot en piquant le morceau de fromage au bout de son couteau. Diable! mais tu veux donc que nous nous fassions du mal?...
— Je ne savais pas si ces demoiselles aimaient le fromage, répond Timothée en se mettant à table.
— C'est très-bien, monsieur Timothée, n'écoutez donc pas votre ami, dit Cœlina; moi j'aime bien qu'un homme ait de l'économie, de l'ordre... et qu'il mette de côté.
— Je n'ai jamais mis que mon chapeau de côté! dit Bouchenot en riant.
— Mademoiselle, prenez donc quelque chose! dit Timothée en présentant à la grosse Prudence la boîte de fer-blanc contenant les anchois.

Mademoiselle Prudence fait tomber plusieurs anchois sur son assiette en disant: — C'est que ça altère beaucoup, les huîtres.
— Il paraît que tu tiens à ce que ce soient des huîtres, dit Cœlina. Eh bien... où allez-vous donc, monsieur Bouchenot?
— Je suis à vous dans la minute, voisine.

Bouchenot est allé acheter deux bouteilles de champagne qu'il rapporte en s'écriant: — Voici de quoi faire couler les anchois.
— Là! j'en étais sûre! des folies! dit Cœlina tout en souriant à la vue du champagne... Ah! monsieur Bouchenot, c'est bien mal! si vous saviez combien ce vin-là m'étourdit!... me rend folle!...
— Tant mieux! vous êtes déjà si séduisante étant raisonnable!... ce doit être bien pis alors...
— Taisez-vous, mauvais sujet!...
— Mademoiselle, encore un peu de pâté? dit Timothée à Prudence; et celle-ci, qui croit devoir imiter son amie, prend l'assiette en répondant: — Taisez-vous, mauvais sujet!

Le grand jeune homme reste tout ébahi, Cœlina part d'un éclat de rire, et Bouchenot fait sauter un bouchon. A la vue de ce jet de mousse qui s'élance jusque sur elle, la grosse Prudence se sauve en criant: — Ah! mon Dieu! il y a du feu dans la bouteille!

Ce n'est pas sans peine que l'on parvient à la rassurer et à lui faire comprendre que la mousse du vin de Champagne n'est pas une fusée. Enfin elle consent à y goûter, et ne tarde pas à y prendre goût. Pendant que la conversation s'anime, que l'amour va grand train entre Cœlina et Bouchenot, Timothée tâche de son côté de faire la conquête de Prudence; celle-ci, altérée par les anchois et étourdie par le champagne, a le regard beaucoup plus tendre; et à tout ce que lui dit Timothée elle répond: — Taisez-vous, mauvais sujet!

Le temps passe bien vite lorsque l'on s'amuse. La nuit surprend les jeunes gens à table chez Cœlina.
— Ah! mon Dieu! voilà la nuit! s'écrie Prudence; et moi qui ne devais être qu'une demi-heure dehors... madame m'avait envoyée acheter du cordonnet.
— Vous direz que vous avez fait vingt boutiques pour en trouver, répond Bouchenot.
— Ah! oui, avec ça que c'est rare, le cordonnet!... Mon Dieu! il faut que je rentre... Je vais être grondée... C'est singulier, j'ai comme des zigzags dans les yeux.
— Mon ami Timothée va vous reconduire, s'écrie Bouchenot, qui n'est pas fâché de rester seul avec Cœlina.
— J'allais offrir mon bras à mademoiselle, dit Timothée.
— Ah! c'est bien, taisez-vous, mauvais sujet!... Dis donc, Cœlina, faut-il que je m'en aille avec monsieur?
— Pourquoi pas?... toi qui aimes la société.
— Ah! c'est vrai... ça remplacera mon chien.

Cœlina et Bouchenot rient de plus belle; mais Timothée répond d'un ton pénétré: — Du moins, mademoiselle, je ne ferai pas comme lui, moi: je ne vous quitterai pas.
— Ah! monsieur, excusez... j'ai dit cela... comme j'aurais dit autre chose... Ah! c'est bien salé, les huîtres; mais c'est bien bon, le vin d'artifice...
— Mademoiselle, je suis à vos ordres...
— Taisez-vous, mauvais sujet!... Bonsoir, Cœlina... C'est drôle... je suis toute chose... mais c'est égal, je me suis bien amusée.
— Va... et ne fais pas de faux pas en route.

Prudence et Timothée sont partis. Cœlina se hâte de ranger, d'ôter le couvert, tout en disant:
— Cette pauvre Prudence! elle est un peu étourdie par le champagne... heureusement que votre ami est incapable d'abuser de sa position... Je ne l'aurais pas laissée aller avec vous...
— Vraiment!... mais vous êtes restée bien calme, vous...
— Ah! c'est que je me suis méfiée... et puis, comme il faut que je travaille... que je finisse d'enluminer *Hèro et Léandre*...
— Quoi! vous allez travailler ce soir?...
— Oui, je vous dis qu'on attend après cela...
— On attendra; après un repas si aimable, se remettre à travailler, fi donc!...
— Cela ne vous empêchera pas de me tenir compagnie, si c'est votre idée.

Cœlina a allumé une chandelle, et elle se remet à son ouvrage. Bouchenot va s'asseoir dans un coin de la chambre, il boude; la petite enlumineuse s'en aperçoit et chante.

Au bout de quelque temps Bouchenot s'ennuie de bouder, il se rapproche de Cœlina en lui disant:
— Vous êtes bien, voisine!
— Je suis méchante parce que je travaille!
— Ne ferions-nous pas mieux de parler d'amour?...

— Je ne vous empêche pas de me parler ; mais vous aimez mieux bouder dans un coin.
— C'est que l'on répond mal en travaillant.
— Oh ! ça ne me gêne pas pour répondre.
— Est-ce que vous n'avez pas bientôt fini *Héro et Léandre* ?
— Pas encore...
— Où en êtes-vous ?...
— Vous êtes bien curieux.

Bouchenot se lève et va regarder la lithographie que la jeune fille recouvre de couleurs. C'était Léandre sortant de l'eau et essuyé par son amante, qui lui verse sur la tête des parfumes.

— Voilà un gaillard qui n'est pas à plaindre, dit Bouchenot, et j'envie beaucoup son sort ; sa bonne amie lui sert de garçon de bain, elle le frotte, le parfume... Les femmes de l'antiquité étaient exemptes de préjugés ; vous ne feriez pas cela, vous, tigresse ?
— Peut-être... Songez donc aussi aux dangers que ce jeune homme bravait pour voir son amante !... traverser la mer à la nage !...
— Oh ! la mer... ce serait un peu long !... ce n'était qu'un détroit !... et quand on sait nager, le beau mérite !...
— Et si elle ne l'avait pas couvert, séché à son arrivée, certainement le pauvre garçon aurait gagné une fluxion de poitrine à ce métier-là ! Quelle est la femme qui aurait été assez barbare pour le renvoyer comme cela ?... pour... Voyons, monsieur Bouchenot, ne m'empêchez pas de travailler...
— Je veux vous embrasser, voisine.
— Je ne le veux pas, moi.
— Mais puisque je vous adore !
— Je n'en crois rien.
— Puisque je veux être votre amant !
— Puisque je ne veux plus aimer !
— Essayez encore une fois, vous n'en serez pas fâchée.
— En amour, les essais valent des engagements.
— Oh ! Cœlina... mettez votre main sur mon cœur.
— Je ne l'y mettrai pas !...
— Vous l'y mettrez pour sentir comme il bat près de vous.
— Laissez-moi tranquille, ou je vais vous égratigner.

Bouchenot veut absolument embrasser Cœlina ; celle-ci se défend comme une lionne ; le vin de Champagne, au lieu de l'attendrir, lui a monté à la tête ; elle pense que c'est une invention que le voisin lui en a fait boire, et lorsqu'une femme est sur ses gardes, il est assez difficile de triompher d'elle.

Bouchenot en est pour une grande égratignure au visage, avec laquelle il va cacher sa honte et son dépit dans le fond de la chambre ; la jeune fille a repris son travail ; plus d'une heure s'écoule, et ils ne se disent plus rien.

Impatientée peut-être de ce que le jeune homme garde le silence, Cœlina lui dit enfin :

— Monsieur Bouchenot, il se fait tard... je voudrais me coucher... vous allez rentrer chez vous, n'est-ce pas ?
— Ah ! mademoiselle me met à la porte.
— Non, monsieur, je ne vous mets pas à la porte ; mais... vous savez bien que vous ne pouvez pas coucher ici.
— Pourquoi pas... si vous l'aviez voulu ?... ne sommes-nous pas maîtres tous deux ?...
— Ah ! ce serait joli ! Allons, voisin... prenez votre chapeau.

Bouchenot se lève ; il fait quelques tours dans la chambre, puis, au lieu de sortir, va dans une petite pièce qui sert de cuisine.

— Où donc allez-vous ? lui crie Cœlina.
— Chercher mes gants que j'ai laissés dans votre cuisine.

Quelques minutes s'écoulent, et Bouchenot ne reparaît pas.

— Il est bien longtemps pour trouver ses gants, se dit la jeune fille.

En ce moment Cœlina entend le robinet de la fontaine qui est ouvert, et dont l'eau semble couler avec profusion.

— Tiens ! qu'est-ce qu'il fait donc à présent ? reprend la jeune fille ; est-ce qu'il lave ses gants ? ce serait une drôle d'idée.

Mais Cœlina n'est pas longtemps dans l'incertitude, car Bouchenot reparaît bientôt devant elle dans l'état de Léandre sortant des eaux ; car, après avoir ôté ses vêtements, il s'était couché sous le robinet de la fontaine, et avait laissé couler l'eau sur lui.

— Ah ! mon Dieu ! qu'est-ce que cela veut dire ?... dans quel état êtes-vous ! s'écrie Cœlina.
— Cela veut dire que je vous aime autant que *Léandre* aimait *Héro* ; que pour parvenir jusqu'à vous je n'ai pas traversé l'Hellespont, parce que la rue de la Calandre n'est pas dans la *Propontide* ; mais je suis tout aussi mouillé que le jeune homme pouvait l'être quand il sortait du détroit, et que si vous n'avez pas pitié de moi, j'attraperai la fluxion de poitrine dont les soins de Héro préservaient son amant.

Cœlina ne sait plus que répondre ; l'action de Bouchenot était une folie, mais les femmes aiment assez que l'on fasse des folies pour elles. Et puis n'aurait-elle pas été bien barbare si elle avait renvoyé son amant tout trempé ? C'est vous dire assez que la lithographie fût mise en action.

Chapitre XVII. — Des amis à une première représentation.

Il s'est écoulé près d'un mois. Bouchenot ne rentre plus le soir coucher avec ses deux amis ; ceux-ci présument qu'il est installé chez Henri, tandis que c'est chez leur voisine que Bouchenot a jugé à propos de s'installer.

Cependant, tout en cédant au penchant de son cœur et à la force des circonstances qui l'ont fait succomber, Cœlina dit souvent à son amant :

— Mais cette place que l'on t'avait offerte... tu n'en veux donc pas ?
— Si, si, mais j'ai le temps de la prendre, répond Bouchenot.
— Et si on la donnait à un autre ?...
— Oh ! que non... c'est chez un ami.
— Mais s'il a besoin de toi pour l'aider ?...
— Ça ne doit pas presser... ma chère amie. Est-ce que cela vous ennuie que je passe tout mon temps près de vous, que je vous mène chez le traiteur et au spectacle, que je ne vous quitte pas ?
— Non, sans doute ; mais malgré tout le plaisir que j'éprouve à être avec toi, je ne voudrais pas nuire à tes intérêts. Et puis tout cet argent que tu dépenses avec moi... où donc le prends-tu ?... Vous étiez si gêné !
— C'est une vieille créance dans laquelle je suis rentré... D'ailleurs, nous ne dépensons pas beaucoup... Nous choisissons des traiteurs modestes... et au spectacle nous ne nous plaçons pas aux avant-scène...
— Cela coûte toujours.
— Sois tranquille, quand je n'aurai plus rien, j'irai trouver Henri, et je travaillerai d'une façon étourdissante.

George, tout occupé de sa pièce, n'avait pas revu Henri, et s'occupait peu de Bouchenot. Timothée travaillait toute la journée, et lorsqu'il voulait dire bonsoir à sa voisine, souvent elle était sortie avec Bouchenot. L'intimité qui régnait entre celui-ci et Cœlina n'était plus un mystère ; Timothée avait reporté sa tendresse sur mademoiselle Prudence ; mais depuis le jour où il l'avait reconduite à son magasin, on n'avait plus permis à la grosse fille de sortir, parce qu'elle passait une journée dehors pour acheter du cordonnet.

Mais, un matin, George alla trouver Henri pour lui apprendre qu'on allait jouer sa pièce.

Lorsque le jeune auteur eut expliqué à son ami, des scènes sur lesquelles il fondait l'espoir d'un succès, Henri lui parla de ses amours, de sa Pauline, de ses charmes, de ses qualités, de tout le bonheur qu'il goûterait près d'elle.

Chacun écouta l'autre avec attention. C'est toujours une preuve d'amitié ou tout au moins de savoir-vivre... Dans le monde il y a bien peu de gens qui sachent vivre, car il y a peu de personnes qui sachent écouter.

Au moment de se séparer, George dit à Henri :

— A propos, es-tu content de Bouchenot ? travaille-t-il bien avec toi ?
— J'allais te demander de ses nouvelles, dit Henri ; je n'ai pas revu Bouchenot depuis le jour de notre déjeuner, et je l'attends toujours. Cependant, s'il tarde encore, je serai obligé de prendre quelqu'un autre, car je ne puis suffire à la besogne.
— C'est incompréhensible !... moi et Timothée nous le croyions avec toi... Ce garçon-là est incorrigible !... dès qu'il a quelque argent dans sa poche, impossible de le faire travailler... Mais comme il le dépense très-vite, je ne conçois pas qu'il en ait encore... Dès aujourd'hui je parlerai à Timothée, il en sait peut-être plus que moi.

George et Timothée se retrouvaient souvent pour dîner chez un modeste traiteur, dont la carte était proportionnée à la bourse des étudiants. En revoyant son compagnon, George lui dit :

— Sais-tu que Bouchenot n'a pas encore été chez Henri ?
— Je n'en savais rien, mais cela ne m'étonne pas. Depuis qu'il est l'amant de la voisine, il ne bouge plus de chez elle !...
— Il est donc l'amant de mademoiselle Cœlina ?
— Parbleu !... ils ne s'en cachent ni l'un ni l'autre ! J'aurais cru plus de goût à notre voisine.
— C'est-à-dire que tu aurais voulu être préféré.
— Oh ! je ne pense plus à elle, j'aime bien mieux son amie... mademoiselle Prudence, charmante grosse fille !... qui me disait toujours : Taisez-vous, mauvais sujet !... et qui, le soir où je l'ai ramenée à son magasin, avait envie de valser tout le long du chemin.
— Ah ! tu fais la cour à mademoiselle Prudence, toi ?
— C'est-à-dire que j'avais entamé sa conquête... mais on ne la laisse plus sortir... sous prétexte qu'elle ne rentre pas !...
— Revenons à Bouchenot : devines-tu de quoi il peut vivre depuis plus de trois semaines ? il doit avoir depuis longtemps mangé les quarante francs qui lui restaient.
— Oh ! certainement...
— Où donc trouve-t-il de l'argent ?...
— Je ne sais pas... à moins que... La voisine a l'air d'être folle de lui... il se fait peut-être entretenir par la petite enlumineuse !
— Ah ! fi... quelle idée !... si je savais Bouchenot assez peu délicat pour se conduire ainsi, je ne le reverrais plus...

— Je me trompe peut-être... d'ailleurs, on ne doit pas gagner grand'chose à enluminer des images.

— Enfin, vois Bouchenot ; ce ne doit pas être difficile, puisqu'il est toujours chez la voisine. Tâche de savoir ce qu'il fait... Dis-lui que Henri l'attend... ensuite, préviens-le qu'on joue demain ma pièce. Je pense que ses nouvelles amours ne le rendent pas encore tout à fait indifférent aux succès d'un ami... dis-lui que je compte sur lui comme sur toi... c'est mon premier ouvrage... une réussite peut m'ouvrir le chemin... tandis qu'une chute me rendrait la route bien plus difficile à parcourir. Tiens, voilà deux places de galerie pour toi et lui.

— Que deux places ! j'en voudrais au moins quatre.

— Est-ce que tu as deux amis à y mener ?

— Certainement... D'abord, Bouchenot y mènera la voisine ; et moi je tâcherai que mademoiselle Prudence y vienne.

— Ah ! ce sont des femmes que vous voulez mener avec vous, au lieu d'avoir deux autres amis qui m'applaudiraient bien !... et c'est comme cela que tu t'intéresses au succès de ma pièce... Oh ! les hommes ! ils ne pensent que pour eux.

— Sois donc tranquille ! les femmes applaudissent très-bien maintenant... Et puis elles rient ou elles pleurent, ce qui vaut encore mieux... Je te réponds que nous ferons un tapage d'enfer !

— Comment un tapage ! pour troubler le spectacle, l'interrompre ?

— Mais... non... pour que la pièce aille aux nues...

— Allons, tiens, voilà quatre places... Ah ! je voudrais bien être plus vieux de deux jours.

— Sois sans inquiétude ! Ça ira bien... d'ailleurs nous serons là.

— Oh ! oui ! vous serez là ! tout occupés de vos belles, et pensant fort peu à la pièce de votre ami !

— J'applaudirai comme un sourd.

— Ce n'est pas cela : il faut applaudir modérément et à propos. Tâche surtout que Bouchenot ne fasse pas de train, comme c'est sa coutume, pour se faire regarder de toute la salle.

— Il se rappellera que c'est ta pièce... il ne sifflera pas.

— Oh ! vraiment, il ne manquerait plus que cela.

— C'est que ça ne sais que cela l'amuse beaucoup de siffler... Mais ta pièce... Oh ! ne crains rien ! tu seras content de nous.

En sortant de dîner, Timothée se rend chez Cœlina ; il y trouve Bouchenot étendu dans un vieux fauteuil de paille qui lui sert de dormeuse, les pieds posés dans le four d'un poêle, et fumant avec volupté une cigarette d'Espagne, tandis que sa maîtresse enlumine les *Aventures du petit Chaperon Rouge.*

— Tiens ! c'est Timothée ! s'écrie Bouchenot sans quitter sa position, qui avait quelque chose d'asiatique.

— Moi-même... Bonsoir, mademoiselle Cœlina.

— Bonsoir, monsieur Timothée... Pourquoi donc venez-vous si rarement nous voir ?

— Ah ! parbleu ! vous n'y êtes jamais ! à quoi servirait que j'y vinsse ?

— Vous voyez bien que nous y sommes, puisque vous nous trouvez.

— C'est un hasard.

— Ah çà ! dis donc, Timothée, est-ce que nous ne sommes pas libres d'aller nous promener, moi et mon amante, quand ça nous convient ? dit Bouchenot en lâchant une bouffée de tabac au nez de son ami. Est-ce qu'il nous faut ta permission pour cela ?

— Je n'ai jamais dit cela !

— C'est heureux !

— Mais, par exemple, je voulais te dire que Henri, qui t'avait offert un emploi près de lui, est bien étonné de ne t'avoir pas revu depuis notre déjeuner... Est-ce que tu as trouvé une meilleure place que celle qu'il t'a proposée ?

— Il me semble que je ne suis pas si mal ici, répond Bouchenot en se couchant dans son fauteuil.

— Monsieur Timothée, dit Cœlina, je vous prie de croire que ce n'est pas moi qui ai conseillé à Bouchenot de ne point prendre la place que son ami lui offrait ; bien au contraire, car plusieurs fois je lui ai demandé pourquoi il n'allait pas voir M. Henri.

— J'en suis persuadé, mademoiselle, mais si les moyens de Bouchenot lui permettent de ne rien faire !

— Timothée, sais-tu que tu m'ennuies beaucoup ? dit Bouchenot en interrompant son ami. Si tu es venu ce soir ici pour faire le maître d'école et me donner des leçons de morale, tu aurais aussi bien fait de rester chez toi.

— Non, je ne suis pas venu pour cela, mais pour vous dire qu'on joue demain la pièce de George, et que voilà des billets.

— Ah ! bravo ! à la bonne heure ! parlons donc comme ça, nous t'écouterons.

— Quoi, c'est pour demain ! dit Cœlina ; ah ! quel plaisir !... A quel théâtre est-ce ?

— Au Vaudeville, mademoiselle.

— En combien d'actes, sa pièce ?

— En un acte.

— Ah ! c'est bien peu !

— Ce sera peut-être bien assez, murmure Bouchenot en se dandinant sur son fauteuil.

— Qu'est-ce que tu as dit, Bouchenot ?

— Rien... je plaisantais... Combien as-tu de places ?

— En voilà quatre pour nous trois.

— Quatre pour nous trois ! dit Cœlina ; vous avez donc quelqu'un à mener avec nous ?

— Non, mademoiselle, je n'ai personne, moi... mais si vous avez quelqu'un... quelque amie...

— Allons ! ne fais donc pas la bête ! dit Bouchenot en riant ; dis tout de suite à Cœlina que tu voudrais qu'elle y menât Prudence. Hum ! grand serin ! qui as reconduit cette jeune fille, et ne lui as seulement pas demandé à voir sa petite chambrette !

— Je ne pouvais pas voir sa chambre, puisqu'elle est rentrée dans la boutique...

— C'est égal, je te dis que tu es un serin... Je voudrais être pacha !... je te donnerais tout mon sérail à reconduire.

— Enfin, pensez-vous, ma voisine, que mademoiselle Prudence puisse venir avec nous au spectacle ?

— Ce sera bien difficile !... sa lingère n'est pas de bonne humeur, depuis le dernier tour qu'elle lui a joué.

— Comment, la grosse Prudence fait des tours à la lingère ! dit Bouchenot ; j'avoue que je ne l'en aurais pas crue susceptible.

— Est-ce que tu ne m'as pas conté cette aventure ?...

— Non vraiment.

— Ah ! il y a de quoi mourir de rire !

— Contez-nous donc cela, ma voisine, vous serez bien aimable, dit Timothée en allant s'asseoir près de Cœlina ; celle-ci quitte ses couleurs, et fait aux deux jeunes gens le récit suivant :

— D'abord, pour l'intelligence de cette histoire, il faut vous sachiez, messieurs, que la lingère chez laquelle travaille Prudence est une grosse maman énorme, qui doit peser entre deux cent trente et deux cent cinquante... de ces femmes, la terreur des omnibus, et pour lesquelles il faut faire des portes et des fauteuils exprès. Il y a trois jours, madame Ballon (c'est le nom de cette dame, avait affaire à Versailles ; craignant de ne pas trouver de place à l'heure où elle voulait partir, elle envoie Prudence de grand matin au bureau des gondoles. Mais, voulant être à son aise, et ne se dissimulant pas à elle-même sa prodigieuse rotondité, madame Ballon dit à Prudence :

— Vous me retiendrez deux places ; au moins, comme cela, je ferai le voyage plus commodément. Prudence fait la commission dont on l'a chargée, revient, et dit à madame Ballon : — Je vous ai retenu deux bonnes places, madame, et je les ai payées, pour qu'on ne les donne pas à d'autres. La lingère se met en route, elle arrive aux gondoles quelques instants avant que la voiture parte. Enfin, on appelle les voyageurs pour l'intérieur, et on demande : — Madame Ballon ? — Me voici, dit Prudence, la grosse dame en se présentant ; mais vous devez avoir deux places pour moi, et je vois déjà cinq voyageurs dans l'intérieur ; qu'est-ce que cela signifie ? Le conducteur regarde sa feuille et répond : — Il n'y a qu'une place de retenue dans l'intérieur pour madame Ballon. — Pourtant, monsieur, j'en ai fait prendre deux... — Attendez, attendez... dans la rotonde, madame Ballon... ça c'est... v'là les deux places qu'on vous a retenues : une dans l'intérieur, et l'autre dans la rotonde !

— Ah ! la fichue bête ! s'écrie la grosse lingère ; je retiens deux places pour être à mon aise, et elle me les prend séparées ! Tous les voyageurs se mirent à rire de l'aventure qui arrivait à madame Ballon ; mais aucun ne voulut changer de place, et la grosse maman fut très-mal à son aise pendant toute la route, sans doute parce que derrière elle payait une place vide. Vous jugez si à son retour elle ne gronda Prudence, et voilà pourquoi je doute qu'elle veuille lui permettre de sortir ; mais cela ne m'empêchera pas d'aller le lui demander.

Bouchenot rit beaucoup de l'histoire de madame Ballon ; Timothée cherche à excuser Prudence en disant : — Après tout, si la lingère lui avait bien expliqué qu'elle voulait deux places dans le même endroit, cette pauvre jeune fille ne se serait pas trompée.

— C'est très-bien, ce que tu fais là, Timothée, dit Bouchenot ; il faut toujours excuser la femme que l'on aime !... Cœlina dirait les plus grosses bêtises, que je les soutiendrais comme des traits d'esprit ; mais elle n'en dira pas, ma Cœlina... car c'est un assemblage de grâce... de malice... de gentillesse... Oh ! fée que tu es !...

— Voyons, Bouchenot, tenez-vous donc tranquille...

— Non, je veux t'embrasser et t'idolâtrer à la face des deux mondes ! Timothée prend son chapeau pendant que Bouchenot embrasse sa maîtresse, car on fait toujours une singulière figure à regarder les autres s'embrasser, et la figure s'allonge encore davantage lorsque les caresses s'adressent à une femme à qui l'on a fait la cour, et près de laquelle on n'a pas réussi.

— A demain, dit Timothée ; je viendrai vous prendre à six heures. Si mademoiselle Prudence peut venir, elle sera ici à cette heure-là, et nous partirons tous ensemble.

— C'est convenu.

Le lendemain était un grand jour pour George ; il faut avoir fait représenter des pièces de théâtre pour connaître cette émotion, ce trouble, cette impatience, ce malaise qu'on éprouve le jour où l'on donne son premier ouvrage. Pour quelques auteurs, cette crise nerveuse se reproduit à chacune de leurs premières représentations ; pour d'autres, elle passe avec l'habitude de se faire jouer ; les uns fuient du théâtre pendant qu'on donne leur pièce, et n'ont pas le courage d'assister à leur défaite ou à leur triomphe ; les autres, plus philosophes, se placent dans la salle afin de mieux juger l'effet de leur ouvrage, et demeurent impassibles aux applaudissements ou aux sifflets. On dit aussi qu'il y en a qui vont s'applaudir eux-mêmes ; on ne dit pas qu'il y en ait qui aillent se siffler.

Ce soir-là la salle était pleine, cela fait à la fois plaisir et peur à l'auteur ; il voudrait beaucoup de témoins de son succès, il en voudrait peu de sa chute. Avant que l'on joue sa pièce, son œil, collé au trou de la toile, regarde dans la salle et y cherche des amis... il n'en trouve jamais assez ; il voudrait sur tous les visages lire la bienveillance et des dispositions favorables à son ouvrage ; mais le moindre bruit l'inquiète, et pour lui le criaillement d'une porte qu'on ouvre ou qu'on ferme ressemble toujours à un sifflet.

George est sur le théâtre avant que l'on représente la pièce qui doit précéder la sienne ; il se place au trou de la toile et regarde dans la salle. Au balcon il aperçoit Henri assis derrière une jeune personne charmante, qui semble un peu confuse de se voir le point de mire des lorgnons et des lorgnettes ; c'est Pauline Giraumont. Une dame d'un certain âge l'accompagne ; Henri a donné un billet à cette dame, chez laquelle il se trouve quelquefois avec Pauline, et, par une extrême faveur, M. Giraumont a bien voulu consentir à ce que sa fille allât au spectacle avec cette dame, qui à la vérité ne lui a pas dit qu'elle tenait le billet de Henri, et que le jeune homme les y accompagnerait ; car le vieux négociant a pour Henri une extrême sévérité, et quoiqu'il témoigne plus de bienveillance à Henri, quoiqu'il lui ait permis de venir quelquefois chez lui, les amants n'ont encore que des espérances. C'est donc un grand bonheur pour eux de pouvoir passer une soirée entière ensemble, et sans être sous les yeux d'Argus et d'importuns ; pour eux le spectacle sera toujours amusant, les pièces toujours bonnes, les plus mauvaises leur sembleront trop courtes ! ils craignent tant de voir arriver la fin de cette soirée !.. Mais demandez-leur ensuite ce qu'ils ont vu, ils seront bien embarrassés pour vous le dire.

— Bon, voilà un ami, se dit George, cherchons les autres maintenant. En parcourant de l'œil les rangs pressés de la galerie, le jeune auteur ne tarde pas à apercevoir Timothée et Bouchenot ; près de celui-ci était mademoiselle Cœlina, coiffée d'un petit chapeau rose, sous lequel sa physionomie mutine aurait presque un air convenable. Sous sa toilette modeste, mais décente, personne n'aurait deviné une enlumineuse. A côté de Cœlina se tenait bien roide et bien droite une grande et forte fille, haute en couleurs, coiffée à la chinoise, avec un petit crochet en cheveux sur chaque tempe.

C'était mademoiselle Prudence, qu'à la prière de Cœlina madame Ballon avait bien voulu consentir à laisser aller au spectacle, et qui n'avait pas assez d'yeux pour regarder autour d'elle, parce que c'était la première fois qu'elle allait dans un grand théâtre.

Timothée venait ensuite. De temps à autre il glissait un petit mot à sa superbe voisine, et celle-ci lui répondait toujours de manière à lui prouver qu'elle ne l'avait pas compris.

— Ils sont là ! se dit George, ils soutiendront ma pièce de tout leur pouvoir, j'en suis sûr... Ah ! pourquoi n'ai-je pu remplir toute la salle d'amis aussi dévoués ! j'y serais bien tranquille.

La première pièce est jouée ; la salle est pleine, sauf quelques loges louées où l'on n'est pas encore venu. Bouchenot se lève à chaque instant et regarde dans les loges en faisant tout haut ses réflexions :

— C'est bien garni !... Voilà une femme là-bas qui n'est pas mal... Je connais cette figure-là... Cœlina, vous me pincez, chère amie... Qu'est-ce que c'est que ces mouvements de jalousie ? Écoutez donc, ma chère, avant de vous connaître je ne m'étais pas caché sous les feuilles de papier comme un neufchâtel !... Ah ! n'est-ce pas Elvina, que je vois à l'avant-scène ?...

— Qu'est-ce que c'est qu'Elvina, monsieur ?

— C'est une figurante de l'Opéra.

— Vous avez donc connu tout Paris ?

— Non, je n'ai pas connu tout Paris, mais je suis assez répandu. Ah ! mon Dieu ! qu'ils sont longs à commencer ! c'est détestable.

Timothée regarde Bouchenot en lui disant à voix basse :

— Est-ce que tu vas cabaler, toi ?

— Non, je ne vais pas cabaler ; mais je peux bien dire qu'ils sont trop longs à commencer... C'est ridicule.

— Ce n'est pas à nous à dire cela.

— Ah ! es-tu bête ! est-ce que je n'oserai pas me moucher non plus parce que la pièce est-ce de George ?... Tiens ! voilà Henri là-bas au balcon... Il cause avec une bien jolie femme... Le polisson !...

— Ne parle donc pas si haut, Bouchenot, tout le monde te regarde.

— Ah ! tu m'ennuies... Fais la cour à ta grosse, ou achète-lui un sucre d'orge, ça vaudra mieux... Sais-tu quelle est cette jeune personne qui cause avec Henri ?

— C'est probablement la demoiselle dont il nous a parlé... celle qu'il espère épouser.

— Fichtre ! je l'aimerais mieux dans mon lit qu'une puce ! Aïe !...

Cœlina, vous me faites des bleus... vous me tatouez d'une façon qui n'est pas agréable !... Allons ! la toile donc !...

— Tu devrais demander ton argent, Bouchenot, ce serait plus drôle.

— Chère Pauline ! que je suis heureux ce soir !... et pourquoi n'ai-je pas le pouvoir de prolonger toutes les pièces que l'on nous donne ! dit Henri en se penchant vers la jeune personne qui est assise devant lui et en lui parlant bien bas, mais de très-près. Celle-ci se retourne à demi, et regarde tendrement le jeune homme en balbutiant :

— Oh ! moi aussi je suis bien heureuse... bien contente ; jamais je n'ai eu tant de plaisir au spectacle !...

— Est-ce la pièce que vous venez de voir qui vous a ainsi amusée ?

La jeune fille sourit, baisse les yeux, et soupire, tout en murmurant :

— La pièce... mon Dieu... je ne sais pas du tout ce qu'ils ont dit !

— Chère Pauline !... quand donc pourrai-je librement vous parler de ma tendresse, vous répéter à chaque instant que je vous adore ?... Quand donc votre père consentira-t-il à nous unir ?

— Attendons... espérons !

— Ah ! j'attendrais sans me plaindre si je pouvais comme ce soir être toujours auprès de vous !

— Mademoiselle Prudence, approchez-vous donc de mon côté, dit Timothée en s'adressant à sa grosse voisine, vous serez mieux...

— Merci, monsieur Timothée, je suis très-bien...

— Êtes-vous contente d'être au spectacle ?...

— Je crois bien ! je n'avais encore été que chez Séraphin et aux Funambules.

— Moi, je suis surtout très-heureux... de me retrouver avec vous, mademoiselle... à qui je pense sans cesse depuis que j'ai eu le plaisir de vous reconduire... l'autre soir.

— Ah ! oui, que par parenthèse je me suis tant crottée ce soir-là !... Dieu !... en avais-je, de la crotte !...

— Et vous rappelez-vous ce que je vous ai dit en chemin, mademoiselle ?

— Non, monsieur, je ne m'en souviens pas du tout.

— Je vous ai dit, mademoiselle, que je m'estimerais bien heureux de faire naître dans votre cœur un sentiment qui...

— Prenez garde, vous me marchez sur le pied.

— Pardon, mademoiselle, c'est sans intention... Je vous ai dit, mademoiselle, qu'il me serait bien doux de faire naître dans votre cœur une étincelle du feu que vos beaux yeux...

— Oh ! bon ! voilà les musiciens qui arrivent ! Cela va recommencer, n'est-ce pas ?

— Oui, mademoiselle.

Et Timothée juge prudent de ne point poursuivre sa déclaration, parce qu'en ce moment Prudence est trop préoccupée du spectacle pour écouter ce qu'il lui dit.

Enfin on frappe les trois coups pour commencer la pièce de George ; il était temps, car Bouchenot s'impatientait et tapait des pieds en criant contre la longueur de l'entr'acte ; mais à ce signal tout le monde s'assied et le calme renaît dans la salle. Bientôt la toile se lève, et chacun se dispose à écouter.

Pendant la première scène, Bouchenot se retourne souvent pour regarder une femme assez jolie qui est à côté d'une loge restée vide ; Cœlina, que les distractions de Bouchenot impatientent, pince fortement son amant en lui disant :

— Finirez-vous de regarder cette femme ?

Bouchenot pousse un léger cri. Le parterre demande du silence, et Timothée dit à Prudence :

— Cette scène-là est un peu longue.

A quoi l'apprentie lingère répond :

— Oh ! je ne suis pas pressée, moi !

— C'est froid ! dit Bouchenot à la seconde scène. Il faudra faire bien des coupures là-dedans !...

— Veux-tu te taire ! répond Timothée.

— Je dis cela entre nous... Je suis bien le maître d'avoir mon opinion.

Cependant l'action s'engage, et la pièce devient plus attachante ; mais il arrive du monde dans la loge qui était restée vide derrière Bouchenot. Au bruit que font les nouveaux venus en s'asseyant, en laissant retomber les banquettes, le public s'impatiente, et Bouchenot, qui veut toujours se faire remarquer, crie : Silence donc ! de manière à assourdir toute la salle.

Parmi les personnes qui viennent de se placer dans la loge, est un homme d'une quarantaine d'années, dont les traits sont mâles et fortement prononcés, le teint très-brun et la chevelure épaisse ; ajoutez à cela un grasseyement assez marqué en parlant, et vous reconnaîtrez un habitant des provinces méridionales. Sa mise annonce l'opulence, et ses manières sont celles d'une personne qui va dans le grand monde.

Ce monsieur vient de se placer sur le devant de la loge, lorsque Bouchenot se retourne et rencontre ses regards. Tous deux se fixent quelque temps. Une expression de surprise se peint sur la figure de l'étranger ; celle de Bouchenot exprime l'effroi, la terreur. Il devient pâle, tremblant ; puis, détournant enfin la tête, il se hâte de prendre son chapeau, se lève et enjambe la banquette malgré les murmures

de toutes les personnes placées derrière lui, qui trouvent très-mauvais qu'on veuille sortir au milieu du spectacle.
— Où donc allez-vous? s'écrie Cœlina en voyant Bouchenot se lever.
— Je m'en vais...
— Comment! vous vous en allez au milieu de la pièce?
— Oui, je me trouve indisposé... laissez-moi sortir...
— Mais restez donc... cela va se passer... je vais vous donner des pastilles de menthe... Reviendrez-vous au moins?
De tous côtés on entend :
— Voyons! monsieur, voulez-vous vous asseoir?
— Vous tiendrez-vous tranquille?
— On ne sort pas pendant la pièce.
— Silence donc à la galerie!
— Moi, je veux sortir... je me sens indisposé...

Pauline Giraumont et madame Merlier.

En disant cela Bouchenot se fait jour à travers tout le monde, et sans oser tourner la tête, de peur de voir encore le monsieur qui est dans la loge, il pousse les uns, bouscule les autres, et parvient enfin à sortir de la galerie.
— Voilà un petit monsieur bien amusant au spectacle! dit une personne placée derrière Bouchenot; mais il faut espérer que maintenant nous pourrons entendre la pièce nouvelle.
Cette personne se trompait, car au bout de cinq minutes Cœlina n'y tient plus; elle se lève à son tour en s'écriant :
— Il ne revient pas; il faut absolument que j'aille voir ce qu'il a... Pardon, messieurs... excusez, mesdames, permettez-moi de passer.
— Ah! quel supplice!
— Mais, madame, vous sortirez tout à l'heure... après la pièce...
— Vous interrompez le spectacle.
— Il fallait donc sortir en même temps que ce monsieur.
Cœlina va toujours son train, poussant, se glissant, marchant sur les pieds, sur les robes, sur les petits bancs; elle arrive enfin à la porte de la galerie.
Au bout d'un moment, Prudence, détournant ses yeux qu'elle avait presque constamment fixés sur le théâtre, s'aperçoit que son amie n'est plus auprès d'elle; elle pousse un cri de surprise en disant :
— Eh bien, où est donc Cœlina?
— Chut! silence! à la porte! crie-t-on de toutes parts.
— Elle va revenir... n'ayez aucune crainte, dit tout bas Timothée à la grosse fille.
— Mais je veux savoir où elle est, moi... mon Dieu! pourquoi donc est-elle partie sans moi?...
— Elle se sera trouvée indisposée.
— Et vous croyez que je vais la laisser être malade toute seule... ah! par exemple, ce serait d'un bon cœur... oh! je vais la retrouver.
— Mais restez donc à votre place; nous sortirons après la pièce...
— Non... non! oh bien! il est bien! j'aime mieux Cœlina que votre pièce... à laquelle je ne comprends rien du tout... je veux la retrouver.
Et mademoiselle Prudence prend le même chemin que son amie;

et Timothée, craignant qu'elle ne se perde dans un théâtre qu'elle ne connaît pas, se décide à la suivre, si bien qu'ils sortent tous deux, accompagnés des plaintes, des murmures de la salle entière, que ce mouvement continuel met en révolution, à tel point que le spectacle en est interrompu, et que l'on fait recommencer toute une scène aux acteurs.
Et pendant ce temps-là, Henri et Pauline échangeaient de doux regards, sans prendre plus de part à ce qui se passait dans la salle qu'à ce qu'on jouait sur le théâtre.
Et malgré tout cela, la pièce de George réussit.
— Il y avait pourtant une terrible cabale dans la salle! dirent les acteurs au jeune auteur après la représentation de son ouvrage; et celui-ci répondit :
— C'est vrai, on a fait beaucoup de bruit; mais heureusement j'avais des amis qui m'ont bien servi.

CHAPITRE XVIII. — Saint-Ouen, Puteaux et Montmartre.

Bouchenot est sorti du spectacle comme un fou; il a couru dans la rue sans s'arrêter et comme s'il était poursuivi. Arrivé chez Cœlina, et ayant dans sa poche la clef de la petite enlumineuse, il est entré, s'est enfermé, puis s'est couché, et a mis la couverture par-dessus sa tête en se disant : — Pourvu qu'il ne vienne pas me poursuivre jusqu'ici, car c'était lui!... oh! c'était bien lui!... je l'ai parfaitement reconnu!... et j'ai bien dans l'idée qu'il m'a reconnu aussi!...
Cœlina a cherché son amant dans tous les corridors de la salle; elle l'a demandé à toutes les ouvreuses, qui ont répondu à la jeune fille que ce monsieur n'était pas dans leurs petits cabinets. Cœlina s'est décidée à sortir du spectacle; elle a vainement regardé et appelé Bouchenot aux environs du théâtre : ne l'apercevant pas, elle prend le parti de retourner chez elle en marchant très-vite, parce que plusieurs messieurs lui marchent presque sur les talons en lui adressant des galanteries de corps de garde.

M. Mortandal.

Enfin la jeune fille est chez elle; elle frappe à sa porte, mais on ne lui répond pas; et comme elle n'aperçoit pas de lumière, elle se dit : — Il n'est pas rentré! et il a ma clef!... comment vais-je faire? que peut-il être devenu?... Ah! mon Dieu! où le chercher?
Comme Cœlina se plaint un peu haut, une voix lui crie :
— Qui est-ce qui est là?
— Eh! mon Dieu, c'est moi... ouvre-moi donc quand je frappe! tu me laisses me désespérer à la porte.
— Il fallait te nommer, il fallait dire que c'était toi! répond Bouchenot en ouvrant la porte.
— Est-ce que tu as peur des voleurs à présent? dit Cœlina en entrant chez elle. Mais, me diras-tu enfin pourquoi tu es parti du spectacle comme une fusée... qu'est-ce qui t'a pris?...
— Une horrible colique!
— C'est bien singulier! Et comment te sens-tu maintenant?

— Un peu mieux.
— Veux-tu que je te fasse du thé?
— Non... si... comme tu voudras.
— Cette pauvre pièce, que je me faisais un plaisir de voir...
— Elle ne valait rien... elle sera tombée...
— Qu'en sais-tu? nous n'en avons pas vu la moitié; c'était bien la peine d'aller au spectacle!
— Cœlina, vos réflexions me semblent déplacées. Un homme n'est pas maître de ne pas avoir la colique! ce sont de ces événements imprévus qui peuvent arriver aux rois comme aux bergers.
— C'est juste; alors je vais te faire du thé.
Cœlina avait allumé le feu, et elle se disposait à donner à Bouchenot une tasse de thé dans un pot de confitures, lorsqu'on frappa violemment à la porte.
— N'ouvre pas! ne réponds pas! dit aussitôt Bouchenot d'une voix altérée et en la regardant avec terreur.
— Pourquoi donc cela? demande Cœlina, qui ne conçoit rien à la frayeur de son amant.
— Pourquoi?... ça ne te regarde pas... Tais-toi... ne souffle pas...
La petite enlumineuse regardait Bouchenot d'un air intrigué, lorsqu'une grosse voix se fait entendre sur le carré :
— Cœlina... y es-tu?... si tu n'y es pas, réponds-nous?
— Eh! c'est Prudence! s'écrie Cœlina en courant ouvrir. Bouchenot retombe sur le lit comme honteux de sa frayeur.
C'étaient, en effet, mademoiselle Prudence et M. Timothée qui s'étaient retrouvés à la porte du théâtre, et venaient pour savoir la cause du départ précipité de Bouchenot et de Cœlina.
— Monsieur a eu la colique! dit la petite enlumineuse en riant; et ce qu'il y a de plus drôle, c'est que ça le rend poltron comme un lièvre; il ne veut plus qu'on ouvre la porte sans demander qui est là.
— Mademoiselle, c'est nerveux, répond Bouchenot avec humeur; et si vous aviez étudié la médecine, vous sauriez qu'on n'est pas maître de ça. Et la pièce... a-t-elle réussi?
— Est-ce que nous en savons rien? répond Timothée. Mademoiselle Prudence n'a pas voulu rester lorsqu'elle s'est aperçue que son amie était partie. Il me semble pourtant qu'avec moi elle était en sûreté.
— Je n'avais pas peur non plus, monsieur, mais je voulais savoir ce qui était arrivé à Cœlina. D'ailleurs, moi, ça ne m'amuse pas beaucoup, les pièces de comédie... Tous ces gens-là parlent de leurs affaires... ça ne me regarde pas... J'aime bien mieux polichinelle ou le pierrot des Funambules! Adieu, Cœlina, je m'en vais rentrer... Madame Ballon ne dira pas que je viens trop tard ce soir.
— Je vais avoir le plaisir de vous reconduire, mademoiselle, dit Timothée.
— Vous êtes bien honnête, monsieur. Ah! dis donc, Cœlina, c'est dans quatre jours fête... nous avons toute notre journée à nous... veux-tu venir promener?... Nous voilà dans le printemps, la campagne doit être déjà jolie... j'aime tant la verdure!...
— Je vous demanderai la permission d'être des vôtres, dit Timothée. Ce jour-là je suis libre aussi, et je serais charmé d'aller respirer l'air pur des champs... O rus! quando te aspiciam?
— Vous voulez chercher des aspics? dit Prudence en regardant Timothée d'un air niais.
— Non, mademoiselle... je veux seulement voir de l'herbe.
— Oh! j'aime bien l'herbe aussi, moi. Eh bien, Cœlina, est-ce convenu pour ce jour-là?

— Moi, je ne demande pas mieux, dit la petite enlumineuse; et à moins que monsieur n'ait encore des coliques...
— Non, non... ce sera passé, et nous irons promener tous les quatre, dit Bouchenot.
— Et nous tâcherons de nous amuser mieux que ce soir, dit Cœlina. Alors, c'est entendu. Venez nous prendre à midi, nous serons prêts.
Timothée s'éloigne avec mademoiselle Prudence, qu'il reconduit chez elle et quitte respectueusement à sa porte. En rentrant à son logement, il rencontre George qui montait l'escalier en chantant, en sautant, et qui se jette au cou de Timothée du plus loin qu'il l'aperçoit en s'écriant :
— Ah! mon ami!... embrasse-moi... Eh bien... qu'en dis-tu?
Timothée se gratte l'oreille et ne sait trop que dire, car il n'ose pas avouer à George qu'il n'est pas resté au spectacle pour voir sa pièce. Mais le jeune auteur ne lui laisse pas le temps de répondre, et reprend :

Le marchand de vins passe son mouchoir autour du cou de Moustache et s'éloigne.

— Quel succès, mon ami! quel succès! malgré la cabale, car il y en avait... N'est-ce pas que c'est bien?
— Très-bien.
— Tu as été content, hein?
— Très-content.
— Ça t'a fait plaisir?...
— Oh! oui... mais je serai bien aise de la revoir encore une fois, ta pièce...
— Tant que tu voudras, mon ami... Et Bouchenot, et la petite voisine, ils sont satisfaits aussi?
— Autant que moi, je t'assure...
— Il faut que j'aille les embrasser...
— Bouchenot est indisposé!
— Ça ne fait rien... ces bons amis!... Vous avez pris tant de part à mon succès, qu'il est bien juste que je vous en témoigne ma reconnaissance.
Et George va cogner chez la petite voisine, ce qui fait encore tressaillir Bouchenot, et il se jette au cou de Cœlina et de son ami, et les remercie, et leur demande ce qu'ils pensent de son ouvrage, et ne leur laisse pas le temps de répondre, parce qu'un auteur qui vient de réussir a besoin de parler, de s'épancher, de se remuer, de s'agiter, parce qu'il ne peut tenir en place; c'est ce qui fait qu'au bout d'un moment il quitte ses amis pour descendre et entrer dans un café voir si, par hasard, le journal du soir rend déjà compte de sa pièce.
Et quand Bouchenot, plus calme, peut réfléchir enfin sur les événements de la soirée, il se dit :
— Je suis un imbécile! pourquoi ai-je peur de cet homme?... c'est plutôt lui qui pourrait avoir peur de moi! je n'ai pas manqué au serment que je lui ai fait... Mais en le reconnaissant, je n'ai pas été maître de moi. Hum! il a une figure bien caractérisée, le gaillard!... Je le reconnaîtrais entre mille... Il a paru surpris en me voyant... Ce n'est pas étonnant! ma tenue était si différente de celle dans laquelle il m'a vu la première fois... Alors, il m'aura pris pour un malheureux, pour un vagabond!... J'ai peur de cet homme... J'ai peur qu'on ne découvre que je le connais... je tremble d'être compromis... et je fais des bêtises qui pourraient faire naître des soupçons!... Et avec tout cela, j'ai gardé les cent écus... je les ai même mangés!... il ne me reste plus qu'une vingtaine de francs! Quand je n'aurai plus rien, ce qui ne sera pas long, j'irai trouver notre ami Henri, et je prendrai l'emploi qu'il m'a offert... Il faut se ranger.
L'indisposition dont s'était plaint Bouchenot n'ayant pas eu de suites, rien ne s'oppose à la partie de campagne qui a été projetée avec Prudence et Timothée après la soirée de spectacle.
Ce jour s'est levé pur, radieux et doux comme un enfant qui va souhaiter la fête à sa mère.

On était au commencement de mai : à cette époque, les beaux jours semblent plus beaux, la verdure plus fraîche, la chaleur plus agréable! c'est que tout cela est alors dans sa primeur, et que, comme l'a dit Bernardin de Saint-Pierre, les primeurs plaisent toujours.

Cœlina a fait une toilette de printemps; la robe rose à mille raies, faite à la dernière mode, le léger châle de soie et le chapeau de paille surmonté d'un joli nœud de ruban, font de la petite grisette une femme fort agréable pour promener à la campagne.

Mademoiselle Prudence Flambard a mis aussi ses plus beaux atours : c'est une robe de toile imprimée, sur laquelle de gros bouquets brillent par des couleurs plus éclatantes. La jeune apprentie aime les dessins qui se voient de loin, elle affectionne aussi les bonnets, et en a mis un très-petit de forme, et sous lequel sa grosse figure violette paraît encore plus large et plus bouffie.

En comparant la tournure de Cœlina à celle de Prudence, le grand Timothée ne peut s'empêcher de donner la palme à la première; mais comme il n'a plus le choix, il veut au moins ne pas manquer la conquête de la grosse apprentie; il se flatte que la partie de campagne lui fournira des occasions de tête-à-tête qu'il compte mettre à profit.

— Comment me trouvez-vous? dit Prudence en arrivant chez Cœlina. N'est-ce pas que ma robe est jolie?... tout le monde me regardait dans la rue.

— Je le crois bien, dit Bouchenot, vous avez l'air d'un bosquet qui se promène.

— C'est un peu trop voyant, dit Cœlina.

— Ah! j'aime ça, moi... Et mon bonnet... comme il est gentil, hein! et il me va bien...

— Très-bien, répond Bouchenot, il vous engraisse du double; si jamais je fais une grande maladie, je me ferai un bonnet comme celui-là pour ma convalescence.

— Ah! est-il méchant, ce monsieur Bouchetrop! répond mademoiselle Prudence en se tortillant devant une glace.

— Mademoiselle, je ne suis pas Bouchetrop... je suis Bouchenot; demandez plutôt à votre amie Cœlina.

— Ah! c'est vrai... Mon Dieu, je me trompe toujours pour les noms; c'est comme dernièrement... il y a une de nos pratiques qui s'est fâchée. C'est une dame qui a l'air très-haut et très-fier!... Elle s'appelle madame Monferrière; elle arrive... ma maîtresse était dans l'arrière-boutique, et je lui crie : Madame Monderrière vous demande. Là-dessus cette dame s'est mise en fureur, et est partie en disant qu'on se moquait d'elle, et qu'elle ne reviendrait plus chez nous... comme si on était obligé de bien savoir un nom propre !

— Ce n'est pas de tout cela qu'il s'agit, dit Timothée. Voyons, où allons-nous? Il faut se décider avant de partir, pour ne pas être dans la rue comme des imbéciles, ne sachant de quel côté tourner.

— Timothée a parfaitement raison, répond Bouchenot. Il serait très-fâcheux que nous eussions l'air imbécile. Parlez, mesdemoiselles, où voulez-vous porter vos pas?

— Allons déjeuner à Puteaux, dit Cœlina, on y fait très-bien sauter les lapins; de là, nous irons manger une matelote à Saint-Ouen, et puis nous reviendrons boire du lait à Montmartre.

— Pas mal! dit Bouchenot, voilà une journée qui me semble assez bien divisée. J'appuie la proposition.

— Partons, dit Timothée. Nous prendrons l'omnibus, et de correspondance en correspondance, nous finirons nécessairement par arriver à Puteaux.

La société se met en route. Cœlina, sous le bras de Bouchenot, toute frétillante d'amour, de plaisir et de gentillesse, effleure à peine les pavés et semble marcher en dansant. Mademoiselle Prudence, beaucoup plus pesante dans son abandon, s'appuie sur le bras de Timothée, et fait beaucoup attention à ne point se crotter qu'aux discours galants de son cavalier.

Bientôt Bouchenot s'arrête devant une place de fiacre en s'écriant :

— Prendre un omnibus quand on est quatre, c'est commettre une lésinerie en pure perte : montons en voiture.

— Mais le fiacre ne nous mènera que jusqu'à la barrière, dit Timothée.

— En doublant la course, il nous mettra à Courbevoie.

— Alors, tu vois bien que c'est plus cher que l'omnibus.

— Qu'est-ce que cela te fait? c'est moi qui paye.

— Mais où diable prends-tu l'argent, pour toujours trancher du milord?

— Je te dis que j'ai une vieille créance dans laquelle je suis rentré... Au reste, je suis à bout de mes fonds. Aujourd'hui, nous ferons sauter mes derniers écus, et demain je prends la place que Henri m'a proposée... Mais cette journée est encore pour le plaisir, la folie!... Il faut bien l'employer... Allons, mes petites poules, en voiture, et faisons-nous rouler; ça nous ira tout aussi bien qu'à d'autres.

La société monte dans un fiacre. Mademoiselle Prudence est enchantée d'aller en voiture, ce qui lui est encore arrivé qu'une fois pour venir de Poissy à Paris. Elle tient sa tête en dehors de la portière pendant presque tout le chemin, ce qui ennuie beaucoup Timothée, qui ne peut pas parvenir à se faire écouter.

On arrive au pont de Neuilly. La compagnie met pied à terre. Chaque cavalier reprend sa dame, et on se dirige gaiement vers Puteaux, village fort agréable quand il ne fait pas de soleil, mais où je ne vous conseille pas de vous promener pendant la canicule, car il est fort difficile d'y trouver de l'ombre.

— Il me semble qu'il n'y a pas beaucoup d'arbres par ici, dit Timothée; moi, j'aime les campagnes où il y a des ombrages... Les bosquets!... les bois!... c'est si gentil. N'est-ce pas, mademoiselle Prudence?...

— Oh! j'aimerais mieux déjeuner! répond la jeune apprentie, car j'ai déjà très-faim.

— J'approuve ce désir! dit Bouchenot; déjeunons d'abord, d'autant plus que la promenade me semble peu ombragée, ainsi que l'a dit Timothée. Cœlina, pourquoi as-tu voulu venir à Puteaux?

— Parce qu'on y mange des lapins sautés.

— Mais, ma chère amie, on en mange dans toutes les campagnes, des lapins; tu ne sais donc pas qu'aux environs de Paris, les lapins et le veau rôti sont les deux plats en permanence sur la carte des restaurateurs. Enfin, s'ils sont meilleurs ici qu'ailleurs, nous ne nous plaindrons plus de ce qu'il n'y a pas d'arbres à Puteaux.

Les deux couples entrent chez un traiteur et demandent à déjeuner. Toute la cuisine est bien vite mise en mouvement. Le chef fait agir les marmitons; les marmitons bousculent la servante, et celle-ci casse les assiettes en voulant mettre plus de célérité dans son service, car Bouchenot a prononcé les mots magiques :

— Servez-nous bien, que tout soit bon, et nous ne regarderons pas au prix.

Cependant, malgré le mouvement que l'on se donne pour satisfaire la société qui est venue déjeuner à Puteaux, celle-ci n'est nullement satisfaite, car les œufs frais sentent la paille, les côtelettes sont dures, et le lapin faisandé comme une bécasse.

Bouchenot jure, Timothée fait la grimace, Cœlina est fâchée d'avoir conduit la société à Puteaux; Prudence seule semble comme quatre en disant :

— Ce n'est pas trop mauvais!... et puis quand on a faim, ça va toujours.

— Et il paraît que vous aviez faim? dit Timothée.

— Payons et allons nous promener, dit Bouchenot.

— Ah! oui, allons cueillir des bluets, des coquelicots, dit Cœlina.

— C'est ça, dit Prudence; et puis j'espère qu'on me fera voir la feuille à l'envers, parce que les demoiselles au magasin m'ont dit que c'était bien curieux, et qu'il ne fallait pas oublier de voir cela quand on allait promener à la campagne.

Les deux jeunes gens se mettent à rire, tandis que Cœlina donne un grand coup de coude à son amie en lui disant à demi-voix :

— Ma chère amie, tu devrais bien tâcher de ne pas dire continuellement des bêtises.

— Qu'est-ce que j'ai donc dit encore de mal?

— Mais quelque chose de fort inconvenant du moins.

— Comment! parce que j'ai parlé de la feuille à l'envers!

— Justement.

— Toutes ces demoiselles m'en parlent depuis hier.

— Elles se sont moquées de toi, elles ont vu que tu étais une sotte.

— Mais enfin qu'est-ce qu'il y a donc de mal dans...?

— Allons, tais-toi... tu sauras cela plus tard.

On est sorti de chez le traiteur. On se remet en route; mais le soleil continue de griller la société; elle se décide à quitter Puteaux et à se rendre sur-le-champ à Saint-Ouen.

La promenade se fait gaiement, quoique Timothée soit contrarié de ne point trouver de bosquet, et que mademoiselle Prudence soit fort intriguée de ce qu'on ait ri de sa proposition touchant la feuille à l'envers. Au bout d'une heure, les deux jeunes gens avaient oublié leur mauvais déjeuner, et la grosse apprentie avait déjà repris de l'appétit.

On arrive à Saint-Ouen.

— Ici je réponds que nous mangerons une bonne matelote, dit Bouchenot, et ce qu'il y a de mieux, c'est que nous pouvons la pêcher nous-mêmes si nous le désirons... Je connais le traiteur, il a un bateau, il a, nous donner des filets et tout ce qu'il faut pour pêcher. Cela vous convient-il?

— Oh! oui, cela nous amusera! disent les jeunes filles.

— J'adore pêcher, dit Cœlina.

— Moi je n'ai pas encore pêché, dit Prudence, mais je suis sûre que je le saurai tout de suite.

— Cela s'apprend très-vite, mademoiselle, dit Timothée, et si vous voulez, nous pêcherons ensemble.

— Avec plaisir, monsieur.

Bouchenot va chercher le marinier qu'il connaît, et bientôt le bateau et les filets sont à la disposition de la société. Les jeunes filles se jettent dans la petite embarcation en riant et en faisant mille folies, au risque de la faire chavirer.

— De la prudence, mesdemoiselles, dit Timothée; rappelez-vous que vous n'êtes pas ici sur le gazon.

— Il n'y a pas de danger! dit Bouchenot, d'ailleurs tu sais nager.

— Certainement, et toi?...

— Moi aussi !... mais cela m'est défendu, parce que je suis sujet à la crampe et que je pourrais me noyer.

— Alors il faudrait que je sauvasse tout le monde, moi. Mesdemoiselles, pas de folies, je vous en prie.

Cependant Cœlina a jeté le filet plusieurs fois, et elle ne ramène ue du fretin.

— Si nous ne mangeons que cela, dit Bouchenot, autant valait commander encore un lapin.

— A mon tour, dit Prudence, vous allez voir comme je vais lancer le filet; je suis bien plus forte que Cœlina, je vais ramener de beaux poissons.

La grosse apprentie ne veut pas écouter Timothée, qui veut lui montrer de quelle manière un filet se ramasse et se lance; elle se croit sûre de sa pêche; elle jette le filet de toute sa force; mais le poids des plombs l'entraîne, et elle disparaît au fond de l'eau avec les filets.

Cœlina pousse un cri d'effroi; Bouchenot en pousse deux ou trois pour appeler les mariniers; mais Timothée a déjà ôté son habit, et s'est jeté à l'eau. Il ne tarde pas à saisir Prudence, qui est enveloppée dans le filet. Il reparaît sur l'eau en soutenant la jeune fille. Mais celle-ci va l'entraîner sous l'eau en l'empêchant de nager : heureusement, des bateliers sont accourus; ils parviennent jusqu'à Timothée, et ils saisissent le filet. Les jeunes gens sont sauvés, et on retire mademoiselle Prudence de l'épervier.

Quand la grosse fille revient à elle, c'est pour déclarer qu'elle ne pêchera jamais à l'avenir. On se hâte d'aller chez le traiteur, et là le marinier et sa femme prêtent des habits à Timothée et à Prudence pour qu'ils puissent manger la matelote, tandis que leurs vêtements mouillés sécheront devant un grand feu.

Cet événement a un peu troublé la joie de la société. Cependant, Prudence n'a pas perdu le trajet à l'eau; mais comme elle manque trois fois de s'étrangler en fêtant la matelote, Cœlina déclare que c'est la dernière fois qu'elle en mange avec elle.

Les vêtements étant à peu près secs, mademoiselle Prudence et son libérateur font de nouveau leur toilette; puis on quitte Saint-Ouen pour se rendre à Montmartre, où, après avoir bu du lait, on doit terminer la soirée en dansant à l'Ermitage.

La compagnie fait le trajet à pied; Bouchenot, qui a payé jusqu'alors, en est à son dernier écu, ce qui lui fait parfois pousser de profonds soupirs, en songeant qu'il faudra cesser cette vie de plaisir et de paresse pour laquelle il a un si forte prédilection.

On arrive à Montmartre : Prudence déclare que le lait lui fera grand plaisir, et qu'elle trempera volontiers du pain dedans. Bouchenot, qui se flatte toujours de connaître les bons endroits, conduit la société dans une espèce de petit cabaret où l'on trouve du lait, des ânes, du vin et un jeu de siam.

Le jeu de siam est un amusement assez connu dans les guinguettes. Bouchenot prétend y être très-fort; il défie Timothée, et lui dit : — Pendant que ces dames boiront du lait, nous allons jouer un poulet et une salade pour souper.

Cette proposition acceptée : on apporte du lait dans des petites 'asses de faïence, et on place les quilles pour les messieurs.

Le jeu de siam était disposé dans une espèce de petite esplanade 'se trouvait devant la maison du loueur d'ânes; de là on voyait à pieds tout Paris, et l'œil parcourait une immense étendue de pays.

— Qu'est-ce que nous allons faire pendant que vous jouerez au am ? dit Cœlina à Bouchenot.

— Reposez-vous... admirez la vue... il me semble qu'elle en vaut la peine.

— Ah ! c'est bien amusant d'être avec des hommes qui jouent au iam !

— Mesdemoiselles, le jeu de siam est un jeu noble qui nous vient de la Grèce; n'en dites pas de mal.

— Pourquoi donc, si c'est un jeu noble, n'y joue-t-on que dans les cabarets ?

— Parce que cela tiendrait trop de place dans un salon. Buvez votre lait, et laissez-nous jouer le poulet.

Les deux jeunes filles, que cela n'amuse pas de regarder jouer au siam, vont se promener dans le village après avoir bu leur lait. Bouchenot et Timothée prennent grand plaisir à leur jeu; ils ont déjà fait plusieurs parties, et sont en train de jouer la belle, lorsque plusieurs hommes, qui demandent du vin, viennent s'asseoir à une table à peu de distance des joueurs. En ce moment, Bouchenot, un genou en terre, s'apprête à lancer le disque; la présence de plusieurs hommes qui le regardent jouer est un véhicule pour son amour-propre. Quoique les nouveaux venus paraissent être des gens assez communs, Bouchenot, qui brigue tous les suffrages, met beaucoup plus de temps à calculer son coup, et crie à Timothée :

— Tu as perdu, mon cher ; je vais abattre toute la queue !

— Allons, joue donc !... voilà deux heures que tu tiens le disque, et tu n'en finis pas !

— Ah ! c'est que je calcule mon affaire... tu vas voir.

Et Bouchenot se prépare à jouer, lorsqu'un gros chien arrive du dehors en courant, et traversant le jeu de siam, renverse en un instant une grande partie des quilles.

— Que le diable emporte les chiens ! s'écrie Bouchenot; c'est fort désagréable de recevoir la visite d'un chien dans un jeu de quilles.

— A qui donc est cet animal-là ? dit Timothée; est-ce qu'il est de la maison ?

— Non, monsieur, il est à moi, dit un des hommes qui viennent d'arriver; mais je vais l'appeler, et le garder à mes côtés pour qu'il n'aille plus dans votre jeu... Ici... ici, donc !... Venez coucher tout de suite.

Cependant, le chien s'était arrêté devant Bouchenot, et celui-ci ayant de nouveau porté les yeux sur lui, devient tout à coup pâle et tremblant en reconnaissant Moustache.

Le chien ne s'empressait pas d'obéir aux ordres de son maître; il continuait de se promener dans le jeu de siam, lorsque Cœlina et Prudence, revenant de leur promenade, arrivent sur la petite esplanade.

— Eh bien ! avez-vous fini de jouer ? dit Cœlina ; il me semble que vous devez en avoir assez, de vos quilles... D'ailleurs, voilà la nuit, et nous voulons danser à l'Ermitage.

— Oui, dit Prudence, nous avons entendu le violon, et... Ah ! mon Dieu ! serait-il possible !... Mais oui... mais c'est lui !...

— Qu'est-ce que tu as donc ? demande Cœlina à son amie; est-ce que le lait t'a grisée ?

— Ce que j'ai !... mais c'est mon chien... c'est Moustache que je retrouve !... Tiens, le voilà... le reconnais-tu ?... Moustache !... viens donc ici... viens donc caresser ta maîtresse !

Le chien, qui n'avait jamais été très-caressant, restait immobile au milieu des quilles, regardant tantôt son ancienne maîtresse, tantôt son nouveau maître, et le plus souvent léchant le bout de sa queue d'un air fort indifférent.

Cependant, l'homme qui a déjà appelé le chien plusieurs fois quitte la table où il buvait, et s'avance au moment où Prudence allait caresser Moustache, en s'écriant d'un air colère :

— Qu'est-ce que c'est ? qui est-ce qui se permet de dire que mon chien est à lui ?... Je voudrais voir ça, par exemple !

— Oui, certainement, ce chien est à moi, dit Prudence; c'est lui, c'est Moustache... n'est-ce pas, Cœlina ?... n'est-ce pas, monsieur Bouchenot ?... Tiens ! où est-il donc ?... il connaît bien mon chien, lui.

— Où est Bouchenot ? dit à son tour Cœlina en regardant de tous côtés; qu'est-il donc devenu ? Répondez, monsieur Timothée.

— Mon Dieu ! mademoiselle, je n'en sais rien, dit le jeune homme. Bouchenot était là tout à l'heure... il faut qu'il ait disparu tout à coup... il va revenir, sans doute.

— Enfin, cela ne fait rien, reprend Prudence, ce chien est à moi; je l'avais perdu il y a approchant six semaines... je le retrouve, je vais l'emmener.

— Vous allez l'emmener ? dit l'homme d'une voix de stentor. Ah ! bien, je voudrais voir cela !... Que ce chien ait été à vous, c'est possible, mais maintenant il est à moi, bien à moi, qui l'ai payé dix francs à un homme qui est venu un soir me le proposer dans ma boutique... à Paris... J'ai des témoins de ce que j'ai payé ce chien. Si vous l'avez perdu, tant pis pour vous; mais aujourd'hui il ne s'appelle plus Moustache, c'est Dragon que je le nomme, et je vous réponds que vous ne l'emmènerez pas... Ici, Dragon, ici ! ou je te bats comme du plâtre.

— Mais, monsieur, puisque c'est mon parrain qui me l'a donné.

— C'est vrai, dit Timothée ; mademoiselle tenait cet animal de son parrain.

— Qu'est-ce que ça me fait à moi que ce soit votre parrain ou votre tante ?... Je vous dis qu'il est à moi.

— Cœlina, parle donc à monsieur... Tu sais bien que c'est Moustache, toi.

— Ah ! laisse-moi donc tranquille... Je cherche Bouchenot, qui est perdu... c'est bien plus intéressant que ton chien.

Pendant que Prudence se lamente, le marchand de vin, pour en finir, a passé son mouchoir au collier de Moustache, et il s'éloigne avec ses amis en emmenant le chien, que la jeune fille regarde partir en poussant de gros soupirs.

De son côté, Cœlina a visité tous les environs de la maison en appelant en vain Bouchenot.

— Il est parti, dit-elle, parti comme cela... tout d'un coup... sans nous attendre !... Comprenez-vous cela, monsieur Timothée ?

— Probablement, mademoiselle, qu'il aura encore eu des coliques comme au spectacle.

— Des coliques ?... Ah ! je ne sais... mais la conduite de Bouchenot n'est pas naturelle.

— C'est ce que je trouve aussi, mademoiselle.

— Ce jeune homme-là a quelque secret...

— Je le crois...

— En attendant, il faut partir... car enfin s'il était malade... Allons, monsieur Timothée, donnez-nous votre bras.

— Volontiers, mesdemoiselles.

— S'en aller quand on comptait s'amuser... danser !... Ah ! quelle triste partie de campagne !

— Ah ! mon pauvre chien ! dit Prudence; c'est bien vilain de n'avoir pas voulu me le rendre !

CHAPITRE XIX. — Bouchenot en bonne société.

Timothée revient à Paris avec les deux jeunes filles, qui sont fort tristes : l'une parce que son amant a disparu, l'autre parce que son chien ne lui a pas été rendu. Timothée fait tous ses efforts pour consoler Cœlina et Prudence : à l'une il dit que son amant se retrouvera ; à l'autre, que son chien ne vaut pas la peine qu'on le regrette. Quelquefois il se trompe, et adresse à l'une ce qu'il voulait dire à l'autre. Il prétend que Bouchenot ne valait pas dix francs, et que Moustache aura été pris d'une colique. Mais les jeunes filles sont trop préoccupées pour remarquer ces bévues, et l'on arrive rue de la Calandre en pestant contre les mésaventures de la journée.

Bouchenot était déjà rentré et couché, suivant son habitude de se réfugier sous une couverture lorsqu'il était en proie à quelque violente terreur. La vue de Moustache l'avait bouleversé : il s'était figuré que le chien allait de nouveau s'attacher à ses pas ; que l'homme qu'il avait reconnu se mettait à sa poursuite ; et il avait quitté Montmartre et était revenu à Paris, toujours courant, et sans oser regarder derrière lui.

— Me direz-vous, monsieur, pourquoi vous nous avez laissés tous à Montmartre, comme des paquets ? s'écrie Cœlina en revoyant Bouchenot ; savez-vous que c'est très-malhonnête, ce que vous avez fait là !

— Il est certain, dit Timothée, qu'on ne quitte pas ainsi les personnes avec lesquelles on est. Tu ne finis pas notre partie de siam... c'était la belle, et certainement tu aurais perdu le souper... Ce n'est pas encore de cela que je me plains... mais disparaître sans avertir !... sans dire un mot !... Cela n'est pas du tout aimable.

— Vous êtes cause que nous n'avons pas dansé à l'Ermitage, dit Prudence. Et puis, si vous étiez resté là, vous auriez peut-être su me faire rendre mon chien ; ou bien, il vous aurait encore suivi... ce pauvre Moustache ! que j'avais retrouvé, et qu'un vilain homme n'a pas voulu me rendre, sous prétexte qu'il l'a payé dix francs, et qu'il est bien à lui.

— Voyons, monsieur, pourquoi nous avez-vous quittés comme cela ? s'écrie Cœlina en prenant un petit ton bien courroucé.

— Je me suis senti... indisposé, répond Bouchenot en tâchant de se donner un air intéressant.

— Encore !... Diable !... cela vous arrive souvent !... Mais, au surplus, Montmartre est grand, et ce n'était pas une raison pour revenir sans nous à Paris. Tenez, monsieur Bouchenot, votre conduite n'est pas naturelle... Vous avez des mystères !... des secrets !... je ne sais quoi !... mais, certainement, vous avez quelque chose.

— J'ai des coliques, mademoiselle, et pas autre chose, répond Bouchenot avec humeur.

— C'est singulier ! dit Timothée ; tu n'y étais pas sujet autrefois.

— Il me semble que le tempérament peut changer !... cela n'a rien d'extraordinaire.

— Voilà une partie de plaisir qui n'a pas été bien agréable !... reprend Cœlina ; au spectacle, à la campagne... vous nous jouez partout le même tour. C'est fort ennuyeux d'avoir un amant qui part comme une fusée au moment où l'on ne s'y attend pas.

Prudence dit adieu à son amie, et Timothée offre, comme de coutume son bras à la jeune fille. Lorsqu'il se voit seul avec Cœlina, Bouchenot essaye de renouer la conversation.

— Vous êtes donc revenus de Montmartre... sur-le-champ ?
— Ne fallait-il pas que nous nous missions à danser sans savoir ce que vous étiez devenu ?
— Et... Prudence avait donc retrouvé son chien ?
— Oui.
— Mais ce chien... vous ne l'avez pas ramené ?
— Vous n'avez donc pas entendu ce qu'elle vous a dit !... L'homme auquel il appartient maintenant n'a pas voulu le rendre. Il prétend l'avoir acheté pour dix francs.
— Ah !... il l'a acheté !... Et quelle espèce d'homme était-ce ?
— Quelqu'un qui paraissait assez grossier... Il s'est dit marchand de vin.
— Marchand de vin !... dans quelle rue ? a-t-il dit son adresse ?
— Ah ! mon Dieu ! non...
— Et il a emmené le chien ?
— Sans doute. En vérité, je suis bien bonne de vous répondre ; qu'est-ce que tout cela vous intéresse-t-il ? Au lieu de vous occuper de moi, de me demander pardon de votre conduite malhonnête à mon égard, vous me songez qu'au chien de mademoiselle Prudence ! eh, mon Dieu ! monsieur, il fallait courir après, puisque vous vous y intéressez tant.

Bouchenot se tait, il réfléchit ; il commence à penser qu'il a encore cédé à une terreur panique, et qu'il a eu tort de se sauver en apercevant Moustache. Il se dit que cela ne lui arrivera plus, et il s'endort en se promettant de ne plus être poltron mal à propos.

Le lendemain, Bouchenot, après avoir fait sa paix avec Cœlina, lui dit d'un ton tragi-comique :

— Chère amie, nos beaux jours sont passés !... Nous avons épuisé la coupe des voluptés... et mangé tout notre pain blanc !... Il faut maintenant avaler le calice de l'amertume.

— Qu'est-ce que tout cela veut dire ? reprend la petite enlumineuse en fixant sur son amant des regards étonnés.

— Cela veut dire que je n'ai plus le sou... que par conséquent il faut que je prenne l'emploi que l'on m'a proposé, que je me fixe près de mon ami Henri Jumière, qu'il faudra que je travaille comme un manœuvre pour gagner quelques malheureux écus, et que je ne pourrai plus passer une journée à te faire la cour et à te mener promener.

— Si c'est là ce qui t'attriste, dit Cœlina, il me semble que tu as grand tort ; le travail n'est pas un ennui, au contraire : je pensais comme toi autrefois, lorsque je ne voulais rien faire que m'amuser, courir, vivre enfin en véritable gamin ; mais depuis que je me suis livrée au travail, je me suis aperçue que l'on s'amuse beaucoup mieux quand l'on ne s'amuse pas toujours. Depuis que tu es avec moi, je t'ai surpris plusieurs fois bâillant, l'air ennuyé, endormi, et ne sachant qu'inventer pour tuer le temps. Lorsque tu travailleras, tu n'éprouveras pas cela ; tu verras que le temps marche vite alors, et tu t'amuseras bien plus lorsque tu en auras le loisir. D'ailleurs ton ami Henri n'est pas un tyran, sans doute ; tu pourras venir me voir tous les jours, ou du moins fort souvent, et peut-être qu'on n'étant plus sans cesse avec moi, ton amour, qui s'attiédit un peu, reprendra une nouvelle force.

— Ma chère Cœlina, tu parles comme Bossuet, et quoique je ne me sois jamais ennuyé près de toi, bien que tu aies l'air de le croire, je vais essayer de m'y plaire davantage en y étant moins souvent ; je vais de ce pas trouver Henri, et lui annoncer que je me mets dès ce moment à sa disposition... Cependant, s'il me donne encore quelques jours, je les prendrai... parce qu'il faut devenir sage le plus tard que l'on peut : c'est ma maxime à moi... Ah ! tu as beau dire, Cœlina, je trouve qu'une fortune toute faite vaut bien une fortune à faire.

— Mais quand on n'en a pas une toute faite, il faut bien se donner quelque peine pour en acquérir...

— Que veux-tu !... je m'étais laissé dire que la fortune nous venait en dormant, et je l'aurais volontiers attendue comme cela ; mais il me paraît que ce serait m'exposer à dormir trop longtemps, et voilà pourquoi je vais trouver mon ami le commerçant.

Bouchenot se rend en effet chez Henri, qu'il trouve occupé à travailler ; le jeune négociant fait une exclamation de surprise en l'apercevant.

— Ah ! te voilà donc enfin, Bouchenot ?
— Oui, mon cher ami, me voilà.
— Parbleu ! ce n'est pas malheureux !
— Il est vrai que j'ai un peu tardé... mais que veux-tu !... j'étais rentré dans une petite somme... sur laquelle je ne comptais pas... et avant de changer de conduite, de me livrer entièrement au travail, j'ai pensé que je pouvais encore m'amuser un peu...
— Tu appelles cela un peu... voilà près de deux mois que je t'attends.
— Tu crois qu'il y a tant que cela ?
— Et si, ne te voyant pas venir, j'avais disposé de la place que je t'avais offerte ?
— Alors j'attendrais qu'il s'en présentât une autre.
— Calme-toi, il n'en est pas ainsi. J'ai toujours pensé que tu viendrais enfin, et je n'ai pas pris un autre commis ; quoique surchargé de besogne, j'ai suffi à tout. En passant les nuits, en travaillant sans relâche, on fait bien des choses !
— Oui, en effet, je crois qu'on travaillant... sans relâche... par exemple, cela doit échauffer le sang.
— Rassure-toi ; quand nous serons deux, nous serons bien moins pressés !... Tu auras encore du temps pour aller voir ta maîtresse.
— Ah ! ça me fera bien plaisir, je t'aime fort jolie maîtresse, et j'avoue que je suis jaloux comme un tigre. C'est pourquoi je suis bien aise de pouvoir la surveiller.
— Moi, je ne suis point jaloux... je suis tellement sûr du cœur de ma Pauline... et pourtant elle est bien séduisante aussi !... Dis-moi, Bouchenot, la connais-tu ? l'as-tu vue ?
— Celle que tu aimes ? N'est-ce pas cette jeune personne qui était devant toi, au Vaudeville, le soir de la première représentation de la pièce de George ?
— Précisément... Eh bien ?
— Elle m'a paru charmante... Mais de loin, au spectacle, tu sais qu'on ne peut pas bien juger...
— Oh ! je veux que tu la connaisses, tu verras qu'elle est aussi aimable, aussi bonne que jolie. Tiens, aujourd'hui même, je puis te présenter à Pauline...
— Aujourd'hui ?
— Oui... Es-tu libre ce soir ?
— Sans doute, puisque je venais me mettre à ta disposition.
— Il est trop tard aujourd'hui pour que tu entres en fonction... Tu commenceras demain.
— J'aime autant cela, d'autant que j'ai un peu mal à la tête.
— Mais ce soir, si tu veux, je te mènerai dans une maison où Pau-

line et son père seront. C'est chez madame Merlier, une dame fort comme il faut... celle qui était avec nous au spectacle.

— Ah! très-bien... Je ne la connais pas, madame Merlier.

— Elle m'aime beaucoup, et, présenté par moi, tu seras bien reçu. Par exemple, je n'ai pas besoin de te dire que c'est une maison dans laquelle il faut se conduire décemment.

— Sois donc tranquille! est-ce que tu crois que je vais demander le pot de chambre en arrivant?

— Ah! si tu parles comme cela, ce n'est pas rassurant.

— Non, non! Je veux seulement te persuader que je sais fort bien me conduire dans une société comme il faut. A t'entendre, on croirait que je n'ai jamais été que dans de mauvais lieux.

— Ce n'est pas cela que je veux dire; mais, entre nous, tu conviendras que depuis quelque temps tu ne fréquentes plus que des grisettes.

— Parbleu! quand je passais une semaine avec six sous dans ma poche, je ne pouvais pas aller souvent au balcon des Italiens ou de l'Opéra. Mais, je te le répète, tu seras content de moi. Qu'est-ce qu'on fait chez cette madame Merlier?

— On cause, on fait un peu de musique, et on joue la bouillotte et l'écarté.

— Très-bien... Tu m'avanceras de l'argent pour jouer, parce que je n'en ai plus.

— Volontiers. Mais je te préviens qu'on joue petit jeu.

— Prend-on quelque chose dans la soirée?

— Oui, on apporte de l'orgeat... de l'eau sucrée.

— Ah! diable! ça ne porte pas à la tête. Enfin, c'est égal, je prendrai ce qu'on me donnera.

— Tu soigneras ta toilette...

— Oui... oui... je resterai comme je suis, parce que je n'ai pas autre chose, mais je mettrai du linge blanc. Je te gage que je fais quelque conquête chez madame Merlier... Dis donc, y vient-il des dames un peu potables?

— Ah! Bouchenot, je te répète que je te mène en bonne compagnie, et tu as des idées-là...

— Il me semble que c'est justement dans la bonne société que les hommes doivent être galants... Est-ce que les Richelieu, les Grammont n'étaient pas bonne compagnie, et cela ne les empêchait pas de faire leur cour aux dames! Au reste, je te répète que tu seras content de moi. Je serai sage comme un puritain.

— Viens me prendre à six heures; nous dînerons ensemble, et nous irons ensuite dans la maison où je te présenterai.

— Très-bien, je serai exact.

Bouchenot retourne près de Célina, va se mirer, change de cravate, en refait cinq fois le nœud, et ne pense plus de l'humeur à la petite enluminée, qui prétend que son amant n'a pas besoin d'être si beau pour aller sans elle en compagnie. Enfin, il la quitte et se promène jusqu'au moment d'aller retrouver Henri, en se disant : — Je puis bien passer encore cette journée à flâner... cela ne m'arrivera plus de longtemps.

Henri mène son ami dîner chez un traiteur, et après un repas dans lequel Bouchenot trouve qu'ils ont bu trop raisonnablement, ils se dirigent vers le Marais, et s'arrêtent rue de Bretagne, où demeure madame Merlier.

On arrive dans une vieille maison à grande porte cochère, on monte un grand escalier dont les marches de pierre sont larges et basses, et dont la rampe de fer est soutenue par de grosses colonnes de bois.

— Si la société dans laquelle tu vas m'introduire est aussi ancienne que la maison, dit Bouchenot à Henri, je vais me trouver avec de la noblesse du temps du roi Pépin.

— Bouchenot, tu sais ce que tu m'as promis?

— Sois tranquille : cette maison antique m'inspire déjà un sentiment de respect... je me sens déjà vieilli depuis les pieds jusqu'à la tête... Je ne parlerai plus de l'histoire ancienne.

— Je crois que tu feras bien de l'observer... Mais nous y voici.

Un domestique ouvre à ces messieurs, et Bouchenot murmure en traversant l'antichambre :

— Un valet mâle!... peste... bon genre... mais j'aimerais mieux deux cuisinières.

Le domestique ouvre la porte du salon, et annonce, sur ce que lui a dit Henri : — M. Jumière, M. Bouchenot.

Henri passe le premier, et Bouchenot le suit dans un immense salon où il y a déjà beaucoup de monde. Madame Merlier, femme d'une cinquantaine d'années, dont les manières sont gracieuses et distinguées, vient au-devant de ces messieurs. Henri prend Bouchenot par la main et le présente à la maîtresse de la maison comme un de ses meilleurs amis. Madame Merlier adresse quelques paroles aimables à Bouchenot, et celui-ci, ne pouvant pas parvenir à tourner une réponse convenable, se contente de saluer profondément en se tenant le col bien roide dans sa cravate.

Henri vient d'apercevoir sa Pauline, et il quitte bien vite son ami pour aller près de la femme qu'il aime. Madame Merlier va recevoir d'autres personnes qui arrivent, et Bouchenot se trouve abandonné à lui-même au milieu du salon, dans un immense cercle de dames de

tout âge, derrière lesquelles les hommes causent et se promènent. Bouchenot se sent extrêmement mal à son aise. S'il y avait du feu à la cheminée, il irait se placer devant, et, au risque de se griller les mollets, trouverait là une contenance. Mais un paravent a remplacé le feu : aller s'installer devant, peut sembler gauche. Bouchenot s'assiérait volontiers, et il a pour cela jeté des regards furtifs autour de lui; mais tous les sièges sont occupés, et ce qu'il y a de pis, c'est que deux nouvelles dames qui viennent d'arriver ont, en se plaçant, fermé l'entrée du cercle dans lequel Bouchenot a été introduit. Il se trouve donc bloqué dans le beau milieu du salon, et pouvant servir de point de mire à toute la société.

— Sacrebleu! je dois avoir l'air de l'obélisque! se dit Bouchenot en tournant et retournant son chapeau dans ses mains et le faisant passer de son bras droit sous son bras gauche, comme s'il eût voulu faire des tours avec. Si l'on croit que je m'amuse au milieu de ce cercle! et cet Henri qui me laisse là... et toutes ces femmes qui me regardent... Ce que c'est que de perdre l'habitude de la société... on est tout embarrassé... tout bête... Il me semble que dans ce moment mon nez est enflé d'un tiers. Allons, remettons-nous... de l'aplomb... de l'assurance... N'ayons pas l'air gêné.

Et pour n'avoir pas l'air gêné, Bouchenot commence par mettre son chapeau sur sa tête, et fredonne un couplet entre ses dents; mais bientôt il s'aperçoit que quelques dames le regardent d'un air surpris, que plusieurs hommes ricanent en l'examinant, et ne sachant pas ce que cela veut dire, il devient rouge écarlate, et fourre ses deux mains dans son pantalon en tâchant de se donner une pose académique.

Heureusement Henri vient de jeter les yeux sur son ami, et se hâtant de pénétrer dans le cercle, il court à lui et lui dit à l'oreille :

— Malheureux! qu'est-ce que tu fais? veux-tu bien ôter ton chapeau de dessus ta tête!... Comment, dans un salon, devant des dames, tu oses te couvrir!

— Ah! mon Dieu! c'est vrai, répond Bouchenot en ôtant vivement son chapeau; tu as raison... je n'y pensais plus... je me croyais à l'estaminet?

— Mais veux-tu te taire!

— Oui, je voulais dire... je me croyais au café... Aussi, pourquoi me laisses-tu seul au milieu de ce salon, dans lequel je ne connais personne? Quelle mine veux-tu que je fasse, moi?... Toutes ces dames me regardent... ça me trouble, parole d'honneur... je ne sais plus comment pincer ma bouche.

— Ne la pince pas du tout, cela vaudra infiniment mieux.

— Cela est facile à dire... il faut bien que je me fasse une bouche, un sourire... Je vois que la société ne se compose que de vieilles gens... c'est vrai... il y a de la jeunesse aussi... c'est mêlé... c'est très-mêlé ici.

— Chut! on ne parle donc pas si haut...

— Il me semble que je ne dis pas de sottises... Reste près de moi, ça me fera plaisir...

— Tout à l'heure je te présenterai à ma Pauline...

— Ah! oui, tu me retireras de ce cercle... ça m'obligera beaucoup.

— Vois-tu ce vieux monsieur qui cause dans ce coin là-bas?...

— Ce petit vilain, sec, ridé?

— Chut! c'est M. Giraumont, le père de Pauline.

— Ah! c'est là M. Giraumont... diable! il est bien laid, M. Giraumont; et pour avoir une fille si jolie, il faut que sa femme ait eu un regard ou autre chose...

— Bouchenot, je te prie de ne point te permettre de pareilles plaisanteries sur des personnes que je dois respecter.

— Mon Dieu! tu ne veux pas que je plaisante, tu ne veux pas que je chante... tu ne veux pas que je pince ma bouche... alors il faut donc que je fasse la statue pour avoir l'air bonne compagnie?

Henri allait répondre à son ami, mais en ce moment une dame l'appelle; il se hâte d'aller près d'elle, et Bouchenot se retrouve de nouveau seul dans le cercle, parce qu'il n'a su comment marcher pour en sortir. Il se décide pourtant à aller s'adosser devant la cheminée, écartant les basques de son habit comme s'il se chauffait; et pour se désennuyer, il prête l'oreille aux conversations des dames qui sont assises près de lui.

— Madame, dit une voix vraiment en malheur depuis quelque temps, dit une petite dame âgée à une personne placée près d'elle, c'est étonnant comme on me poursuit...

— Est-ce que vous avez encore été maltraitée hier, madame Gimblanc?...

— Très-maltraitée... Si cela continue, il faudra que je cesse de jouer!...

— Est-ce à la bouillotte que vous avez perdu?

— A la bouillotte! fi donc! je n'aime pas ce jeu-là!... c'est trop perfide, et puis cela va trop vite. C'est au boston que j'ai joué hier, et j'ai encore perdu dix-neuf sous... trente-huit fiches.

— Ah! vous jouez à deux liards la fiche!... c'est bien cher!

— Que voulez-vous? maintenant dans le monde on joue un jeu d'enfer! c'est ennuyeux.

— J'espère qu'on ne me fera pas faire la partie de ces dames, se dit Bouchenot. Ce doit être amusant... être avec de vieilles têtes et finir par leur gagner six blancs! ce serait par trop bon genre. Écoutons d'un autre côté.

— Vous devez trouver ma fille grandie, d.., une dame à sa voisine, car il y a longtemps que vous ne l'avez vue.

— Oui, en effet... je crois qu'elle est un peu grandie.

— Un peu! de huit lignes depuis sept mois!... c'est énorme... et j'en suis sûre, je l'avais mesurée avant qu'elle retournât à sa pension, et je l'ai mesurée quand elle est arrivée.

— La petite Durieux a grandi aussi... je crois qu'elle est maintenant de la taille de la vôtre.

— Oh! que non! il y a un demi-pouce de différence, j'en suis certaine, je les ai mesurées toutes les deux. Ma fille sera très-grande; depuis l'année dernière, c'est étonnant comme elle s'est développée. Je vois cela à ses robes...

— La petite Durieux sera très-bien faite, je crois.

— Ma fille a la taille plus mince; je la lui ai mesurée avant-hier...

— Après cela, les enfants changent beaucoup en prenant de l'âge : il y en a qui grandissent tard; on ne peut pas savoir d'avance ce qu'ils seront.

— Oh! pardonnez-moi, on voit à la longueur de leurs doigts s'ils auront une taille élevée... Les doigts de ma fille sont plus longs que tous ceux des autres pensionnaires de son âge. Je les ai mesurés.

— Il paraît que cette dame mesure tout, se dit Bouchenot en se détournant. Si elle m'avait mesuré depuis que je suis debout au milieu de ce salon, je suis sûr qu'elle me trouverait maintenant rapetissé de beaucoup, car cela fatigue considérablement de rester ainsi. Ah! voilà un siége vacant... ma foi, tant pis, je m'y mets.

Bouchenot va s'asseoir dans le cercle; il se trouve avoir à sa gauche une petite vieille dame bien parée, bien fardée, bien élégante... dont le col, les oreilles et les doigts sont couverts de diamants, et qui fait toujours *non* avec sa tête, et à sa droite une grande dame entre deux âges, qui passe fort souvent le bout de sa langue sur ses lèvres, en y mettant une certaine fierté.

Bouchenot adresse quelques mots à la petite vieille pour tâcher d'entrer en conversation; mais on ne lui répond que par des sourires et des signes négatifs.

— Est-ce que cette dame est muette ou sourde? se dit Bouchenot; cela m'étonnerait! Voyons, essayons encore... Elle a l'air d'entendre pourtant...

Et se penchant contre l'oreille de la vieille dame, il lui dit en élevant la voix :

— Madame va probablement faire sa partie... à l'âge de madame on doit aimer le jeu... On ne peut plus faire autre chose en société... car certainement madame ne danse plus.

La petite vieille sourit, branle la tête et répond d'une petite voix claire et tremblotante :

— J'ai pris deux fois du café aujourd'hui!... on m'en donnera encore demain... si je suis bien sage!

Bouchenot se recule en ouvrant de grands yeux et cherchant à deviner si cette vieille dame est sourde ou si elle se moque de lui... Mais un jeune homme placé derrière sa chaise, remarquant sa stupéfaction, lui dit en souriant :

— Vous aurez de la peine à faire la conversation avec madame de Courtivaud; elle est en enfance.

— Eh bien, c'est gentil! s'écrie Bouchenot; et moi qui voulais absolument causer! je m'étais bien adressé! quand on est comme cela, que vient-on faire en société?

— On place quelquefois madame de Courtivaud au boston. Elle a tellement l'habitude de ce jeu, qu'à défaut de sa tête, ses yeux lui suffisent encore pour y faire sa partie; cependant elle y commet de fréquentes distractions.

— Ce doit être bien amusant de jouer avec elle!

— Méfiez-vous de la partie de boston si on vous propose de vous y mettre avec des personnes que vous ne connaissez pas. Dernièrement ici, je me suis trouvé y tenir tête à trois dames dont l'une était madame de Courtivaud, qui est en enfance, et met souvent du pique pour du cœur; la seconde dame était sourde, et la troisième s'endormait toujours pendant qu'on donnait les cartes; nous avons mis trois heures et demie pour faire deux tours.

— Vous avez eu de la patience! au second tour, je vous certifie que j'aurais renversé les cartes, les bougies et la table.

Bouchenot s'est tourné vers le jeune homme, avec lequel il serait bien aise de continuer à causer; mais celui-ci se lève pour aller parler à des dames, et Bouchenot en est réduit à écouter sa grande voisine de droite, qui parle alors avec une dame et lui dit :

— Je n'aime que ce qui est beau et bon : que voulez-vous? chacun a ses goûts... d'abord mon mari gagne beaucoup d'argent... Il gagne tout ce qu'il veut... il fait des affaires, des spéculations!... ma foi, moi je me dis : Pourquoi se priver de ce qui fait plaisir?... Quand j'achète quelque chose, c'est toujours ce qu'il y a de meilleur... je n'aime pas le mauvais... nous vivons bien, très-bien! il serait impossible à mon mari de dîner rien qu'avec deux plats, il lui en faut au moins quatre, et toujours du dessert!... il ne dînerait pas sans dessert... il serait malheureux, il lui manquerait quelque chose... Mais pourquoi se priver quand on gagne beaucoup d'argent?

— Voilà une dame qui finira par se faire voler! se dit Bouchenot. Ah çà! est-ce que Henri va me laisser toute la soirée livré à moi-même?... Ah! le cercle se défait enfin... Oh! ma foi, je vais essayer de me dégourdir les jambes!

Bouchenot se lève et se dirige du côté de son ami, qui est assis derrière sa Pauline, à laquelle il tâche de temps en temps de glisser un mot d'amour.

— Dis donc, Henri, tu me laisses là-bas tout seul; si tu crois que je m'amuse!...

Henri se hâte d'interrompre Bouchenot et le présente à mademoiselle Giraumont en lui disant :

— Voulez-vous me permettre, mademoiselle, de vous présenter un de mes amis qui va devenir mon compagnon de travail?... A dater de demain, Bouchenot est de ma maison... Et je pourrai alors avoir quelques moments de plus... pour aller voir mes connaissances.

Pauline fait à Bouchenot un salut gracieux, en lui disant :

— M. Henri m'a souvent parlé de vous, monsieur... Il était même inquiet de ne point avoir de vos nouvelles.

— Ce cher Henri, répond Bouchenot; oh! c'est un ami!... nous nous aimons beaucoup tous les deux... il m'a souvent prêté de... Je veux dire que nous nous obligeons dans l'occasion... Et certainement, mademoiselle... quand il s'agira de danser à sa noce, je n'aurai pas la goutte aux jambes!

La jeune fille baisse les yeux en rougissant, et Henri pousse Bouchenot en lui disant tout bas :

— Est-ce qu'on parle de ces choses-là?... Tu es bien indiscret.

— Ah! je croyais que la chose était convenue entre vous... On ne sait jamais ce qu'on peut dire ici.

— J'ai beaucoup d'espoir, Pauline n'aime que moi, je suis sûr de son cœur...

— Eh bien, ça va tout seul alors.

— Mais son père tient tant à ce qu'on ait de la fortune... ou un commerce très-florissant!

— On l'invite à déjeuner, on le grise, et il consent à tout.

— Oh! non, ce n'est pas ainsi qu'il faut agir pour réussir près de M. Giraumont... C'est à force de travail, d'ordre, de bonne conduite, que j'obtiendrai la main de sa fille.

— Il ne me prendra jamais pour gendre, moi!

— Monsieur joue-t-il à la bouillotte? dit madame Merlier en s'adressant à Bouchenot.

— Oui, madame. Oh! la bouillotte... j'y ai passé bien des nuits...

— Voici une place; si vous voulez commencer, veuillez prendre une carte :

— Très-volontiers, madame.

Madame Merlier s'éloigne, et Bouchenot s'approche de Henri en lui disant à l'oreille :

— Je vais jouer... glisse-moi de l'argent dans la main sans que cela paraisse... Nous avons oublié cela avant d'entrer.

— Ah! c'est juste... tiens.

— Tu ne me donnes que vingt francs.

— C'est plus qu'il ne te faut, puisque je te dis qu'on joue petit jeu... trente sous la cave.

— Enfin, c'est égal, quand je n'en aurai plus, je te ferai signe.

Et Bouchenot se dirige vers la table de bouillotte en se disant :

Pourvu qu'on ne me fasse pas jouer avec madame de Courtivaud et avec la dame qui s'endort et celle qui sourde... A la rigueur, si la petite Courtivaud voulait, je lui jouerais ses diamants.

Bouchenot est à la table de bouillotte depuis quelque temps; il joue très-lestement l'argent de son ami; il gagne et il commence à trouver que l'on s'amuse chez madame Merlier, lorsque la porte du salon s'ouvre et le domestique annonce :

— M. Mortandal.

Un bel homme, mis avec élégance, entre dans le salon, et va saluer la maîtresse de maison, qui semble redoubler de politesse pour le recevoir.

Bouchenot, qui a levé la tête et jeté par hasard les yeux sur la personne qui vient d'entrer, sent une sueur froide parcourir tout son corps, en reconnaissant le monsieur qu'il a déjà vu au Vaudeville.

— Qu'est-ce que vous faites donc, monsieur? dit un des joueurs de bouillotte en s'adressant à Bouchenot. Vous nous donnez à chacun quatre cartes....

— Ah! pardon, monsieur... je croyais jouer au billard....

— Au billard! répond le joueur en riant.

— Non... au piquet... ou... le fait est que je ne savais plus à quoi je jouais...

Bouchenot ne sait plus ce qu'il fait. La vue de la personne qui vient d'arriver le bouleverse, il fait deux fois le mouvement de se lever, il a bien envie de sortir du salon; cependant, il fait tous ses efforts pour se remettre, en se disant :

— Allons... qu'est-ce que cela signifie d'avoir peur de cet homme?... il ne me mangera pas... D'ailleurs... c'est lui... qui doit avoir peur... je suis un imbécile. Me sauver, de quoi aurais-je l'air?... que penserait Henri?... Allons, remettons-nous... n'ayons pas l'air de connaître... cet homme... je suis bien sûr qu'il en fera autant de son côté.... Restons au jeu... ne regardons que mes cartes...

Malgré tous ses efforts pour paraître calme, Bouchenot n'est plus à son jeu. Il commet de fréquentes bévues. Il abat ses cartes avant qu'on ait parlé. Il tient quand il voudrait passer, et il passe avec des brelans... Bientôt ses distractions augmentent, car il écoute avec attention une conversation qui a lieu près de lui.

— Qu'est-ce donc que M. Mortandal? demande un jeune homme à un de ses voisins. Madame Merlier semble avoir pour lui beaucoup de considération.

— Ah! mon cher, c'est que ce monsieur est fort riche. C'est un Marseillais; il est arrivé à Paris, il y a une dizaine d'années, pour remplir une place de petit commis dans une maison de commerce; et, aujourd'hui, il a maison à Paris, maison de campagne, cabriolet! une fortune enfin!...

— Et comment a-t-il gagné cette fortune-là?...

— Dans le commerce... Il a fait des entreprises en grand... Tout lui réussit, à ce qu'il paraît; enfin, il gagne beaucoup d'argent... Aussi, c'est à qui aura l'avantage de recevoir M. Mortandal.

— Monsieur... c'est à vous à faire... dit un joueur en s'adressant pour la troisième fois à Bouchenot; et celui-ci, qui était tout entier à ce qu'il entendait dire sur le Marseillais, sort enfin de sa léthargie et tâche d'être à son jeu, en se disant :

— Il gagne beaucoup d'argent!... il a cabriolet!... il est très-riche!... Parbleu!... je le crois bien!... Mais si l'on savait par quels moyens il fait fortune... et moi qui le sais!... et qui n'ose pas le dire... Je suis un grand drôle... Je voudrais bien m'en aller sans que cela se remarquât. Ah! mon Dieu! je crois qu'il m'a vu... cet homme... il me reconnaît... il va peut-être s'en aller... S'il pouvait s'en aller...

Mais, au lieu de s'éloigner, M. Mortandal, qui venait de regarder attentivement Bouchenot, se contente de se pencher vers madame Merlier, qui est alors près de lui, et semble lui adresser des questions ; puis, au bout de quelques instants, il s'approche de la table de bouillotte, et se tient justement en face de celui qu'il a aussi reconnu.

— Quelle audace! se dit Bouchenot; il vient se poser là... devant mes yeux... me braver... J'ai beau tâcher de prendre sur moi... je me sens bien mal à mon aise... je dois avoir l'air très-bête en ce moment.

Bientôt une place est vacante à la bouillotte, M. Mortandal s'y met, et se trouve ainsi faire la partie de Bouchenot; celui-ci n'est plus maître de son trouble, quoique le Marseillais semble lui sourire et affecte de lui parler avec une extrême politesse.

— Mon tout! mon tout! mon tout! s'écrie Bouchenot en roulant des yeux effarés autour de lui. Cette manière de jouer fait d'abord reculer les personnes qui font la partie de Bouchenot; mais bientôt pourtant le *tout* offert est tenu, et Bouchenot est décavé.

— Comment, monsieur, vous faites votre tout avec deux huit et une dame! dit le Marseillais en regardant Bouchenot d'une façon singulière.

— Oui, monsieur, répond celui-ci en se levant et quittant la table; c'est comme cela que je joue à la bouillotte... chacun a sa manière.

— Je doute que ce monsieur gagne souvent, dit un des joueurs lorsque Bouchenot est éloigné.

— Je crois que monsieur était indisposé et voulait s'en aller, dit un autre, car depuis quelques moments il n'était pas du tout à son jeu.

Le Marseillais ne dit rien, mais il tourne doucement la tête pour regarder la porte du salon, qui venait de se refermer sur Bouchenot, qui s'était doucement glissé jusque-là, et était parti après avoir pris le premier chapeau qu'il avait trouvé sous sa main.

CHAPITRE XX. — Une fortune inattendue.

— Eh bien, dit Cœlina en voyant revenir Bouchenot près d'elle, et en remarquant son trouble, sa pâleur, le désordre qui règne dans toute sa personne, qu'avez-vous, cher ami, que vous est-il donc arrivé ce soir?... Comme vous voilà défait... bouleversé! Est-ce que vos coliques vous ont pris dans cette belle réunion pour laquelle vous vous étiez fait si beau?

— Oui... répond Bouchenot en se jetant sur une chaise, je me suis trouvé... fort mal à mon aise... je suis sorti très-vite.

— Mais savez-vous que ça devient inquiétant, un mal qui revient si souvent? Voulez-vous que j'aille chercher le médecin?

— Non, c'est inutile... je me sens déjà mieux.

— Veux-tu prendre quelque chose?

— Je ne veux rien.

— Tu ne veux rien prendre! Oh! certainement, tu es malade, cher ami; tu n'es pas dans ton état naturel.

— Cœlina, laissez-moi tranquille, vous me ferez bien plaisir.

— Tiens, ce chapeau dont la coiffe est blanche... et la tienne était noire... Ce n'est pas ton chapeau, cela.

— C'est possible... Je trouvais aussi en chemin qu'il m'était un peu large.

— Comment, tu n'as pas vu que tu te trompais de chapeau!... Il me semble cependant qu'une coiffe blanche ne ressemble pas à une noire.

— Quand on est pressé, cela se ressemble beaucoup...

— Et qui te pressait donc tant?

— Puisque je vous ai dit que j'avais mes coliques...

Cœlina hoche la tête d'un air de doute et en murmurant :

— Tout cela n'est pas naturel... Certainement on a quelque secret qu'on ne veut pas me confier... et c'est bien mal : avec qui aura-t-on de la confiance si l'on en manque pour sa meilleure amie, pour celle qui nous a donné des preuves de son sincère attachement, qui nous a aimé dans l'infortune, et qui ne voudrait des richesses que pour les partager avec nous?

Tout en disant cela, la jeune fille s'est rapprochée de Bouchenot; elle passe une de ses mains derrière son épaule; l'autre, elle lui caresse doucement le menton, et lui dit avec une voix suppliante :

— Mon petit Bouchenot, je serai bien discrète, je te le jure!... mais apprends-moi ce qui te tourmente comme cela quelquefois... ce qui te rend tout à coup triste quand tu étais gai... muet quand tu étais bavard... ce qui, enfin, change tout à coup ton humeur... Oh! tu vas me le dire... n'est-ce pas que tu vas me le dire?

— Cœlina, fais-moi le plaisir de me laisser tranquille, répond Bouchenot en repoussant sa maîtresse.

La petite enlumineuse s'éloigne avec dépit, et Bouchenot cherche dans le sommeil l'oubli de ses terreurs de la soirée.

Le lendemain, Cœlina boudait encore, et Bouchenot faisait un petit paquet de ses effets pour les transporter au domicile de Henri, qui allait devenir le sien. Il se hâtait lentement, suivant son habitude, lorsqu'il s'agissait de prendre une sage résolution. Mais son gousset était vide; le travail de Cœlina n'était que bien juste suffisant pour subvenir à ses besoins, il fallait donc se résoudre à faire aussi quelque chose pour gagner de l'argent.

— Voilà, que c'est! dit Bouchenot après avoir terminé ses préparatifs. Maintenant, il faut aller prendre le collier de misère. Ce n'est pas le travail qui m'effraye, certainement... mais ce qui m'afflige, c'est de te quitter... ma petite Cœlina... j'étais si heureux près de toi... Eh bien! tu ne me réponds pas... tu me boudes, Cœlina?

— Laissez-moi tranquille, monsieur, répond la petite enlumineuse. Hier au soir vous n'avez pas voulu me parler; moi, je ne veux pas vous répondre à présent. Chacun à son tour.

— Hier... j'étais malade.

— Oh! oui, comme je danse.

— Aujourd'hui, je vais te quitter... veux-tu nous séparer fâchés?

— Vous ne méritez pas que je vous aime.

— Si... tu verras... dès que j'aurai fait fortune dans le commerce... et je tâcherai que ce soit le plus vite possible, c'est à tes pieds que je viendrai déposer le fruit de mes veilles.

— Nous verrons cela... Maintenant que vous aller habiter chez M. Henri, il va vous mener tous les soirs avec lui dans le monde... dans de belles réunions comme celles d'hier...

— Oh! je n'irai pas! je te certifie que je ne veux plus y retourner, dans ces belles sociétés où l'on rencontre des gens... où l'on se trouve avec toutes sortes de gens!... Je te le répète, c'est près de toi que je viendrai passer tous les moments que j'aurai de libres... et je tâcherai d'en avoir souvent.... Mais il se fait tard... midi est sonné, et je devais être chez Henri de bonne heure... Adieu, ma petite Cœlina. Je vais prendre en bas un commissionnaire, qui marchera derrière moi avec mon paquet; j'aurai l'air d'aller aux diligences.

— Veux-tu que je te le porte, ton paquet?

— Non, chère amie, non : il ne faut jamais réduire la beauté à l'emploi de portefaix... J'ai encore quinze sous... ce sera suffisant pour payer la commission.

— Et tes amis George et Timothée, tu ne vas pas leur dire adieu?

— Certainement ils ne sont pas dans leur chambre à m'attendre... D'ailleurs, je les gronderai de ce que je me suis pas parti plus tôt, et ce n'est pas la peine. Ils viendront me voir... à mon bureau.

Bouchenot embrasse Cœlina et se dispose à sortir, lorsqu'une voix crie dans l'escalier:

— Monsieur Bouchenot!... trois sous, s'il vous plaît!

— Tiens! c'est toi que l'on appelle, dit Cœlina en regardant son amant.

— Moi!... répond Bouchenot en devenant tout tremblant. Je n'y suis pas!... dis que je n'y suis pas!...

Et déjà Bouchenot se sauve dans la petite pièce qui sert de cuisine, et, dans son trouble, il veut se cacher derrière la fontaine, lorsque sa maîtresse court après lui en lui disant :

— Mais qu'est-ce qui te prend donc encore?... qu'est-ce que tu as?... C'est le facteur qui t'appelle!... n'entends-tu pas sa claquette... et n'a-t-il pas demandé trois sous?

— Le facteur... tu crois que c'est le facteur? répond Bouchenot d'un air inquiet.

— Sans doute, c'est une lettre pour toi... je vais aller la chercher...

— Une lettre... pour moi... de Paris... Mais si c'était autre chose!... Il faudrait s'assurer auparavant...

Mais Cœlina n'écoute plus Bouchenot, elle est déjà dans l'escalier, et elle remonte bientôt, tenant une lettre à sa main.

— Tu vois bien que je ne m'étais pas trompée... c'est une lettre pour toi... la voilà.
— C'est singulier!... dit Bouchenot en s'emparant de la lettre ; je n'attends pas de nouvelles... qui donc peut m'écrire ?
— Oh! quelque femme sans doute! cela se devine!...
— Non... ce n'est pas là une écriture de femme.
— Pourquoi donc ? il y en a qui écrivent comme des peintres, maintenant. C'est quelque beauté dont vous aurez fait la conquête hier, en société, et qui vous donne un rendez-vous...
— Hier... en société... Oh! non... je ne pense pas avoir fait de conquêtes hier...
— Au reste, j'espère que je vais savoir ce qu'on vous écrit... Voyons... ouvrez donc... dépêchez-vous donc... Ah ! il y a longtemps que j'aurais brisé le cachet, moi !..

Madame Gimblanc et madame Durieux.

Bouchenot examinait et tâtait la lettre, il semblait craindre qu'en la décachetant elle ne fit explosion. Il ne reconnaissait pas l'écriture, qui, quoique belle, semblait contrefaite. Enfin, il se décide cependant à briser le cachet ; mais auparavant il s'éloigne de Cœlina en lui disant :
— Permettez, chère amie, il peut y avoir là dedans des choses qui ne concernent pas les femmes.
— Oh! c'est bon !... lisez... mais il faudra bien que je la lise aussi, moi... ou sans cela, gare à vos yeux !
Bouchenot se retire dans l'embrasure d'une fenêtre ; il ouvre la lettre, et là, la première chose qui frappe ses regards est un billet de banque, plié en quatre, qui était renfermé dedans.
Par un mouvement aussi prompt que la pensée, Bouchenot a saisi le billet de banque, l'a roulé dans sa main et glissé dans sa poche, en tournant le dos à Cœlina, qui ne s'est aperçue de rien. Il se hâte ensuite de lire sa lettre, qui n'est point signée, et contient ces mots :
« Je croyais ne jamais vous revoir ; car dans l'état où je vous vis pour la première fois, je ne devais pas soupçonner en vous un homme qui est reçu dans le monde ; puisque nous nous sommes retrouvés, j'espère que vous serez toujours aussi fidèle au serment que vous nous avez fait : je viens de prendre des informations sur vous, je sais que la fortune ne vous est point favorable, je vous prie d'accepter les mille francs que renferme cette lettre, et tous les mois vous recevrez par la poste cinq cents francs pour prix de votre discrétion. »
Bouchenot a cessé de lire, mais il tient toujours ses regards attachés sur la lettre ; il semble absorbé dans ses réflexions. L'étonnement, la joie et la crainte se partagent tour à tour son être ; il ne sait s'il doit ajouter foi à ce qui lui arrive ; il relit encore le billet anonyme, dont il devine aisément l'auteur.
Cœlina, impatientée de ce que la lecture du billet se prolonge, se rapproche de son amant, et passe doucement la tête par-dessus son épaule en s'écriant :
— Il paraît qu'il y en a long !... voyons un peu ça !...

Mais Bouchenot froisse la lettre dans ses mains et la fourre précipitamment dans sa poche en disant :
— Ce sont des affaires particulières... des choses... de famille qui ne regardent que moi... vous ne pouvez pas voir cette lettre.
— Je ne puis pas voir cette lettre! répond la petite enluminée en devenant pâle de jalousie et de colère. Ah ! par exemple, ce serait un peu fort... Vous ne pensez pas sans doute que je me contenterai de cette réponse !
— Il le faudra bien. Je vous répète, Cœlina, que ce billet n'a rapport qu'à des affaires de famille.
— Vous mentez, vous n'avez plus de famille... tous vos parents sont morts, vous me l'avez dit cent fois.
— Je me trompais !... il m'était resté un cousin... un arrière-cousin... c'est lui qui m'écrit.
— Et comment s'appelle-t-il, ce cousin ?... voyons, quel est le nom de la personne qui vous écrit ?... Eh bien... vous ne pouvez pas répondre... vous ne savez pas même le nom de celui qui vous écrit ?
— Si, mademoiselle, je le sais... mais je ne veux pas le dire.
— Monsieur Bouchenot, montrez-moi cette lettre... tout de suite... je veux la lire.
— Mademoiselle Cœlina, je vous répète que vous ne la lirez pas, parce qu'elle parle de choses qui ne sont pas de votre compétence.
— C'est bien, monsieur, il suffit, il est inutile de chercher à me tromper... je ne suis pas encore bête comme Prudence, Dieu merci !... je vois ce qui en est, cette lettre est d'une femme... vous avez une intrigue nouvelle... je m'en doutais... Depuis longtemps vos mystères... vos distractions, vos soi-disant coliques m'avaient donné des soupçons, maintenant je n'ai plus même l'ombre d'un doute ; vous en aimez une autre... je suis délaissée, trahie !...
— Cœlina, je te certifie qu'il n'en est rien... il n'est pas du tout question d'amour dans cette lettre...
— Eh bien alors, montrez-la-moi... laissez-moi la lire... Bouchenot... mon petit Bouchenot... je t'en supplie... laisse-moi lire cette lettre... ou je vais grincer des dents et m'arracher les cheveux.
— Tu ne l'arracheras rien du tout, et je ne te montrerai pas la lettre... je suis désolé de te refuser, mais cela ne peut pas être autrement.
— Ah! vous le prenez sur ce ton, monsieur ! s'écrie Cœlina en s'éloignant de Bouchenot ; eh bien, tout est fini entre nous... je ne veux plus vous voir... je ne veux plus entendre parler de vous...
— Comme il vous fera plaisir, mademoiselle.
— Voilà vos effets, monsieur, emportez votre paquet... il n'est pas trop lourd...
— C'est ce que je vais faire, mademoiselle.
— Et ne vous donnez pas la peine de revenir chez moi, parce que je n'y serai jamais.
— Cela suffit, mademoiselle, on s'y conformera ; j'ai bien l'honneur de vous souhaiter le bonjour.
Bouchenot prend son paquet et descend fort tranquillement l'escalier ; quand il est arrivé au premier étage, Cœlina lui jette sur la tête une brosse à dents et un peigne en lui criant :
— Tenez, monsieur, voilà qui vous appartient encore... je ne veux garder aucun de vos effets ; donnez cela à votre nouvelle maîtresse pour la mettre dans ses meubles.
Bouchenot foule dédaigneusement à ses pieds le peigne et la brosse à dents, et sort de la maison en se disant : — Je vais m'y mettre, moi, dans mes meubles, et cette fois ce sera un peu élégant, je m'en vante.
Cinq cents francs par mois ! se répète Bouchenot en marchant au hasard le long des quais, tenant son petit paquet sous son bras gauche, et de sa main droite caressant le billet de banque, qui est dans la poche de son pantalon : cinq cents francs par mois ! cela fait six mille francs de rente par an !... cela représente un capital de cent vingt mille francs... et même plus, maintenant que la rente est à cent neuf quatre-vingts... Il est vrai qu'on doit rembourser le cinq pour cent... Mais, moi, je suis tranquille, on ne me remboursera pas mon capital... j'ai donc maintenant six mille francs de rente... C'est une fort jolie fortune pour un garçon... qui n'avait rien... mille francs comptant que je tiens,... que je palpe... que je caresse... dont je puis à présent faire tout ce que bon me semblera... Ah ça ! mais... c'est magnifique tout cela... me voici dans une position superbe !... suis-je bien éveillé !... Moi... qui n'avais que l'espoir d'une place médiocre... où il aurait fallu travailler comme un nègre... me voilà riche... me voilà rentier et maître de mon temps !... Je n'ai plus rien à faire qu'à m'amuser du matin jusqu'au soir... Oh! mais c'est charmant !... je suis le plus heureux des mortels !...
Et Bouchenot, qui sourit parlant seul, comme cela arrive fréquemment aux personnes fortement préoccupées, est sur le point de se mettre à danser sur le quai, lorsque tout à coup sa figure se rembrunit, sa gaieté disparaît, son front se plisse et devient soucieux ; c'est qu'alors Bouchenot fait d'autres réflexions, c'est qu'il se dit :
— Mais cette fortune qui me tombe... non pas du ciel, mais d'une source bien criminelle !... si l'on venait à découvrir de qui je la tiens... ne serais-je pas regardé comme complice de cet homme qui

paye mon silence ?... Ah ! mon Dieu !... cette réflexion me fait frissonner !... Que faire ?... quel parti prendre ?...

Et Bouchenot marche plus lentement, d'un pas plus lourd cette fois, et il ne se sent plus envie de chanter, de danser en marchant; mais cependant sa main droite ne sort pas de son gousset et ne cesse pas de caresser le billet de banque.

Après être resté assez longtemps dans l'indécision du parti qu'il doit prendre, Bouchenot se dit :

— Vraiment je suis bien niais de me consulter pour savoir si j'accepterai ou si je refuserai la fortune qui m'arrive... Il faut bien que je l'accepte... J'y suis forcé. Car à qui la renverrais-je ?... Cette lettre est anonyme... Je me doute de qui elle vient... mais je n'ai pas de preuve... La personne peut nier. Irai-je renvoyer ce billet de banque à M. Mortandal... à ce Marseillais qui ne m'a pas adressé un seul mot ?... Il pourrait me répondre qu'il ne sait pas ce que je veux dire...

Un habitué de la maison Merlier.

qu'il ne me connaît pas, qu'il ne m'a jamais vu, et certainement il me répondrait cela... et moi, que dirais-je alors ? j'aurais l'air d'un imbécile... Allons, décidément il faut que je me résigne à avoir désormais six mille livres de rente, et à disposer des mille francs que j'ai dans ma poche... Ma foi, tant pis, je me résigne.

Et Bouchenot reprend une physionomie tout à fait riante, car il a cherché à se persuader qu'il n'avait aucun reproche à se faire, et il y a facilement réussi. Du moment que l'on capitule avec sa conscience, c'est que l'on a déjà l'intention de ne plus écouter sa voix. En fait de probité, de délicatesse, celui qui hésite est déjà coupable ; dans une âme honnête, il y a un sentiment de droiture qui n'admet pas comme faisable ce dont on pourrait avoir à rougir.

— Que vais-je faire maintenant ? dit Bouchenot ; je suis brouillé avec Cœlina, et je n'en suis pas très-fâché ; car un homme qui a six mille livres de rente ne peut pas demeurer avec une enlumineuse, fi donc !... et loger rue de la Calandre !... quelle horreur ! Il me faut maintenant un appartement dans le beau quartier... dans la Chaussée-d'Antin ; je veux devenir un petit-maître, je veux coucher avec des gants, je veux être mis dans le dernier goût, et porter un lorgnon, deux lorgnons même si c'est le genre !... Oh ! comme je vais faire sauter mes six mille livres de rente ! et pour commencer je ne vais plus à pied... A pied... avec un paquet sous le bras... Ah ! mon Dieu ! je dois avoir l'air d'un tailleur... Si je jetais mon paquet dans la Seine... Non... il y a des choses dedans qui pourront encore me servir ; mais je vais prendre un cabriolet pour chercher un logement. Holà, cocher ! ici !

— Montez, mon bourgeois !

— Je vous prends à l'heure ! mais allons très-vite, vous aurez pour boire.

— Cela suffit, bourgeois ; voyez votre montre.

— Ma montre, dit Bouchenot en faisant semblant de tâter à son gousset. Ah ! diable ! je l'ai perdue !...

— Vous l'avez perdue... mais on vous l'a peut-être volée ?

— C'est encore très-possible... On me l'aura volée ?

— Avez-vous fait votre déclaration, bourgeois ?

— J'en serais bien fâché ! est-ce que j'ai le temps de m'occuper de ces misères-là ! j'en achèterai une autre. Allons, fouettez votre cheval.

— Où allons-nous, bourgeois ?

— Chercher des logements.

— Des logements ! où ça ?...

— Parbleu ! dans le beau quartier ; menez-moi dans la Chaussée-d'Antin, et là nous nous arrêterons devant les écriteaux.

Le cocher fouette son cheval, et conduit Bouchenot rue du Mont-Blanc. Chemin faisant, le jeune homme se penche sur le tablier, ou avance la tête hors du cabriolet pour tâcher d'être remarqué par les passants ; il se trouve si bien en voiture, qu'il ne pense plus à en descendre, lorsque son cocher lui dit :

— Bourgeois, voilà un écriteau.

— Très-bien, allez demander au concierge ce qu'il y a à louer, et quel est le prix ?

Le cocher entre dans la maison et revient dire :

— Bel appartement complet, avec des caves et papiers peints, en couleurs, tout frais ; deux mille cinq cents.

— C'est trop grand, répond Bouchenot ; voyons ailleurs.

On fait dix pas, et l'on aperçoit un nouvel écriteau. Bouchenot fait arrêter et descendre le cocher, qui revient lui dire :

— Petit logement, une pièce et un cabinet sur le derrière, de garçon ; deux cents francs.

— C'est trop petit.

A peine le cocher est-il remonté dans le cabriolet, qu'on aperçoit un écriteau de l'autre côté de la rue, il faut s'arrêter de nouveau. Le cocher va aux informations en disant :

— Il me semble, bourgeois, que ce n'est pas la peine que je remonte pour redescendre à chaque porte cochère...

— Il est certain que ce n'est pas commode d'être en cabriolet pour chercher des logements, dit Bouchenot ; vous allez continuer de marcher, et moi je vais vous suivre dans le cabriolet, je ne descendrai qu'aux appartements qui me sembleront convenables.

Le cocher de Bouchenot.

Le bourgeois et le cocher passent de cette manière deux heures rien que dans la rue du Mont-Blanc ; tantôt c'est le cocher qui va devant aux informations, tantôt c'est Bouchenot qui descend pour aller visiter les logements. Enfin, dans la rue Saint-Lazare, Bouchenot se décide à louer un petit appartement de cinq cents francs, dans lequel on peut entrer sur-le-champ.

Le concierge de la maison tend la main pour recevoir le denier à Dieu ; Bouchenot se tâte, il n'a sur lui que quinze sous et son billet de banque. Il présente ses mille francs au concierge en lui disant :

— Je n'ai que des billets de banque sur moi, pouvez-vous me changer cela ?

— Très-facilement, monsieur, il y a un banquier dans la maison.

— Alors allez me chercher de la monnaie.

Le concierge prend le billet de banque en s'inclinant jusqu'à terre, parce qu'un homme, qui n'a que des billets de mille francs dans sa poche, est, aux yeux du vulgaire, un être supérieur, digne qu'on le traite comme un prince. Pendant qu'il va chercher de la monnaie, Bouchenot se dit :

— J'ai un logement, c'est très-bien, mais il n'y a rien dedans, et je n'ai pas envie de coucher par terre; heureusement qu'à Paris, avec de l'argent, on peut en une journée se procurer un ménage complet... on trouverait jusqu'à une femme et des enfants.

Le concierge revient avec un sac d'argent, qu'il présente humblement à Bouchenot. Celui-ci, après l'avoir généreusement payé de sa peine, lui dit :

— Mon cher ami, je voudrais maintenant avoir des meubles pour mon appartement; j'ai fait cadeau de ceux que j'avais à ma dernière maîtresse... Connaissez-vous par ici un tapissier... je payerai comptant.

— J'ai bien mieux que cela à vous offrir, monsieur, répond le concierge. Un Anglais qui loge dans cette maison, et qui repart pour Londres, veut vendre son mobilier... C'est très-joli, tout neuf; et comme il est pressé de partir, vous aurez cela pour rien.

— Pour rien ! je le prends. Peut-on voir sur-le-champ ce mobilier ?
— Oui, monsieur, c'est dans la maison.
— Conduisez-moi, concierge... Cocher, veux-tu venir voir le mobilier ?
— Merci, bourgeois, il faut que je garde ma voiture.
— C'est juste, garde notre voiture... fais manger ton cheval; double la ration, c'est moi qui régale.

Le concierge mène Bouchenot chez l'Anglais qui veut se défaire de ses meubles. Le marché est bientôt conclu. Moyennant six cents francs, Bouchenot se trouve possesseur d'un charmant mobilier qui lui aurait coûté le triple chez un marchand. Il y a jusqu'à des draps à son lit et des foulards pour mettre sur sa tête. Il est dans l'enchantement. Il paye sur-le-champ. Il est sur le point d'embrasser le concierge; il le charge de faire transporter ses meubles dans son logement, et celui-ci ne lui demande que deux heures pour avoir fini.

Bouchenot remonte dans le cabriolet et se fait reconduire dans son ancien logement de la rue de la Calandre. Son intention n'est point de remonter chez lui, ni de retourner chez Cœlina; mais ce qui lui importe beaucoup, c'est que là on sache sa nouvelle adresse, afin de pouvoir la donner lorsque le facteur viendra lui apporter les lettres. Comme c'est par la poste que Bouchenot doit recevoir ses rentes, il tient essentiellement à ce que la poste ne mette pas ses lettres au rebut. Il va donner sa nouvelle adresse à la fruitière, à l'épicier, à tous les boutiquiers des environs; il distribue d'avance des pourboires, et incessamment la main à la poche, on lui promet de donner fidèlement son adresse au facteur.

Bouchenot quitte alors son ancien quartier en murmurant : Adieu, Rome ! je pars !... je deviens dès aujourd'hui un heureux habitant de la Chaussée-d'Antin... je déjeunerai chez Tortoni et je dînerai au café de Paris !... Autre temps !... autres soins !... et je ferai ce qui me fera plaisir, depuis le matin jusqu'au soir... Ah ! mon Dieu !... à propos de cela ! et Henri qui m'attend ce matin pour m'installer à son bureau !... Je n'en veux plus, de sa place !... je n'en ai plus besoin. Mais cependant il ne faut pas le laisser m'attendre... ce serait malhonnête, et je ne veux pas qu'on dise que la fortune me rend impoli. Si j'allais dire à Henri qu'il peut disposer de sa place... Mais si je vais le voir, il me questionnera... me demandera d'où me vient l'argent que je dépense... non... je ne veux pas aller le voir... Parbleu !... écrivons-lui; une lettre, c'est bien plus commode. On n'écrit ce que l'on veut et on ne répond à rien. Cocher, arrêtez-moi dans ce café là-bas.

— Oui, bourgeois.

Bouchenot entre dans un café; il se fait servir un verre de vin de Malaga, demande du papier, une plume, et écrit à Henri la lettre suivante :

« Mon cher Henri, ne m'attends pas ce matin pour travailler : des affaires imprévues m'empêcheront d'aller chez toi; je te dirai en même temps que tu peux disposer de la place que tu m'avais proposée; décidément je ne la prendrai pas. Des rentrées de fonds sur lesquelles je ne comptais pas me permettent une existence plus libre. J'ai changé de projet, et je renonce au commerce. Je n'en suis pas moins reconnaissant de tes offres, et je te prie de me croire toujours ton ami. »

Après avoir signé cette lettre, Bouchenot se dit :

— J'aurais peut-être dû parler à Henri de l'argent que je lui dois... Ah ! bah !... il n'en a pas besoin maintenant, et je le lui rendrai plus tard. Portons cette lettre à son adresse.

Bouchenot remonte en cabriolet, se fait conduire devant la demeure de Henri, fait remettre par son cocher la lettre qu'il vient d'écrire, puis se fait ramener à son nouveau logement de la rue Saint-Lazare, où il congédie son cabriolet après avoir généreusement rétribué le cocher.

— Le logement de monsieur est prêt, les meubles sont transportés, et j'espère que monsieur sera satisfait de l'arrangement du mobilier, dit le concierge en présentant une clef à son nouveau locataire, comme on présente à un conquérant les clefs d'une ville.

— Bravo, mon concierge ! dit Bouchenot en prenant sa clef. Vous êtes un homme expéditif; j'aime cela. Désormais, c'est vous que je charge d'avoir soin de mon appartement; vous ferez mes chambres, mes bottes; vous battrez mes habits, et vous fixerez vous-même vos émoluments; cela vous va-t-il ?

— Oui, sans doute, monsieur, je serai toujours à vos ordres.

— A propos ! je n'ai pas encore songé à vous donner mon ancienne adresse; si vous vouliez aller aux renseignements...

— Ah ! fi donc ! monsieur me fait une injure... on voit bien à qui l'on a affaire, et je n'ai pas besoin d'aucune information avec monsieur.

— Allons ! se dit Bouchenot, il paraît que j'ai l'air très comme il faut !... Ce que c'est pourtant que d'avoir toujours l'argent à la main !

CHAPITRE XXI. — L'amour s'en va, l'amitié s'éloigne.

— Charmant ! enchanteur ! délicieux ! s'écrie Bouchenot en se jetant sur une petite causeuse qui est placée en face de son lit. J'ai un logement très-confortable !... un joli mobilier... je suis dans le quartier le plus élégant de la capitale, et j'ai de l'argent plein un sac... Quand je dis plein, je me trompe... j'en ai pas mal dépensé aujourd'hui. Voyons ce qui me reste..... trois cent soixante-cinq francs... c'est encore fort gentil; cependant il faudra me modérer pour arriver jusqu'à la fin du mois; c'est égal, me voici dans une position fort agréable... je ne me suis jamais vu si bien; jouissons de ma fortune, soyons heureux, amusons-nous... mais dans le bon genre, car il faut savoir tenir son rang. Et puis... qui sait ?... si quelque grande dame devenait amoureuse de moi, si quelque riche héritière acceptait mon hommage... pourquoi ne ferais-je pas un beau, un riche mariage, qui doublerait, triplerait ma fortune ?... Si l'occasion se présente, je ne la laisserai pas échapper.

Et Bouchenot se lève; il se promène avec délices dans son appartement, qui n'est composé que de deux pièces et une petite entrée, parce qu'à la Chaussée-d'Antin on n'a que peu de chose pour cinq cents francs, mais qui est fraîchement peint et décoré avec goût.

— Ce local est gentil, se dit Bouchenot, mais plus tard j'en prendrai un plus grand. En ce moment il est suffisant pour les meubles que j'ai achetés; si je faisais un riche mariage, c'est alors que je veux avoir un mobilier élégant, moderne, gothique,... tout ce qu'il y aura de plus à la mode... et voiture... qui sait si je n'aurai pas voiture ?... rien ne me semble impossible à présent. Rangeons mes effets dans mes meubles.

Bouchenot défait le petit paquet qu'il a apporté, et dans lequel il y a quatre chemises, six mouchoirs, douze faux cols, un pantalon, un gilet et quelques paires de bas. Il ouvre une assez jolie commode en acajou, qui est placée dans sa chambre à coucher. Il étale dans un tiroir ses chemises, dans un autre ses faux cols, en se disant :

— Je ne suis pas encore très-bien monté en linge, mais plus tard tous ces tiroirs seront pleins... j'économiserai sur mes autres dépenses. Oh ! je veux avoir de l'ordre, beaucoup d'ordre... je veux m'être plus reconnaissable. Ah ! j'ai un somno... il est fort gentil, mon somno... j'ai une glace... Ah ! non, elle est à la maison; mais j'ai deux fauteuils et six chaises en étoffe de soie... une causeuse... un secrétaire... une commode, une table... Je suis très-bien meublé ! je puis recevoir du beau monde. Ah ! je donnerai des thés, des punchs, des soirées. Ah ! Dieu ! vais-je m'amuser !

Et Bouchenot saute dans sa chambre; puis il se jette dans un fauteuil; il se relève pour aller s'asseoir sur une chaise, et va ensuite s'étendre dans sa causeuse, d'où il va se mettre sur son lit pour voir s'il est bien bon.

Après avoir fait ce manège pendant assez longtemps, il commence à se sentir fatigué de s'asseoir, et il va se mettre à la fenêtre pour faire connaissance avec ses voisines, dans le cas où il en aurait de jolies.

Mais les fenêtres qui lui font face restent fermées; une seule s'ouvre enfin, et il en sort d'une soixantaine d'années se montre avec un turban sur sa tête, du fard sur ses joues et une verrue sur le nez. Bouchenot jette un regard sur son nouveau voisin, et celui-ci se hâte de refermer sa croisée en se disant :

— Si toutes mes voisines sont dans ce genre-là, je ne me mettrai pas souvent à la fenêtre. Il faut convenir que Cœlina valait mieux que cela... Elle était gentille, Cœlina... et elle encore... mais une grisette, une enluminée... cela ne peut plus s'harmoniser avec moi. Je l'aurai bien vite oubliée, tout s'oublie dans ce monde!... surtout lorsqu'on est en position de se procurer des distractions... Allons nous distraire... et d'abord allons nous commander une jolie redingote à la mode, car un homme qui a un joli logement comme celui-ci ne peut pas toujours sortir avec le même habit.

Bouchenot va chez un tailleur; il se commande une redingote, il la veut pour le lendemain, il payera comptant; avec ces mots magiques on lève tous les obstacles. Il donne son adresse en criant bien haut : Monsieur Bouchenot, rue Saint-Lazare, Chaussée-d'Antin ! Il lui semble qu'on ne peut plus demeurer que dans ce quartier-là; déjà à ses yeux tout ce qui n'habite pas la Chaussée-d'Antin ne vaut pas la peine d'être connu; les personnes qui logent dans d'autres quartiers sont des parias, des malheureux qu'on ne peut aller voir sans se compromettre. La fortune a tourné la tête à Bouchenot, qui d'ailleurs n'en avait pas une bien solide; elle a su plus d'une fois la tourner à des gens d'esprit; il n'est donc pas étonnant qu'elle agisse rapidement sur quelqu'un qui n'a jamais eu que fort peu de raison. Pour résister aux faveurs de la fortune, pour ne point changer lorsqu'elle nous comble de ses dons, il faut souvent plus de force de caractère que pour supporter les coups du sort. Le malheur se reçoit comme une chose toute naturelle, comme une vieille connaissance dont on doit toujours attendre la visite; le bonheur, au contraire, nous éblouit et nous étonne; c'est un étranger qui nous arrive, et que nous ne sommes pas si bien préparés à recevoir.

En attendant l'heure du dîner, le nouveau riche est allé se promener sur le boulevard des Italiens. Là il s'étudie à copier la tournure, les manières et jusqu'à la démarche des jeunes gens les plus à la mode; il veut devenir un dandy, et pour cela il se guinde, se tient bien roide, semble gêné dans ses bottes, et fait continuellement une grimace comme quelqu'un qui passerait près d'une fuite de gaz.

Après une assez longue promenade, pendant laquelle Bouchenot n'a pas osé sourire une seule fois, parce qu'il craint que ce ne soit mauvais genre, il entre pour dîner au café de Paris; là, il n'est encore occupé qu'à examiner comment dînent les petits-maîtres. Il demande de l'eau de Seltz, qu'il n'aime pas, parce qu'il en voit prendre à des fashionables, et n'ose pas demander de l'omelette soufflée, qu'il aime, parce que c'est mauvais genre.

Le soir, pour achever de prendre les bonnes manières, Bouchenot va aux Italiens, dont il n'entend pas la langue, et dont il n'a jamais su apprécier la musique. Vers le milieu du spectacle, il se sent une très-grande envie de dormir; mais il parvient à la combattre, s'efforce d'avoir l'air enthousiasmé, et crie à chaque instant : *Bravi ! brava ! bravo ! bravissimo !*

En sortant du spectacle, Bouchenot veut rentrer chez lui; mais, peu habitué au quartier de la Chaussée-d'Antin, il se perd dans les rues qui conduisent à la sienne, et ce n'est qu'après avoir fait trois fois le chemin, qu'il arrive enfin dans sa nouvelle demeure, qu'il craignait déjà de ne plus retrouver.

La porte cochère, qui reste ouverte le matin, est naturellement fermée le soir. Bouchenot veut frapper, il cherche le marteau, il n'y en a pas; il cherche une sonnette, il n'en trouve point.

— Ah çà ! comment diable fait-on pour rentrer chez soi quand on demeure dans ma nouvelle maison ? se dit Bouchenot. Certainement je suis fort content d'avoir un joli logement à la Chaussée-d'Antin, mais s'il faut que je reste toute la nuit à la porte, cela me gênera beaucoup pour sortir... Holà !... hé !... concierge !... portier !... quelqu'un !...

Personne ne répond, et comme il est tard, la rue Saint-Lazare, assez peu fréquentée du côté de la rue de Clichy, prend un aspect de solitude qui ne rassure pas Bouchenot. Il donne des coups de pied, des coups de poing dans la porte cochère de sa nouvelle demeure; mais elle ne s'ouvre pas et personne ne répond.

— Sacrebleu ! est-ce que je vais coucher dans la rue ? cela commence à m'embêter !... crie Bouchenot, qui oublie alors son rôle de fashionable. Je n'ai pas loué un appartement de cinq cents francs pour faire toute la nuit sentinelle devant... Holà !... concierge !... le cordon, s'il vous plaît... le cordon, fichtre !... je vais me fâcher !... Ah ! on me laisse coucher dehors... nous allons voir... Au voleur !... à la garde ! à l'assassin !... au secours !...

Personne ne répond, aucune fenêtre ne s'ouvre, aucune lumière ne paraît. Seulement une ou deux personnes qui allaient suivre la rue se sauvent à toutes jambes en rebroussant chemin.

— Il paraît que dans ce quartier on laisse tuer les gens sans même leur offrir un verre d'eau ! se dit Bouchenot, las de crier inutilement. Personne ne bouge... j'ai fait fuir deux passants. C'est gentil ! Soyez donc attaqué par ici... les voleurs peuvent travailler fort à leur aise... cela n'est pas rassurant du tout... Et ce misérable concierge, auquel j'ai donné aujourd'hui une quinzaine de francs, et qui me laisse dans la rue. Ah !... une autre idée pour me faire ouvrir !... oui, cela vaudra beaucoup mieux. Au feu ! au feu ! au feu !

Pendant longtemps ces cris ne produisent aucun effet ; enfin une fenêtre s'ouvre au troisième étage de la maison où demeure Bouchenot. Un vieux monsieur paraît en robe de chambre et la tête couverte de trois foulards ; il regarde dans la rue en demandant d'une voix aigre :

— Où donc est le feu?

— Chez votre femme ! répond Bouchenot au hasard.

— Tiens, polisson ! voilà pour t'apprendre à te moquer de moi et à réveiller les gens, dit le vieux bonhomme en jetant dans la rue le contenu d'un vase de nuit, et au même instant la fenêtre est refermée.

— Ah ! pour le coup, c'est trop fort !... crie Bouchenot exaspéré par le liquide qui mouille son habit. Si c'est comme cela qu'on est traité quand on loge à la Chaussée-d'Antin, demain je donnerai congé. Mais en attendant je veux rentrer, je veux qu'on m'ouvre, je démolirai plutôt la maison.

Et Bouchenot, qui vient de ramasser des pierres, en jette contre les persiennes qui garantissent les carreaux; il se dispose même à en jeter contre la porte cochère, lorsqu'il se sent tout à coup arrêté par un bras vigoureux; il se retourne avec effroi, et il s'aperçoit qu'une patrouille est derrière lui.

— Ah ! vous voulez démolir la maison ! dit le caporal sans lâcher Bouchenot. Voilà un joli jeu !... mais nous y mettrons ordre... Allons, suivez-nous, mon petit monsieur.

— Caporal, répond Bouchenot, je suis enchanté que vous soyez arrivé avec votre patrouille. Voilà une heure que je suis dans la rue; je ne peux pas rentrer chez moi, on ne veut pas m'ouvrir... J'emploie tous les moyens pour me faire entendre... c'est pour cela que je jetais des pierres dans les croisées.

— Ah ! c'est pour rentrer chez vous que vous jetez des pierres.... A d'autres, monsieur; vous nous prenez sans doute pour des conscrits. En attendant, vous allez venir coucher au corps de garde.

— Au corps de garde !... Pourquoi donc cela, caporal ? puisque je vous dis que je demeure là... Faites-moi ouvrir ma porte, cela vaudra beaucoup mieux.

— Allons ! pas tant de raisons, et suivez-nous.

— Mais, caporal, j'ai loué un appartement de cinq cents francs à la Chaussée-d'Antin, je ne peux pas coucher au corps de garde...

— Marchons, et plus vite que cela... Je vous ai pris lançant des pierres dans les croisées... ce n'est pas comme cela que l'on rentre chez soi.

— Mais quand on ne trouve ni marteau ni sonnette pour se faire ouvrir.

— Mauvaise défaite que cela !... est-ce que chaque maison n'a pas ce qui est nécessaire pour entendre les locataires ?...

— Je vous assure... caporal... Venez plutôt chercher avec moi.

— En route ! vous vous expliquerez au corps de garde.

Bouchenot est obligé de marcher au milieu de la patrouille, sous peine de s'y sentir contraint par des crosses de fusil; il cède à la force publique, mais ce n'est pas sans maudire son destin et les appartements de la Chaussée-d'Antin.

On arrive au poste voisin, Bouchenot demande à parler au commandant; mais, comme le commandant du poste vient de s'endormir, le caporal ne juge pas nécessaire de le réveiller, et il fait entrer Bouchenot au violon, où il passe la nuit dans la compagnie d'un homme ivre et d'un voleur, ce qui est infiniment désagréable pour quelqu'un qui vient de louer un joli appartement et d'acheter un mobilier.

Enfin, au point du jour, le commandant du poste vient passer la revue de ses prisonniers. Bouchenot adresse ses réclamations, explique son aventure, et donne cent sous à un tambour pour qu'il aille jusqu'à son domicile chercher le concierge, qui viendra affirmer la vérité des faits.

Le tambour part et ne tarde pas à ramener le concierge, qui ne comprend pas pourquoi son nouveau locataire a couché au corps de garde, lorsqu'au moyen d'un joli bouton bronzé placé sur la gauche de la porte cochère, on tire une sonnette pour se faire ouvrir.

— Il fallait donc me le montrer, ce malheureux bouton ! s'écrie Bouchenot en quittant le corps de garde; je n'aurais pas crié au voleur, au feu, et jeté des pierres dans les persiennes... je n'aurais pas reçu... enfin voilà une nuit bien désagréable pour quelqu'un qui est enchanté d'avoir un logement à la Chaussée-d'Antin.

Arrivé devant son domicile, Bouchenot se fait montrer le bouton de bronze, qui est artistement caché dans un ornement; il le tire cinq ou six fois en s'écriant :

— Qui diable aussi aurait deviné qu'il y avait là une sonnette, un bouton qui se tirait?

— Monsieur, répond le concierge, cela se fait comme cela maintenant à toutes les maisons bien tenues... j'ai cru que vous deviez le savoir, sans quoi je vous l'aurais indiqué.

— C'est vrai ! c'est juste ! dit Bouchenot ; je le savais... mais la nuit, je n'ai pas pour deux liards de mémoire ; désormais je vous réponds que je ne coucherai plus au corps de garde... A propos, qui donc demeure au troisième, au-dessous de moi?

— Un vieux garçon, un ancien militaire.

— Ah ! bon ; je comprends pourquoi il a cru que je me moquais de lui cette nuit.

— Est-ce qu'il a provoqué monsieur ?... Cela ne m'étonnerait pas, parce que c'est un homme très-querelleur.

— Non... non... il ne m'a point provoqué. Au reste, ne lui dites pas que c'est moi qui cette nuit ai crié au feu : on se moquerait de moi, et c'est tout à fait inutile.

— Soyez tranquille, monsieur, je serai muet.

— Très-bien, concierge. A présent, je vais me coucher, parce qu'on dort très-mal au violon.

Bouchenot rentre chez lui, se met au lit, dort toute la journée, ne sort que pour dîner, et rentre de très-bonne heure, de crainte de ne savoir pas encore tirer la sonnette ; mais cette fois il rentre sans difficulté, et sans avoir attiré la patrouille par ses cris.

Quinze jours se sont écoulés depuis que Bouchenot demeure rue Saint-Lazare, et qu'il cherche à prendre les manières d'un homme du grand monde ; il se lève fort tard, passe des heures entières à sa toilette, va se promener, lit les journaux, dîne, va au spectacle ou au concert, et rentre chez lui, où il fume des cigarettes parfumées.

Cette nouvelle manière de vivre ne l'amuse pas excessivement ; mais elle flatte son amour-propre, et il se persuade qu'il s'y accoutumera. Ce qui le surprend, c'est de n'avoir encore fait aucune conquête, c'est de n'avoir pas reçu un seul billet doux. Cependant, au spectacle, à la promenade, dès qu'il voit une dame élégante et jolie, il fait tous ses efforts pour en être remarqué. Plus d'une fois même il a glissé une déclaration, et tout cela n'a pas amené une seule bonne fortune. D'où vient qu'il était plus heureux près des femmes au temps où il ne possédait que l'habit qu'il portait sur son dos, et qui n'était pas toujours d'une extrême fraîcheur ? Bouchenot se fait souvent cette question, et n'y trouve pas de réponse. Il ne comprend pas que l'on plaît davantage lorsque l'on est soi, avec les défauts que la nature nous a donnés, que lorsqu'on veut changer, forcer son naturel. Bouchenot courant les grisettes, mettant son chapeau sur le côté, et ne se guindant pas dans sa marche, avait une allure vive et gaie qui pouvait plaire quelquefois. Bouchenot singeant le petit-maître, se tenant bien roide et n'osant pas sourire, est devenu ridicule, et si on le remarque, ce n'est plus que pour se moquer de lui.

Ne forçons point notre talent,
Nous ne ferions rien avec grâce.

Un soir, pourtant, comme il rentrait chez lui, le concierge appelle Bouchenot, et lui dit avec un malin sourire :
— Une dame est venue demander monsieur.
— Une dame ! répond Bouchenot en se gonflant de plaisir.
— Oui, monsieur... ou une demoiselle, je ne sais pas au juste.
— Était-elle bien élégante ?
— Mais... pas trop !... une petite robe simple... un bonnet...
— Alors, c'était donc une femme de chambre ?
— Cela se pourrait bien ! oui, c'est sans doute une femme de chambre.
— Qu'a-t-elle demandé ?
— Si monsieur demeurait ici... à quelle heure on le trouvait.
— C'est sa maîtresse qui l'envoie aux informations. A-t-elle dit de quelle part elle venait ?
— Non, monsieur.
— Ah ! que je suis bête !... une grande dame n'ira pas dire son nom au concierge !... A-t-elle laissé quelque chose ?
— Non, monsieur ; mais elle a dit qu'elle reviendrait demain matin, avant onze heures.
— Fort bien, vous la laisserez monter... elle a sans doute un billet doux qu'elle ne veut me donner qu'en mains propres.

Bouchenot monte chez lui ivre de joie ; il est persuadé qu'il a fait la conquête d'une grande dame, il se voit déjà le héros d'une aventure brillante ; il reçoit des présents, il est fêté, chéri, recherché partout ; il se promène dans l'équipage de sa belle. Elle lui prête ses chevaux, en attendant qu'elle lui offre sa fortune et sa main. Enfin, il se couche, et fait des rêves charmants. Le lendemain, dès qu'il est éveillé, il court à sa toilette, car il veut que la femme de chambre puisse faire un rapport favorable de son élégance. Il envoie son concierge lui acheter une robe de chambre de Perse, parce qu'il pense qu'un jeune homme du grand monde doit être le matin chez lui en robe de chambre. Cela le gênera un peu pour arriver à la fin du mois ; mais il ira moins au spectacle et dînera chez un modeste restaurateur.

La robe de chambre est apportée. Bouchenot se drape dedans : il est frisé, parfumé, pommadé. Il a mis sa clef en dehors, afin qu'on puisse entrer sans qu'il se dérange. Puis il s'est couché à demi dans sa causeuse, cherchant la pose la plus favorable à ses grâces ; là, il attend avec impatience que la femme de chambre vienne remplir son message.

A dix heures et demie, on frappe deux coups à la porte du carré.
— Entrez !... crie Bouchenot sans se déranger.
La porte s'ouvre, et bientôt Cœlina entre dans l'appartement.
Il serait difficile de peindre la figure de Bouchenot en reconnaissant Cœlina ; toutes les illusions qui le berçaient viennent de s'évanouir ; après avoir poussé une exclamation de surprise, il se laisse aller sur sa causeuse en murmurant :
— Ah ! mon Dieu ! c'était bien la peine que je fisse l'emplette d'une robe de chambre !
— C'est moi, dit la jeune fille en s'approchant de celui qui fut son amant. Eh bien !... vous faites une drôle de mine... on dirait que ma visite ne vous fait pas plaisir.
— Votre visite, répond Bouchenot avec embarras ; ma foi, j'avoue que je m'y attendais le peu !...
— Vous ne m'y attendiez pas ?... Cependant, je suis venue hier au soir, on a dû vous le dire... et j'avais votre portier de...
— Ce n'est pas un portier, ici ; c'est un concierge.
— Portier, concierge, suisse, ça m'est bien égal. Enfin, je lui avais dit que je reviendrais ce matin.
— Mais vous ne lui aviez pas dit votre nom ?
— Je pensais que ce n'était pas nécessaire, et que vous me reconnaîtriez bien vite au portrait qu'il vous ferait de moi.
— J'avoue que vous êtes la dernière personne à laquelle j'aurais pensé.

— Eh bien ! vous êtes aimable !
— Ah ! pardon, c'est que je veux dire... je ne croyais pas que vous penseriez à venir me voir.
— Il est bien sûr que je ne l'aurais pas dû... si j'avais eu un peu de cœur... mais ensuite j'ai réfléchi que... comme je vous ai cherché dispute pour cette lettre... vous n'oseriez peut-être pas revenir me voir... tout en ayant pourtant l'envie... de faire votre paix avec moi. Et ce qui m'a surtout fait penser cela, c'est que vous avez eu bien soin de venir donner votre nouvelle adresse à tous nos voisins... à la fruitière, à l'épicier... c'est par eux que je l'ai sue. Je me suis dit : Puisqu'il désire que je sache où il loge, c'est que probablement il espère me recevoir chez lui... Je me suis dit cela souvent... me serais-je trompée ?... et n'était-ce pas dans l'espoir que je viendrais que vous aviez donné votre adresse à nos voisins ?

Cœlina fait une petite mine si gentille en disant ces mots, que bien des hommes ne lui eussent répondu qu'en l'embrassant. Mais la fortune arrête souvent ces doux élans du cœur auxquels une âme franche et simple ne craint point de se livrer. On a donc raison de dire que la fortune ne fait pas toujours le bonheur.

Bouchenot, ne sachant que répondre, prend le parti de présenter un siège à Cœlina en lui disant :
— Asseyez-vous donc, mademoiselle.
— Mademoiselle !... asseyez-vous !... O mon Dieu, avec quelle cérémonie vous me parlez ! répond la petite grisette en se rapprochant toujours de la causeuse. Mais puisque vous êtes assis là... il me semble que je puis m'y mettre aussi... Est-ce que vous ne le voulez pas ?
— Je ne dis pas cela... mais cette causeuse est si étroite... on est obligé d'être si près l'un de l'autre !...
— Nous avons quelquefois été plus près encore, et alors vous ne vous en plaigniez pas !

Bouchenot ne trouvant rien à répondre à cela, se contente de se reculer un peu pour faire une place près de lui, et Cœlina s'y assoit d'un air moitié triste et moitié riant.
— Vous avez un bien joli logement ! dit la jeune fille au bout d'un moment de silence ; c'est très-beau ici... l'escalier est ciré, et c'est autre chose que la rue de la Calandre !... Et ces meubles... quel genre !... Vous avez donc fait fortune, monsieur ?
— Non, mademoiselle, je n'ai pas fait fortune... c'est-à-dire... oui... j'ai recueilli un héritage... d'un parent éloigné... ainsi que me l'annonçait la lettre que j'ai reçue chez vous... mais vous ne vouliez pas me croire ; vous voyez bien maintenant que c'était la vérité.
— Alors vous ne m'avez pas du tout parlé de fortune... et puis, quand on reçoit des nouvelles heureuses, je ne comprends pas pourquoi on ne veut pas les laisser lire... à sa bonne amie.
— Est-ce que vous allez recommencer vos questions, mademoiselle ? Si c'est pour cela que vous êtes venue...
— Non, monsieur, non... Oh ! je vous bien promis de ne plus rien vous demander... Vous garderez vos secrets... je ne vous en parlerai plus..... à condition que vous me direz que vous m'aimez toujours... que ce n'est pas une femme qui vous a donné tout cela... enfin, que vous n'avez pas une autre maîtresse... Dites-moi cela, et je ne serai plus fâchée avec vous... et je ne vous ferai plus aucune question, je ne vous chercherai pas querelle... je ne serai plus jalouse ni méchante, et nous serons ensemble comme autrefois ; car, quoique vous m'ayez quittée bien vite, bien brusquement... ah ! je vous aime toujours, moi !... et depuis votre séparation, je n'ai pas été un seul jour sans pleurer... et puis je me disais : Il viendra peut-être aujourd'hui... et j'écoutais, je tremblais quand on montait l'escalier... mais ce n'était pas vous !... Et j'ai été si contente lorsqu'on m'a donné votre adresse !... et je me suis dit : Il m'attend, il me désire... Eh bien ! dites-moi donc que c'était vrai !...

Bouchenot se gratte l'oreille, se drape, s'examine, et répond :
— Comment trouvez-vous cette robe de chambre ? n'est-il pas vrai qu'elle est superbe, et que cela me va bien ?... C'est qu'il y a de mieux porté.
— Eh ! mon Dieu, oui !... votre robe de chambre est superbe, mais vous ne répondez pas à ce que je vous dis...
— C'est de l'étoffe de Perse... heim ! fameux genre ! On ne portait pas de cela rue de la Calandre.
— Non, car quelquefois même on n'y avait pas de quoi se vêtir... mais aussi, alors, on daignait répondre aux personnes... on ne les regardait pas avec elles un ton dédaigneux... et même on avait l'air de les adorer... Ah ! je vous aimais mieux comme cela qu'avec cette belle robe de chambre.
— Mademoiselle !... je ne sais pas trop pourquoi vous me dites tout cela ; il me semble que je suis bien le maître de m'habiller à ma fantaisie ; et quand on loge à la Chaussée-d'Antin, ce n'est pas pour ne point suivre les modes.
— Mademoiselle !... toujours mademoiselle !... Ah ! je vois bien que c'est fini, et que vous ne m'aimez plus du tout !

Bouchenot garde le silence ; Cœlina détourne un peu la tête, et bientôt des pleurs inondent son visage. Quoiqu'elle veuille cacher ses larmes, celui qui est assis près d'elle n'est pas longtemps sans les

voir couler; alors il se sent tout ému, et il prend une des mains de la jeune fille en lui disant :
— Pourquoi donc pleurez-vous ?...
— Ah! vous le savez bien !
— Mais je ne veux pas vous faire du chagrin, moi !... Voyons, Cœlina, ne pleurez plus, soyez raisonnable, et écoutez-moi.
— Je vous écoute.
— Vous êtes bien gentille... certainement, vous êtes bien gentille, et je vous aime encore... parce que... vous êtes bien gentille.
— Après, mais après donc !
— Ah! toujours vive comme la poudre !... Eh bien, ma chère amie, nous pouvons encore nous voir quelquefois... Je le veux bien, moi, vous viendrez... quand je vous écrirai de venir. Vous concevez bien que nous ne pouvons plus vivre ensemble comme autrefois... ma nouvelle position ne me le permet pas... elle me privera aussi du plaisir de sortir avec vous... Ce sont des sacrifices que l'on doit à la société dans laquelle on vit. Mais, je vous le répète, cela ne nous empêchera pas de nous aimer encore... d'être bien amis ensemble, et quand je pourrai vous recevoir, je vous avertirai.

Cœlina ne répond pas; mais elle essuie ses yeux, fourre son mouchoir dans la poche de son tablier, et se lève vivement en retirant sa main, que Bouchenot retenait encore.
— Eh bien, que faites-vous donc ? dit le jeune homme.
— Je m'en vais... Adieu, monsieur Bouchenot.
— Comment ! vous vous en allez ainsi... sans me répondre ?... Qu'est-ce que cela signifie ?
— Cela signifie, monsieur, que je ne veux pas de la tendresse d'un homme qui rougirait de moi... qui ne veut pas qu'on sache qu'il m'aime... qui se croit trop grand seigneur pour sortir avec moi. Cela signifie que votre orgueil et vos prétentions me font pitié, et que je suis trop fière, quoique grisette, pour avoir un amant qui me ferait cacher ou sauver quand il lui viendrait du monde...
— Mais, Cœlina... je...
— Oh! vous ne pensiez pas ainsi lorsque vous mettiez tout en sous le robinet de la fontaine, afin de faire avec moi le beau Léandre, pour m'attendrir, pour me séduire !...
— Mademoiselle... alors...
— Alors, vous étiez moins bête qu'à présent, monsieur, car vous saviez trouver des paroles pour vous faire aimer, et maintenant vous ne savez pas même avouer franchement que vous ne m'aimez plus. Mais, soyez tranquille, mes visites ne vous ennuieront pas davantage. Je ne suis pas assez grande dame pour venir à la Chaussée-d'Antin, et je n'y viendrai plus ; je vous le promets. Quant à vous, monsieur, je ne pense pas que vous puissiez désormais vous compromettre en venant rue de la Calandre. Cependant, si par hasard votre sort changeait, si votre nouvelle fortune s'en allait aussi vite qu'elle est venue, alors, monsieur, vous me trouverez toujours... prête à vous rendre service si je le puis, et je vous recevrai mieux que vous ne m'avez reçue aujourd'hui. Je vous salue, monsieur Bouchenot.

En achevant ces paroles la jeune fille quitte l'appartement ; elle est déjà sortie de la maison avant que son ancien amant soit revenu de sa surprise.
— Ma foi, tant pis ! je ne courrai pas après elle, se dit Bouchenot au bout de quelques instants. Je l'aurais bien encore aimée quelquefois en passant... pour rire ; mais puisqu'elle prend la chose au sérieux, j'aime autant ne plus la voir. D'ailleurs, on aurait su que je recevais une grisette... cela m'aurait compromis... elle a bien fait de s'en aller... C'est dommage que ce ne soit pas une vraie dame qu'il faut, car elle est fort jolie... mais j'en trouverai qui me conviendront mieux... Cela ne peut pas me manquer... je me mettrai à ma fenêtre avec ma robe de chambre.

Le lendemain de cette visite, au moment où il se disposait à quitter sa robe de chambre pour sortir, Bouchenot entend frapper à sa porte. Il fronce le sourcil en se disant :
— Allons, je gage que c'est encore mademoiselle Cœlina qui revient à la charge !... Cette petite grisette ne me laissera pas tranquille... cela devient insupportable... Si cela continue, je serai obligé de la faire consigner chez mon concierge... Allons, entrez... la clef y est !...

Cependant on a ouvert la porte, et, au lieu de la petite enluminée, c'est George et Timothée qui entrent dans l'appartement.
— Que vois-je ! s'écrie Bouchenot ; ce sont mes chers amis... ces bons amis... Ah! voilà une surprise charmante !
— Eh! oui, c'est nous !... Il faut bien venir te trouver, puisqu'on ne te voit plus et qu'on n'entend plus parler de toi, dit George en prenant la main de Bouchenot.
— Diable ! quel logement ! quel luxe ! s'écrie Timothée. Quand Cœlina nous a dit que tu avais fait fortune, nous ne voulions pas le croire, mais je vois qu'elle ne nous mentait pas.
— Ah ! est-il beau avec sa robe de chambre !...
— Il a l'air d'un pacha !
— N'est-ce pas, messieurs, que je la porte avec assez d'aisance ?... Eh ! mon Dieu ! cela n'est pas difficile du tout de faire le fashionable. C'est comme ce quartier ; je ne puis plus concevoir maintenant qu'on loge ailleurs qu'à la Chaussée-d'Antin !

— Ah ! ah ! il est précieux ce diable de Bouchenot, toujours farceur !...
— Farceur ? oh ! non, fi donc ! c'est mauvais genre... Je ne ris plus de farces, je ne ris plus... j'ai très-bon ton à présent. Mais asseyez-vous donc sur ma causeuse, messieurs, vous serez bien mieux.

George et Timothée se jettent sur la causeuse, et Bouchenot s'assied en face d'eux, en se drapant avec soin dans sa robe de chambre.
— Ah çà ! mon cher Bouchenot, dit George, tu vas nous apprendre par quel concours d'événements tu as été amené à cette heureuse position. Nous pensions, Timothée et moi, que tu étais entré chez Henri, que tu demeurais avec lui ; mais il y a quelques jours, nous le rencontrons, nous lui demandons de tes nouvelles, et pour toute réponse il nous montre la lettre qu'il a reçue de toi, et par laquelle tu lui dis de disposer de l'emploi qu'il te destinait. Henri était aussi curieux que nous de savoir quel changement s'était opéré dans ta fortune, il nous a questionnés à ce sujet, mais nous n'en savions pas plus que lui. Hier, Timothée a été s'informer de toi chez notre petite voisine. Elle lui a donné ton adresse, mais en soupirant, car elle prétend que la fortune a changé ton cœur. Nous n'avons pas voulu croire cela, et c'est pourquoi nous sommes venus te voir.
— Et vous avez bien fait, mes chers amis ; vous me trouverez toujours disposé à vous être utile ou agréable... Quant à la petite voisine... ah ! ma foi ! vous comprenez bien que des liaisons de ce genre-là ne peuvent toujours durer... Mademoiselle Cœlina a des manières... un langage... qui ne conviennent plus... cela sent trop la grisette.
— Dis-nous que tu ne l'aimes plus, et je trouverai cela tout naturel, répond George ; mais mépriser les grisettes... toi !... et oublier tout ce que cette jeune fille a fait pour nous ! Ah ! ce serait fort mal, Bouchenot, et je ne t'en ferais pas compliment !... Si la fortune te rend ingrat, cela ne prouve pas que tu mérites.
— Non, non... je ne suis pas ingrat ! mais enfin, messieurs, il faut tenir son rang dans la société... Sur le boulevard des Italiens on ne se promène pas avec une grisette sous le bras !
— On y promène souvent des femmes qui ne valent pas des grisettes ! Mais avec tout cela tu n'as pas répondu à notre question. D'où te vient donc ta nouvelle fortune ? Quel est l'emploi que tu occupes maintenant et qui te rend si fier ?
— L'emploi ?... mais je ne fais rien du tout, Dieu merci... je vis de mes rentes.
— Ah ! tu as des rentes ? dit Timothée en ouvrant de grands yeux, et depuis quand ?... Tu n'en avais pas quand nous ne possédions qu'un habit pour trois.

Bouchenot est embarrassé ; il ouvre et referme plusieurs fois sa robe de chambre, et regarde ses pantoufles en murmurant :
— Autre temps... autres soins... le destin ne nous est pas sans cesse contraire... le diable n'est pas toujours à la porte d'un pauvre homme... tant va la cruche à l'eau...
— Ah çà ! Bouchenot, est-ce que tu veux jouer Sancho Pança ? dit George en riant ; laisse là tes proverbes, et réponds-nous. D'où te vient ta nouvelle fortune ?
— Ma foi, mes amis, répond Bouchenot, s'il faut l'avouer... j'ai gagné à la loterie...
— A la loterie ! dit George en regardant fixement Bouchenot ; mais elle est supprimée depuis un an !...
— Eh non !... ce n'est pas à la loterie, c'est à la roulette que je voulais dire.
— A la roulette ! dit Timothée ; mais toutes les maisons de jeu sont fermées depuis six mois !...
— Mais non... non... ce n'est pas à la roulette, reprend Bouchenot en s'entortillant dans sa robe de chambre ; je veux rire... je sais très-bien que les jeux sont fermés... grâce au ciel !... car c'était une chose bien immorale... bien scandaleuse !... Et combien de pères de famille, de jeunes gens se sont perdus dans ces repaires infâmes !... j'en sais quelque chose, moi ! je m'y suis perdu très-souvent... un soir entre autres... et il pleuvait très-fort...
— Il n'est pas question de tout cela, dit George en interrompant le narrateur ; nous n'avons pas besoin d'entendre cette histoire ; c'est de ta nouvelle fortune que nous désirons savoir l'origine.
— Est-ce que je ne vous l'ai pas dit ? c'est drôle, je croyais vous l'avoir dit. Eh bien ! mes amis, c'est à la loterie étrangère que j'ai joué... j'ai pris un billet... vous savez de ces billets... dans des séries... C'est un banquier qui envoie cela... dans une lettre... quelquefois même sans affranchir !... C'était le château de Tranf... Trans... Trakenstemberg... un nom comme cela, qui était en loterie... Bref, c'est moi qui ai gagné... je pouvais aller habiter mon château, mais vous sentez bien que j'aimais mieux rester en France, à Paris, près de mes amis. Un banquier a offert de m'acheter mon château... cent vingt mille francs... j'y ai consenti, et je me suis fait six mille francs de rente...

Pendant que Bouchenot fait cette histoire, George fronce le sourcil, et son visage prend un air froid et sévère ; de son côté, Timothée regarde George d'un air qui veut dire : Est-ce que tu crois tout cela ?

Bouchenot a cessé de parler, et ses deux amis gardent le silence. Cependant au bout d'un moment, Timothée lui dit :
— Mais ce n'est pas une histoire de loterie que tu as contée à Cœlina ; tu lui as dit que tu avais hérité d'un parent éloigné.
— Ah ! oui... c'est vrai... je lui ai dit cela... mais vous concevez bien qu'on n'a pas besoin de dire à tout le monde de quelle manière on s'est enrichi.
— Lorsque la source d'une fortune n'a rien d'immoral, dit George, on ne doit pas craindre de l'avouer hautement ; mais quelquefois aussi on ne doit son aisance... qu'à une position... qu'à des concessions honteuses, et alors on invente mille histoires, plus absurdes les unes que les autres, afin de tâcher de dissimuler ce qu'on ne pourrait avouer sans rougir.
— Ma robe de chambre est un peu large des manches... dit Bouchenot. Mais cela se fera... c'est une étoffe de Perse... A propos, mes amis, j'espère que nous déjeunerons ensemble ?... Nous ne nous quitterons pas comme cela... Allons au café Anglais... c'est moi qui veux avoir le plaisir de vous offrir à déjeuner.
— Merci, dit George en se levant ; je ne puis accepter... j'ai affaire ce matin.
— Ah ! diable... c'est fâcheux... Mais au moins, Timothée...
— J'ai affaire également, dit Timothée en se levant aussi, et je vais partir avec George.
— Comment, messieurs, vous me refusez tous les deux ?... d'anciens amis... c'est très-mal... vous ferez vos affaires plus tard... nous allons rire ; nous boirons du champagne ! Allons, vous allez venir..
— Adieu, Bouchenot... Viens-tu, Timothée ? dit George d'un ton fort sec.
— Je te suis, dit Timothée en prenant son chapeau.
— Eh bien ! vous partez si vite... Qui diable vous presse donc tant ? s'écrie Bouchenot en suivant ses deux amis. Mais déjà ceux-ci ont gagné la porte du carré, et ils descendent l'escalier sans répondre et sans avoir serré la main que le nouvel enrichi leur tendait. Celui-ci rentre alors chez lui tout penaud, et se jette sur sa causeuse en se disant :
— Comme ils me quittent brusquement !... Est-ce qu'ils n'auraient pas donné dans l'histoire de la loterie étrangère ?... Après tout, est-ce qu'on ne peut pas avoir des secrets... des affaires particulières ?... Ces messieurs sont aussi par trop curieux. Vous verrez qu'on ne pourra pas être riche sans faire tambouriner comment on a acquis sa fortune... Qu'ils aillent donc faire de ces questions-là dans le grand monde, dans la belle société, et ils seront bien reçus !

CHAPITRE XXII. — Bouchenot veut se marier.

Le dernier jour du mois, Bouchenot reçoit une lettre par la poste ; elle est adressée à sa nouvelle demeure de la rue Saint-Lazare, ce qui prouve qu'avant de la lui envoyer on a été aux renseignements rue de la Calandre.
Bouchenot se hâte d'ouvrir la lettre, elle ne contient pas une seule ligne d'écriture ; mais en revanche elle renferme un billet de banque de cinq cents francs que Bouchenot contemple en s'écriant :
— C'est bien, c'est très-bien. C'est mon revenu que l'on m'envoie ; il est difficile d'être plus exact. Décidément mon argent est bien placé, et je puis dormir tranquille sur mes rentes. Je suis riche et je n'ai rien à faire... Comme c'est heureux... comme on a bien trouvé la profession qui me convenait!
Et Bouchenot continue le genre de vie qu'il s'est imposé en venant habiter à la Chaussée-d'Antin. Il se lève tard, passe une grande partie de la journée à sa toilette, va au café, lit les journaux, les revues, écoute les nouvelles, va se promener, dîne et ne se grise plus, parce que c'est mauvais genre ; il se rend ensuite au spectacle ou va se faire voir dans un jardin où l'on fait de la musique ; puis il rentre chez lui, et se couche en se disant :
— J'ai été bien comme il faut toute la journée ; je suis très-content de moi.
Plusieurs mois s'écoulent sans apporter de changements dans l'existence de Bouchenot. A la fin de chaque mois il reçoit régulièrement par la poste un billet de banque de cinq cents francs. Il s'est tellement accoutumé à cet envoi, qu'il n'éprouve plus d'émotions en décachetant l'enveloppe, et qu'il regarde maintenant le billet de banque sans sourire, et le place assez froidement dans un joli secrétaire dont il a fait emplette. Depuis quelque temps la physionomie du jeune homme a perdu cet air de satisfaction que lui avait donné la fortune ; elle se ranime plus, elle devient froide et sérieuse, on y cherchera en vain cette expression de gaieté pour laquelle elle brillait autrefois. Le Bouchenot de la Chaussée-d'Antin ne ressemble plus à celui de la rue de la Calandre. Si sa personne a gagné quelque chose du côté de la tenue, en revanche sa figure a beaucoup perdu de ce qui la caractérisait et lui donnait du charme.
Enfin, au milieu de ses grandeurs, de son joli appartement, au sein de la Chaussée-d'Antin, et drapé dans sa robe de chambre en étoffe de Perse, Bouchenot se surprend à bâiller fort souvent. En vain fait-il tous ses efforts pour échapper à l'ennui qui le gagne, en vain s'étale-t-il sur sa causeuse et se mire-t-il dans sa glace en se répétant :
— Je suis très-heureux... j'ai fort bon genre... il n'y a pas d'homme plus heureux que moi.
L'ennui, qui pénètre facilement sous une belle robe de chambre et dans un beau logement, s'est introduit chez Bouchenot, et semble vouloir s'y établir ; les habits à la mode, les parfums, les promenades, les soirées aux Italiens ne parviennent point à le chasser ; il fait, au contraire, de rapides progrès, et tient chaque jour fidèle compagnie au nouvel enrichi.
La petite Cœlina ne s'est pas présentée chez le jeune homme qui fut son amant, et celui-ci n'a pas eu besoin de la consigner chez son concierge ; George et Timothée ne sont pas non plus revenus rendre visite à leur ci-devant compagnon de chambrée. Quelquefois Bouchenot les a rencontrés sur son chemin ; mais au moment où il se disposait à leur parler, ceux-ci ont passé rapidement en ayant l'air de ne point le reconnaître ; Henri en a fait autant lorsqu'ils se sont rencontrés, et Bouchenot a été pour ses pas, son sourire et sa main qu'il a inutilement tendue vers ses anciens amis ; alors il s'est dit :
— Probablement ces messieurs sont jaloux de ma fortune... de ma belle position ; voilà pourquoi ils ne me parlent plus et ont l'air de ne pas me voir quand ils me rencontrent. Oh ! c'est cela, il n'y a pas le moindre doute ; ils sont vexés de me voir maintenant dans une situation aussi heureuse... Oh ! les hommes ! l'envie les ronge toujours... Cependant cela m'étonne de la part de mes anciens camarades... Ne plus me regarder parce que je suis riche... parce que je suis très-bien mis... et que j'ai très-bon genre !... Fi ! que c'est petit d'être jaloux de mon bonheur !
Cependant le bonheur de Bouchenot se compliquait de bâillements de plus en plus rapprochés, si bien qu'enfin n'y tenant plus et ne pouvant se dissimuler à lui-même l'ennui qu'il éprouvait, un beau matin, en se levant, Bouchenot se dit :
— Sacrebleu !... c'est bien embêtant d'être heureux comme je le suis... décidément je m'ennuie à crever !... C'est singulier... j'ai de l'argent de quoi m'amuser... et je ne m'amuse plus... Qu'est-ce que cela veut dire ?... à quoi cela tient-il ?... Je n'ai rien à faire... et je ne sais que faire de moi... c'est bien extraordinaire. Voyons, fichtre !... il faut trouver un moyen d'être heureux sans bâiller et sans avoir envie de dormir... Je ne veux pas que l'excès de mon bonheur me donne le spleen !... Je ne veux pas finir par me tirer un coup de pistolet, comme les Anglais, pour me désennuyer ; je veux rire, être gai comme au temps où je n'avais pas le sou... Alors les femmes et l'amour embellissaient mon existence... j'avais toujours trois ou quatre intrigues à mener de front ; maintenant rien... C'est inconcevable ! Les grisettes me rient au nez ! les femmes du monde ne font pas attention à mes œillades. Ah ! parbleu, il me vient une idée !... si je me mariais !... Se marier pour ne plus s'ennuyer !... au premier aspect cela paraîtra drôle... mais moi, j'ai l'espoir que ce changement de position me sera favorable. Au moins, en ayant une femme, j'aurai près de moi quelqu'un avec qui causer, je m'occuperai de mon ménage, cela me distraira... je prierai ma femme de me faire des confitures, je mangerai l'écume. Oh ! ce doit être fort amusant ! Ensuite j'aurai des enfants, beaucoup d'enfants ; je jouerai à la poupée avec ma fille, et à la toupie avec mon fils !... Ce sera délicieux ! Certainement alors je n'aurai plus le temps de m'ennuyer. Quel dommage que je n'aie pas eu cette idée-là plus tôt ! Marions-nous bien vite... Mais cependant épousons une femme riche, puisque je mange mes six mille livres de rentes tout seul, je n'en aurais pas assez avec une femme et des enfants.
Il ne s'agissait plus que de trouver une femme riche et jolie, car cette dernière condition semblait aussi indispensable à Bouchenot. Mais en allant fréquemment dans le même café, il avait fait connaissance avec un vieux garçon fort répandu dans le monde, et qui déjà, plusieurs fois, lui avait offert de le mener avec lui au bal ou en soirée. M. Feuillard, c'était le nom du vieux garçon, était un de ces hommes qui ont passé leur vie dans le sein des plaisirs, et que l'on est toujours certain de rencontrer à une fête, à une cérémonie, à une première représentation ; conservant, malgré son âge, les goûts et la toilette d'un dandy, il aimait surtout la compagnie des jeunes gens, et c'est pourquoi il avait pris Bouchenot en amitié.
Un matin, en prenant du chocolat à côté de sa nouvelle connaissance, Bouchenot lui dit :
— Monsieur Feuillard, vous ne croiriez pas une chose ?
— Qu'est-ce donc, mon cher ami ?
— C'est que moi... qui ai six mille livres de rentes, et rien à faire... moi qui habite la Chaussée-d'Antin et mange chez les premiers traiteurs de la ville, eh bien... je m'ennuie... je m'ennuie même beaucoup depuis quelque temps.
— Je ne vois rien d'extraordinaire à cela, mon cher ami ; car moi qui vous parle, et qui ai passé toute ma vie au sein des plaisirs, des fêtes, des réunions les plus brillantes ; moi qui n'ai jamais manqué un grand concert, une course de chevaux, une promenade de Longchamp, ni une première représentation ; eh bien, je puis aussi vous certifier que je me suis ennuyé fort souvent. Que

voulez-vous?... les mêmes plaisirs amènent quelquefois la monotonie; ensuite, vous concevez bien qu'un homme du bon ton ne doit pas rire et s'amuser comme un petit artiste, comme un pauvre étudiant pour qui tout est bon lorsqu'il y voit matière à se donner de l'agrément. Il nous faut à nous autres des amusements fins, délicats, recherchés; mais cela ne se rencontre pas aussi facilement : voilà pourquoi on bâille assez souvent en bonne compagnie. Mais rassurez-vous, l'ennui n'est pas de mauvais ton!... Vous ne serez jamais ridicule, pourvu que vous sachiez vous ennuyer convenablement. Vous nommerez cela vapeurs, maux de nerfs, malaise; on vous plaindra, et on aura pour vous mille petits soins.

— Monsieur Feuillard, tout cela est fort bien, mais je préférerais ne point m'ennuyer, et pour cela j'ai la fantaisie de me marier.

— Ah! ah!... singulière idée... elle ne m'est jamais venue, à moi. Mais, que sait-on, cela peut réussir... maintenant qu'on se traite par l'homœopathie. Nous vous marierons, mon cher, c'est très-facile !...

— Vraiment!... vous auriez quelque femme à me proposer?

— Femmes, veuves, filles. Eh! mon Dieu! est-ce qu'il n'y en a pas toujours? Tenez-vous à la fortune?

— Oui; j'ai six mille livres de rentes, il faut que ma femme m'en apporte au moins autant.

— C'est juste; il faut même qu'elle en ait davantage.

— J'aime encore mieux cela.

— Les demoiselles riches tiennent souvent à ces petits agréments de société qui plaisent dans le monde. Voyons, quels sont les vôtres?

— Mes agréments?

— Vos talents, si vous aimez mieux : êtes-vous peintre?

— Non.

— Poète?

— Non.

— Musicien?

— Non.

— Pas musicien du tout?

— Ma foi non.

— Comment, vous ne chantez pas votre petite romance... votre petit nocturne?

— Je ne sais que les chansons de Béranger.

— Diable!... je voudrais trouver tout de suite quelque chose pour vous faire briller.

— Je danse et valse très-vigoureusement.

— Fi donc! mon cher; on ne danse plus, on marche.

— Je bois un verre de champagne d'un trait.

— Ah! vous êtes *in gurgite*... Ce n'est pas mal, cela... c'est gentil à table; mais je voudrais autre chose près de la demoiselle... Que ferez-vous si on vous présente un *album*, avec prière de mettre quelque chose dessus?

— Je sais faire des chats en trois traits de plume.

— Vraiment!... c'est délicieux cela!... Voyons tout de suite votre talent, du papier, une plume!

Le garçon de café apporte ce qu'on lui demande. Bouchenot se met à faire des chats à main levée. Le vieux Feuillard est enchanté; il s'écrie :

— C'est parfait, c'est fort original : avec cela, vous pouvez trouver une demoiselle de douze à quinze mille livres de rente. Ce soir, venez avec moi, je vous présente dans une réunion où se trouvera mademoiselle Mirevalle. C'est une jeune personne riche, qui a la fureur des *albums*. J'aurai soin de parler de votre talent extraordinaire pour faire des chats à la plume; on vous enverra l'album; vous le reporterez vous-même : ce sera un moyen de vous introduire; vous ferez votre cour; le reste ira de suite.

Bouchenot est enchanté; il rentre chez lui, où il s'exerce toute la journée à faire des chats. Il use deux paquets de plumes et une main de papier; mais aussi il se sent de première force, et prêt à montrer son talent sur l'album d'une petite-maîtresse. Le soir, il va retrouver M. Feuillard, et celui-ci le mène chez un faiseur d'affaires de la rue de Provence où il y a grande réunion. La demoiselle Mirevalle ne tarde pas à venir, conduite par son père.

Depuis les six mille francs qu'il a à dépenser, Bouchenot a pris un aplomb qui dans le monde passe souvent pour du savoir-vivre. Il ne se sent plus embarrassé au milieu d'un salon, et soutient fort bien les regards de la société. Il se faufile près de mademoiselle Mirevalle; c'est une jeune personne assez jolie, qui semble aussi avoir une grande habitude du monde, et que l'on prendrait plutôt pour une dame que pour une demoiselle.

Le vieux Feuillard a su adroitement amener la conversation sur les albums, et parler du talent de Bouchenot ainsi que de son extrême complaisance; la soirée n'est pas écoulée que mademoiselle Mirevalle avait demandé au jeune homme la permission de lui envoyer son album, et que celui-ci avait promis d'y faire un chat à la plume.

Le lendemain Bouchenot reçoit l'album; après y avoir déployé tout son savoir-faire, il va lui-même le reporter à mademoiselle Mirevalle; car le vieux Feuillard lui a conseillé de bannir toute timidité et de se déclarer hardiment.

Le jeune homme est fort bien reçu. Le chat est trouvé ravissant. Bouchenot promet d'en faire pour plusieurs amies de mademoiselle Mirevalle, et il se trouve ainsi introduit près de la demoiselle à laquelle il veut faire sa cour.

Mademoiselle Mirevalle avait un caractère original et la prétention de ne point ressembler aux personnes de son sexe. Elle s'aperçut bientôt que Bouchenot cherchait à lui plaire. Elle trouva en lui plus d'affectation que de savoir-vivre, plus de prétention que d'esprit, parfois même dans ses manières une gaucherie qui avait quelque chose de comique. Tout cela aurait pu déplaire à une autre, et c'est, au contraire, ce qui fit que mademoiselle Mirevalle accueillit fort bien la déclaration de Bouchenot; d'ailleurs il lui sembla fort original de se marier par l'intervention d'un chat.

Au bout de fort peu de temps, certain du consentement de la jeune personne qu'il désirait épouser, Bouchenot songea à obtenir celui de M. Mirevalle. Le papa ne se laissait pas séduire par des dessins à la plume, mais il aimait beaucoup sa fille, et l'on avait tout lieu d'espérer qu'il approuverait le choix qu'elle avait fait.

Bouchenot alla donc faire sa demande au père de la demoiselle. M. Mirevalle, en homme sage, commença par demander à celui qui se présentait pour être son gendre des détails sur sa famille et sa fortune. Bouchenot se donna comme fils d'un gros négociant qui lui avait laissé six mille francs de revenu.

— Ma fille en aura le double, dit M. Mirevalle; cependant, si vous lui convenez, ce ne sera pas un obstacle. Sur quoi sont placés vos fonds?... en terres, en maisons, ou sur l'État?

Bouchenot ne s'attendait pas à cette question, elle le troubla, l'embarrassa beaucoup. Il tergiversa, et balbutia enfin :

— Mes fonds... mes fonds sont très-bien placés... on me paye régulièrement tous les mois.

— On vous paye tous les mois?... ce n'est donc pas sur l'État?

— Non... c'est un ami qui a mes fonds.

— Un ami... Mais est-il notaire, agent de change? banquier? a-t-il enfin une solvabilité reconnue?

Bouchenot tirait son mouchoir, le remettait dans sa poche et le retirait encore, en cherchant ce qu'il pourrait dire; son hésitation n'échappa point à M. Mirevalle, qui conçut des doutes sur la fortune du jeune homme, et lui dit d'un ton assez sec :

— Eh bien, monsieur, il me paraît que vous ne savez pas où sont placés vos fonds.

— Pardonnez-moi, répond Bouchenot en tâchant d'avoir un ton d'assurance. Pardonnez-moi... monsieur... mes fonds sont... chez un épicier.

— Chez un épicier! dit M. Mirevalle en laissant échapper un sourire moqueur. Singulier placement! En ce cas, monsieur, je vous engage à les retirer de là et à acheter des rentes; lorsque vous m'aurez apporté votre inscription au grand-livre, nous pourrons causer de votre proposition; mais jusque-là il est inutile que vous continuiez de faire la cour à ma fille, et que vous vous présentiez chez moi.

Et M. Mirevalle a tourné le dos à Bouchenot, qui s'éloigne tout honteux en se disant : — C'était bien la peine que je m'exerçasse à faire des chats à la plume! Voilà un père très-ridicule; je lui dis que j'ai six mille francs de rente, et il ne veut pas me croire sur parole. Je ne puis cependant pas lui en donner d'autres preuves. Je crois que c'est un prétexte qu'il a pris pour me refuser. Il ne me trouve pas assez riche. Je vais bien attraper tous ces gens-là, je vais épouser une demoiselle qui n'aura rien; avec de l'ordre, mon revenu nous suffira. Dans la société où m'a conduit le vieux Feuillard, j'ai remarqué une jeune personne ravissante... mademoiselle Desbruyer. J'ai demandé pourquoi elle ne se mariait pas; c'est qu'elle n'a pas le sou, m'a-t-on dit. Eh bien, moi, je veux me montrer plus grand, plus généreux que les autres hommes; j'épouserai mademoiselle Desbruyer.

Bouchenot dit à son vieil introducteur qu'il a changé de projets; que mademoiselle Mirevalle ne lui convient plus, et qu'il a jeté les yeux sur mademoiselle Desbruyer.

— Pour celle-là, dit M. Feuillard, elle est fort jolie, j'en conviens, mais elle n'a point de dot.

— Cela m'est égal, j'en ai assez pour nous deux.

— Par exemple, vous entreriez dans une famille très-honorable sous tous les rapports.

— Cela me suffit; connaissez-vous M. Desbruyer?

— Beaucoup.

— Présentez-moi comme un épouseur, et terminons promptement; j'ai hâte de me marier afin de ne plus m'ennuyer... Faudra-t-il faire des chats à la plume pour plaire à cette demoiselle?

— Non, celle-là est très-modeste, elle n'a point d'album.

— J'aime mieux cela. Avec une femme qui court après tous les artistes, après tous les hommes de mérite, et qui les supplie de lui faire quelque chose, je sens que je n'aurais pas été tranquille. Quand on épouse un homme parce qu'il sait faire un chat, il est probable qu'on le trompera avec un autre qui saura faire un cheval ou tout autre animal. L'amour des albums peut entraîner fort loin.

M. Feuillard a présenté son protégé chez les parents de la jolie fille, comme un jeune homme qui a été subjugué par les charmes de mademoiselle Desbruyer, et qui désire lui offrir sa fortune et sa main.

Bouchenot est parfaitement accueilli. Il se trouve au milieu d'une famille aimable, et il peut faire sa cour à une demoiselle charmante, qui reçoit ses hommages avec timidité, mais semble reconnaissante de ce qu'il a bien voulu l'aimer rien que pour elle. Il fait sa cour avec ardeur, il lui tarde d'être le mari d'une jeune personne belle, bien élevée, et qui semble posséder autant de qualités que d'attraits.

De leur côté, les parents sont enchantés d'avoir trouvé un bon parti pour leur fille, et rien ne semble devoir s'opposer à l'hymen de Bouchenot. Déjà le jour est fixé, on s'occupe des préparatifs de la noce, des invitations à faire, de la toilette de la mariée; lorsque le père de la future, se trouvant un jour seul avec Bouchenot, lui dit :

— En vérité, monsieur, je ne sais comment vous peindre ma reconnaissance ; vous avez de la fortune, et vous prenez une fille sans dot !... Bien peu d'hommes agiraient comme vous !...

Bouchenot montre à son nouvel ami quel talent il a pour dessiner les chats en trois traits de plume.

Bouchenot s'incline ; son futur beau-père continue :

— Vous ne trouverez pas mauvais sans doute, monsieur, que je vous demande quelques détails sur votre fortune. Un père doit avant tout savoir en quelles mains il confie son enfant, et mes questions ne peuvent vous offenser. Il est d'usage, en pareille circonstance, de communiquer à sa nouvelle famille ses titres, sa situation... Un seul coup d'œil me suffira... Soyez persuadé, monsieur, que cette demande m'est plutôt dictée par mon devoir que par aucun motif de méfiance.

— Que le diable t'emporte avec ton devoir ! se dit Bouchenot. Il va m'en demander autant que les autres... celui-là ! Si je lui dis que j'ai des rentes, il voudra sans doute aussi voir mon inscription. Voyons... payons d'audace ! essayons un autre moyen.

M. Desbruyer semblait étonné du silence que gardait son futur gendre ; celui-ci se tourne enfin vers lui et lui répond d'un ton très-rassuré :

— Monsieur Desbruyer, on vous a peut-être dit que j'avais de la fortune, des rentes ? eh bien, on vous a trompé.

— Comment, monsieur ?

— Oh ! rassurez-vous ! je n'en suis pas moins à mon aise. Je touche cinq cents francs par mois, payés fort régulièrement. C'est gentil.

— Vous avez donc un emploi, monsieur ?

— Un emploi... Oui, comme vous dites, j'ai un emploi...

— Et dans quelle partie, s'il vous plaît ?

— Dans quelle partie ?... Ah ! mon cher monsieur, vous êtes bien curieux.

— Curieux ! lorsqu'il s'agit de la destinée de sa fille... Monsieur, ma demande doit vous paraître, au contraire, toute naturelle. Veuillez bien me dire quel emploi vous occupez.

— Et si je ne veux pas vous le dire, moi ?

— Alors, monsieur, vous n'épouserez pas ma fille.

— Comment, vous me refusez votre fille qui n'a rien, quand je vous promets, moi, de la faire vivre dans l'aisance ! quand je touche cinq cents francs par mois !

— En toucheriez-vous dix fois autant, monsieur, je vous refuserais ma fille si j'ignorais de quelle façon vous gagnez cet argent.

— Monsieur Desbruyer, vous êtes ridicule.

— Non, monsieur, je suis un homme d'honneur, et je ne veux compter dans ma famille que des gens dont la position soit honorable. Si vous ne voulez ou ne pouvez répondre à mes questions, il est inutile que vous songiez encore à ma fille.

— Mais s'il m'est impossible d'y répondre, à vos questions ?

— Alors, monsieur, j'ai bien l'honneur de vous saluer.

Bouchenot a été poliment mis à la porte. Il rentre chez lui en se disant : — Tous ces gens-là sont horriblement ridicules... S'entêter à vouloir savoir comment j'ai de l'argent !... Puisque c'est comme cela, je ne me marierai pas. Au moins, on ne me fera plus de ces sottes questions auxquelles je ne puis pas répondre.

CHAPITRE XXIII. — Trois jeunes gens sur une autre route.

Laissons un peu Bouchenot dans son logement de la Chaussée-d'Antin, où il fait tout ce qu'il peut pour chasser l'ennui qui le ronge, et revenons près de ses trois amis, qui ont suivi une autre route pour trouver la fortune et le bonheur.

Timothée, ayant pour lui seul la rente que lui fait son père, et qui lui est suffisante parce que chez lui le goût du travail chasse les idées de dissipation, Timothée, pouvant alors s'habiller convenablement, a suivi ses cours, passé ses examens, et vient d'être reçu avocat. Fier de ce nouveau titre, il n'en a que plus d'ardeur au travail, et ses parents, enchantés de sa bonne conduite, doublent la pension qu'ils lui faisaient, afin de le mettre à même de paraître dans le monde, où le mérite ne suffit pas toujours pour parvenir, mais où il est rare cependant qu'un travail assidu et une bonne conduite ne soient point récompensés.

Visite de Cœlina à Bouchenot rue Saint-Lazare.

George a suivi la carrière des lettres, carrière ingrate, où les succès font des ennemis, où les lauriers sont des épines, où l'on n'arrive qu'à travers mille obstacles, parce que le mérite fait bien plus de jaloux que le travail et la bonne conduite. On pardonne à un homme d'avoir amassé de la fortune en travaillant, mais on ne lui pardonne pas d'avoir acquis un peu de gloire, et on cherche continuellement à la lui disputer. Ce qui console l'homme de talent, ce qui le fait marcher ferme dans la route qu'il s'est tracée sans redouter les frelons qui bourdonnent incessamment à ses oreilles, c'est qu'au milieu de cette foule d'envieux et de critiques, de sots, de pédants et de malveillants, surgit un monde étranger à toutes les coteries, un monde qui juge ses ouvrages sans passion, sans partialité, qui s'attache à ce qui lui plaît, qui repousse ce qui l'ennuie ou le fatigue. Ce monde-là est le vrai public ; c'est lui qui achète les livres et va en payant au spectacie; c'est lui qui fait les succès en dépit des journaux et de l'intrigue; et, quoi qu'on dise et que l'on fasse, ce n'est que par lui que l'on acquiert une réputation durable.

Les premières pièces de George avaient eu du succès; mais il avait besoin d'écrire plus largement ce qu'il pensait, ce qu'il observait; il se sentit le désir de laisser courir sa plume au gré de sa pensée, d'étudier des caractères, de les reproduire jusque dans leur intérieur le plus intime; il voulait pouvoir retracer avec les moindres détails les tableaux de mœurs, les scènes populaires, les portraits d'originaux, les sociétés bourgeoises, les ridicules de toutes les classes, et surtout ces scènes de la vie privée, ces sentiments de la jeunesse, de l'âge raisonnable; ces amours de la grisette et de la femme du monde; les contemporains enfin tels qu'on les rencontre à chaque pas dans la vie, et non pas avec ces passions forcées, ces beautés idéales que l'on ne trouve que dans l'imagination d'un auteur.

Il s'était dit : — On cherche en vain dans la campagne les bergères de Florian, parce qu'elles n'ont jamais existé telles qu'il les a dépeintes. Moi, je montrerai les paysannes comme je les vois, avec leurs mains rouges et calleuses, leur tournure lourde et gauche, leur langage grossier et souvent impertinent.

J'en ferai autant pour chaque personnage que je prendrai. Je ne donnerai pas à mes héros des sentiments que je n'ai rencontrés nulle part, ni des vertus qui n'existent pas; je peindrai les hommes tels qu'ils sont, avec leurs qualités, leurs défauts et leurs faiblesses : mais je choisirai de préférence des personnages plaisants et bons, des caractères comiques et francs; des sentiments tendres et doux, parce que la peinture des crimes, des atrocités, des vices hideux, attriste l'imagination, serre le cœur, et enfante quelquefois des pensées noires qu'il n'est pas nécessaire de propager, le monde étant déjà bien assez méchant par lui-même; et puis enfin parce que mon goût ne me porte pas à écrire du terrible, et que l'on fait mal ce qu'on ne fait pas avec goût.

Et comme dans une pièce de théâtre il est impossible de s'étendre, de détailler, de s'arrêter à loisir sur les défauts et les ridicules de ses personnages, George fit des romans, non pour y entasser événements sur événements, mais pour y retracer ce qu'il avait observé et entendu souvent.

Les romans de George eurent un succès que lui-même était loin d'espérer. Leur plus grand mérite était d'être vrais; mais dans tous les arts c'est toujours au vrai qu'il faut revenir.

Alors George fut impitoyablement critiqué dans des journaux, dans des revues; alors il reçut même des lettres anonymes et pseudonymes, où on lui demandait de quel droit il se permettait d'avoir des succès et d'être lu plus que les autres; lui, écrivain obscur, sans style, sans couleur, sans portée, sans nerf, sans élévation, sans mission, et surtout sans coterie.

Alors on lui apprit qu'il n'était que le romancier des cuisinières et des écaillères, ce qui lui fit penser que le nombre de ces dames était devenu assez considérable.

Comme il faisait parler un ouvrier comme parle un ouvrier, une paysanne comme parle une paysanne, une grisette comme parle une grisette, on lui dit qu'il ne savait pas écrire.

Comme il était gai et faisait souvent rire, on lui dit qu'il était indécent.

Comme il n'y avait dans ses ouvrages ni parricide, ni infanticide, ni fratricide, ni empoisonnement, ni inceste, on lui dit qu'il était immoral.

Quelques-uns, dans leur critique dédaigneuse, voulurent bien dire de lui : On le lit, mais on ne le juge pas.

Il aurait pu leur répondre avec plus de vérité : On vous juge, mais on ne vous lit pas.

Dans les premiers temps, George éprouva quelque chagrin de voir se soulever contre lui tant de jalousie et de colère; mais bientôt il prit toutes les critiques pour ce qu'elles valaient, il comprit que l'on ne s'attaque qu'aux gens qui réussissent, et que la gloire seule fait naître l'envie; alors, par le nombre d'injures de ses adversaires, il put calculer le succès de ses ouvrages; alors il remercia les auteurs d'écrits anonymes de vouloir bien se donner la peine de lui apprendre que sa réputation s'étendait chaque jour davantage, et continua de marcher dans la route qu'il s'était tracée, et qu'il savait être la bonne, d'après toute la peine que l'on s'était donnée pour la lui faire quitter.

Henri Jumière, toujours aussi épris de mademoiselle Giraumont, travaillait avec ardeur afin d'obtenir sa main. Henri voyait le succès couronner ses efforts; sa petite fortune s'augmentait, son crédit et sa réputation étaient déjà parfaitement établis, et s'il n'avait point encore un sort brillant à offrir à Pauline, au moins était-il certain de lui assurer une position honorable. Tout devait donc lui faire espérer de voir enfin sa demande agréée; encore quelques semaines, et Henri comptait presser le père de Pauline de consentir à son bonheur.

Le commandant du poste vient passer la revue des prisonniers. Bouchenot adresse ses réclamations.

Mais un soir, dans une réunion où il a coutume de se trouver avec celle qu'il aime, Henri est frappé de la pâleur, de la tristesse de Pauline, ainsi que de l'air froid et contraint avec lequel M. Giraumont l'accueille.

— Qu'est-il arrivé? qu'ai-je donc fait qui déplaise à M. votre père? dit Henri lorsqu'il peut s'approcher de Pauline. Et vous-même, pourquoi cette tristesse, cette pâleur? De grâce, dites-moi ce qui est arrivé.

— Demain, dit Pauline, demain dans la matinée, venez à la maison, mon père sera sorti, je pourrai tout vous dire. Ah! mon ami, j'ai déjà versé bien des larmes... nous sommes bien malheureux!

On doit penser avec quelle impatience Henri attend le moment de se trouver seul avec son amie. La soirée lui semble d'une longueur interminable; car M. Giraumont quitte peu sa fille, et il semble s'arranger de manière qu'elle ne puisse se rapprocher de Henri.

La nuit n'amène point de sommeil pour calmer les inquiétudes de l'amour, elle les augmente au contraire, et donne aux pensées de plus sombres couleurs. Enfin le jour renaît, Henri est debout; il compte les heures, les minutes, il ne vit pas jusqu'au moment où il peut se rendre près de Pauline; mais il la trouve versant des larmes qu'elle n'a pas la force de lui cacher.

— Parlez, de grâce! que se passe-t-il? quel malheur nous menace? dit Henri en prenant la main de son amie.

— Le plus grand de tous!... mon père ne consent plus à notre mariage. Il veut pourtant me donner un époux... mais ce n'est plus vous dont il a fait choix.

— Il veut me marier à un autre!... Oh!... c'est impossible!... ne sait-il pas que vous m'aimez, que je vous adore? ne sait-il pas que pour vous obtenir j'ai renoncé à la carrière que je suivais... que c'est pour devenir votre époux que je me suis mis dans le commerce... où je travaille sans relâche afin de réussir?... ne sait-il pas que le succès couronne mes efforts... que ma petite fortune s'accroît?... A-t-il quelque reproche à me faire?... me trouve-t-il trop dissipé, trop étourdi?... mais je ne quitte mes bureaux que pour être près de vous... Lui aurait-on fait de faux rapports sur mon compte?... Oh!

je confondrai mes ennemis, mes calomniateurs, et votre père sera forcé de me rendre justice... Il verra, oh ! oui, il verra que je suis toujours digne de sa fille.

— Mon père ne vous reproche rien, dit Pauline en cherchant à retenir ses larmes ; il vous rend justice, et avoue que votre conduite ne mérite que des éloges...

— Eh bien alors !...

— Mais il prétend que l'on doit toujours chercher à augmenter le bien-être de sa fille, il dit ne vous avoir rien promis. Enfin il veut me marier à un autre, parce que cet autre a trente mille livres de rente au moins, et que vous êtes bien loin de posséder une telle fortune. Je me suis jetée à ses genoux, je lui ai répété cent fois que votre amour me rendrait plus heureuse qu'une grande fortune. Mon père est inflexible ; il prétend que cela n'aurait pas le sens commun de refuser un aussi bon parti, et que nous nous consolerons tous les deux. Oh ! non... non... n'est-il pas vrai, mon ami, que nous ne nous consolerons jamais... et que vous m'aimerez toujours ?...

— Vous, Pauline ! vous !... l'épouse d'un autre !... Et quel est celui qui veut m'enlever tout ce que j'ai de plus cher... qui veut détruire tout mon avenir ?... où vous a-t-il vue ?... depuis quand vous aime-t-il ?... Mais répondez-moi donc.

— Vous rappelez-vous, mon ami, un Marseillais... un certain M. Mortandal qui vint aux soirées de madame Merlier ? Il lui avait été présenté par un négociant, et elle lui fit beaucoup d'accueil, car dans le monde vous savez que l'on accueille toujours fort bien les personnes qui ont de la fortune.

— M. Mortandal !... Oui, je sais qui vous voulez dire, un grand homme dont l'excessive politesse a quelque chose qui repousse au lieu d'attirer, car il y a de la fausseté dans son regard et dans l'expression de son sourire. Mais cet homme a plus de quarante ans ! il serait votre père, et c'est à lui que l'on veut vous marier !...

— Il m'a vue plusieurs fois dans le monde, et j'ai eu le malheur de lui plaire. Il s'est fait présenter à mon père... en faisant sonner bien haut ses trente mille livres de rente ; mon père a pris des informations sur ce monsieur ; il a su qu'il faisait d'immenses affaires en marchandises, qu'il avait des dépôts considérables dans plusieurs villes de France... enfin mon père a été séduit, ébloui par la brillante fortune de M. Mortandal ; et lorsque celui-ci lui a demandé ma main, il la lui a promise, parce que pour lui la richesse est tout, et qu'il ne croit pas que l'amour soit nécessaire au bonheur.

— Il suffit, dit Henri en se préparant à sortir ; je sais maintenant ce qu'il me reste à faire.

— Où allez-vous ? s'écrie la jeune fille en saisissant le bras de Henri. Que voulez-vous faire ?

— Je veux aller trouver ce M. Mortandal, et s'il ne renonce pas à ses prétentions sur vous, je veux avoir sa vie ou lui donner la mienne... Ah ! ce ne sera pas un grand sacrifice ; car en vous perdant, Pauline, je sens qu'elle ne sera plus qu'un supplice pour moi.

— Non, Henri, vous ne provoquerez point cet homme ; si vous m'aimez, vous ne vous battrez pas, vous n'exposerez pas vos jours... ce serait me rendre encore plus malheureuse, sans apporter aucun changement heureux dans notre situation. Je connais les principes de mon père, il a horreur du duel ; l'homme qui en a provoqué un autre ne peut plus être reçu chez lui... Je vous le répète, un duel ne pourrait que vous perdre dans mon esprit. Si vous étiez vainqueur, il ne vous reverrait plus ; si vous succombiez, je serais donc la cause de votre mort. Ah !... mon ami, vous ne voudriez pas me condamner à des remords éternels.

— Il faut donc que je vous voie devenir l'épouse d'un autre sans faire aucun effort pour vous arracher de ses bras ?

— Espérons encore... Peut-être mes larmes parviendront-elles à fléchir mon père... De votre côté, voyez-le... dites-lui que vous seul possédez mon cœur... Peut-être ne voudra-t-il pas faire notre malheur.

Henri quitte Pauline désespérée, et le même jour il se présente devant M. Giraumont. Le petit vieillard le reçoit avec cette politesse froide qui repousse déjà l'espérance.

— Est-ce vrai, monsieur, dit Henri, que vous ayez l'intention de marier mademoiselle votre fille à M. Mortandal ?

— C'est plus que mon intention, répond le vieux négociant, c'est une chose arrêtée.

— Mais, monsieur, vous saviez que j'aimais mademoiselle votre fille, car je vous avais demandé sa main. Ma position dans le monde fut seule cause de votre refus ; pour vous être agréable, je me suis mis dans le commerce. Aujourd'hui mes affaires prospèrent, mon crédit est bien établi... quel motif auriez-vous encore pour me refuser mademoiselle votre fille ?

— Monsieur, je rends justice à vos qualités, à votre conduite... Je ne doute pas qu'en continuant comme vous le faites vous ne puissiez, dans une dizaine, une quinzaine d'années, avoir une jolie fortune. Mais celle de M. Mortandal est toute faite ; elle est considérable !... C'est un homme honorable... je n'ai pas dû refuser son alliance. J'en suis fâché, jeune homme ; mais ces considérations doivent l'emporter sur l'amour, qui n'est qu'un sentiment passager. Ma fille sera madame Mortandal.

Henri voulut répliquer ; M. Giraumont le salua, et lui tourna le dos. Le lendemain, le jeune homme se présenta de nouveau chez le père de Pauline ; mais il était consigné à la porte, et il lui fallut s'éloigner sans revoir celle qu'il aimait.

Le désespoir dans le cœur, Henri tâcha de dissimuler ses souffrances, et se rendit dans toutes les réunions où il avait l'habitude de rencontrer Pauline ; mais elle n'y revint pas. M. Giraumont ne voulait plus que sa fille pût se retrouver avec celui qu'elle aimait.

Alors, ayant perdu toute espérance, ne pouvant plus même contempler celle qui lui était si chère, le pauvre Henri s'abandonna à toute sa douleur, et se promit de mourir le jour où Pauline deviendrait madame Mortandal.

CHAPITRE XXIV. — Une Revanche.

C'était par une belle soirée d'automne : le temps était doux, l'air tiède, le ciel étoilé. Bouchenot, après avoir assez longtemps promené sur le boulevard des Italiens son ennui et sa belle toilette, avait insensiblement porté ses pas vers un autre quartier. Petit à petit, il s'était trouvé à la porte Saint-Denis, puis sur le boulevard du Temple, au milieu de ses mille et une parades, et il s'était arrêté machinalement devant les figures de cire, devant les paillasses et devant le théâtre où règne Debureau ; et déjà, sans s'être expliqué pourquoi, Bouchenot sentait tout autre : il ne bâillait plus, sa figure avait repris son hilarité d'autrefois, et sa démarche ce laisser-aller qu'il ne se permettait plus à la Chaussée-d'Antin.

Tout à coup, Bouchenot s'arrête comme un homme qui vient de prendre une résolution, et se dit :

— Ah ! fichtre ! je suis bien bête de m'ennuyer, et de ne savoir que faire de moi... et tout cela pour avoir bon genre, pour être comme il faut ! Décidément, ça ne me va pas. La nature m'a créé avec d'autres goûts ; j'avais pris d'autres habitudes : pour y renoncer je me fais violence... Je finirai par devenir tout à fait imbécile... Non pas, en voilà assez !... Je ne sais comment me tenir à la Chaussée-d'Antin pour avoir la tournure d'un fashionable ; ici, je me sens à mon aise... je respire mieux... j'ai presque envie de rire. Revenons par ici... allons où cela me plaira... Retournons à mes plaisirs, à mes bamboches, à mes grisettes... redevenons le Bouchenot d'autrefois ! Et pour commencer, je vais remettre mon chapeau de côté... D'abord, ça me va mieux. Depuis que je suis dandy, les femmes ne font plus attention à moi. Je vais reprendre mes anciennes manières, mon ton leste, libertin, et je vais refaire des conquêtes. Dès ce soir je veux m'amuser ; je veux aller où j'allais autrefois... Voyons : c'est aujourd'hui jeudi... on danse ce soir aux Montagnes de Belleville... on y danse même un petit cancan fort gentil... Courons aux Montagnes !... j'aurai bien du malheur si je n'y trouve pas une grisette qui accepte mon hommage avec une limonade.... Allons chanter, rire, dégringoler. Ah ! la chanson a bien raison !

On en revient toujours
À ses premiers amours.

Et Bouchenot, qui ne marche plus roide et guindé, court au coin de la rue du Temple, se jette dans l'omnibus qui remonte le faubourg, ne fait plus la grimace parce qu'il est assis entre deux ouvriers en veste, passe même luxury site au conducteur, et monte à la Courtille, où l'on rit, où l'on boit, où l'on chante, où l'on danse depuis le premier jour de l'année jusqu'à la Saint-Sylvestre.

En tournant à droite, après avoir passé la barrière et en suivant le boulevard extérieur, on ne tarde pas à trouver le jardin où sont les Montagnes de Belleville. Ces Montagnes sont les seules qui aient résisté au temps, à la mode et à l'inconstance naturelle des Parisiens. Peut-être est-ce leur modestie qui leur a porté bonheur ; car, tandis que leurs superbes rivales, les Montagnes Russes, Beaujon, le Delta, le Niagara et Tivoli, disparaissaient tour à tour du théâtre de nos plaisirs, les Montagnes de Belleville continuaient de faire dégringoler l'artisan et la grisette, qui aiment toujours à se faire rouler.

Le jardin des Montagnes est assez grand pour que l'on puisse y prendre le plaisir de la promenade, et même *on est libre de s'égarer* lorsqu'on en a le goût ou la fantaisie. Il y a de belles allées bien couvertes, et des bosquets fort peu éclairés. Enfin, il y a la danse, et c'est toujours l'endroit où la foule se rassemble, et le point de réunion des grisettes ; car c'est là que se font et se défont toutes les intrigues ; on y traite l'amour fort gaiement ; on y fait sa déclaration pendant une chaîne anglaise, et souvent le cœur se donne pendant le galop.

Bouchenot hume avec délices l'air du jardin, quoiqu'il ne soit pas embaumé ; mais là il se rappelle ses jours de plaisirs et de folies ; là il se sent renaître ; il retrouve les douces sensations qu'il éprouvait jadis. Il commence par courir aux Montagnes, se jette dans un char, et se fait ramasser six fois de suite, afin de se remettre à cet exercice ; ensuite, il se dirige du côté de la danse, lorgne les grisettes, qui sont toujours en majorité, et se décide enfin à inviter une petite brunette, qui, en allant en avant-deux, fait des mouvements de hanche qui rappellent la *catchucha*.

L'orchestre a joué la ritournelle qui invite les danseurs à se mettre en place. Bouchenot est allé prendre sa danseuse ; il se place, il ne lui manque plus qu'un vis-à-vis ; il en appelle. Bientôt un monsieur et une jeune femme se placent en face de Bouchenot. L'orchestre part, le quadrille est commencé : mais Bouchenot est resté tout saisi et la jambe en l'air en reconnaissant dans son vis-à-vis sa ci-devant voisine Cœlina.

Son ancienne maîtresse est devant lui, et elle danse avec un jeune homme ! Il y a de ces choses qui font toujours mal, tel philosophe que l'on soit : quittez une femme, puis rencontrez-la avec un autre homme, vous éprouverez tout de suite un sentiment de dépit, de chagrin, et même de jalousie, lors même que vous n'auriez plus d'amour pour cette femme ; mais c'est bien pis si vous en avez encore ; et c'est ce qui arrive à Bouchenot, qui n'avait jamais oublié entièrement Cœlina, malgré tous les efforts qu'il avait faits pour cela.

— Eh bien, monsieur, allez donc !... c'est à nous ! dit la demoiselle qui danse avec Bouchenot.

— Ah ! pardon, mademoiselle !... c'est juste... où en est-on ?
— Queue du chat... Venez donc.
— Queue du chat... Oui, mademoiselle... Est-ce à nous ?
— Sans doute. Est-ce que vous ne savez pas danser, monsieur ?
— Si je sais danser ?... Ah ! par exemple !... voilà une question étonnante !
— Dame, vous ne bougez pas !

Pour prouver qu'il sait danser, Bouchenot se met à faire de grands sauts, des entrechats, des jetés battus. Il pense qu'il ne faut pas laisser voir à Cœlina l'émotion qu'il éprouve ; car celle-ci n'en a laissé paraître aucune en le revoyant, et elle danse devant lui comme si elle ne le connaissait pas. Mais Bouchenot a beau faire pour feindre de l'indifférence, ses regards se reportent sans cesse vers Cœlina, et il ne fait plus aucune attention aux jolis mouvements de catchucha que se permet sa danseuse.

Une figure arrive, qui donne occasion de prendre la main à son vis-à-vis. Bouchenot serre doucement dans la sienne la main de Cœlina ; mais celle-ci la retire vivement, et aucune pression n'a répondu à celle de Bouchenot. Son cœur se serre, il se mord les lèvres avec colère, il ne sait plus ce qu'il fait, il ne va plus en mesure, il brouille les figures, et sa danseuse lui dit d'un ton moqueur :

— Vous n'avez pas l'air de danser souvent !

Enfin la contredanse finit ; Bouchenot reconduit sa danseuse, à laquelle il ne songe plus à faire la cour, car il n'est occupé que de Cœlina. C'est la petite enluminée qu'il veut retrouver ; il fait le tour de la danse, et aperçoit bientôt son ancienne maîtresse assise à côté de mademoiselle Prudence et d'un grand monsieur blond qui a un col dont les bouts lui vont dans la bouche, et des boucles d'oreilles qui ressemblent à des anneaux de rideaux. Ce monsieur roule autour de lui des yeux étonnés comme s'il arrivait de la lune, et ramène sans cesse sur ses chevilles le bas de son pantalon qui s'obstine à ne faire qu'une culotte.

Bouchenot passe et repasse devant les deux amies en se disant :
— Où diable est-elle allée pêcher ce grand dindon-là ?... ce n'est pas avec lui que Cœlina dansait tout à l'heure... Est-ce que ce serait le nouvel amant de mon infidèle ?

Cœlina a fort bien vu Bouchenot ; mais elle ne fait pas semblant, et pousse du genou Prudence en lui parlant à l'oreille ; alors Prudence baisse les yeux aussitôt que Bouchenot regarde de son côté.

— On ne veut même plus me regarder, se dit Bouchenot ; on ne daigne pas seulement me saluer..., c'est extrêmement impertinent !... Est-ce à cause de ce grand niais qui est avec elle ?... Ingrate Cœlina ! elle n'a donc entièrement oublié ?... Cela me fait de la peine... Elle me semble cent fois plus jolie que lorsque je la voyais tous les jours ! Ne pas me regarder... me sourire une pauvre petite fois !

Bouchenot, voyant qu'il se promène inutilement, se dit :
— Ah ! ma foi, tant pis ! je vais l'engager à danser... il faudra bien qu'elle me parle et me regarde, alors.

Et s'avançant d'un air résolu vers Cœlina, il lui dit en la saluant :
— Mademoiselle veut-elle me faire le plaisir de danser avec moi ?
— Je suis engagée, monsieur, répond Cœlina d'un ton très-sec.
— Vous êtes engagée pour celle-ci... eh bien alors, pour l'autre ?
— Je suis engagée.
— Ah ! et l'autre après ?...
— Je suis engagée pour toute la soirée.

Bouchenot s'éloigne furieux ; dans son dépit, il va se jeter dans un vieux couple qui boit de la bière. Il se mord les lèvres, se serre les poings, et va se promener dans les allées désertes du jardin en se disant :

— C'est très-malhonnête !... c'est même insolent... elle ne veut plus danser avec moi !... Je sais bien que je ne peux pas l'y forcer... mais si je ne me retenais, je lui ferais une scène horrible... Nous allons voir avec qui elle dansera !... et qu'il prenne garde, son cavalier... Sacrebleu ! je suis très-vexé.

Bouchenot entend jouer l'orchestre, il retourne à la danse ; il cherche Cœlina, et la voit figurer avec le grand monsieur blond qui était assis près d'elle et qui, en dansant, rebondit constamment comme une balle élastique.

— Joli danseur qu'elle a là ! se dit Bouchenot, je lui en fais mon compliment... apparemment que ce grand serin est son amant... Être supplanté par un pareil homme !... Je sais bien que c'est ma faute... c'est moi qui ai dédaigné Cœlina... qui lui ai dit que je ne pouvais plus sortir avec elle. Ah ! j'ai eu bien tort de lui dire cela... Mais devait-elle pour cela sortir avec un autre ? Approchons-nous, tâchons d'écouter ce qu'ils se disent.

Bouchenot va se placer derrière Cœlina et son danseur ; la petite enluminée ne fait pas semblant de le remarquer. Au bout de quelques instants, elle cause avec son cavalier, et Bouchenot entend le dialogue suivant :

— Comment trouvez-vous ce jardin, monsieur Merlandin ?
— Très-beau, mademoiselle, c'est superbe ici... c'est surtout extrêmement bien composé.
— Vous aimez la danse aussi ?
— Oui, je l'aime particulièrement... d'autant que j'ai beaucoup d'oreille.
— Et la valse... savez-vous valser ?
— Oui, mademoiselle, je valse même fort bien ; mais cela me fait vomir tout de suite, c'est pourquoi je m'en abstiens.
— Et vous avez raison.
— Il est gentil, M. Merlandin, se dit Bouchenot en s'éloignant ; où diable Cœlina, qui a du goût et de l'esprit, a-t-elle été pêcher cet homme-là ? c'est peut-être un épouseur... à son air, je l'en crois bien capable.

La contredanse suivante, Cœlina ne danse pas, elle reste à côté de Prudence et du grand monsieur blond.

— Et elle m'a répondu qu'elle était encore engagée ? se dit Bouchenot en se promenant autour de l'enceinte consacrée à la danse ; hum... j'ai bien envie d'aller lui faire une scène et de chercher une querelle à M. Merlandin... Mais non... ce serait me compromettre... Oublions la perfide !... n'y pensons plus... fuyons-la même, quand par hasard je la rencontrerai.

Et pour commencer à la fuir, Bouchenot va s'asseoir à quelques pas de Cœlina ; il la suit lorsqu'elle va se remettre en place pour danser avec M. Merlandin. Enfin il la suit encore lorsque, prenant un bras du grand homme blond, tandis que Prudence prend l'autre, elle sort avec sa société du jardin des Montagnes de Belleville.

Bouchenot descend du faubourg du Temple en se tenant à une trentaine de pas de Cœlina et de sa compagnie, et toujours en se disant :

— Je ne les suivrai pas... Je me moque bien de mademoiselle Cœlina... et de son grand jobard !... C'est son amoureux, puisque c'est elle seule qui a fait danser... Ils ont laissé cette pauvre Prudence faire tapisserie sur des chaises... Ah ! Cœlina, je ne vous fais pas compliment de votre nouvel adorateur.

Arrivé au coin du boulevard, Bouchenot, au lieu de continuer à suivre les trois personnes qui montent la rue du Temple, prend à droite, et se met à courir vers son quartier en disant :

— Rentrons chez moi... rentrons dans mon beau quartier... Je sais fort bien où demeure mademoiselle Cœlina, et je n'ai pas besoin d'aller me crotter dans la Cité... Oh ! c'est fini... on ne me reverra jamais par là.

Bouchenot se couche fort agité ; il ne peut pas fermer l'œil de la nuit, et ne cesse de se répéter :

— Je ne veux plus penser à mademoiselle Cœlina... je ne l'aime plus du tout... je ne la trouve plus jolie !... j'aurai mille maîtresses qui vaudront mieux que cela ; qu'elle aille avec son Merlandin, cela m'est bien égal.

Le lendemain il est levé de fort bonne heure ; il s'habille avec soin, puis il sort de chez lui sans s'être encore avoué à lui-même où il veut porter ses pas ; mais il quitte la Chaussée-d'Antin, traverse le Palais-Royal, le Pont-Neuf, et arrive enfin rue de la Calandre, devant son ancienne demeure ; là il s'arrête un moment indécis, mais enfin il entre dans la maison en se disant :

— Il faut absolument que je lui parle... que j'aie une explication avec elle... après cela je l'oublierai beaucoup plus facilement.

Et Bouchenot monte rapidement un escalier qu'il connaît bien ; il arrive devant la porte de la petite voisine ; la clef est en dehors, il sent son cœur battre avec force. Enfin il se décide à frapper.

— Entrez, c'est Cœlina.

Bouchenot tourne la clef, et il entre chez celle qui fut sa maîtresse, mais avec presque autant de trouble et de crainte que s'il allait à un premier rendez-vous d'amour.

En apercevant Bouchenot, Cœlina rougit et pâlit tour à tour ; mais bientôt, surmontant son trouble, elle lui dit d'un ton très-froid :

— Quel motif vous amène chez moi, monsieur ?
— Mademoiselle, dit Bouchenot en cherchant à reprendre un air d'aisance... je suis venu... pour avoir le plaisir de vous souhaiter le bonjour.
— Je croyais, monsieur, que toutes relations étaient finies entre nous, et que je n'aurais plus votre visite.
— Je voulais aussi voir George et Timothée.
— Ces messieurs ne demeurent plus dans cette maison.
— Et puis... ensuite, mademoiselle, je venais vous demander pourquoi hier vous avez refusé de danser avec moi.
— Il me semble, monsieur, que je suis la maîtresse de danser avec qui je veux, et que cela ne vous regarde plus.

— Je sais bien... que je n'ai plus le droit... de vous en empêcher... et j'ai bien vu... que vous étiez avec votre amoureux... Il a une drôle de tournure, mon remplaçant !... Quand je dis mon remplaçant... je me trompe peut-être... car depuis que nous ne nous voyons plus... vous avez pu en aimer bien d'autres.

— J'ai fait ce que j'ai voulu, monsieur, cela ne doit nullement vous intéresser, et je n'ai d'ailleurs aucun compte à vous rendre; cependant je veux bien vous dire que M. Merlandin n'est pas du tout mon amant; c'est le prétendu de Prudence; il est venu de Poissy exprès pour l'épouser, et si, hier, c'est moi qui l'ai et non pas elle qu'il a fait danser, c'est parce que Prudence avait des souliers qui la gênaient et des cors qui la faisaient souffrir. Voilà ce que c'est que M. Merlandin; et si je vous dis tout cela, c'est seulement parce que je ne veux pas que l'on croie que j'ai pour amoureux un homme aussi laid et qui a l'air aussi bête. Quand je voudrai des amants, je n'en manquerai pas, et ce ne seront pas des Merlandin... c'est bon pour Prudence, puisqu'il faut des époux assortis.

Le chat de Bouchenot est trouvé ravissant.

— Mademoiselle... je n'ai pas besoin de cette explication pour savoir que... si... que... Ah! ma foi, Cœlina, je n'y tiens plus!... quand on a été si bons amis, c'est trop gênant de se parler comme cela... Ah! je t'en prie, parle-moi encore comme autrefois!

En disant cela, Bouchenot a été mettre sa chaise à côté de celle de la jeune fille, et il veut lui prendre la main; mais Cœlina la retire aussitôt en répondant d'un air très-sec :

— Moi, monsieur, je ne veux plus vous parler comme autrefois, car si vous avez été mon amant, vous ne l'êtes plus; nous ne devons plus nous voir, et, je vous le répète, il n'y a plus rien de commun entre nous.

— Cœlina !... pouvez-vous conserver autant de rancune ?... Eh bien, j'en conviens, j'ai eu des torts... de grands torts... Quand vous êtes venue chez moi, je ne vous ai pas reçue comme je l'aurais dû... je vous ai dit... des bêtises... Que voulez-vous ! c'était ma robe de chambre... c'était une fortune qui me tournait l'esprit... cela est arrivé à bien d'autres. Mais puisque je sens mes torts... puisque je vous en demande pardon... Cœlina... ne voudrez-vous pas m'aimer encore ?...

— Vous aimer !... Oh! non, monsieur, cela est impossible à présent.

— Impossible !... Ah ! Cœlina... ma petite Cœlina... vous ne pensez pas cela... Encore une fois, je suis corrigé... je n'ai plus d'orgueil, de sotte fierté... Je sortirai avec toi, Cœlina; tu me donneras le bras... je te mènerai partout où tu voudras... Oh! je n'ai plus peur de me compromettre !...

— Et moi, monsieur, dit Cœlina en se levant et s'éloignant de Bouchenot, je ne consentirai plus à sortir avec vous.

— Pourquoi donc cela ?...

— Parce qu'à mon tour... j'aurais peur de me compromettre.

— Comment !... que voulez-vous dire, mademoiselle ?... je ne vous comprends pas !

— Oh ! cherchez bien, monsieur, et vous me comprendrez...

— De grâce !... expliquez-vous, Cœlina.

— Eh bien, monsieur, puisque vous m'y forcez... je vous dirai que si vous avez craint de vous compromettre en sortant avec une grisette, moi, je le craindrais bien davantage en allant avec un mouchard.

— Un mouchard ! s'écrie Bouchenot, qui reste un moment atterré par ce mot. Un mouchard !... moi... Ah ! quelle horreur !... Qui a pu vous dire une chose si abominable ?... qui a pu me calomnier à ce point ?

— Vos anciens amis, qui rougissent comme moi maintenant de vous avoir connu... Ils ne m'ont pas dit précisément que vous étiez cela... mais j'ai deviné ce qu'ils pensaient de vous par leurs demi-mots, par leurs conjectures, par leur silence même quand je les questionnais.

— Mais, Cœlina, je vous jure sur ma vie que cela n'est pas... Vous vous trompez tous... vous me faites injure !...

— Oh ! monsieur, il n'est pas question de faire des phrases ici; il s'agit de parler franchement : vous avez une fortune dont vous ne pouvez pas avouer la source... Vous n'avez aucune place, aucun emploi; vous ne faites rien du matin jusqu'au soir, et vous vivez dans le luxe... dans l'opulence... Depuis longtemps votre conduite était louche, mystérieuse : si l'on vous calomnie, prouvez-moi le champ d'où vous vient votre argent... dites comment vous le gagnez... Eh bien, vous vous taisez... vous ne pouvez pas répondre... Ah ! vous parleriez si vous le pouviez sans honte !... Vous voyez bien, monsieur, que l'on ne vous calomnie pas, que l'on ne se trompe pas en disant que vous êtes mouchard. Fi, monsieur, fi !... Je vous aurais pardonné toutes vos infidélités, toutes vos fiertés, toutes vos sottises... mais me forcer à vous mépriser, à rougir de vous avoir connu, voilà ce que je ne vous pardonnerai jamais. Ne revenez plus chez moi, c'est inutile, monsieur, car je ne veux plus vous voir, et je n'ouvrirai pas ma porte quand je penserai que c'est vous.

Bouchenot reste quelques instants comme accablé par tout ce qu'on vient de lui dire; puis il semble indécis, incertain de ce qu'il doit faire : on dirait qu'il va parler... Mais tout à coup, prenant son chapeau, il sort brusquement sans avoir levé les yeux sur Cœlina, et celle-ci, courant à la porte, la referme avec violence sur Bouchenot.

En sortant de chez Cœlina, Bouchenot a marché longtemps au hasard; le nom de mouchard qu'on vient de lui donner retentit encore à ses oreilles. Il souffre, il étouffe, il ronge ses ongles; il lui semble maintenant que tout le monde le regarde d'un air de dédain, de mépris, que chacun a de lui la même opinion que la petite enlumineuse.

L'heure du dîner arrive, mais Bouchenot n'a plus d'appétit; il rentre chez lui et se met au lit; il se sent malade, il a la fièvre, et à chaque instant il se dit :

— Me croire mouchard !... suis-je assez malheureux !... et mes anciens amis ont de moi la même opinion ! Ah ! je ne m'étonne plus s'ils passent près de moi sans avoir l'air de me voir... s'ils se détournent pour ne plus me parler... Cette petite Cœlina qui me méprise... qui craindrait de se compromettre en sortant avec moi... Suis-je assez humilié !... Pourtant si je pouvais me justifier... lui dire la vérité... Pourquoi ne le lui ai-je pas dite ?... je ne sais... je crains encore... alors je perdrai la pension qu'on me fait !... Mais n'étais-je pas cent fois plus heureux lorsque je n'avais pas le sou ?... Mon Dieu ! moi qui croyais qu'il suffisait d'avoir de l'argent pour être content !

Quelques jours s'écoulent. Bouchenot est toujours triste et chagrin; il n'ose plus retourner chez Cœlina, et pourtant il brûle de la revoir; quelquefois il va jusqu'à la rue de la Calandre; mais arrivé devant son ancienne demeure, il n'ose point monter, et revient lentement sur ses pas. Maintenant il ne s'occupe plus du tout de sa tournure, et ne fait pas attention à la manière dont il met son chapeau.

Un matin, en suivant les boulevards sans savoir où il veut aller, Bouchenot voit venir devant lui un jeune homme qui est pâle et semble souffrant; malgré le changement qui s'est opéré dans ses traits, il reconnaît Henri, et court vers lui en s'écriant :

— Je ne me trompe pas ! c'est mon ami Henri... Mon Dieu ! comme tu es changé !... tu as donc été malade ?...

Henri lève les yeux, et, en reconnaissant Bouchenot, semble vouloir rétrograder; mais il est trop tard : déjà Bouchenot est devant lui. Il se contente alors de répondre d'un air contraint :

— Je vous remercie, je n'ai pas été malade... mais d'autres motifs... Pardon... je suis pressé... je ne puis m'arrêter.

— Eh quoi !... tu me quittes si vite... et sans me dire pourquoi tu es changé ainsi ?...

— Oh ! cela ne peut vous intéresser... Veuillez me permettre.

— Cela ne peut m'intéresser... Comment !... tu crois donc que je ne t'aime plus... que je ne suis plus ton ami... Je ne veux pas que tu croies cela !... Qu'est-ce que j'ai fait pour que vous me traitiez tous comme cela ?... Voyons, Henri... donne-moi une poignée de main, et rends-moi ta confiance.

Henri retire sa main, que Bouchenot voulait prendre, en répondant d'un ton glacial :

— Monsieur, il y a de ces choses qui ne peuvent s'avouer... vous le savez mieux que personne... Ceux qui furent vos amis jadis ne peuvent plus l'être aujourd'hui. Ne m'obligez pas à vous en dire davantage. Adieu.

— Non !... non ! sacré fichtre ! tu ne me quitteras pas ainsi ! s'écrie Bouchenot en s'emparant du bras de Henri. Oh ! je sais bien ce que vous pensez tous de moi !... Cœlina me l'a dit... des choses affreuses... mais qui ne sont pas !... Me croire un... Je n'ose pas dire ce mot-là... Comment pouvez-vous penser cela de moi ?... vous me jugez donc bien mal ?... Henri, donne-moi ta main ; je suis encore digne de la presser... Je ne suis pas un mouchard... entends-tu !... hi, hi, hi !... je veux être toujours l'ami de mes amis... hi, hi, hi ! et on verra... qu'on ne... enfin, c'est indigne !... hi, hi !

Bouchenot pleurait comme un enfant. Henri se sent touché de sa douleur, et lui abandonne sa main en lui disant :

— Eh bien, si l'on vous a mal jugé... calomnié... vous pouvez vous justifier, et nous vous rendrons notre estime et notre amitié. Consolez-vous, Bouchenot, votre douleur peut avoir un terme ; mais la mienne... oh ! jamais... jamais ! je suis condamné à souffrir sans espoir.

M. Mirevalle, le prétendu beau-père de Bouchenot.

— Comment ?... pourquoi donc ?... que t'est-il donc arrivé ?
— Celle que j'adorais... celle qui devait faire le bonheur de mon existence... m'en étais flatté du moins... ma Pauline enfin... dans huit jours elle sera l'épouse d'un autre.
— Se pourrait-il !... mais son père ?...
— Son père m'avait laissé espérer que je pourrais devenir son gendre... Je devais d'autant plus m'en flatter que mes affaires ont prospéré... que mon commerce est bien établi... mais un parti brillant s'est présenté... un homme est venu avec une grande fortune... Pauline a eu beau supplier son père... celui-ci est inflexible... et il ne me permet plus même de la revoir.
— Mon pauvre Henri !... Ah ! je ne m'étonne plus si je te trouvais si pâle, si défait. Mais n'est-il donc aucun moyen de fléchir ce père... de supplanter ton rival ?
— Aucun !... Que puis-je faire ?... M. Mortandal est un homme très-estimé... il a au moins trente mille livres de rente...
— M. Mortandal ! répète Bouchenot en changeant de couleur. Quel nom viens-tu de prononcer là ?
— Celui de l'homme qui va épouser Pauline !... qui me ravit tout espoir de bonheur...
— Ah ! mon Dieu !... il se pourrait !... Oh ! quel singulier hasard !...
— Connaîtrais-tu M. Mortandal ?
— Mais... peut-être... c'est ce Marseillais que je vis à la soirée de cette dame... Madame Merlier ?
— Précisément... c'est là sans doute qu'il a vu Pauline, et qu'il en est devenu amoureux pour mon malheur.
— Henri... mon pauvre Henri, écoute... tu peux encore être heureux... épouser celle que tu aimes...
— Il se pourrait ! Que dis-tu ?... Parle...
— Oh ! c'est que je le puis, moi... faire manquer le mariage de M. Mortandal... je puis t'apprendre sur cet homme des choses... des choses effrayantes...

— Oh ! mon cher Bouchenot ! serait-il possible ?...
— Oui... oui... Tiens ! c'est fini, c'est décidé !... je veux que tu sois heureux... que tu épouses ta Pauline... je ferai ton bonheur... et on verra que je ne suis pas un mouchard ! Je te dirai tout... je t'apprendrai ce secret... que je gardais avec tant de soin... J'y perdrai mes rentes... mais tant pis, ça m'est égal... on ne m'appellera plus mouchard !...
— Oh ! mon ami, si tu fais manquer ce mariage qui me désespère, tout ce que je possède est à toi.
— Je ne veux plus d'argent... je n'en veux plus... ça m'ennuie d'être à mon aise ; ce que je veux, c'est que tu sois heureux avec celle que tu aimes ; c'est que tu me serres la main, que tu me tutoies comme autrefois... et que Cœlina ne craigne plus de se compromettre en me donnant le bras pour sortir avec moi ; ce que je veux enfin, c'est qu'on ne me méprise plus... car je sens là... au fond de mon cœur, qu'il n'y a point de fortune, de bien-être... de beaux habits qui puissent dédommager un homme de la perte de l'estime des honnêtes gens.
— Bien, bien, Bouchenot. Ah ! donne-moi ta main, que je la presse... je vois bien maintenant que nous nous trompions sur la source de ta fortune.
— Tu sauras tout... tout... Cet aveu que je vais te faire peut me coûter la vie... car les coquins m'avaient fait jurer le secret sous peine du plus terrible châtiment... mais je m'en moque, décidément je brave tout... je n'ai plus peur ! Il s'agit de te rendre au bonheur et de reconquérir l'estime générale, cela vaut bien la peine qu'on risque quelque chose.
— Ah ! parle, Bouchenot, explique-toi, je t'en supplie...
— Allons chez toi ; ce n'est pas en plein air que l'on fait de telles confidences... c'est qu'il ne s'agit pas ici d'une petite affaire... nous ne saurions prendre trop de précautions.
— Eh bien ! viens chez moi alors... mais viens vite... car je brûle de t'entendre !
— Veux-tu que je te donne le bras ?
— Si je le veux !... Ah ! peux-tu encore me le demander ?

Bouchenot s'empare avec fierté du bras de Henri, et tous deux doublent le pas, tant ils ont hâte d'être arrivés et de pouvoir se parler sans témoins.

Chapitre XXV. — Où l'on revoit Moustache.

Quand les deux amis sont arrivés, Bouchenot s'enferme avec Henri dans la chambre de ce dernier ; il regarde si les fenêtres sont bien closes, si personne ne peut les entendre, et, après avoir pris toutes ces précautions, se décide à parler.
— Tu sais, mon cher Henri, que tu fus assez longtemps absent de Paris ; alors je demeurais avec George et Timothée. Et alors nous étions bien malheureux... c'est-à-dire bien pauvres, car du reste cela ne nous empêchait pas encore de rire, on nous amusait quelquefois ; nous prenions gaiement notre parti... et pourtant nous en étions réduits à n'avoir plus qu'un habit pour nous trois... Un jour... je crois que c'était la veille de ton retour, un jour je sors ! c'était mon tour de mettre l'habit. Nous avions vendu quelques effets, il restait cinq francs dans ma poche, sur lesquels j'avais promis à mes amis d'acheter un pâté pour leur souper. Me voilà donc dehors ; je fais le gentil... je me pavane... je casse une canne... j'achète des parfums au lieu d'un pâté ; bref, n'ayant plus que quelques sous, je suis réduit à déjeuner sur le pouce. Je venais d'entrer chez un charcutier, où je dépensais ma monnaie, lorsque je vois passer une jeune fille assez bien faite. Tu sais que j'ai toujours eu un penchant très-prononcé pour le beau sexe... je mets mon jambon dans ma poche, et me voilà à suivre les pas de cette jeune fille...
— Mais, Bouchenot, je ne vois pas quels rapports il y a dans tout cela avec ce qui regarde mon mariage.
— Attends donc !... nous allons y arriver. Laisse-moi aller par ordre, sans quoi je m'embrouillerais. Cette jeune fille avait un chien... un gros chien... espèce de barbet manqué... Maudit chien, va ! c'est pourtant lui qui fut cause de tout !... La fille était une grosse sotte qui ne voulut pas m'écouter ; le chien, au contraire, se plaça derrière moi et ne me quitta plus... Je m'aperçus bientôt que ce jambon que j'avais dans ma poche que je devais l'amitié de Moustache. Je fis ce que je pus pour chasser le chien, mais inutilement ; bref, la jeune fille disparut et Moustache me resta. Je ne te ferai pas le récit de toutes les aventures que ce maudit chien m'attira ; il te suffira de savoir qu'après avoir été battu, m'être battu avec des saltimbanques, je me trouvai le soir sur le boulevard Saint-Antoine dans un état piteux. Mon habit, ou plutôt notre habit était en loques... enfin j'étais si honteux de ma position que je n'osais plus rentrer près de mes compagnons, qui comptaient sur l'habit pour sortir le lendemain. Alors, évitant le monde, cherchant les rues les plus désertes, je marchai longtemps... je traversai le canal ; voilà tout ce que je me rappelle... puis enfin je m'arrêtai dans une espèce de ruelle et je m'assis sur une pierre. Le chien, qui m'avait quitté un moment, revint bientôt à moi ; il semblait m'inviter à le suivre. Je pensai que nous étions alors près de la demeure de sa maîtresse, et je suivis Mous-

tache, n'étant pas fâché de retrouver la jeune fille et désirant lui rendre son chien.

Moustache me conduisit devant une vieille maisonnette, espèce de masure; on ne voyait aucune lumière nulle part; le chien se frottait contre la porte d'une allée. Je m'avançai pour frapper, mais je ne trouvai qu'un loquet qui m'ouvrit aussitôt l'entrée de la maison. Tout cela était noir comme un four; mais le chien avait bien vite enfilé l'allée, et je me décidai à le suivre, croyant toujours que j'allais retrouver la jeune fille. J'avance donc en tâtonnant; j'arrive dans une petite cour, puis devant l'escalier d'une cave; alors j'entends un bruit sourd et uniforme... comme des coups de marteau... Je ne sais quel démon me poussait... Au lieu de me sauver, je descends dans la cave, j'arrive dans un couloir... j'aperçois de la lumière, elle partait d'un caveau dont la porte n'était qu'à demi fermée; c'était de là que venait le bruit. J'entends plusieurs voix d'hommes, j'écoute... ils parlent de la police... ils craignent d'être surpris, arrêtés... ils attendent un de leurs compagnons qui est sorti. Je vois que je suis tombé dans un repaire de brigands, et je ne songe plus qu'à me sauver; mais je me jette dans une planche, je tombe, et trois hommes sortent du caveau et accourent sur moi en faisant des imprécations horribles!...

— Un de ces hommes... celui qui paraissait commander aux autres, me dit avec une voix... une voix étourdissante:

— Que fa tes-vous ici? comment y êtes-vous venu?

— J'y suis venu par hasard, sans aucune intention de vous nuire, ni de vous surprendre, messieurs, répondis-je en tremblant, car j'avoue que je n'étais pas du tout rassuré.

— Et savez-vous, reprit-il, ce qui nous occupe ici?...

— Je me doute bien, messieurs, répondis-je, que vous faites de la fausse monnaie; mais laissez-moi m'en aller, et je vous jure que je n'irai pas vous dénoncer. D'ailleurs je ne sais pas où je suis, dans quelle rue je suis... Le hasard m'a fait tomber au milieu de vous, parce que vous aviez oublié de fermer votre porte. Mettez-moi dehors, et vous n'entendrez jamais parler de moi. Pendant que je parlais, je vis ces hommes se regarder entre eux... je les vis même rire, ce qui me sembla d'assez bon augure. Puis, celui qui était le chef parla tout bas aux autres, ensuite il revint vers moi et me dit: — Nous allons te rendre la liberté, mais c'est à condition que tu ne parleras jamais de ce que tu as vu cette nuit; si tu manques à ton serment, prends garde, tu t'exposeras aux plus terribles châtiments. Je promis, je jurai, je fis tous les serments qu'on voulut. Alors on me banda les yeux, on me prit par la main, on me fit sortir du caveau, puis de la maison, on me fit marcher quelque temps; enfin, quand j'ôtai mon bandeau, je me retrouvai dans une autre rue, près du canal. Je pris mes jambes à mon cou, et je revins tout tremblant, tout malade, près de mes amis, auxquels je n'osai pas conter ce qui m'était arrivé.

— Voilà une bien singulière aventure!... mais je ne vois pas encore...

— Attends donc... Le lendemain tu venais me voir, tu nous prêtas de l'argent; mais pendant que mes amis étaient allés te retrouver pour déjeuner, juge de ma surprise en trouvant trois cents francs en or, en bon or, dans la poche de mon habit déchiré, c'étaient les misérables qui m'avaient gratifié de cela... Que pouvais-je faire?... Il m'eût été difficile de leur renvoyer leur argent, je le dépensai... et tu comprends pourquoi j'étais moins pressé d'accepter la place que tu m'avais offerte. Cependant, n'ayant plus rien, j'allais entrer chez toi lorsque tu me menas chez madame Merlier... Eh bien! là, dans cette belle société, sais-tu qui je rencontrai? le chef de mes faux monnayeurs...

— Se pourrait-il?... oh! non, c'est impossible... tu as cru reconnaître, tu t'es abusé.

— Je me suis si peu abusé que le lendemain de cette soirée je reçus une lettre renfermant mille francs, avec des remercîments pour ma discrétion, et de plus la promesse de cinq cents francs par mois tant que je continuerais à me taire... La voilà, je te la donne, la cause mystérieuse du changement qui s'opéra dans ma position... et depuis ce temps on n'a jamais manqué à la promesse qu'on m'avait faite; tous les mois je reçois dans une lettre un billet de cinq cents francs.

— Mais celui qui t'envoie cela... ce misérable que tu as reconnu chez madame Merlier... qui donc est-il?...

— Tu ne l'as pas deviné!... c'est ton rival, celui qui veut épouser ta Pauline...

— M. Mortandal!...

— Lui-même!...

Henri reste quelques moments muet de surprise; puis il saute au cou de Bouchenot, et l'embrasse à plusieurs reprises en s'écriant:

— Ah! mon ami! quel bonheur!... il se pourrait!... Oh! non certainement, il n'épousera pas Pauline... elle ne sera pas la femme d'un misérable. Et si M. Giraumont savait cela!... Mais qui aurait cru?... M. Mortandal... un négociant estimé... un homme dont la fortune, le crédit, sont si bien établis!...

— Parbleu! il n'est pas difficile de faire fortune quand on se la fait que soi-même...

— M. Mortandal serait un faux monnayeur... Bouchenot, es-tu bien certain de ce que tu avances? Sais-tu qu'un tel crime mérite la mort... et que pour en accuser quelqu'un il faut des preuves?...

— Des preuves!... des preuves!... c'est ce qu'il sera peut-être difficile de se procurer. Enfin, ce qu'il y a de certain, c'est que je t'ai dit tout ce qui m'est arrivé, sans y rien ajouter. Maintenant c'est à toi d'en faire ton profit. Quant à moi, je vais probablement être assassiné un de ces soirs en rentrant chez moi, pour prix de mon indiscrétion; mais j'y suis préparé. Que tu sois heureux, qu'on ne me méprise plus, c'est tout ce que je demandais, et je ne regretterai pas une fortune qui venait d'une si vilaine source.

— Rassure-toi, mon cher Bouchenot, je veillerai sur tes jours... Dès aujourd'hui viens demeurer avec moi, ne me quitte plus.

— Je le veux bien, j'ai assez de la Chaussée-d'Antin.

— Mais, d'abord, voyons comment nous parviendrons à confondre ce Mortandal. Cette maison où tu l'as surpris... tu vas m'y conduire.

— T'y conduire! j'en serais bien en peine!... Comment veux-tu que je la retrouve?... Je te dis que c'était la nuit... dans un quartier qui m'est inconnu, je marchais au hasard, je suis arrivé là sans savoir comment... et quand j'en suis sorti j'avais les yeux bandés.

— Mais ce chien qui t'a mené à cette maison?

— Moustache!... Ah! parbleu! si l'on savait où il est, à la bonne heure! mais où le trouver? la jeune fille qui l'a perdu se trouve être une amie de Cœlina; elle se nomme Prudence. Je l'ai revue plusieurs fois.

— Eh bien! par cette jeune fille, on pourrait savoir...

— Rien du tout: elle n'a pas revu le chien. Elle demeurait dans un quartier fort éloigné de celui où cette aventure m'est arrivée. Moustache lui a été donné par son parrain, jardinier fleuriste qui est retourné à son pays. Il n'y a rien à espérer de ce côté; tout ce que je sais, c'est que nous avons vu une fois le chien à Montmartre; il était avec des hommes que je n'ai pas reconnus, et qui n'ont pas voulu le rendre à son ancienne maîtresse.

— Comment donc faire?.. comment avoir des preuves pour démasquer ce Mortandal, ou le forcer à renoncer lui-même à la main de Pauline?... Ah! les lettres qu'il t'a écrites...

— Il n'y en a qu'une dans laquelle on a écrit; mais ce n'est pas signé, et tu penses bien que ce n'est pas son écriture.

— N'importe, je vais d'abord écrire à M. Giraumont, le supplier de différer le mariage de sa fille, en lui promettant d'importantes révélations sur M. Mortandal; ensuite nous nous mettrons en course pour retrouver cette maison où tu as été la nuit... et nous la trouverons, il le faudra bien...

— Oui, à moins qu'on ne l'ait abattue depuis; ce ne serait pas impossible... car il y a près d'un an de cela...

— Ah! Bouchenot, ne m'ôte pas l'espérance après m'avoir fait entrevoir le bonheur.

— Mon ami, je ne veux rien t'ôter, seulement je crains que cela ne soit un peu difficile; enfin, nous essayerons. Par exemple, je te préviens d'avance que si je reconnais la maison des faux monnayeurs, je n'entrerai dedans qu'avec la force armée, parce que je ne veux me faire assommer que le plus tard possible. Ecris toujours au papa Giraumont; moi, pendant ce temps, je vais prendre un cabriolet à l'heure, je me fais conduire chez George, chez Timothée et chez Cœlina; je vais leur conter à tous d'où venait ma fortune. J'ai commencé à parler, je parlerai à tout le monde. Ah! on me croyait un mouchard! ah! fichtre! on va savoir que cela n'est pas; et si cela est nécessaire, je ferai tambouriner mon histoire dans tous les quartiers.

— Garde-t'en bien, Bouchenot, car alors M. Mortandal sera averti; il se tiendra sur ses gardes; nous ne pourrons plus le surprendre. Il faut au contraire recommander le silence à nos amis.

— Le silence... mais c'est égal, je parlerai, je leur dirai tout. Je ne veux plus avoir la moindre chose de cachée pour personne... je ne veux plus faire un pas sans qu'on sache où je vais... Ma conduite sera claire comme de l'eau de roche, et on ne dira plus que je suis un mouchard.

Bouchenot laisse Henri écrire sa lettre; il sort, prend un cabriolet, se fait mener chez George et Timothée, dont Henri lui a donné l'adresse, et, sans se déconcerter de l'accueil glacé qu'on lui fait; sans leur laisser le temps de lui demander le motif de sa visite, leur dit:

— Messieurs, vous m'avez mal jugé. Je viens vous apprendre quelle était la source de ma fortune; je viens vous conter toutes mes aventures, parce que je ne veux pas que vous ayez peur de vous compromettre en me donnant la main.

Et Bouchenot fait à ses amis le récit qu'il vient de faire à Henri, et ceux-ci l'embrassent en le félicitant d'avoir renoncé à une fortune mal acquise pour rendre leur ami au bonheur.

Bouchenot laisse ses anciens amis et se fait conduire rue de la Calandre. Il monte l'escalier en parlant seul et tout haut, comme s'il était déjà devant Cœlina; mais lorsqu'il frappe chez la petite enlumineuse, celle-ci, qui a reconnu sa voix, ne veut pas lui ouvrir, et lui crie à travers la porte:

— Laissez-moi tranquille, monsieur, je ne veux plus vous recevoir: vous en savez le motif. Il est inutile que vous reveniez chez moi.

— Mademoiselle ! dit Bouchenot en collant sa bouche contre le trou de la serrure, je viens me justifier... je viens vous prouver que je ne suis pas un mouchard. Mes amis m'ont déjà rendu leur estime... vous me rendrez la vôtre. Ouvrez-moi la porte pour l'amour de Dieu.

Cœlina a ouvert. Bouchenot entre et s'assied, réclame toute l'attention de la jeune fille, et lui répète tout ce qu'il a déjà dit à ses anciens amis. Cœlina a écouté Bouchenot avec le plus vif intérêt ; sa figure exprime tout le plaisir qu'elle éprouve d'entendre la justification de son amant. Enfin, elle ne le laisse pas achever, elle est déjà dans ses bras ; elle lui prend la tête, l'embrasse sur le front en s'écriant :

— Mon pauvre petit Bouchenot, que je suis contente ! je puis donc t'aimer encore... t'aimer toujours... Ah ! voyez-vous, monsieur, que vos coliques étaient feintes... c'était de frayeur, quand tu rencontrais ce vilain homme, quand tu avais peur d'être compromis.

— C'est vrai... j'en conviens : tout ce qui me rappelait cette effrayante aventure me troublait, me bouleversait. Maintenant c'est fini, j'ai pris mon parti... je suis résigné à tout.

— Comment, résigné à tout ?

— Sans doute ! à présent que j'ai parlé, que j'ai divulgué la source de la fortune de M. Mortandal, je dois m'attendre à être assassiné un de ces soirs !...

— Par exemple ! je voudrais bien voir cela ! Ecoute, ne me quitte pas... ne sors pas d'ici ; cache-toi dans mon lit, n'en bouge pas.

— Ma chère amie, ce que tu me proposes aurait certainement son agrément, mais j'ai promis à Henri de l'aider à trouver la maison des faux monnayeurs, et je dois tenir ma promesse.

— Mais pourquoi ne pas dénoncer tout de suite M. Mortandal à la justice ?

— Pourquoi... parce qu'il faut avant tout avoir des preuves... des renseignements positifs à donner. Un homme riche ne se dénonce pas comme cela ! Si c'était un pauvre diable... je ne dis pas ; mais un homme qui a trente mille livres de rente !... cela paraît toujours innocent.

Bouchenot quitte Cœlina, après lui avoir promis de la revoir bientôt. Il retourne chez Henri ; celui-ci a envoyé sa lettre, et il attend impatiemment Bouchenot pour commencer avec lui les recherches qui pourraient amener à la découverte de la vérité.

Les deux amis sortent ; ils se dirigent vers le quartier où Bouchenot s'est rendu le soir de sa mésaventure avec les saltimbanques. Ils marchent lentement, ils prennent de préférence les rues les plus désertes ; Henri s'arrête souvent en disant à son compagnon :

— Regarde bien, est-ce cette maison ?

Bouchenot examine, et secoue la tête en répondant :

— Non... ce n'est pas cela... il me semble qu'il y avait un grand mur... je n'en suis pas bien sûr... Oh ! si fait... je me rappelle à présent qu'il n'y avait point de maisons dans le voisinage ; par conséquent, ce ne peut être cela.

On marche de nouveau, on s'arrête souvent, quelquefois les deux amis reviennent sur leurs pas pour examiner encore une maison qui a quelque apparence avec celle qu'ils cherchent. Mais Bouchenot répète encore :

— Cela ne peut être là. Je m'en souviens très-bien maintenant : c'était au bout d'une ruelle dans laquelle il n'y avait aucune habitation. C'était une bicoque entièrement isolée, et toutes celles-ci ne le sont pas.

La journée s'écoule en recherches inutiles. Le lendemain, Henri et Bouchenot se remettent en route, et explorent sans plus de succès tout le quartier dans lequel doit être la maison mystérieuse.

— C'est inconcevable, dit Bouchenot, il faut qu'on ait démoli la maison, sans quoi nous la trouverions.

Henri se désespérait, il voyait approcher le terme fixé pour le mariage de Pauline avec M. Mortandal, et comme aucune preuve n'était venue appuyer ce qu'il avait écrit à M. Giraumont, le vieux négociant avait méprisé cet avis, qu'il supposait dicté par la jalousie, et ne voulait pas reculer l'hymen de sa fille.

Renonçant à des recherches qui semblent devoir n'amener aucun résultat, Henri est resté chez lui, accablé, désespéré ; car c'est le surlendemain que Pauline doit être la femme d'un autre, et il n'a pas trouvé de moyens pour empêcher ce mariage. George et Timothée sont auprès de lui ; ils cherchent à le consoler et à lui donner encore un espoir qu'eux-mêmes n'ont plus. Bouchenot n'est pas avec eux, il est allé voir Cœlina pour chercher avec elle par quel expédient on pourrait empêcher une union qui fait le malheur d'Henri.

Tout à coup on sonne avec violence. Les trois amis ont tressailli, Henri espère quelque bonne nouvelle ; bientôt, en effet, Bouchenot paraît, tenant en laisse un gros chien, et s'écriant :

— Victoire, mes amis ! victoire ! voilà Moustache... je l'ai retrouvé... je le ramène... sans la permission de son maître, mais c'est égal, je le ramène...

— Moustache ! s'écrie Henri, dont les yeux brillent de joie et d'espérance.

— Quel est ce chien ? demandent George et Timothée.

— Eh ! parbleu, c'est celui qui fut cause de toutes mes aventures...

celui qui me conduisit la nuit dans cette petite maison que nous ne pouvons pas retrouver. Mais il la retrouvera lui !... Oh !... les chiens sont plus adroits que les hommes... ils ont le nez plus fin.

— Par quel bonheur as-tu retrouvé ce chien ? dit Henri.

— Ah ! ma foi ! c'est bien le hasard... la Providence... ou plutôt c'est au jambon de Bayonne que nous en sommes redevables. Ecoutez-moi : je me rendais chez Cœlina, la tête préoccupée de ce maudit mariage qui désole notre ami, et cherchant comment on pourrait forcer ce Mortandal à y renoncer. Comme je sais que Cœlina a beaucoup d'imagination, je lui avais promis d'aller déjeuner avec elle, et tout en déjeunant nous devions causer de cette affaire. Tout à coup je me rappelle qu'hier j'ai promis à ma belle de lui porter quelque chose pour déjeuner ; j'étais auprès de Véro-Dodat, j'entre, je me fais servir un superbe morceau de jambon de Bayonne... je sais que Cœlina a de la prédilection pour le bayonne, je mets le jambon dans une poche de mon habit, et je poursuis mon chemin. En traversant la rue Saint-Honoré, un embarras de voitures me force, pour me garer, à entrer dans la boutique d'un marchand de vin ; je me remets en marche, mais je n'ai pas fait dix pas que je sens quelque chose dans mes jambes ; c'était un gros chien qui me suivait de fort près. Je veux le chasser... Mais jugez de ma surprise, de ma joie, en reconnaissant Moustache, qui, fidèle à son penchant pour le jambon, avait probablement senti mon emplette lorsque j'étais arrêté devant le marchand de vin, et depuis ce temps avait constamment cherché à fourrer son nez dans ma poche. Oh ! vous pensez bien qu'alors je ne le chassai plus. Je fis mieux : de crainte qu'il ne m'échappât, de doute la pauvre bête n'avait pas envie, je passai mon mouchoir dans son collier, et doublant le pas, de peur que son maître ne se mît à sa poursuite, je suis revenu ici avec Moustache, empressé de vous montrer cette heureuse capture.

— Maintenant, dit Henri, nous allons retourner avec le chien dans le quartier que nous parcourons en vain depuis quelques jours.

— Un moment dit Bouchenot, mon avis est qu'il vaudrait mieux attendre la nuit, car c'est la nuit que Moustache m'a mené à la maison isolée. Il ne faut pas déranger ses habitudes.

— Il a raison, dit George, attendons la nuit. Mais nous irons avec vous, nous ne vous laisserons pas aller seuls à la recherche de ces faux monnayeurs.

— Venez avec nous, dit Bouchenot, cela n'en vaudra que mieux.

— Et nous prendrons des armes, dit Timothée, chacun une paire de pistolets.

— Très-bien pensé ! reprend Bouchenot. En attendant, dînons bien, buvons beaucoup ; cela nous montera la tête pour l'expédition de ce soir.

— Et surtout, dit Henri, veillons bien sur Moustache, qu'il ne nous échappe plus.

— Oh ! sois tranquille, tant que j'aurai du jambon dans ma poche, il ne s'éloignera pas.

Les quatre jeunes gens dînent ensemble, et attendent avec impatience que la nuit vienne. Timothée est allé chercher ses pistolets et ceux de George ; Henri a les siens ; Bouchenot ne veut pas avoir autre chose qu'un canif. Enfin la soirée arrive, et l'on se met en marche avec Moustache, que l'on tient encore en laisse.

Parvenus dans le quartier qui est de l'autre côté du canal, dans les environs de la barrière de Ménilmontant, on lâche le chien, mais on ne le perd pas de vue. Bouchenot a eu soin de vider sa poche, afin que Moustache ne s'obstinât pas à rester auprès. Pendant quelque temps le chien suit les jeunes gens et n'a pas l'air de vouloir les quitter. Mais tout à coup, au détour d'une rue peu fréquentée, Moustache prend sa course sans regarder derrière lui.

— Il se reconnaît ! dit Henri, il va nous conduire, ne le perdons pas de vue.

Les jeunes gens sont obligés de courir pour suivre le chien, qui trotte très-vite et qui a déjà enfilé plusieurs ruelles. Enfin Moustache vient de s'arrêter devant une petite maison qui est au bout d'un mur.

— C'est là ! s'écrie Bouchenot, oui, c'est bien là, je reconnais parfaitement la maison.

— Et nous avons passé vingt fois devant cette maison, dit Henri, et tu ne l'avais pas reconnue.

— C'est qu'il y a quelque chose que je ne comprends pas. Autrefois la maison était seule dans la ruelle... maintenant en voilà deux auprès... une là-bas... une en face.

— Parbleu ! on les a bâties depuis, dit George. Il est bien facile de voir qu'elles sont neuves.

— Ah ! ma foi, c'est-ce que m'a trompé ; mais c'est bien là... d'ailleurs, vous le voyez, messieurs, Moustache est contre la porte de l'allée... il voudrait bien entrer... Voyons si en tournant le loquet...

Henri court à la porte, mais le loquet est décroché, et cette fois la maison est bien fermée.

— Comment allons-nous faire ? dit Bouchenot : employer la violence pour entrer dans cette maison, ce serait maladroit ; ensuite nous ne sommes pas certains que M. Mortandal ses complices y soient en ce moment, et il aurait fallu pouvoir les prendre sur le fait.

Pendant que les jeunes gens se consultaient pour savoir ce qu'ils avaient à faire, un cabriolet s'arrête à l'entrée de la ruelle, un homme en descend et se dirige doucement vers la maison devant laquelle est le chien; les jeunes gens se sont éloignés et cachés derrière l'angle d'un mur, afin de n'être point aperçus par cet homme; mais ils n'ont pas pensé à emmener le chien, qui est resté blotti contre la porte.

L'individu, qui a quitté le cabriolet, est arrivé devant la porte de la maison; là, il tire une clef de sa poche et se dispose à ouvrir, lorsque Moustache se met à aboyer.

— Que le diable soit du chien! dit une voix que Henri reconnaît fort bien pour être celle de M. Mortandal; je ne l'avais pas aperçu... Qu'est-ce qu'il fait là?... Allons, va-t'en!... Il ne bouge pas... N'importe, entrons vite...

M. Mortandal est entré, mais il a refermé la porte sur lui et sur Moustache, qui s'est faufilé avec lui dans la maison.

M. Merlandin, prétendu de Prudence.

— Nous sommes certains que M. Mortandal est là, dit Henri. Maintenant, mes amis, que l'un de vous prenne un cabriolet, se fasse conduire chez M. Giraumont, et le ramène ici en lui annonçant qu'on va lui faire connaître de quelle manière son futur gendre s'enrichit.

— J'y vais, dit Bouchenot, qui aime autant s'éloigner de la maison, j'y cours... j'y ramènerai le beau-père... Vous, en attendant, soyez prudents! mais ne laissez pas notre homme s'échapper.

Bouchenot court, vole. Il trouve un cabriolet, et se fait mener chez M. Giraumont, auquel il demande à parler pour affaire importante. On l'introduit dans le cabinet du vieillard; il lui dit sans préambule :

— Monsieur, j'ai l'honneur de vous prévenir que vous êtes sur le point d'unir mademoiselle votre fille à un faux monnayeur; comme ce n'est peut-être pas un homme adonné à cette industrie que vous auriez choisi pour gendre, je viens vous proposer de vous assurer de la chose, afin que vous puissiez agir ensuite comme vous le jugerez convenable.

M. Giraumont fait un bond en arrière en s'écriant :

— Un faux monnayeur!... M. Mortandal!... Ah! monsieur, cela n'est pas possible... C'est une nouvelle calomnie que l'on invente pour que je ne lui donne pas ma fille.

— Mais, monsieur, puisque je vous propose d'en avoir la preuve par vos yeux!... Il me semble que le sort de mademoiselle votre fille vaut bien la peine que vous fassiez au moins une démarche pour savoir si l'on vous dit vrai.

— Partons, monsieur, je suis prêt à vous suivre.

Le vieillard monte en cabriolet avec Bouchenot, qui se fait descendre avec lui à l'entrée de la ruelle, où ils ne tardent pas à trouver Henri et ses amis, qui attendaient devant la maison.

Henri s'approche de M. Giraumont, et lui dit :

— Monsieur, ne croyez point que ce soit la jalousie qui me fasse agir; mais on m'a assuré que M. Mortandal n'était qu'un misérable faux monnayeur, et que c'était dans cette maison isolée qu'il se livrait à cette criminelle industrie. J'ai cru qu'il était de mon devoir de vous aider à connaître celui que vous voulez prendre pour gendre.

En ce moment, M. Mortandal est là... dans cette maison, nous l'y avons vu entrer, et il n'en est pas sorti. Que voulez-vous faire, monsieur? nous nous soumettrons à votre décision. Voulez-vous que nous allions requérir la force pour nous faire ouvrir cette maison, ou devons-nous employer un autre moyen? Parlez, nous vous obéirons.

— M. Mortandal est dans cette maison... vous en êtes certain? répond le vieillard.

— Oui, monsieur.

— Eh bien! il faut éviter l'éclat... il faut tâcher de pénétrer aussi dans cette demeure, et savoir enfin ce que M. Mortandal y fait.

— Oui, certainement, dit Bouchenot, il faut pénétrer là dedans, quoique ce soit peut-être fort dangereux. Mais comment se faire ouvrir cette porte?

En ce moment, on entend du bruit dans l'allée; bientôt la porte est vivement heurtée : c'est Moustache qui est en dedans, et qui fait tous ses efforts pour sortir. A force de pousser avec ses pattes, le chien a levé le loquet qui ferme en dedans. Bouchenot a entendu ce que fait Moustache; il saisit le moment pour pousser la porte avant que le loquet soit retombé, et bientôt l'entrée de la maison leur est ouverte.

— Décidément, Moustache est notre providence! dit Bouchenot. Venez, messieurs... entrez! ne faites pas de bruit. Prenez vos armes; je vais vous suivre.

— Va plutôt devant pour nous guider, dit George.

— Non, je vous guiderai mieux par derrière... Venez, mais du silence!

On entre dans la maison, on marche en silence, on arrive dans la petite cour; puis, en approchant de la porte de la cave, on commence à entendre comme des coups de marteau.

— Entendez-vous? dit Bouchenot; ils sont en train de travailler.

— Descendons doucement! dit Henri; j'aperçois une faible lumière.

Les jeunes gens et le vieillard descendent l'escalier; ils arrivent dans la cave : ils entendent parler dans un caveau voisin dont la porte est entre-bâillée. George, Henri et Timothée arment leurs pistolets, et se précipitent brusquement dans le caveau en criant :

— Rendez-vous, misérables!

Le premier maître de Moustache était un jardinier fleuriste près de la barrière de Ménilmontant.

Et ils aperçoivent M. Mortandal entouré d'hommes, dont les uns emplissaient d'huile et d'eau-de-vie des barriques qu'ils refermaient ensuite, tandis que les autres recevaient dans des cruches des liquides qui leur arrivaient par des tuyaux qui s'étendaient sous terre, et communiquaient en dehors de la barrière, d'où ils aboutissaient là, sans rien payer à l'octroi.

— Ils ne font pas de fausse monnaie! s'écrie Bouchenot qui vient d'allonger la tête à l'entrée du caveau, tandis qu'Henri et ses deux amis sont restés tout ébahis au milieu des fraudeurs, qui de leur côté ne semblent pas moins surpris de cette visite inattendue.

— Comment! messieurs, est-ce que vous seriez des gabelous? dit M. Mortandal en regardant les jeunes gens avec étonnement.

— Non, monsieur, dit Henri; mais on nous avait assuré que vous faisiez ici de la fausse monnaie.

— Ah! je devine qui vous a dit cela! reprend le Marseillais en apercevant Bouchenot. C'est monsieur, auquel je l'ai laissé croire, parce que je pensais qu'il aurait bien plus peur d'un faux monnayeur que d'un fraudeur... Ah! monsieur Bouchenot, vous m'avez trahi, ce n'est pas bien!

— Eh! fichtre!... il fallait donc me dire qu'il ne s'agissait que d'huile et d'eau-de-vie! reprend Bouchenot, et je n'aurais pas été dans des transes continuelles depuis que je vous connais!

En ce moment M. Giraumont, qui n'était pas encore entré dans le caveau, se présente devant M. Mortandal, qui semble un peu contrarié à sa vue, mais tâche de se remettre, et lui dit en affectant de rire :

— Comment, mon cher beau-père, vous aussi, vous venez visiter notre entrepôt secret !...

— Monsieur, répond le vieillard, je suis bien aise pour vous que vous ne soyez pas un faux monnayeur, mais je ne veux pas non plus pour gendre d'un homme qui fait la contrebande... J'aime les professions qui s'exercent au grand jour et qui ne craignent pas les regards de la police; c'est vous dire assez que tout est fini entre nous.

— Eh quoi! monsieur Giraumont... mais ceci n'est pas de la contrebande, ce n'est que de la fraude...

— Je n'estime pas plus l'une que l'autre, monsieur. Du reste, soyez tranquille, aucun de nous ne se chargera du soin de vous dénoncer. Allons, messieurs, je crois que maintenant nous pouvons sortir, rien ne nous retient plus ici. Monsieur Henri, donnez-moi votre bras.

Henri ne s'est pas fait répéter cette prière. Il s'empresse d'emmener M. Giraumont; George et Timothée les suivent, et Bouchenot ferme la marche en répétant :

— Ah! si j'avais su qu'il ne s'agissait que d'huile et d'eau-de-vie... les imbéciles! cela leur apprendra à s'être moqués de moi.

Quinze jours après cette aventure, Henri devenait l'époux de Pauline, et ses trois amis assistaient à la cérémonie qui assurait son bonheur.

Bouchenot accepta la place que Henri lui avait offerte; dans les premiers temps il ne travaillait ni bien ni beaucoup, mais Henri n'était pas exigeant. Petit à petit Bouchenot s'accoutuma au travail; il s'aperçut que l'on n'a pas le temps de s'ennuyer lorsque l'on est occupé, et que l'on s'amuse beaucoup plus quand on n'a pas que cela à faire.

Cœlina était devenue rangée, laborieuse, économe. Bouchenot finit par lui devenir fidèle. En amour, comme en toutes choses, il ne faut désespérer de rien.

Moustache, fêté, choyé et bien nourri, resta près de Henri et de Pauline, qui lui devaient leur félicité.

Mais Bouchenot disait souvent :

— Dans tout cela nous ne savons pas ce qui attirait le chien dans la maison des fraudeurs.

Enfin mademoiselle Prudence épousa M. Merlandin, qui invita à sa noce Bouchenot et Cœlina, et leur dit avant de repartir pour Poissy avec sa femme :

— A propos, le parrain de mon épouse m'avait chargé de lui donner des nouvelles d'un chien nommé Moustache, et prié de mener quelquefois ce chien chez la personne qui le lui a donné : c'était un jardinier fleuriste, près de la barrière de Ménilmontant; mais ma femme m'a dit qu'elle avait perdu le chien. Et quant au jardinier, on m'a assuré qu'il était mort depuis longtemps.

— Ah! voilà donc la cause de l'attachement de Moustache pour l'habitation isolée!... s'écrie Bouchenot après avoir entendu M. Merlandin; je ne m'étonne plus si ce chien connaissait si bien les localités de la maison! c'est son berceau! c'est le séjour de sa jeunesse, c'est peut-être sa famille qu'il voulait revoir. Allons, si Moustache aime le jambon, il conserve aussi un souvenir de ses premiers amis et de la misérable bicoque où il fut élevé. Il y a bien des hommes qui n'ont pas autant de mémoire que ce chien-là.

Moustache fêté, choyé et bien nourri, resta près d'Henri et de Pauline.

FIN DE MOUSTACHE.

M. MOUTON

ou

LA JOURNÉE MYSTÉRIEUSE,

VAUDEVILLE EN UN ACTE,

PAR

PAUL DE KOCK.

PERSONNAGES.

M. MOUTON, ancien marchand de draps.
AGATHE, nièce de M. Mouton.
FIRMIN, époux d'Agathe.
BALLOT, ancien garçon de magasin de M. Mouton.
GROS-JEAN, concierge de la maison de campagne de M. Mouton.
NANETTE, fille de Gros-Jean.
PIERRE, jardinier.
VILLAGEOIS, VILLAGEOISES.

La scène se passe dans une maison de campagne, située aux environs de Saint-Germain.

Le théâtre représente un jardin. A droite, au second plan, un pavillon, dont la porte doit faire face au public. A gauche est l'angle d'un mur de clôture, et au premier plan, une petite porte ; plus loin, une grotte dont on ne voit qu'une partie ; le reste se perd dans les coulisses. Sur le devant de la scène, vers la gauche, plusieurs touffes d'arbres forment un bosquet, sous lequel est un banc.

SCÈNE I.

M. MOUTON *sortant de la maison. Il regarde à sa montre.*

Midi !... ça n'est pas possible. Heureusement, j'ai un cadran solaire... (*Il le regarde.*) Midi et demi. Ah ! comme le soleil avance ! Je sens que j'ai bien dormi cette nuit. Sans la peur des revenants et des voleurs, dont il est difficile de se défendre dans une maison où l'on couche pour la première fois, je n'aurais fait qu'un somme. Je n'ai jamais si bien reposé dans la rue aux Ours depuis trente ans que j'y étais établi.

Air : *Il faut quitter ce que j'adore.*

Dans mon lit, au lieu de m'étendre,
Tous les jours, entre huit et neuf,
Il fallait me lever pour vendre
Drap de Louviers et drap d'Elbœuf ;

Attendre la nuit sur ma chaise,
Avec mon aune sur les bras...
Ma foi, pour dormir à mon aise,
J'ai bien fait de quitter les draps.

Me voilà, Dieu merci, retiré à la campagne avec douze bonnes mille livres de rentes ; cette maison, que mon notaire a achetée pour moi, me paraît fort jolie... Je n'ai pas pu la visiter entièrement hier soir, j'en ai pas dit la raison à Ballot, mon ancien garçon de magasin, que j'ai amené de Paris avec moi... C'est bien l'homme du monde le plus poltron... Mais je l'entends, je crois...

SCÈNE II.

MOUTON, BALLOT.

BALLOT *arrivant tout essoufflé.* — Ah !... j' vous retrouve enfin, monsieur Mouton ; j'ai eu une fière peur, allez...
MOUTON. — Peur, imbécile !... Et de quoi donc ?
BALLOT. — Pardi... j'ai eu peur de me perdre dans les allées de ce jardin... C'est qu'il a plus d'un arpent, au moins...
MOUTON. — Un arpent neuf perches, mon ami. Toi qui n'étais jamais sorti de ton quartier, tout ce que tu vois doit bien te surprendre ! (*A part.*) Et moi aussi !

Air *de Marianne.*

BALLOT. Paris est trop loin d' la nature,
Et celui qui veut l'habiter,
D'y trouver d' l'air et d' la verdure
Aurait grand tort de se flatter...

Pour qu' la santé
Pour qu' la gaîté,
Y soit compagne,
D' la salubrité,

Tenez, sans mentir,
Faut en conv'nir,
Dans la campagne
On aurait dû l' bâtir !

En vérité, c'est bien dommage
Qu'on n' m'ait pas d'mandé mon avis ;
Car, au milieu des champs, Paris
Ferait un fier village...

MOUTON. — Ah ! oui... un village conséquent.
BALLOT. — Quoiqu' ça, v'là une belle maison, pour un ancien marchand de draps ! ça annonce une fortune...
MOUTON. — Légitimement acquise, Ballot.

Air : *Pégase est un cheval qui porte.*

Tu sais que j'avais pour enseigne
Le tableau du Gagne-Petit,
Et je ne crains pas qu'on se plaigne
Des draps dont j'ai fait le débit ;
Je donnais la bonne mesure,
Et de jaloux environné,
Je ne fus jamais, je te jure,
Accusé d'avoir mal auné.

BALLOT. — Oh ! ça, c'est vrai, vous avez bien mérité de vous retirer... Pourtant, il y a une chose qui me tourmente ici.
MOUTON. — Qu'est-ce donc ?
BALLOT. — C'te maison est ben déserte. Je n' vois dans les environs qu'une grande forêt... ou ben des champs...
MOUTON. — Bath !... Le village n'est pas éloigné... Et puis, nous ne serons pas seuls ici. Tu sais que je garde les trois domestiques qui servaient l'ancien propriétaire ; on m'en a dit du bien. D'ailleurs, c'est justement ce qu'il me faut pour monter ma maison : un concierge, un jardinier et une cuisinière.
BALLOT. — Ah ! vous gardez ces trois villageois ! Eh ben ! vous avez tort, not' bourgeois, j' leur trouve un drôle d'air... J' les vois toujours se parler bas entre eux...

Air *de Calpigi.*

Ils ont l'air de faire une trame,
Comm' les coquins de c' fameux drame
Qu'on jouait dans c' te société,
Où nous avons tant sangloté...
Si c'est des gens d' la même espèce,
J' vois en vous le héros d' la pièce ;
Les brigands paraîtront bientôt,
Et moi je serai le nigaud.

MOUTON. — Bath !... depuis que tu as été au spectacle, tu ne vois partout que des mauvais sujets...
BALLOT. — Des mauvais sujets !... Eh ben ! monsieur Mouton, regardez avec attention vos nouveaux domestiques, ou je me trompe fort, ou ils en sont.
MOUTON. — Samson !... Il est fort, celui-là ! Au surplus, je leur ai ordonné de venir me trouver tous les trois ici. Je vais les examiner. Ah ! si je n'étais pas brouillé avec ma nièce et son mari, ils seraient venus habiter avec moi cette maison de campagne.

BALLOT. — Pardi, c'est dommage... Il y aurait d' quoi les loger... La maison est grande... A propos d' la maison, dites-moi donc, not' maître, qu'est-ce qui a couché cette nuit dans l'appartement en face du vôtre ?

MOUTON. — Cette nuit ?... Eh! qui veux-tu que ce soit ?... Les trois villageois ne logent-ils pas dans le pavillon qui donne sur la route ? Ainsi, puisqu'il n'y a qu'eux et nous dans la maison...

BALLOT. — C'est singulier.

MOUTON. — Pourquoi donc ?

BALLOT. — J'ai pourtant ben vu d' la lumière aller et venir dans ces chambres-là...

MOUTON. — Allons... tu rêvais... ou tu dormais...

BALLOT. — Oh! qu' non... Car je n' sais pas si c'était l'étonnement du voyage, mais je n'avais pas envie d'dormir, et j' m'étais mis à la fenêtre pour prendre l'air... quand j'ai vu c'te lumière... et même il m'a semblé entendre du bruit, comme quelqu'un qui s' plaignait... ou qui chantait... Je n' sais pas lequel...

MOUTON *effrayé*. — C'est particulier... Y aurait-il du mystère dans cette maison ?... En effet, pourquoi, hier soir, ces villageois n'ont-ils pu me donner la clef de cet appartement ?... Ballot !...

BALLOT. — Monsieur...

MOUTON. — Nous éclaircirons cela, mon garçon. En attendant, j'irai dîner chez mon notaire, qui m'attend, et dont la campagne est voisine de la mienne. Quant à toi, tu coucheras ce soir dans mon antichambre, parce que je ne prétends pas que tu aies peur la nuit... Certainement, je ne le prétends pas... Mais, chut ! j'entends mes gens, je vais les interroger.

SCÈNE III.

LES PRÉCÉDENTS, NANETTE, GROS-JEAN, PIERRE.

AIR *du vaudeville du pont des Arts.*

LES VILLAGEOIS.
J' nous rendons en diligence
Aux ordres de monseigneur;
Pour le bien servir, d'avance
J' promettons d'aller d' tout cœur.

MOUTON.
Nous n'aurons pas de querelle
Si vous vous conduisez bien ;
J'aime que l'on ait du zèle,
Et qu'on ne me cache rien.

ENSEMBLE.

LES VILLAGEOIS.
J' nous rendons en diligence
Aux ordres de monseigneur;
Pour le bien servir, d'avance
J' promettons d'aller d' tout cœur.

MOUTON ET BALLOT.
Ils viennent en diligence
Et m'appellent } monseigneur;
Et l'appellent }
Pour me bien servir, je pense
     le
Qu'ils agiront de tout cœur.

MOUTON. — Ah çà ! dites-moi un peu, pendant que vous voilà, qu'est-ce donc qui s'est passé cette nuit dans l'appartement en face du mien ?

GROS-JEAN *embarrassé*. — Cette nuit, monseigneur ?... (*Bas aux autres.*) Est-ce qu'il aurait vu queuque chose ?...

MOUTON. — Oui, cette nuit, Ballot m'assure avoir vu de la lumière et entendu du bruit...

PIERRE *à part, aux autres.* — Quoi lui dire ?

BALLOT. — Certainement, j'ai vu comme qui dirait... Enfin... à peu près ça... qui allait et venait.

NANETTE. — Allons, vous vous êtes trompé, puisque personne ne loge là... Ce sont queuques chats qui vous auront fait peur...

GROS-JEAN. — Ça serait ben possible...

BALLOT. — En tout cas, ces chats-là ont les yeux comme des chandelles.

NANETTE. — D'ailleurs, monsieur n'a qu'à visiter lui-même c't appartement, pour voir c' qui en est.

MOUTON. — Vous avez donc retrouvé la clef ?

NANETTE. — Oui, monseigneur, je n' l'avions qu'égarée.

GROS-JEAN *se fouillant d'un air embarrassé*. — (*Bas à Nanette.*) Tu veux donc nous trahir !... (*Haut.*) La clef... monsieur ? je ne l'ai pas sur moi... Mais...

MOUTON. — Enfin... elle est retrouvée; à la bonne heure; c'est que, voyez-vous, j'aime à avoir la clef de tout chez moi.

BALLOT *bas à Mouton*. — Visitons, monsieur, et armons-nous de nos deux fusils.

MOUTON *bas à Ballot*. — Il vaut mieux ne leur montrer aucun soupçon, et tâcher d'obtenir au dehors quelques renseignements. (*Haut avec finesse.*) Tu m'entends, Ballot ?

BALLOT. — Oui, monsieur, je vous saisis.

MOUTON *feignant d'être rassuré*. — Quant à vous, mes enfants, je vous garde tous trois à mon service ; Nanette aura soin du ménage.

NANETTE. — J' tâcherons qu'il n'y manque rien, d'abord.

MOUTON. — Gros-Jean restera concierge.

GROS-JEAN. — Oh! vous serez bien gardé, en ce cas.

MOUTON. — Et Pierre s'occupera du jardin.

PIERRE. — Vous voyez qu'il est en bon état.

MOUTON. — Voilà qui est arrangé.

AIR : *De Jadis et Aujourd'hui.*

Des bons valets heureux modèles,
Pour les autres soyez discrets :
Mais toujours soumis et fidèles,
Pour moi n'ayez pas de secrets ;
Soyez sobres, polis et sages,
Et remplissant bien votre emploi,
Ne tourmentez pas pour vos gages,
Vous resterez longtemps chez moi.

LES VILLAGEOIS. — Ça suffit, monseigneur.

MOUTON. — Ah ! je vous permets aussi de ne m'appeler que votre maître.

AIR : *Où s'en vont ces gais bergers?*

Le titre de monseigneur,
Quoique fort doux à prendre,
Pourrait me porter malheur,
Je dois me le défendre ;
Je n'eus jamais que l'ambition
De rester à ma place,
Et dans ma famille aucun Mouton
N'a renié sa race.

Allons, vous m'avez entendu ; je vais faire un tour dans les environs. Ballot, tu vas sortir avec moi, tu iras jusqu'au village faire quelques emplettes.

BALLOT. — Oui, not' maître.

MOUTON. — Suis-moi, mon garçon, suis-moi. (*Aux villageois.*) Je reviendrai bientôt, vous entendez... Suis-moi, Ballot.
(*Les villageois saluent Mouton, qui sort avec Ballot par la droite.*)

SCÈNE IV.

NANETTE, GROS-JEAN, PIERRE.

PIERRE. — Les v'là partis... J'ons été un tantinet embarrassé, voir'ment...

GROS-JEAN. — Ma foi, je n' savions trop que dire, non plus...

NANETTE. — Eh ! mon Dieu !... un rien vous embarrasse, vous autres. Avez-vous vu comme j'ai répondu à notre maître au sujet de l'appartement ?... J' savais ben c' que j' faisais...

AIR : *Une fille est un oiseau.*

Si nous avions résisté,
Not' maître eût voulu ben vite
Du logis fair' la visite ;
Not' secret s'rait éventé...
J' sais ça, sans êtr' ben habile ;
Aux champs, ainsi qu'à la ville,
Drès qu'une chos' sembl' difficile
Pour l'homme elle a des attraits,
A la poursuivre il s'empresse ;
Mais qu' la difficulté cesse,
Il cesse d' courir après.

GROS-JEAN. — Pour une paysanne de campagne, quelle astuce ça vous a !...

NANETTE. — Not' maître est ben loin de se douter que sa nièce et son neveu sont ici... que c'est eux qui ont couché dans la maison... Au fait, quel mal y a-t-il à tout ça ? M. Firmin et sa femme n' pensaient d'abord qu'à surprendre leur oncle, qui ne les attend pas, puisqu'ils ont eu une petite brouille ensemble ; le hasard veut qu'ils arrivent hier avant lui dans c' te maison. Alors, comme c'est demain la Saint-Claude, patron de M. Mouton, ils forment le projet de lui arranger une petite fête, ils nous mettent dans la confidence ; c'était bien juste, et c'est aujourd'hui que tout ça doit s'exécuter.

PIERRE. — Ah ! ça s'ra ben tourné, c'est vrai.

GROS-JEAN. — Pourvu que not' maître ne se fâche pas de ce que nous lui avons caché l'arrivée de sa nièce et de son neveu...

NANETTE. — Bath ! bath !... Ces jeunes époux sont si gentils, si gais, si aimables. D'ailleurs, est-ce qu'on peut se fâcher quand les gens veulent nous faire plaisir ?

PIERRE. — Ah ! c'est vrai qu'ils sont ben agréables et pas fiers du tout. Mais, t'nez, les v'là qui viennent par ici... Regarder un peu quelle imprudence !.. Si leur oncle n'était pas sorti, tout s'rait manqué.

SCÈNE V.

LES PRÉCÉDENTS, AGATHE, FIRMIN.

AGATHE et FIRMIN. — Bonjour, mes amis.

FIRMIN. — Bonjour, Nanette.

NANETTE. — Dites-nous donc un peu pourquoi vous sortez de vot' cachette sans not' permission ? Si votre oncle eût été ici...
FIRMIN. — Nous l'avons aperçu sortant avec Ballot.
AGATHE. — Nous ne pouvions pas toujours rester enfermés.
PIERRE. — Avec des provisions comme celles que vous avez apportées, moi, j' garderais les arrêts pendant quinze jours.
FIRMIN. — Eh bien ! comment vont vos affaires ? La fête se prépare-t-elle ?
AGATHE. — Aurons-nous beaucoup de monde ?
PIERRE. — Ah ! pardi, tout l' village est averti.
GROS-JEAN. — Et eune musique, donc !... Deux clarinettes et un violon, sans compter l' gros tambour.

AIR : *De la Monaco.*

Ah ! l'on trouvera
Notre fête
Parfaite ;
On l'admirera
Et l'on en parlera.
Rien n'y manquera,
Fillettes,
Ni feuillettes.
Comme on y boira !
NANETTE.   Comme on y dansera !
PIERRE.   On s'y press'ra.
Tout le monde y viendra ;
Votre oncle sera
Là ;
I' n' soupçonne
Personne ;
Lorsqu'on chant'ra,
Comm' ça vous l' surprendra !
GROS-JEAN.   Et quand le feu partira,
Queux yeux il ouvrira !
TOUS.   Ah ! l'on trouvera
Notre fête
Parfaite ;
On l'admirera
Et l'on en parlera.
Rien n'y manquera,
Feuillettes
Ni fillettes.
Comme on y boira !
Comme on y dansera !

FIRMIN. — Bravo, mes amis !
NANETTE. — Cependant, il faut prendre garde de donner l'éveil à votre oncle ; savez-vous que Ballot a vu cette nuit de la lumière dans votre appartement ?
FIRMIN. — C'est la faute de ma femme ; elle n'en finit jamais pour se coucher...
NANETTE. — Heureusement nous avons détourné les soupçons. Ah ! çà ! c'est ici que se fera la surprise. M. Mouton a paru remarquer cet endroit.
FIRMIN. — En ce cas, tu y dresseras le couvert pour le souper, et moi j'y disposerai quelques pièces d'artifice.
GROS-JEAN. — J' vas profiter du peu de temps qui nous reste pour aller abattre queuques pièces d' gibier dans la forêt.
NANETTE. — Tâchez d' faire bonne chasse au moins ; car tout c' monde que j'avons invité à la fête, il faut l' nourrir ; et dame ! j' n'avons pas de provisions...
PIERRE. — Nanette a raison... (*Riant.*) Mais dis donc, c't' agneau qu' nos anciens maîtres t'ont laissé ?
GROS-JEAN. — Ah ! oui, c't' agneau qu'a bentôt sept ans...
NANETTE. — Comment, est-ce que vous voudriez le tuer ?
PIERRE. — Dame !... écoute donc ! un jour de fête !...
NANETTE. — Ça ferait une belle fête pour lui !...
FIRMIN. — Moi, avant tout je vais trouver nos villageois, et leur apprendre ce qu'ils auront à faire... Si j'avais un fusil, je pourrais en chemin seconder Gros-Jean, et m'amuser à tirer quelques lièvres ?
GROS-JEAN. — J' vas vous en apporter un, attendez-moi là.
PIERRE. — Et moi, j'allons faire le guet, afin que personne ne vous surprenne ici.
NANETTE. — C'est cela.

(*Gros-Jean et Pierre sortent.*)

SCÈNE VI.
AGATHE, FIRMIN, NANETTE.

FIRMIN. — Ainsi donc, tout va bien...
AGATHE. — Ah ! que mon oncle sera surpris... Il est un peu fâché contre nous, et au fait nous avions tort.
FIRMIN. — Mais en arrivant justement pour le jour de sa fête, nous sommes bien certains qu'il nous pardonnera.

NANETTE. — C'est vrai qu' ça n'est pas mal choisi.
AGATHE. — Pendant que nous avons le temps, ne devrions-nous pas dresser le plan de notre cérémonie ; car enfin, nous n'avons encore rien arrêté.
NANETTE. — Madame a raison ; ça n' s'rait pas mal vu.
FIRMIN. — Je vais vous exposer mon plan. Attention, mesdames.

AIR *de la Ronde de la Ferme et le Château.*

C'est ici le lieu de la fête ;
Nous nous cachons dans ce bosquet ;
En silence, chacun s'apprête
A venir offrir son bouquet.   (*bis.*)
Armé d'un flambeau, je me glisse
Où l'on a placé l'artifice...
Prisss !
Sautez donc, sautez, sautez donc !
Je mets en feu tout l'édifice.
Sautez donc, etc.
Entendez-vous quel carillon ?
Pif ! paf ! Sautez donc, sautez, etc.
(*On danse en répétant.*)

DEUXIÈME COUPLET.

AGATHE. Ici, nous nous mettons à table,
Puisqu'ici mon oncle se plaît ;
Après un souper délectable,
Je chante gaîment mon couplet.   (*bis.*)
Chante, en débouchant du champagne :

Sautez donc ; sautez, sautez donc !
La mousse en partant l'accompagne.
Sautez donc ; sautez, sautez donc !
Voyez-vous voler le bouchon?   (*Ils dansent.*)

TROISIÈME COUPLET.

NANETTE.   Lorsque nous avons fait hommage
De nos fleurs et de nos chansons,
Les jeunes filles du village
Vont prendre la main des garçons.   (*bis.*)
L'orchestre, augmentant leur délire,
Joue un air joyeux qui veut dire :

Sautez donc, etc.
Nous voyez-vous danser et rire ?
Sautez donc ; sautez, sautez donc !
Sautez, balancez, rigaudon.   (*Ils dansent.*)

SCÈNE VII.
LES PRÉCÉDENTS, GROS-JEAN.

GROS-JEAN *tenant à la main deux fusils, et en donnant un à Firmin.* — T'nez, v'là un fusil qui a fait fuir plus d'un lièvre.
FIRMIN. — Je m'en empare, mais je tâcherai de ne pas faire peur au gibier. Eh ! Gros-Jean, s'il y a encore quelques fusils dans la maison, meta-los en état ; nous ferons une belle salve de mousqueterie au moment de la surprise...
GROS-JEAN. — J' verrons ça !
FIRMIN. — Je vais rassembler tout notre monde...
NANETTE. — Allez et revenez promptement. Vous savez que vous frapperez trois coups à cette petite porte...
(*Elle lui montre la porte à gauche.*)
FIRMIN. — C'est entendu.   (*Il sort en courant par le fond.*)
GROS-JEAN. — Ah çà ! moi, j' vas aller aussi à la provision, et morgué !... gare au premier que j' rencontre !...
NANETTE. — N'allez pas le manquer, mon père.
GROS-JEAN. — Oh ! qu' non, j'ai le coup d'œil juste.   (*Il sort.*)

SCÈNE VIII.
AGATHE, NANETTE.

AGATHE. — Dis-moi, Nanette, quelle est cette grotte ? où conduit-elle ?
NANETTE. — C'te grotte, ah ! madame, c'est une espèce de labyrinthe, j' crois qu'ils appellent ça... On dit que c'est ben joli ! mais comme on n' voit presque pas clair là-dedans, j' n'y vas jamais, quoique je n' sois pas peureuse, oui-da !...

AIR : *Du quatrième étage.*

Non, madame, c' n'est pas par crainte
Que j'entrons jamais dans ces lieux ;
Mais on dit que d'un labyrinthe
Tous les chemins sont tortueux.
J' pensons qu'il faut un peu d'étude
Pour s' tirer d'un pareil endroit,
Surtout quand on a l'habitude
D'aller toujours son chemin droit.

AGATHE. — Je ne connais pas les labyrinthes; il faut absolument que je voie cela.

AIR : *Sans mentir.*

Mon défaut, celui des femmes,
C'est la curiosité;
A toutes les épigrammes
Ce penchant a résisté.
On a trop blâmé Pandore,
Nous devons en convenir.
A savoir ce qu'on ignore
Lorsque l'on peut parvenir,
    Sans mentir,   (*bis*.)
C'est toujours un grand plaisir!

NANETTE. — Prenez garde, madame, c'est encore grand; vous ne retrouverez pas vot' chemin...
AGATHE *courant dans la grotte*. — Oh! je ne crains rien!...
NANETTE. — Elle ne m'écoute seulement pas!... ah! mon Dieu! qu'ils sont jeunes!... Eh ben... v'là not' maître qui vient par ici... Il était temps qu'elle disparaissit... Pourvu qu'elle ne vienne pas tout à coup sans faire attention...

SCÈNE IX.
MOUTON, NANETTE.

(*Mouton arrive par la droite; il a l'air préoccupé.*)
NANETTE *à part*. — Oh! comme il a l'air de réfléchir!...
MOUTON. — Bon! vous voilà, Nanette?
NANETTE. — Oui... oui... not' maître.
MOUTON *à part*. — Mon dîner n'a pas été long... l'inquiétude m'a ôté l'appétit... C'est bien singulier! tout le monde et mon notaire lui-même gardent un silence mystérieux dès que je fais une question...
NANETTE *à part*. — J' n'ose pas m'en aller.
MOUTON *à part*. — Et toujours des circonstances qui ne sont pas naturelles!...
NANETTE *à part*. — Si je pouvais prévenir madame Firmin... mais il n'y a pas moyen.
MOUTON. — Nanette, est-il venu quelqu'un en mon absence?
NANETTE. — Non, monsieur, personne...
MOUTON. — De loin, pourtant, il m'a semblé voir un homme sortir de cette maison.
NANETTE. — Un homme?
MOUTON. — Oui; je crois même qu'il était armé...
NANETTE. — En vérité!... (*A part*.) C'est son neveu!

AIR *de la Pipe de tabac.*

MOUTON.
Avec un air rempli d'audace
D'abord il marchait droit à moi,
Et je crois vraiment qu'à ma place
Un autre aurait eu de l'effroi.
Je l'ai vu s'élancer ensuite
A travers champs... comme un voleur ;
Tu vois, puisqu'il a pris la fuite,
Que c'est moi qui lui faisais peur.

NANETTE. — C'est ben drôle!... En tout cas, monsieur, il n'est entré aucun étranger ici.
MOUTON. — C'est possible; mais pourquoi se sauver comme cela?... J'ai donc l'air bien effrayant?...
NANETTE. — Ah! pas du tout, j' vous assure. Monsieur a-t-il trouvé les environs jolis?
MOUTON. — Oui, assez bien. Cependant, cette propriété est un peu isolée...
NANETTE. — Qu'est-ce que ça fait?... Nous ne craignons pas les voleurs, nous autres.
MOUTON *à part*. — Nous autres!... hum... (*Haut*.) Vous êtes bien heureux.

AIR : *Tant que l'on boira, larirette.*

NANETTE.
On dit à tout's nos jeun's filles
Qu' toujours des voleurs adroits,
Pour guetter les plus gentilles,
Sont cachés au fond du bois ;
J' vas cueillir queuqu'fois
  La noisette,
Sans craindre tout ça,
  Nenni da !
On rencontrera
Tant qu'on voudra,
D'ici, d' là,
D' ces gens-là
Sur l'herbette,
Nanette y viendra,
  Larirette ;
Nanette en rira,
  Larira !

MOUTON *à part*. — Tudieu! quelle femme!

Même air.

NANETTE.
On dit que dans nos campagnes
(C' qui n' me surprend pas beaucoup),
Queuqu's-unes de mes compagnes
En courant ont vu le loup.
Moi, qui ris de tout,
  Je l' répète,
Je n' crains pas tout ça,
  Nenni da !
On rencontrera
Tant qu'on voudra,
D'ici, d' là,
D' ces loups-là
Sur l'herbette,
Nanette y viendra,
  Larirette,
Nanette en rira,
  Larira !

MOUTON. — Je vous félicite d'être aussi courageuse ; mais laissons cela... Qu'est-ce que c'est que ce rocher?... Je n'ai pas encore visité cela.
NANETTE *à part*. — Tâchons qu'il n'y entre pas. (*Haut*.) Monsieur, on appelle ça un labyrinthe, et si vous n'avez pas le fil, vous vous perdrez.
MOUTON. — Ah! il faut avoir le fil pour entrer là dedans?... (*A part*.) Encore du mystère !
NANETTE *à part*. — Il n'a pas l'air persuadé... Si sa nièce pouvait sortir par l'autre côté...
MOUTON *à part*. — Elle chuchote... Cela m'est suspect... (*Haut*.) Nanette, laissez-moi ; je veux être seul.
NANETTE *à part*. — Allons, v'là qu'il m' renvoie... Il va entrer là...
MOUTON. — Nanette, est-ce que vous ne m'avez pas entendu ?
NANETTE *sans bouger*. — Si fait, not' maître.
MOUTON. — Je vous dis que je veux être seul. Que diable ! c'est clair, je pense...
NANETTE. — C'est que... monsieur va s'ennuyer tout seul.
MOUTON. — Qu'est-ce que cela vous fait, mademoiselle?... Je suis bien le maître de m'ennuyer, si cela me fait plaisir. Allez, vous dis-je.
NANETTE. — J' m'en vas, monsieur. Oh! mon Dieu, j' m'en vas.
MOUTON. — C'est bien heureux.

(*Nanette s'éloigne à regret, en regardant toujours le labyrinthe.*)

SCÈNE X.
MOUTON seul.

Elle est partie, enfin!... Ma foi, je ne sais trop que penser de tout ceci. Cette maison, qui au premier abord m'avait enchanté, commence à me devenir suspecte. Cette grotte... où Nanette craignait de me voir entrer... Mais qui m'empêche de la parcourir maintenant ?

AIR *du Vaudeville de l'Opéra-Comique.*

A peine on me voit arriver,
Que tout prend un air de mystère.
Il est bon de tout observer
Dans cette maison solitaire ;
Visitons cet endroit obscur...
Mais en approchant je frissonne :
J'irais gaîment si j'étais sûr
De n'y trouver personne.

Ah ! j'aperçois Ballot. Ah ! mon Dieu ! comme il est pâle !... Que lui est-il donc arrivé ?

SCÈNE XI.
MOUTON, BALLOT.

BALLOT *arrivant tout défait*. — Ah ! vous v'là, not' maître.
MOUTON. — Oui, mon garçon ; mais qu'as-tu donc ?... Tu me parais tout abattu ? As-tu pris quelques informations sur cette maison ?... Que t'a-t-on dit ?
BALLOT. — Rien de bon ! Et j' vous avoue que c'est ça qui m'a coupé la respiration.
MOUTON. — Se pourrait-il ?... Parle donc, Ballot ; je veux savoir ce que c'est.
BALLOT. — D'abord, j'ai adroitement parcouru l' village. J' voulais tâcher d' faire jaser les villageois ; mais je ne sais pas ce qu'ils ont aujourd'hui, ou ben si c'est leur habitude d'être comme ça : c' qu'il y a d' sûr, c'est que j' n'ai pu en tirer deux mots de suite, ils couraient !... s' parlaient !... et me r'poussaient les uns aux autres, sans se

donner le temps de m'écouter!... Ennuyé d'être ballotté par eux, j'm'en revenais tout bêtement ici, quand j'ai rencontré une vieille femme qui demeure dans les environs. Oh! celle-là n'a pas mieux demandé que d' parler!... et comme il paraît que sa seule occupation est de chercher à savoir ce qui se passe chez ses voisins, elle m'a paru fièrement au fait de ben des choses!

MOUTON. — Diable!... cela devient intéressant!... Que pense-t-elle de mes domestiques?

BALLOT. — Hum!... Comme ça!... elle a secoué la tête!...

MOUTON. — Elle a secoué la tête!... Tu en es bien certain?

BALLOT. — Oui, monsieur, très-certain : à la vérité, comme elle est très-vieille, j' crois qu'elle la secoue toujours en parlant. Mais c' n'est pas l' tout?... elle m'a appris qu'hier deux inconnus sont entrés dans cette maison.

MOUTON. — Hier?

BALLOT. — Oui, ben avant que nous n' vinssions ; mais c' qu'il y a d' plus extraordinaire, c'est qu'elle assure qu'ils n'en sont pas sortis.

MOUTON *regardant derrière lui avec effroi*. — Ah!... ils n'en sont pas sortis!

BALLOT. — J' sommes ben vite venu vous apprendre ça. T'nez, not' maître, j' crois qu'il y a du danger dans c' château... Ces trois valets d' campagne!... Enfin... q' sait-on... j'ai lu autrefois dans des vieux livres qu'il y avait des maisons isolées d'où ceux qui entraient ne sortaient plus!... C'est peut-être comme ça ici!...

AIR *de Lisbeth.*

Je n' vois qu' des objets surprenants.
Tenez, ce logis est peut-être
Habité par quelques brigands,
Des spectres!... ou des revenants!
Nous n'en r'viendrons pas , mon cher maître,
Retournons bien vite à Paris,
Pour fuir le destin qui nous m'nace;
Car, s'il loge ici des esprits,
Ce n'est pas (*bis*) du tout notre place.

MOUTON. — Bah! bah!... Ballot, tu t'effrayes toujours d'un rien!

BALLOT. — Dam', not' maître, quand on a vu c' que nous avons vu !...

MOUTON. — C'est vrai... Ces inconnus qui sont entrés ici.

BALLOT. — Et qui n'en sont pas sortis : qu'est-ce qu'on en a fait? j' vous l' demande?

MOUTON. — Et moi, qui ai vu tout à l'heure un homme armé se glisser furtivement hors de ce jardin!...

BALLOT *tremblant*. — Un homme armé?

MOUTON. — Oui, armé, et d'un fusil encor!... (*A part, s'éloignant de Ballot*.) D'honneur, je ne sais que penser...

SCÈNE XII.

LES PRÉCÉDENTS, AGATHE.

AGATHE *sortant vivement de la grotte*. — En vérité, cet endroit est charmant!... (*Apercevant son oncle*.) Mon oncle! nous sommes découverts. (*Elle se cache sous le bosquet*.)

MOUTON. — Découverts!... que dis-tu, Ballot?

BALLOT. — Je n'ai pas ouvert la bouche... Mais j'ai entendu... Et je croyais que c'était vous.

MOUTON. — Je n'ai pas soufflé non plus.

BALLOT. — Eh bien, monsieur, qu'en dites-vous? ça n'est-il pas clair?

MOUTON. — Moins que jamais.

BALLOT. — Pardonnez-moi, monsieur; puisqu'on a parlé, et que ce n'est ni vous ni moi, il est clair que c'est un autre.

MOUTON. — Allons, la peur vous fait perdre la tête. (*A part*.) Je ne puis plus tenir à cela. (*Haut*.) Nous allons rassembler mes gens et visiter l'appartement qui vous a effrayé cette nuit ; car vous avez peur de tout... En vérité... c'est une chose terrible... Je n'ai jamais vu un homme moins courageux... jamais!... jamais!... Passe devant moi.

BALLOT. — Monsieur, je connais mon devoir... et je n'en ferai rien... Je vous suis...

MOUTON. — Et surtout ne tremble pas... Que diable!... je suis avec toi...

(*Ils sortent*.)

SCÈNE XIII.

AGATHE *seule*.

Ils ne m'ont pas vue, et ma voix leur a causé une surprise... Ah! ah! ah! La bonne folie... Mon oncle est allé visiter l'appartement où nous avons passé la nuit. Pendant qu'il cherche là-haut, il ne peut me voir ici... Quelle charmante journée! Sans cesse courir, se sauver... épier si personne ne peut nous surprendre!... Quand mon oncle saura tout cela, c'est alors qu'il dira que je suis une étourdie... Eh bien, oui, je veux l'être toujours, et mes six mois de ménage ne m'ont pas encore rendue plus raisonnable.

AIR : *Rassurez-vous , ma mère.*

Six mois de mariage,
Bien loin de rendre sage,
Redoublent, à mon âge,
Le désir
Du plaisir.

La gaîté, la tendresse
Orneront mon printemps;
J'aimerai la sagesse,
Mais dans un autre temps...
Six mois, etc.

Ah! suis-je donc si folle,
Quand je veux embellir
Chaque instant qui s'envole
Pour ne plus revenir?
Six mois, etc.

Mais Ballot revient... Eh! vite, sauvons-nous dans la grotte, et tâchons de rejoindre Nanette en sortant par l'issue qui est du côté de la maison. (*Elle se sauve dans la grotte*.)

SCÈNE XIV.

BALLOT *seul*.

(*Il arrive tenant une serviette qui renferme les débris d'un pâté.*)

Allons, nous n'avons rien vu, rien découvert, si ce n'est ces débris.

AIR : *Ça n' se peut pas.*

J'en tremble encor dans tous mes membres ;
J' suis sûr que c'est des prisonniers
Qu'on a logés dans ces grand's chambres,
Et j' crains qu'ils n' soient pas les derniers.
Pauvres gens! pour eux quelle épreuve !
Hélas! je suis bien convaincu...
(*Il déroule sa serviette, on voit les restes d'un pâté.*)
D'après cette invincible preuve,
Qu'ils ont vécu, qu'ils ont vécu.

J' sens la faim qui me talonne furieusement; mais si je touche à ça, je veux bien que l' loup m' croque. (*Il prend un fusil dans le pavillon*.) Mon maître m'a dit de nettoyer ses fusils, comme si je connaissais queuque chose à ça! J' vois bien que c'est une précaution, et qu'il a peur aussi... J' l'ai laissé achever seul la visite des greniers... En en descendant tout à l'heure... l' long des murs d' la cour... est-ce que je n'ai pas entendu Pierre qui demandait son grand couteau, et Nanette qui disait comme ça : Ah! c' pauvre Mouton! J' vous demande s'il n'y a pas de quoi faire dresser les cheveux!... Ah! mon Dieu!... j'aperçois Pierre et Gros-Jean... Ils viennent par ici... Cachons-nous là, j' saurai c' qu'ils manigancent entre eux.
(*Il entre dans le pavillon, et se tient de manière à n'être vu que des spectateurs.*)

SCÈNE XV.

BALLOT, PIERRE, GROS-JEAN.

(*Pierre arrive d'un côté et Gros-Jean de l'autre.*)

PIERRE. — Ah! te v'là revenu enfin; not' maître t'a demandé, pour visiter avec nous l'appartement.

GROS-JEAN. — Est-ce que vous l'avez visité?

PIERRE. — Il a exigé la clef ; Nanette n'a pas pu la lui refuser. Heureusement n'y a plus personne là-haut.

BALLOT *à part*. — Ça veut dire qu'y a eu du monde.

GROS-JEAN. — Ah ça! tu n'as pas dit à not' maître où j'étais, j'espère?

PIERRE. — Pas si bête...

GROS-JEAN *s'asseyant sur une chaise, près du pavillon*. — Ouf! je ne suis pas fâché d' me reposer un brin.

PIERRE. — C'est vrai qu' t' as l'air fatigué.

BALLOT *à part*. — D'où vient-il donc , ce Gros-Jean?

PIERRE. — Mais, au moins, as-tu fait d' bonnes rencontres?

GROS-JEAN. — J' t'en réponds , va. Oh! la forêt n'est pas mauvaise...

BALLOT *à part*. — La forêt!

GROS-JEAN. — J' n'ons pas fait d' quartier, et j' n'avons pas manqué un coup.

PIERRE. — Où as-tu mis tes armes?

GROS-JEAN. — Dans la masure... là-bas... en entrant, pour ne pas donner de soupçon.

BALLOT *à part*. — Ah! mon Dieu !

PIERRE. — Et qu'as-tu fait de ce que tu as tué?

GROS-JEAN. — Sois tranquille ; je suis à l'endroit ordinaire. J'ons fait signe à Nanette en arrivant, pour qu'elle aille les dépouiller.

BALLOT *à part*. — Les dépouiller!... Nous sommes perdus!

PIERRE. — Allons, j' vois qu' tout va ben.

GROS-JEAN. — Et notre jeune homme est-il arrivé avec tout l' monde?
PIERRE. — Pas encore.
BALLOT à part. — C'est une bande de voleurs! J'en étais sûr.
GROS-JEAN. — Où les cacherons-nous jusqu'à l'instant décisif?
PIERRE. — Oh ! nous trouverons ben un endroit.
BALLOT à part. — J' crois que j' vais me trouver mal...
GROS-JEAN. — Ça finira bien, grâce à notre artifice.
BALLOT à part. — Leur artifice!... les traîtres!...
GROS-JEAN. — Et toi, Pierre, quoi qu' t'as fait pendant mon absence?
PIERRE. — Pardine, je n' me suis pas endormi, va; fallait-il pas préparer les cordes et les instruments nécessaires pour c't' opération qui fait tant de peine à Nanette...
GROS-JEAN. — Ah! dame, elle est sensible c't enfant.
BALLOT à part. — En ce cas, elle est bien mal placée avec eux.
PIERRE. — Enfin, elle a consenti; mais c' n'est pas sans répéter plus de vingt fois : Ah ! c' pauvre mouton!
GROS-JEAN. — V'là ben de la pitié pour un animal! qu'est vieux encore !
BALLOT à part. — Les monstres ! comme ils traitent mon respectable maître!...
PIERRE. — C'est ben c' que j' lui ai dit : Après tout, mam'zelle, vous savez ben que c' n'est qu'une bête...
BALLOT à part. — Comme s'il fallait tuer tous ceux qui n'ont pas d'esprit...
GROS-JEAN. — Morgué! not' bourgeois n' s'attend guère à c' qui va lui arriver...
PIERRE. — Et son garçon d' boutique, donc!... ah ! comme j'allons l' faire sauter!...
BALLOT à part. — Me faire sauter!
(Il laisse tomber le fusil qu'il tenait.)
GROS-JEAN. — Oh! oh! il y a du monde là d'dans. (Ils vont voir.)
PIERRE. — C'est Ballot!
GROS-JEAN à Pierre. — Nous aurait-il entendus? (A Ballot.) Que faisiez-vous donc là?
BALLOT à part. — Feignons de dissimuler... (Haut.) Je m'étais endormi... en m'amusant...
GROS-JEAN à Pierre. — Il ne sait rien.
BALLOT à part. — Mes jambes tremblent sous moi.
PIERRE. — Ah ! mon Dieu ! comme vous êtes pâle !

AIR : Bonjour, Madelinette.

BALLOT. Qu'avez-vous donc, mon camarade ?
GROS-JEAN. Messieurs, je ne me sens pas bien.
T'nez, sans façon, buvez rasade,
De vous guérir c'est le moyen.
(Il lui présente une bouteille d'osier pendue à sa ceinture.)
PIERRE. C'est notre remède ordinaire;
Oui, buvez, Gros-Jean a raison;
Ça vous f'ra du bien, je l'espère.
BALLOT refusant. Bien obligé... (A part.) C'est du poison...

ENSEMBLE.

BALLOT. V'là ben qu'est pour m'achever d' peindre;
Ah ! je crois bien, sur mon honneur,
Que je n'aurais plus rien à craindre
Si j'avalais de c'te liqueur.
PIERRE et GROS-JEAN. Je ne voulons pas vous contraindre,
Mais vous avez tort, sur l'honneur,
On n'a plus aucun mal à craindre
En avalant de c'te liqueur.

GROS-JEAN. — Une fois, deux fois, vous n' voulez pas que j' vous guérisse?
BALLOT. — J'aime mieux rester malade, si ça vous est égal.
GROS-JEAN. — Eh ben! à vot' santé. (Il boit.)
BALLOT à part. Tiens, il en boit! ah ! peut-être qu'il est fait à ça... (Haut.) Pardon, messieurs, si je vous quitte... j'ai affaire à la maison.
PIERRE. — Allons, il faut vous remettre.
GROS-JEAN. — Oui, morgué! faut secouer ça.
BALLOT. — J' vais tâcher. (A part.) Allons prévenir M. Mouton de c' qui se trame, faire not' paquet, et tâcher de filer avant la nuit...
GROS-JEAN et PIERRE lui serrant rudement la main. — Au revoir !

SCÈNE XVI.
GROS-JEAN, PIERRE, ensuite NANETTE.

GROS-JEAN. — Ah! ah! l' pauvre garçon !
PIERRE. — C'est heureux qu'il ait été endormi ; sans ça, il aurait pu se douter de queuque chose.
GROS-JEAN regardant dans le pavillon. — Eh mais, v'là justement les fusils de not' maître : emparons-nous-en, comme a dit M. Firmin, ça rendra la surprise plus forte.
NANETTE arrivant avec un panier. — Allons, mon père, et toi, Pierre, aidez-moi à dresser la table sous ces arbres.
(Pierre et Nanette mettent une table sous le bosquet.)

GROS-JEAN prenant les deux fusils. — J'allons les charger à poudre; avec les deux que j'avons déjà, ça fera une détente superbe.
PIERRE. — J' crois qu'il est temps qu' j'allions nous préparer et passer une veste un peu plus relevée... Viens, Gros-Jean.
NANETTE. — Allez, allez; vous trouverez madame Firmin chez nous; alle vous dira c' qui vous reste à faire. (Ils sortent, elle arrange le couvert.) La, v'là mon couvert mis; si M. Firmin pouvait arriver maintenant... (On frappe à la petite porte.) On frappe à la petite porte... c'est lui, sans doute.
FIRMIN au dehors. — Nanette, ouvre, c'est moi.

SCÈNE XVII.
NANETTE, FIRMIN, VILLAGEOIS.
(Firmin entre, suivi des villageois parés pour la fête, et tenant des guirlandes et des bouquets.)

AIR de la Chimène.

Suivez-moi, marchez avec prudence,
Placez-vous sans bruit dans ce bosquet;
Que chacun de vous tienne en silence
A la main son bouquet
Tout prêt.
(Les paysans répètent le refrain ci-dessus.)
FIRMIN à d'autres. Faites choix des roses les plus belles,
Suspendez-les à chaque arbrisseau,
En joignant vos guirlandes nouvelles,
Pour mon oncle élevez un berceau.
LES PAYSANS. Travaillons, marchons avec prudence,
Garnissons de fleurs tout ce bosquet,
Etc., etc.
FIRMIN. A cet arbre attachez l'artifice.
NANETTE. Oh ! j' n'avons jamais rien vu d' pareil.
Excusez un' pauvr' fill' sans malice.
C'est y brillant ?...
FIRMIN. C'est un soleil !
TOUS. Travaillons, etc.

(Les paysans mettent des chandelles romaines sur la table ; une partie entre dans le pavillon, dont ils ferment la porte sur eux, en ôtant la clef; les autres entrent dans la grotte.)

FIRMIN. — La, voilà ce que c'est; de cette manière, ils environneront mon oncle de tous côtés. (Allant près du pavillon.) Surtout ne faites pas de bruit... Tout est prêt, je cours chercher la musique et rejoindre ma femme.
NANETTE. — Allez. (Il sort par la petite porte.) V'là qu'est arrangé!... Monsieur peut venir maintenant. Justement je l'aperçois... Sauvons-nous sans qu'il me voie... (Elle sort.)

SCÈNE XVIII.
MOUTON seul, arrivant d'un air pensif.

La nuit vient.

Où est donc ce trembleur de Ballot, qui me laisse seul? Tout ce qu'il m'a rapporté et tout ce que j'ai vu est bien effrayant... Ah ! ah ! on a mis un couvert ici... Cela était bien inutile... Je ne songe guère à souper, l'inquiétude me rend malade... Et pour comble de malheur, la nuit approche. (On frappe à la petite porte; effroi de Mouton.) On frappe, je crois... Qui diable est-ce qui est là ? (On re-frappe.)
FIRMIN en dehors. — Nanette ! Nanette !
MOUTON. — On appelle Nanette... Si je pouvais savoir... (Déguisant sa voix.) Qu'est-ce ?
FIRMIN en dehors. — J'ai oublié de te demander si Gros-Jean s'était emparé des fusils ?
MOUTON encore plus effrayé. — Des fusils ! (A la porte.) Oui, il les a pris.
FIRMIN. — Fort bien. En ce cas, qu'il se joigne aux gens cachés dans la grotte, nous ferons feu tous ensemble.
MOUTON à part. — Feu !... (Haut.) Ça suffit. (Il écoute encore.) Je n'entends plus rien... Voilà du positif... Ils feront feu tous ensemble, et il y en a déjà de cachés dans la grotte !... Ah ! mon Dieu ! (Il s'assied sur une chaise.) Je n'ai plus la force de me soutenir... O ciel ! j'entends marcher.

SCÈNE XIX.
MOUTON, BALLOT.
(Ballot arrive son chapeau et son paquet noués au bout d'un bâton. Il fait nuit.)

MOUTON. — Qu'est-ce qui est là ?
BALLOT. — C'est moi, not' maître. J' vous cherchais partout; j'ai fait mon paquet. Partons. Eh mais ! qu'est-ce que vous avez donc à présent ?
MOUTON se levant. — Ah ! mon pauvre Ballot ! tu avais bien raison...

Nous sommes perdus... Je viens d'entendre des choses... qui font frémir...
BALLOT. — Quand j' vous l' disais... T'nez, croyez-moi, monsieur, profitons du moment où nous sommes seuls, et sauvons-nous par c'te petite porte.
MOUTON *l'arrêtant.* — Eh! malheureux, où vas-tu? Tu cours à ta perte... Il y en a là un détachement qui ferait feu sur nous...
BALLOT *stupéfait.* — Ah! mon Dieu!... Qu'est-ce que vous me dites là! et pas moyen d'aller chercher la garde...
MOUTON. — Ballot, va voir dans le pavillon si, en effet, ils ont pris mes armes?
BALLOT. — Oui, monsieur, j'y vais... Eh mais... la porte est fermée, et la clef n'y est plus.
MOUTON. — Pas de doute; ils ont enlevé les fusils et fermé le pavillon pour que je ne m'en aperçoive pas... Si, du moins, ce matin j'avais eu l'esprit d'avertir M. le maire...
BALLOT, *qui est près du pavillon.* — Ah! mon Dieu!...
MOUTON *tremblant.* — Eh ben! eh ben! Ballot, qu'as-tu donc?
BALLOT. — J'entends des voix, not' maître.
MOUTON. — Tu entends des voix?
BALLOT. — Ecoutez vous-même.
MOUTON *approchant du pavillon.* — En effet, il y a du monde là-dedans.
BALLOT. — Nous sommes enveloppés, monsieur.
MOUTON. — Et la grotte qui est cernée, mon ami.
BALLOT. — La grotte est cernée! V'là le cœur qui me manque... Tapez-moi dans la main. (*Il se frappe lui-même trois coups dans la main; à ce signal, on entend une décharge de coups de fusil.*) J'ai la tête cassée. (*Il se cache sous la table.*)
MOUTON *tombant sous le bosquet.* — J'ai les jambes emportées.
(*Les villageois paraissent tous; au même moment, quatre chandelles romaines placées sur la table, partent en même temps. On voit tourner un feu d'artifice, un transparent, qui paraît sous le bosquet, présente ces mots:*)

VIVE CLAUDE!

SCÈNE XX.

TOUS LES PERSONNAGES.

ENSEMBLE.

LES VILLAGEOIS, FIRMIN et AGATHE. Ah! queu fête!
Quelle fête
Pour tous les cœurs!
A vous surprendre ici chacun s'apprête.

ENSEMBLE.

Ah! queu fête!
Quelle fête
Pour tous les cœurs!
Nous vous offrons nos chansons et nos fleurs.
FIRMIN *à Mouton.* O toi, qui fis ta fortune sans fraude,
Vois dans tes bras ta nièce et ton neveu.
AGATHE, *montrant le transparent.*
Tout comme ici, le vœu de *Vive Claude*
Est dans notre âme écrit en traits de feu.
CHŒUR. Ah! queu fête! etc.

(*Pendant le chœur, Mouton est revenu à lui; il regarde et écoute avec étonnement; enfin il aperçoit Agathe et Firmin.*)

MOUTON. — Que vois-je? Agathe! Firmin! Comment, c'est vous, mes enfants?
AGATHE. — Oui, mon oncle, c'est nous... Êtes-vous encore fâché?
MOUTON *les embrassant.* — Non, mes enfants; non, tout est oublié.
FIRMIN. — Convenez que vous ne nous attendiez pas?
MOUTON. — Ma foi, non, j'en conviens... Mais comment se fait-il?...
AGATHE. — Nous sommes arrivés hier avant vous, nous avons couché dans la maison; Nanette, son père et Pierre étaient dans le secret.
MOUTON. — Mais ces coups de fusil?...
FIRMIN. — (*Il lui fait remarquer le transparent.*) Étaient le signal de la fête; n'est-ce pas aujourd'hui le 6 juin?
MOUTON. — Le 6 juin! jour de la Saint-Claude! Il a raison. (*Riant.*) Ah! ah! ah! tout s'explique maintenant.
BALLOT *sortant de dessous la table.* — Comment! tout ça c'était pour une fête?
MOUTON. — Eh! oui, imbécile, cela t'apprendra à t'effrayer d'un rien.
BALLOT. — Écoutez donc, notre maître; il n'est pas donné à tout le monde d'être brave comme vous.

GROS-JEAN, PIERRE ET NANETTE *présentant des bouquets.* — Not' maître, j' vous la souhaitons bonne et heureuse.
MOUTON *prenant leurs bouquets.* — Merci, mes enfants, merci... Comme vous m'avez surpris! Ouf! je n'en suis pas encore revenu.
NANETTE. — Eh ben! monsieur Ballot, êtes-vous encore malade?
BALLOT. — Mamzelle, ça commence à se passer. (*A part.*) C'est étonnant comme j' la trouve jolie d'puis que j' n'en ai plus peur...
FIRMIN *aux villageois.* — Allons, mes amis, vive la joie! C'est la fête du maître du logis; il faut la célébrer dignement, n'est-ce pas, mon oncle?
MOUTON. — Oui, mes enfants... de la danse, de la gaieté... Mais, je vous en prie, une autre fois, quand vous voudrez me surprendre, prévenez-moi un peu d'avance.
BALLOT. — Oui, car vous risqueriez de nous faire peur.

VAUDEVILLE.

AIR : *Bonjour, mon ami Vincent.*

NANETTE *à Ballot.* Désormais, monsieur Ballot,
Auprès d'une jeune fille,
N' vous troublez pas pour un mot,
Si vous la trouvez gentille.
Quand vous sentirez battre votre cœur,
Lorsque vous voudrez peindre votre ardeur,
Si dans ses yeux la gaieté brille,
Au lieu de n' montrer que de l'embarras!
N' vous effrayez pas, (bis.)
Auprès d'une belle, n' vous effrayez pas, (bis.)
TOUS. N' vous effrayez pas, etc.
BALLOT. J'ai toujours été poltron,
Même avant d'être en service;
Quand j'étais petit garçon,
J'avais peur de ma nourrice :
Ah! si quelque jour, cédant à l'amour,
J'osais me marier à mon tour,
Avant que la noce ne finisse,
A ma femme, je dirais tout bas,
N' vous effrayez pas, (bis.)
Vous me feriez peur, n' vous effrayez pas.
MOUTON. Lorsque ma femme vivait,
C'était un tigre en ménage,
Elle criait, querellait !...
C'était toujours du tapage !...
Lorsque je venais mettre le holà !
Lorsque j'essayais de dire : Paix là!
Ma femme criait davantage,
Et me disait, en me pinçant le bras :
Tu ne m'effraieras pas. (bis.)
Mon petit Mouton, tu ne m'effraieras pas.
GROS-JEAN. Et vous, que j'ai vus trembler,
Amis du jus de la treille,
Près de voir, hélas ! filer
Votre dernière bouteille,
Quel supplice affreux, disiez-vous tout bas,
De boire de l'eau dans tous nos repas !
Allez voir, je vous le conseille,
Les pressoirs remplis, les tonneaux en tas;
N' vous effrayez pas, (bis.)
Vous boirez du vin, ne vous effrayez pas.
FIRMIN. Longtemps le soldat français
Sera fameux dans l'histoire ;
Ses revers et ses succès
Sont des titres à la gloire ;
Son cœur magnanime, au sein des combats,
Cherche les périls, brave le trépas.
S'il est trahi par la victoire,
Mitraille et boulet, malgré votre fracas,
Vous ne l'effrayez pas, (bis.)
Vous tranchez ses jours, vous ne l'effrayez pas.
AGATHE *au public.* Messieurs, du pauvre Mouton,
Daignez accueillir le zèle ;
Songez qu'un être aussi bon
De douceur est un modèle ;
L'auteur, qui, ce soir, a tremblé pour lui,
En ce moment réclame votre appui.
Ah! n'allez pas, lui cherchant querelle,
Du pauvre Mouton causer le trépas !
Ne l'effrayez pas.
De grâce, messieurs, ne l'effrayez pas.

FIN DE M. MOUTON.

Paris. Typographie Henri Plon, rue Garancière, 8.

LA

FRANCE ILLUSTRÉE

GÉOGRAPHIE, HISTOIRE, ADMINISTRATION ET STATISTIQUE,

105 Cartes Géographiques COLORIÉES DRESSÉES Par A.-H. DUFOUR.

PAR

V.-A. MALTE-BRUN.

105 Livraisons de texte. 810 VIGNETTES GRAVÉES Par J. BEST.

Divisée et publiée par Départements, Provinces, Cours Impériales, Divisions Militaires, Archevêchés.

EN VENTE :

DÉPARTEMENTS.

1re Série.

1 CHER .... • 40
2 NORD .... • 40
3 SEINE-ET-MARNE .... • 40
4 LOIRET .... • 40
5 PAS-DE-CALAIS .... • 40

2e Série.

6, 7 RHONE, *plan de Lyon* .... • 80
8 DOUBS .... • 40
9 BAS-RHIN .... • 40
10 OISE .... • 40

3e Série.

11 HAUT-RHIN .... • 40
12 INDRE-ET-LOIRE .... • 40
13, 14 SEINE INFÉRIEURE, *pl. Havre* . • 80
15 CHARENTE-INFÉRIEURE .... • 40

4e Série.

16, 17, 18 SEINE-ET-OISE, *plans de Versailles, Saint-Germain* 1 20
19 LOIRE-INFÉRIEURE .... • 40
20 INDRE .... • 40

5e Série.

21, 22 EURE, *plan de Louviers* .... • 80
23 AISNE .... • 40
24 NIÈVRE .... • 40
25 AIN .... • 40

6e Série.

26, 27 BOUCHES-DU-RHONE, *plan de Marseille* .... • 80
28 CALVADOS .... • 40
29 YONNE .... • 40
30 CORSE .... • 40

7e Série.

31, 32 GIRONDE, *plan de Bordeaux* .. • 80
33 EURE-ET-LOIR .... • 40
34 ORNE .... • 40
35 ILLE-ET-VILAINE .... • 40

8e Série.

36 SAONE-ET-LOIRE .... • 40
37 LOT .... • 40
38 SOMME .... • 40
39 MANCHE .... • 40
40 DROME .... • 40

9e Série.

41 ISÈRE .... • 40
42 CHARENTE .... • 40
43 MORBIHAN .... • 40
44 LOIR-ET-CHER .... • 40
45 ALLIER .... • 40

10e Série.

46 COTES-DU-NORD .... • 40
47 ARIÉGE .... • 40
48 FINISTÈRE .... • 40
49 HAUTES-ALPES .... • 40
50 BASSES-PYRÉNÉES .... • 40

11e Série.

51 MARNE .... • 40
52 HAUTE-VIENNE .... • 40
53 TARN .... • 40
54 AUBE .... • 40
55 MAINE-ET-LOIRE .... • 40

12e Série.

56 PYRÉNÉES-ORIENTALES .... • 40
57 BASSES-ALPES .... • 40
58 AUDE .... • 40
59 HAUTE-MARNE .... • 40
60 DORDOGNE 40

DÉPARTEMENTS.

13e Série.

61, 62 COTE-D'OR, *plan de Dijon* ... • 80
63 VAUCLUSE .... • 40
64 ARDENNES .... • 40
65 MAYENNE .... • 40

14e Série.

66 SARTHE .... • 40
67 VIENNE .... • 40
68 HÉRAULT .... • 40
69 LOT-ET-GARONNE .... • 40
70 CREUSE .... • 40

15e Série.

71 HAUTE-LOIRE .... • 40
72 GERS .... • 40
73 VENDÉE .... • 40
74 LANDES .... • 40
75 DEUX-SÈVRES .... • 40

16e Série.

76 CORRÈZE .... • 40
77, 78 HAUTE-GARONNE, *pl. Toulouse*. • 80
79 VAR .... • 40
80 JURA .... • 40

17e Série.

81 LOIRE .... • 40
82 GARD .... • 40
83 VOSGES .... • 40
84 HAUTE-SAONE .... • 40
85 ARDÈCHE .... • 40

18e Série.

86 TARN-ET-GARONNE .... • 40
87 MEURTHE .... • 40
88 LOZÈRE .... • 40
89 HAUTES-PYRÉNÉES .... • 40
90 CANTAL .... • 40

19e Série.

91 MOSELLE .... • 40
92 PUY-DE-DOME .... • 40
93 MEUSE .... • 40
94 AVEYRON .... • 40
95 COLONIES D'AMÉRIQUE .... • 40

20e Série.

96 COLONIES D'ASIE, D'AFRIQUE .. • 40
97 ALGÉRIE .... • 40
98, 99, 100 SEINE, *pl. de Paris, Environs*. 1 20

21e Série.

101 LA FRANCE, *Géographie*, Carte physique .... • 40
102 LA FRANCE, *Histoire*, Carte par Provinces et Départements .... • 40
103 LA FRANCE, *Littérature*, Carte des communications .... • 40
104, 105 LA FRANCE, *Industrie*, Carte générale (double) .... • 80

PROVINCES.

ALGÉRIE. (Algérie) .... • 40
ALSACE, Bas-Rhin, Haut-Rhin .... • 90
ANGOUMOIS, Charente .... • 40
ANJOU, Maine-et-Loire .... • 40
ARTOIS, Pas-de-Calais 40
AUNIS, SAINTONGE, Charente-Inférieure • 40
AUVERGNE, Puy-de-Dôme, Cantal .... • 90
BÉARN, Basses-Pyrénées .... • 40
BERRY, Cher, Indre .... • 90
BOURBONNAIS, Allier .... • 40
BOURGOGNE, Côte-d'Or, Yonne, Saône-et-Loire, Ain 2 10
BRETAGNE, Ille-et-Vilaine, Côtes-du-Nord, Finistère, Morbihan, Loire-Inférieure ... 2 10
CHAMPAGNE, Aube, Haute-Marne, Marne, Ardennes 1 70

PROVINCES.

COLONIES FRANÇAISES, colonies d'Amérique, colonies d'Asie et d'Afrique .... • 90
COMTAT VENAISSIN, Vaucluse .... • 40
COMTÉ DE FOIX, Ariége .... • 40
CORSE, Corse .... • 40
DAUPHINÉ, Isère, Drôme, Hautes-Alpes. 1 30
FLANDRE, Nord .... • 40
FRANCHE-COMTÉ, Doubs, Jura, Haute-Saône 1 30
GASCOGNE, Landes, Gers, Hautes-Pyrénées 1 30
GUYENNE, Gironde, Lot, Dordogne, Aveyron, Tarn-et-Garonne, Lot-et-Garonne ... 2 00
ILE-DE-FRANCE, Seine, Seine-et-Oise, Seine-et-Marne, Oise, Aisne 3 70
LANGUEDOC, Haute-Garonne, Tarn, Aude, Hérault, Gard, Lozère, Haute-Loire, Ardèche 3 70
LIMOUSIN, Haute-Vienne, Corrèze .... • 90
LORRAINE, Meurthe, Moselle, Meuse, Vosges 1 70
LYONNAIS, Rhône, Loire 1 30
MAINE ET PERCHE, Sarthe, Mayenne .. • 90
MARCHE, Creuse .... • 40
NIVERNAIS, Nièvre .... • 40
NORMANDIE, Seine-Inférieure, Eure, Calvados, Orne, Manche 2 90
ORLÉANAIS, Loiret, Eure-et-Loir, Loir-et-Cher 1 30
PICARDIE, Somme .... • 40
POITOU, Vienne, Vendée, Deux-Sèvres .. 1 30
PROVENCE, Bouches-du-Rhône, Var, Basses-Alpes 1 70
ROUSSILLON, Pyrénées-Orientales .... • 40
TOURAINE, Indre-et-Loire .... • 40

COURS IMPÉRIALES.

AGEN, Gers, Lot, Lot-et-Garonne 1 30
AIX, Basses-Alpes, Bouches-du-Rhône, Var. 1 70
AMIENS, Aisne, Oise, Somme 1 30
ANGERS, Maine-et-Loire, Mayenne, Sarthe 1 30
BASTIA, Corse .... • 40
BESANÇON, Doubs, Jura, Haute-Saône .. 1 30
BORDEAUX, Charente, Dordogne, Gironde. 1 70
BOURGES, Cher, Indre, Nièvre 1 30
CAEN, Calvados, Manche, Orne 1 30
COLMAR, Bas-Rhin, Haut-Rhin .... • 90
DIJON, Côte-d'Or, Saône-et-Loire, Haute-Marne 1 70
DOUAI, Nord, Pas-de-Calais .... • 90
GRENOBLE, Hautes-Alpes, Drôme, Isère. 1 30
LIMOGES, Corrèze, Creuse, Haute-Vienne. 1 30
LYON, Ain, Loire, Rhône 1 70
METZ, Ardennes, Moselle .... • 90
MONTPELLIER, Aude, Aveyron, Hérault, Pyrénées-Orientales 1 70
NANCY, Meurthe, Meuse, Vosges 1 30
NIMES, Ardèche, Gard, Lozère, Vaucluse. 1 70
ORLÉANS, Indre-et-Loire, Loir-et-Cher, Loiret 1 30
PARIS, Aube, Eure-et-Loir, Marne, Seine, Seine-et-Marne, Seine-et-Oise, Yonne 4 50
PAU, Landes, Basses-Pyrénées, Hautes-Pyrénées 1 30
POITIERS, Charente-Inférieure, Deux-Sèvres, Vendée, Vienne 1 70
RENNES, Côtes-du-Nord, Finistère, Ille-et-Vilaine, Loire-Inférieure, Morbihan 2 10
RIOM, Allier, Cantal, Haute-Loire, Puy-de-Dôme 1 70
ROUEN, Eure, Seine-Inférieure 1 70
TOULOUSE, Ariége, Haute-Garonne, Tarn, Tarn-et-Garonne 2 10
ALGER, Algérie .... • 40

DIVISIONS MILITAIRES.

1re *Division*. PARIS, Seine, Seine-et-Oise, Oise, Seine-et-Marne, Aube, Yonne, Loiret, Eure-et-Loir 4 00
2e *Division*. ROUEN, Seine-Inférieure, Eure, Calvados, Orne 2 50
3e *Division*. LILLE, Nord, Pas-de-Calais, Somme 1 30
4e *Division*. CHALONS-SUR-MARNE, Marne, Aisne, Ardennes 1 30
5e *Division*. METZ, Moselle, Meuse, Meurthe, Vosges 1 70
6e *Division*. STRASBOURG, Bas-Rhin, Haut-Rhin [illegible] .... • 90
7e *Division*. [illegible], Doubs, Jura, Côte-d'Or, [illegible], Haute-Saône. 2 50
8e *Division*. [illegible], Rhône, Loire, Saône-[illegible], Hautes-Alpes, [illegible] 3 70
9e *Division*. [illegible], Bouches-du-Rhône, Var, [illegible], Vaucluse. 2 10
10e *Division*. MONTPELLIER, Hérault, Aveyron, Lozère, Gard 1 70
11e *Division*. PERPIGNAN, Pyrénées-Orientales, Ariége, Aude 1 30
12e *Division*. TOULOUSE, Haute-Garonne, Tarn-et-Garonne, Lot, Tarn 2 10
13e *Division*. BAYONNE, Basses-Pyrénées, Landes, Gers, Hautes-Pyrénées 1 70
14e *Division*. BORDEAUX, Gironde, Charente-Inférieure, Charente, Dordogne, Lot-et-Garonne .... • 50
15e *Division*. NANTES, Loire-Inférieure, Maine-et-Loire, Deux-Sèvres, Vendée. 1 70
16e *Division*. RENNES, Ille-et-Vilaine, Morbihan, Finistère, Côtes-du-Nord, Manche, Mayenne 2 50
17e *Division*. BASTIA, Corse .... • 40
18e *Division*. TOURS, Indre-et-Loire, Sarthe, Loir-et-Cher, Vienne 1 70
19e *Division*. BOURGES, Cher, Nièvre, Allier, Indre 1 70
20e *Division*. CLERMONT-FERRAND, Puy-de-Dôme, Haute-Loire, Cantal ... 1 30
21e *Division*. LIMOGES, Haute-Vienne, Creuse, Corrèze 1 30

ARCHEVÊCHÉS.

PARIS, Seine, Eure-et-Loir, Seine-et-Marne, Loiret, Loir-et-Cher, Seine-et-Oise 4 10
LYON, Rhône, Saône-et-Loire, Haute-Marne, Côte-d'Or, Jura, Isère 3 30
ROUEN, Seine-Inférieure, Calvados, Eure, Orne, Manche 2 90
SENS, Yonne, Aube, Nièvre, Allier 1 70
REIMS, Ardennes, Aisne, Marne, Oise, Somme 2 10
TOURS, Indre-et-Loire, Sarthe, Mayenne, Maine-et-Loire, Ille-et-Vilaine, Loire-Inférieure, Finistère, Morbihan, Côtes-du-Nord. 3 70
BOURGES, Cher, Indre, Puy-de-Dôme, Creuse, Haute-Vienne, Haute-Loire, Corrèze, Cantal 3 30
ALBY, Tarn, Aveyron, Lot, Lozère, Pyrénées-Orientales 2 10
BORDEAUX, Gironde, Lot-et-Garonne, Charente, Vienne, Deux-Sèvres, Dordogne, Charente-Inférieure, Vendée 3 70
AUCH, Gers, Landes, Hautes-Pyrénées, Basses-Pyrénées 1 70
TOULOUSE, Haute-Garonne, Tarn-et-Garonne, Ariége, Aude 2 10
AIX, Bouches-du-Rhône, Var, Basses-Alpes, Hautes-Alpes, Corse 2 50
BESANÇON, Doubs, Haute-Saône, Bas-Rhin, Haut-Rhin, Moselle, Meuse, Ain, Vosges, Meurthe 3 70
AVIGNON, Vaucluse, Gard, Drôme, Ardèche, Hérault 2 10
CAMBRAI, Nord, Pas-de-Calais .... • 90

ON PEUT TOUJOURS SOUSCRIRE AU CHOIX :

1° Par LIVRAISON contenant le Département et la Carte coloriée. 40 c. — 2° Par SÉRIE de cinq Départements. 2 fr. 10 c. — 3° Par VOLUME contenant vingt Départements. 8 fr. — 4° Par PROVINCE. — 5° Par COURS IMPÉRIALES. — 6° Par DIVISIONS MILITAIRES. — 7° Par ARCHEVÊCHÉS.

L'Ouvrage complet : *Le Texte* broché en 2 vol., prix : 21 fr. — *L'Atlas* broché en 1 vol., prix : 21 fr. — *Le Texte et l'Atlas réunis* forment 5 vol. in-8°, prix : 42 fr.

PUBLIÉ PAR GUSTAVE BARBA, LIBRAIRE-ÉDITEUR, RUE DE SEINE, 31.

GÉOGRAPHIE UNIVERSELLE
DE
MALTE-BRUN

ILLUSTRÉE PAR
GUSTAVE DORÉ
ACCOMPAGNÉE D'UN NOUVEL
ATLAS POPULAIRE
DIVISÉ ET DRESSÉ PAR NATIONALITÉS
PAR A. H. DUFOUR.

100 CARTES GÉOGRAPHIQUES COLORIÉES dressées et divisées PAR NATIONALITÉS PAR A. H. DUFOUR. à 20 c.

100 LIVRAISONS DE TEXTE IMPRIMÉES PAR H. PLON **300 VIGNETTES** gravées PAR J. BEST. à 20 c.

Si l'histoire naturelle a fait tant de progrès depuis la fin du siècle dernier ; si l'étude s'en est popularisée, c'est parce qu'un homme de génie, rassemblant dans une œuvre immense des milliers de matériaux épars, les a colorés de son style magique ; a rendu la science attrayante, et l'a mise à la portée de tous.

On peut dire de Malte-Brun que c'est le Buffon de la géographie. Il n'existait avant lui que des traités arides qui n'avaient pour lecteurs que les hommes spéciaux. Malte-Brun a vivifié la géographie. A de sèches nomenclatures il a substitué des tableaux pleins d'animation ; il a su rattacher à la description du globe l'histoire des peuples, la philosophie historique, l'astronomie, la physique, la zoologie, la botanique, la peinture de tous les êtres créés. La masse considérable de faits qu'il avait recueillis, groupée avec un art infini, a formé un ensemble d'un intérêt puissant ; l'étude de la géographie, jusqu'alors restreinte, s'est répandue dans toutes les classes. La régénérer, lui donner une impulsion féconde, lui ouvrir des voies nouvelles, telle a été la mission de Malte-Brun.

Aussi avons-nous jeté les yeux sur la Géographie universelle, lorsque, encouragé par le succès de la *France illustrée*, nous avons voulu entreprendre pour le monde entier une publication pareille à celle que nous avions consacrée exclusivement à notre patrie. Nous songions à faire paraître une géographie populaire, complète, exécutée avec luxe, accompagnée de cartes indispensables, et présentant toutefois des conditions de bon marché exceptionnelles. La *Géographie universelle* de Malte-Brun devait être naturellement l'objet de notre choix.

Il importait de mettre ce livre au courant des connaissances actuelles, d'y insérer les documents nouveaux, d'y enregistrer les découvertes récentes. Ce travail était dans la pensée de l'illustre écrivain qui, depuis l'apparition de ses premiers volumes, jusqu'à sa mort, n'avait cessé de remanier son œuvre, d'y introduire des améliorations, de tenir compte des changements qu'amenaient les révolutions politiques. Cette tâche difficile a dû être continuée. Elle a été consciencieusement accomplie par des membres distingués de la Société de géographie, qui ont eu soin de suivre les données de l'auteur, de respecter la forme élégante et pittoresque de l'ouvrage, en même temps qu'ils opéraient une révision indispensable.

Notre savant géographe A. H. Dufour a bien voulu nous prêter son concours, et composer un nouvel atlas de 100 cartes, dont on vante à juste titre la finesse, la netteté et l'exactitude. Cet atlas, contenant tous les chemins de fer, est divisé par nationalités, suivant un plan dont Malte-Brun avait souvent désiré la réalisation. M. Dufour, qui a eu l'honneur de connaître le grand géographe et de travailler avec lui, était plus apte que tout autre à lui servir pour ainsi dire d'exécuteur testamentaire en ce qui concerne l'Atlas par nationalités. Cette division, déjà adoptée pour le texte, outre qu'elle est claire et logique, permet aux acquéreurs de prendre séparément, à leur choix, la géographie complète de chaque pays.

Un artiste qui, dès ses débuts, s'est placé au premier rang, M. Gustave Doré, s'est chargé des illustrations. On connaît son talent original et varié ; on sait surtout qu'il excelle à saisir les traits distinctifs des objets qu'il reproduit. N'était-ce pas à lui qu'il appartenait d'enrichir de vignettes la vaste encyclopédie géographique de Malte-Brun ? M. Gustave Doré fait passer tour à tour sous nos yeux les populations diverses de la terre avec leurs costumes et leurs types particuliers ; la végétation, les paysages du monde entier en ce qu'ils ont de plus caractéristique ; les animaux de chaque climat surpris dans les allures qui leur sont le plus familières. Ces dessins sont non-seulement des œuvres d'art, mais encore des documents précieux, puisés aux meilleures sources, dignes d'être admirés par les peintres et consultés par les savants.

Afin que l'exécution matérielle du livre fût en rapport avec son importance, nous avons confié la gravure des vignettes à M. J. Best, la partie typographique à M. Henri Plon ; les caractères neufs, fondus tout exprès, sont d'une netteté remarquable, et le tirage est fait avec le plus grand soin sur le papier du Marais.

Nos souscripteurs pourront s'assurer, par l'examen des premières livraisons, que nous n'avançons rien d'exagéré ; que, malgré l'excessive modicité du prix, nous n'avons reculé devant aucun sacrifice ; que nous tenons scrupuleusement toutes nos promesses, et que nous offrons au public un beau livre à bon marché.

GUSTAVE BARBA.

ON PEUT TOUJOURS SOUSCRIRE AU CHOIX :

1° Par LIVRAISON contenant 16 pages de texte et la Carte, 40 c. — 2° Par SÉRIE de 5 Livraisons et 5 Cartes, 2 fr. 10 c.
3° Par VOLUME contenant 20 feuilles de texte et 20 Cartes, 8 fr. — 4° Par PAYS séparés.

LA GÉOGRAPHIE COMPLÈTE (texte). 20 fr. — L'ATLAS POPULAIRE COMPLET. 20 fr.

Il paraît régulièrement une double Livraison (Texte et Carte) le mercredi de chaque semaine.

Publiée par GUSTAVE BARBA, Libraire-Éditeur, 31, rue de Seine, à Paris.

www.ingramcontent.com/pod-product-compliance
Lightning Source LLC
LaVergne TN
LVHW020943090426
835512LV00009B/1684